U0941105

武汉房地产年鉴2014

WUHAN REAL ESTATE YEARBOOK2014▶

主编　刘金燕

武汉出版社

（鄂）新登字 08 号

图书在版编目（CIP）数据

武汉房地产年鉴. 2014/刘金燕主编.
—武汉：武汉出版社，2014. 12
ISBN 978－7－5430－8831－3
Ⅰ. ①武…　Ⅱ. ①刘…　Ⅲ. ①房地产业－武汉市－2014－年鉴
Ⅳ. ①F299. 276. 31－54

中国版本图书馆 CIP 数据核字（2014）第 291550 号

主　　编：刘金燕
责任编辑：和　风　周　攀
封面设计：武汉慧泽书业
出　版：武汉出版社
社　址：武汉市江汉区新华路 490 号　　　邮　编：430015
电　话：（027）85606403　85600625
http: //www.whcbs.com　　　E-mail: zbs@whcbs.com
印　刷：武汉新鸿业印务有限公司　　　经　销：新华书店
开　本：880mm×1230mm　1/16
印　张：23　　　字　数：650 千字
版　次：2014 年 12 月第 1 版　　2014 年 12 月第 1 次印刷
定　价：200.00 元

《武汉房地产年鉴(2014)》编辑委员会

《Wuhan Real Estate Yearbook (2014)》Editorial Committee

国土规划系统

汪普查　武汉市国土资源和规划局副局长

李　军　武汉市国土资源和规划局办公室主任

张本涌　武汉市交通规划设计有限公司执行董事

肖建华　武汉市测绘研究院院长

陈　韦　武汉市土地利用和城市空间规划研究中心主任

金保彩　武汉市土地交易中心主任

建管系统

夏　平　武汉市城乡建设委员会副主任

杨　凡　武汉市城乡建设委员会建筑业管理和发展办公室主任

汤　炜　武汉市城乡建设委员会建筑业管理和发展办公室副主任

李景成　武汉市市政工程质量监督站站长

王家乾　武汉市城市建设档案馆馆长

程玉平　武汉市建筑工程质量监督站站长

武兴治　武汉市工程建设标准定额管理站站长

冯　强　武汉市建筑节能办公室主任

岑　琳　武汉市工程建设执法稽查站站长

温道云　武汉市建设工程安全监督站站长

周才志　武汉市建设工程交易中心主任

张凯萍　武汉市建设工程设计审查办公室主任

公积金中心

魏　静　武汉住房公积金管理中心纪检组长

刘飞鹏　武汉住房公积金管理中心副主任

姜槐森　武汉住房公积金管理中心副主任

简德齐　武汉住房公积金管理中心巡视员

王香华　武汉住房公积金管理中心副巡视员

市社会科学院

王开学　武汉市社会科学院副院长

吴永保　武汉市社会科学院副院长

孙学光　武汉市社会科学院巡视员

黄红云　武汉市社会科学院巡视员

主流地产企业（以姓氏笔画为序）

吴立峰　武汉中央商务区建设投资股份有限公司总裁

张　华　庭瑞集团股份有限公司董事长

周拥军　汉飞投资控股集团有限公司董事长

胡　斌　大华集团（武汉）房地产有限公司总经理

喻惠平　钰龙集团有限公司董事长

廖承东　武汉生态城碧桂园投资有限公司总经理

谭少群　福星惠誉房地产有限公司董事长

《武汉房地产年鉴(2014)》编辑部

《Wuhan Real Estate Yearbook (2014)》Editorial Department

《武汉房地产年鉴(2014)》撰稿者

《Wuhan Real Estate Yearbook (2014)》Contributors

(以姓氏笔画为序)

马 凯　王 旭　方 芳　叶 擎　刘 忠　刘 星

刘 博　刘发望　祁春燕　孙 倩　李 军　李 跃

吴 媚　余凤兰　张小维　张翼峰　陈璐璐　周 鹏

周 攀　柳 翠　洪 亮　袁 超　熊 非

《武汉房地产年鉴(2014)》主办单位

《Wuhan Real Estate Yearbook (2014)》Organizers

武汉市住房保障和房屋管理局

武汉市国土资源和规划局

武汉市城乡建设委员会

武汉住房公积金管理中心

武汉市社会科学院

《武汉房地产年鉴(2014)》策划单位

《Wuhan Real Estate Yearbook (2014)》Planning Unit

武汉组编房地产年鉴信息咨询有限公司

《武汉房地产年鉴(2014)》宣传单位名录

《Wuhan Real Estate Yearbook (2014)》 Directory of Publicity

（注：排名不分先后）

封　面

钰龙集团有限公司

主办单位

武汉市住房保障和房屋管理局

武汉市国土资源和规划局

协办单位（行业管理机构）

武汉市住房保障管理中心

武汉市房产交易和登记发证中心

武汉市房地产市场管理中心

武汉市房产测绘中心

武汉市房产信息中心（档案馆）

武汉市白蚁防治研究所

武汉市交通规划设计有限公司

武汉市测绘研究院

武汉市土地利用和城市空间规划研究中心

武汉市土地交易中心

协办单位（主流地产企业）

钰龙集团有限公司

福星惠誉房地产有限公司

庭瑞集团股份有限公司

武汉中央商务区建设投资股份有限公司

武汉万达东湖置业有限公司

武汉生态城碧桂园投资有限公司

大华集团（武汉）房地产有限公司

汉飞投资控股集团有限公司

封　底

万隆国际咨询集团有限公司

万隆建设工程咨询集团有限公司

武汉市住房保障和房屋管理局

机构简介

湖北省保障性安居工程劳动竞赛活动颁奖现场

武汉市住房保障和房屋管理局于2009年9月正式组建成立。该局整合了原市国土资源和房产管理局的住房保障和房产管理职责、市城市综合开发管理办公室的职责，主要负责全市住房保障、房产管理、住房制度改革、房地产开发、房地产市场监管等工作，为市人民政府工作部门。

武汉市住房保障和房屋管理局内设17个处室，分别是办公室、政治处（离退休干部处）、信访处、行政审批处、住房改革与发展处、住房保障管理处、房地产开发与市场监管处、科技信息处、产权管理处、物业管理处、房屋安全维护管理处（市优秀历史建筑保护办公室）、资金监管处、政策法规处、财务处、监察室、直属机关党委、工会。下设市住房保障管理中心、市房产交易和登记发证中心、市房地产市场管理中心（市住房专项维修资金管理中心）、市房产测绘中心、市房产信息中心（市房产档案馆）、市房屋安全鉴定站、市白蚁防治研究所、机关后勤服务中心等8个直属事业单位。

武汉市住房保障和房屋管理局领导班子成员为党组书记、局长何艳，纪检组长陈守谦，副局长阎磊、潘臻肇、陈新政、黄立，总工程师邓绪海。

2013年主要工作情况

一、全力推进保障性安居工程建设和管理

2013年，湖北省政府下达武汉市的住房保障工作目标有5项：一是新开工建设保障性住房5.46万套（户）；二是基本建成保障性住房4.06万套（户）；三是分配入住2.44万套（户）；四是新增廉租住房租赁补贴1000户；五是基本建成住房保障信息管理系统。任务总量连续3年位居全省第1，排在同类城市前列。截至2013年底，全市新开工建设各类保障性住房5.98万套，为目标任务的109.57%；基本建成4.20万套，为目标任务的103.33%；分配入住2.71万套，为目标任务的111.24%；新增廉租住房租金补贴2273户，为目标任务的227.30%。住房保障信息系统一期建设已完成并上线运行，初步整合了廉租住房、公共租赁住房等保障房管理的业务信息，二期建设正在按计划推进。

按照“十二五”期间由产权型保障向租赁型保障为主转化、调整优化保障性住房结构的要求，全市暂停受理经济适用住房资格申请，同步启动了公共租赁住房保障工作，住房保障覆盖范围首次扩大到新就业大学毕业生。截至2013年底，全市中心城区已有10773户（人）城镇家庭和新就业职工申请公租房，6612户（人）获得租赁资格证明。首个政府投资建设的“惠民居”公共租赁住房项目2145套房源已交付，共有4641个家庭（人）登记配租，采取公开摇号的方式确定了配租人和选房排序，首批100余户承租家庭已办理签约入住手续，12月底前完成配租入住。

在狠抓保障性安居工程目标的同时，认真谋划住房保障工作顶层政策设计，理顺体制机制，积极探索后期管理模式。市委常委会、市政府常务会议确定了“政府主导、政策扶持、社会参与、保障基本”的基本原则，明确要逐步建立以公共租赁住房为主、限价商品房为辅的租售并举、分层保障、租补分离、分档补贴的保障性住房供应体系。按照优化结构、集约节约用地、用好政策资源、服务城市发展的原则，编制了《2013—2015年保障性住房选址规划》和《2013—2017年棚户区改造规划和年度计划》，建立目标项目库，已向省住建厅申报45.58万户的棚户区改造计划，积极争取国家资金支持。明确了“以区为主、综合管理、三方联动、五位一体”的后期管理思路，按照不同的房源性质细化了相应的后期管理政策。严格执行个人申请，社区、街道、民政、房管多层审核的管理程序。与民政部门一起，启动了家庭收入比对信息平台建设。

二、努力保持房地产市场平稳健康发展

2013年，市房管局认真落实宏观调控政策，全面加强和完善房地产市场管理，确保了市场稳定和健康发展。完善商品房预售管理，严格预售许可条件，采取商品房价格预审方式，落实了房价控制目标。认真执行住房限购政策，加大购房资格审核力度，引导消费者理性消费。指导开发企业理性投资和定价，切实调整供应结构，努力增加中低价位、中小套型普通商品住房有效供给。全面强化市场监管，及时查处捂盘惜售、囤积房源、哄抬房价等违法违规行为，切实规范了市场秩序。在规范管理的同时，充分发挥房地产业的拉动作用，为支持经济持续增长，采取降低预售资金监管比例等措施，短期内释放了约150亿元资金，以促进经济发展。2013年，全市房地产开发完成投资为1905.6亿元，同比增长21%，占全社会固定资产投资的31.70%；其中住房开发投资为1250.8亿元，同比增长26.20%。全市新建商品房销售面积为1923.29万平方米,同比增长18.50%；成交套数191153套，同比增长16.91%。其中，新建住房销售面积为1585.01万平方米，同比增长19.08%，占新建商品房总销售面积的82.41%；成交套数为159503套，同比增长18.19%。房地产市场从投资和消费两端都有力拉动和支撑了全市经济发展。

三、研究推动物业管理向纵深发展的有效途径

2013年，围绕贯彻落实《武汉市物业管理条例》、提升行业整体服务水平的目标，市房管局坚持老旧住宅物业服务和新建住宅区物业管理两条工作主线，扎实推进了全市物业管理工作。按照市委、市政府“加强社区建设、建立老旧住宅区物业服务长效机制”的要求，对全市老旧住宅区进行摸底调查，编制了《武汉市主城区老旧住宅区物业服务改善实施规划（2013—2020）》，进一步明确了工作思路。会同市委组织部制发指导意见，探索建立街道、社区党组织领导下的社区居委会、业主委员会和物业服务企业“三方联动”机制，发挥基层党组织的主导作用，引导和规范业主行为。推进物业管理信用体系建设，初步建立物业服务行业信用档案。会同市物价局完成了普通住宅物业服务等级标准和对应收费指导价格的拟定工作，由“一价制”改为根据服务等级“分等级定价”，即将颁布实施。进一步优化审批环节，初步建立了维修资金常态使用简化程序和紧急使用快速通道，以缓解资金使用难问题，全年共归集维修资金12.20亿元，244个项目按照规定程序申请使用了2505万元资金，其中有54个项目申请584万元资金用于紧急维修，保障了房屋安全和正常使用。

住建部廉政风险防控汇报会现场

财政部长助理郑晓松（前排左一）、武汉市副市长张光清（前排左二）考察工人村社区卫生服务中心

市人大领导调研市房管局

市政协调研保障性住房和建设管理工作座谈会现场

省政府督察组一行视察保障性住房项目情况

四、着力提升房屋产权管理服务水平

2013年，市房管局以深化行政审批体制改革为契机，全面推进房屋登记规范化，努力提升房屋登记和测绘服务工作质量。2014年，全市完成房屋所有权登记发证44.03万起，抵押权登记24.98万起，抵押金额2854.54亿元，房屋登记差错率控制在办证量的万分之一以内（住建部规范化先进单位的标准为万分之三）。在资料齐全的前提下，全面实行了商品房转移登记（2005年1月1日后签订合同并已备案，无抵押）、所有权名称（自然人）变更登记、抵押权名称（自然人）变更登记、抵押权注销登记和异议登记等5项业务“立等可取”工作。按照“群众办证与企业补缴税费相分离、依法登记确权与追究违规违法行为相结合”的原则，报请市政府出台了新一轮解决历史遗留办证问题的政策，将房改房和2004年9月20日前建成的商品房、拆迁还建房、集资建房纳入处理范围。全面完成了270万卷房屋产权历史档案影像化和数据整理工作，同时建立了增量登记档案即时扫描的数据动态更新机制，为房产信息化管理奠定了基础。

市房管局党组中心组学习习近平总书记系列讲话专题报告会

市房管局2013年基层党建、反腐倡廉暨深化治庸问责工作会议

2012年武汉市房地产市场运行情况通报会现场

五、启动房屋全生命周期管理工作

按照唐市长在市政府第43次常务会议上的指示精神，市房管局依托现有的房屋安全管理体系，启动了房屋全生命周期管理信息系统建设的顶层设计和试点工作。由武汉大学李建成院士领衔的13名教授、博士专家团队，从6月起开始对市房管局信息化建设进行中期评估和顶层设计需求采集工作。会同市房管局赴北京、上海、杭州、宁波、广州等5个先进城市进行学习调研。从目前各地情况来看，房屋管理主要注重各个业务系统的建设，部分城市结合智慧城市的建设开始开展智慧房产项目，除北京市提出全生命周期管理的概念外，国内还没有城市实施房屋全生命周期管理工作。为此，专家团队已初步提出了“十二五”期间武汉市房屋安全管理等房产信息化建设的目标，力争利用先进技术手段，在顶层设计上使安全管理、科学管理、精细管理体现在房屋的规划设计、建设、使用各个环节，以提高房屋的基础信息管理水平。

六、加强房屋安全监控管理

严格房屋安全检查制度，落实全市在册危房的责任人和监控人，发挥区、街道、社区三级管理监控网络的作用，实行了监督控制和动态管理。积极开展房屋安全隐患排查，全年共检查各类房屋12824栋，建筑面积419.04万平方米，查出有安全隐患的房屋4375栋，建筑面积119.81万平方米，确保全市在册危房监控率达到100%。多渠道开展消危工作，全市共消除危房3566栋，面积106.67万平方米，其中D级危房1320栋，建筑面积19.46万平方米。《武汉市房屋安全管理条例》已通过省、市人大审议，于2014年1月1日正式实施。《武汉市房屋安全管理条例》的实施，将房屋安全管理工作纳入法制化轨道，有利于依法管房。对中心城区的危房开展数据采集工作，建立了武汉市危房图数表一体化地理信息系统，对既有危房的督修排危、安全检查以及安全鉴定进行管理。目前，该系统已在江岸区正式上线运行，正在向中心城区铺开，进一步提高了管理部门对危房的处置效率和信息化管理水平，为实现既有危房的实时监控管理提供了条件。

在做好上述工作的同时，市房管局还扎实推进了以下工作：一是稳步推进优秀历史建筑保护利用工作。制发《武汉市历史文化风貌街区和优秀历史建筑保护条例》配套文件，组织开展了20处优保建筑保护图则的编制工作，完成了原汉口英、法、俄租界风貌区现有房屋资源调查。在百余处优保建筑标志牌上设立二维码，利用新形式加强保护宣传。完成了全市第8批优秀历史建筑推荐申报工作，经现场查勘和专家论证，确定江汉饭店等14处建筑，年底报市政府公布。配合武昌区、江岸区政府推进了昙华林片、青岛路片历史文化风貌街区保护建设工作。二是实施长江大道沿线房屋立面整治工程。受业主单位委托，完成了长江大道（范湖—鲁巷）立面整治规划、初步设计、施工图设计等前期工作。配合市地产集团和市光投公司两家业主单位，对其出资整治的87栋房屋进行整治，对建设过程实施监督、检查和参加工程验收，已圆满完成整治任务。三是狠抓依法行政和行政效能建设。按照“便民、高效、廉洁、规范”的要求，推进行政审批标准化建设，对审批事项进行全面梳理和优化。结合党的群众路线教育实践活动，加强服务窗口标准化建设，促进窗口工作人员提高服务质量，进一步转变作风、优化服务、提升群众满意度。市房管局进驻市民之家的服务窗口获得好评，共有10家企业送来锦旗，赞扬房管窗口“优质高效、服务热情”，被市民之家授予“巾帼文明岗”、“最佳首席代表”，成为首批获此殊荣的10家入驻单位之一。

在总结成绩的同时，市房管局也清醒地认识到存在的困难和不足，如保障性安居工程目标任务依然繁重，后期管理模式有待进一步探索和完善；房地产市场在旧城改造加速推进的过程中，房地产销量和价格将步入快速上升通道，稳控面临较大压力；物业管理领域的矛盾纠纷呈逐年上升态势，维修资金使用管理的制度亟待创新；大规模城市建设带来的房屋安全隐患增多，房屋安全管理的责任和风险加大；住房保障和房屋管理工作机构和工作力量普遍较薄弱，等等。面对不断出现的新要求、新问题，该局将认真分析，深入研究，以更加勤奋务实的工作作风，全面改进各项工作。

全市加强物业企业监管工作动员大会于市政府礼堂召开

市房管局召开党的群众路线教育实践活动总结大会

市房管局召开物业管理“电视问政”整改承诺工作调度会

市房管局召开信息化建设中期评估和全生命周期智慧房管顶层设计汇报会

全市统一前期物业管理招投标启动暨培训大会现场

地址：武汉市江岸区高雄路166号　网址：www.whfg.gov.cn
电话：027-85482100　传真：027-85482122　邮编：430015

武汉市国土资源和规划局

机构简介

武汉市国土资源和规划局于2009年9月正式挂牌成立，系武汉市人民政府工作部门。局内设办公室、政治处、信访处、政策法规处、财务处等18个处室，纪检监察机构、机关党委、工会按照有关规定设置；在7个中心城区和东湖风景区设立分局，为市局的派出机构；下设武汉市国土资源和规划执法监察支队、武汉市规划研究院、武汉市交通发展战略研究院、武汉市国土资源和规划信息中心（武汉市地理信息中心、武汉市国土资源和规划档案馆）、武汉市测绘研究院、武汉市土地登记发证中心、武汉市土地利用和城市空间规划研究中心、武汉市土地资产经营管理委员会办公室（武汉市土地整理储备中心）、武汉市土地交易中心、武汉市国土资源和规划局机关后勤服务中心、武汉市规划编制研究和展示中心等11个事业单位。

2013年工作概况

——谋划顶层设计，率先开展2049年远景发展战略研究。按照“百年规划”的思想和“2049年建设世界城市”的目标，落实阮成发书记“找准目标、不走弯路、对历史负责”和唐良智市长“处理好十大关系”的具体要求，在全国率先开展2049年远景发展战略研究，组织编制《武汉2049年远景发展战略》和《武汉建设国家中心城市行动纲要》。9月17日，组织召开武汉2049远景发展战略咨询座谈会，徐匡迪、周济等30位院士专家应邀为武汉把脉。11月28—30日，市委召开全市党政干部大会，专题研讨2049远景发展战略。

——注重生态文明，推进基本生态控制线的主动建设。坚守“十不”原则，即“不能填江；不能填湖；不能摊大饼式的无边界扩大城市建成区的外延；不能环湖“铁桶式”地开发，把湖岸线都建成有钱人的私家花园；不能沿着道路控制线建房子，应尽可能多地留出绿地，建街心花园；不能看到旧房子就一拆了之，要保护城市的肌理；不能没有快速交通系统；不能没有地铁；不能只顾拓宽道路，而忽视道路成网及“毛细血管”的建设；不能因为没地方停车就乱建停车场”，认真开展新城区城市中心、工业园区、郊野公园三类功能区实施性规划编制。推进基本生态控制线的主动建设，开展了大东湖湿地公园、后官湖郊野公园、七龙湖郊野公园等生态公园规划编制。完成《1：2000基本生态线清理规划》，得到市领导高度肯定。

——落实“工业倍增”，四大工业板块空间发展规划获政府常务会审议通过。落实市委市政府关于“建设大光谷、大车都、大临空、大临港等四大工业板块”的指示要求，围绕“促进产业集群的合理布局、促进产城一体的融合发展、促进土地效益的集约提升”的主要目标，编制《武汉市四大工业板块空间发展规划》，并获得市政府常务会审议通过，为都市发展区产业发展和空间统筹提供了上位依据。

2013年7月22日，中共中央总书记、国家主席、中央军委主席习近平在湖北省、武汉市领导的陪同下视察了武汉规划展示馆，对武汉的“两型社会”综合配套改革试验和城市发展建设给予了高度评价

——坚持节约集约，土地利用水平再上新台阶。完成全市402平方公里、2万余宗新增建设用地的征收、供应、利用情况清理，建立全市建设用地利用信息系统，初步实现部、省、市建设用地利用情况同步全程动态监管。加强地价管理，基准地价更新成果获国土部2013年科学技术二等奖。武汉市节约集约利用水平在全国30个重点城市位居第4，仅次于北京、上海、广州。

——拓宽实现方式，建设用地计划稳中有升。主动应对建设用地计划紧缩带来的不利影响，通过低丘缓坡、城乡建设用地增减挂钩等试点，积极争取建设用地指标，全年共争取省国土厅下达新增建设用地计划6216公顷，与2012年相比增长10%；获批工业用地1423公顷。有力保障了全市经济发展的用地需求。

——狠抓土地经营，储备融资和出让收益成效显著。创新土地储备融资方式，通过发行高信用债、设立单一资金信托、保险融资等方式筹集资金611亿元，实际完成投资280亿元。累计征收市直土地出让收入144亿元，实现土地出让净收益64亿元，全面超过市级绩效目标挑战值。

地址：武汉市江岸区三阳路13号 | 邮编：430014 | 电话：027-82700008

——强化公众参与，规划展示社会效果明显。武汉规划展示馆先后开展了现代新城规划展、1：2000生态底线发布会等宣传活动，受到社会各界和市民好评。7月22日，中共中央总书记习近平到展馆视察，对武汉城市发展和“两型社会”建设探索给予了高度评价。展馆全年参观人数突破25万，参观团队包括世界各大洲71个国家的代表团，是武汉市首批干部培训现场教学基地、武汉市爱国主义教育基地和高校大学生社会实践基地。

——推行集中服务，国土规划服务窗口全市综合评比第一。成立国土规划集中服务中心，建立行政审批、项目指导、全程监管的“一主两辅三集中”的审批模式，审批效率大大提高。窗口明确17类行政审批和技术服务事项限时1天办结，并郑重承诺“一天出件”。此项服务举措在全国同行最优，深受建设单位和市民好评。国土规划驻市民之家服务窗口获得全年综合成绩全市第一，其中8到11月连续四个月全市评比第一。

一 加强研究，规划引领作用突出

注重功能提升，服务城建攻坚计划。按照市政府“一年一条景观路”的思路，开展解放大道、汉阳大道及中南中北路沿线综合整治规划编制。围绕城市交通热点难点问题，组织开展了《三环线道路改造工程实施规划》等编制工作，《武汉市“三旧”改造规划纲要》获市委、市政府审议通过。注重城乡统筹，引导美丽新城建设。组织编制《武汉市现代新城近期建设实施规划纲要》，深化完善《武汉市新城组群控制性详细规划导则》，编制完成都市发展区外乡镇总体规划，实现了新城区法定规划全覆盖。注重发展重点，组织编制实施性规划，编制了《武汉建设国家中心城市重点功能区体系规划》，开展了二七片、汉正街等重点功能区的实施性规划。

二 突出重点，保障发展能力增强

落实耕地保护责任制。落实建设项目占用耕地“占补平衡”，确保先补后占或按照标准缴纳耕地开垦费，守住507万亩耕地保有量红线和397万亩基本农田保护面积目标。圆满完成省国土厅下达的高产农田建设任务，实际立项10万亩，验收14.6万亩。保障新增建设用地需求。全市上报新增建设用地项目总面积8600公顷，获批4828公顷（含结转）。保证新城区工业用地计划的70%位于工业示范园区。全市建设用地农用地转用和土地征收年度方案获国土资源部批复，其中，保障性安居工程用地65公顷，非保障性安居工程用地492公顷。协调重点工程建设。作为雄楚大街改造重点工程指挥部办公室主要成员单位，对雄楚大街工程方案、BRT方案等各项工作全面协调，加快了改造实施。开展了通用汽车、雷诺汽车、阿里巴巴、京东商城等重点项目的国土规划审批工作。服务改善民生项目。组织编制完成《武汉市2013—2015年保障性住房选址规划指引及2013年选址论证报告》，有力支撑了全市保障房建设计划。强化测绘保障。市域1:2000地形图覆盖范围达5940平方公里。

2013年9月17日，《武汉2049远景发展战略规划》院士专家咨询座谈会在北京召开。武汉市委常委、常务副市长贾耀斌主持会议，省委常委、市委书记阮成发，市长唐良智出席并讲话。会上，副市长张光清作了《武汉2049远景发展战略规划》编制工作情况的介绍，中国城市规划设计研究院院长李晓江作了规划成果汇报，第十届全国政协副主席、中国工程院主席团名誉主席徐匡迪，中国工程院院长、党组书记周济等30名院士专家为武汉长远规划把脉

2013年11月28—30日，《武汉2049》专题研讨会召开。全球城市研究专家、美国哥伦比亚大学终身教授萨斯基亚·萨森等知名专家，省委常委、市委书记阮成发，市长唐良智等武汉管理建设者和市民代表等400余人齐聚，共谋武汉长远发展图景，商定实现这一蓝图的当前作为

2013年11月7日，武汉市委副书记胡曙光、市委副秘书长张捷在市委农办、市发改委、市国土规划局、市林业局、市财政局及蔡甸区委、区政府等单位主要领导的陪同下视察了市国土规划局矿山地质环境治理示范工程项目（蔡甸区中原矿区）

武汉市国土资源和规划局

三 强化统筹，土地资产经营成绩斐然

加强土地利用管理。中心城区批复国有建设用地供地方案809宗，用地面积4270公顷。办理供地731宗，土地面积3562公顷。统筹土地资产经营。组织编制全市土地储备规划（2013—2020）、2013年土地储备计划、2013年土地供应计划。提高土地储备水平。积极开展重点功能片区土地储备，成片实施江岸二七沿江商务区片、江汉精武路片、硚口汉西建材片、汉阳归元片等项目土地储备，涉及土地总面积820公顷。完成中心城区土地储备416公顷。优化土地招拍挂供地节奏。全市成交土地533宗，土地面积2632公顷，成交金额740亿元。

2013年7月26日，湖北省测绘局组织智慧武汉时空信息云平台建设项目专家评审会暨武汉智慧城市空间信息工程研究中心揭牌仪式。由中国科学院、中国工程院院士李德仁，国家土地督察武汉局局长王广华，省住建厅总规划师童纯跃等组成的专家组一致同意项目方案通过评审。省测绘局局长陈文海、总工郭建华，武汉市国土资源和规划局领导盛洪涛、汪普查等参加评审会

四 依法行政，国土规划审批效率提升

加快建设项目规划审查。全市核发《建设项目选址意见书》683本，选址面积6086.06公顷；《建设用地规划许可证》1124本，用地面积6878.98公顷；《建设工程规划许可证》1728本，建筑面积7899.70万平方米，管线46.04万米；《建设工程规划验收合格证》863本，建筑面积3562.61万平方米。切实提升地籍管理效率。全市共核发土地证书195016本，发证面积19037公顷；完成抵押、出租他项权利登记8764宗，抵押面积7834公顷，贷款总金额1609亿元；受理土地使用权查（解）封登记635起；调处土地权属纠纷22件。依法实施房屋拆迁。组织编制2013年度全市房屋征收计划，拟征收房屋总面积236万平方米。全市共作出房屋征收决定55个，拟征收总户数20201户，建筑面积211万平方米。实际征收房屋总户数25372户，建筑面积253万平方米。加强地质灾害防治。编制完成《武汉市地质灾害防治规划（2011—2020年）》，报市政府批准实施。实施"矿山地质环境治理示范工程项目"，获得部、省、市领导高度评价，中央财政续拨项目资金2亿多元，我市示范工程成为全国唯一受到中央财政一次性拨款超过2亿的项目。积极探索征地制度改革，作为全国征地制度改革试点，完成征地补偿标准调整。全年中心城区发布《土地征收公告》251项，土地面积2014公顷；《征收土地补偿安置方案公告》326项，土地面积2404公顷；核发《建设用地批准书》223项，土地面积940公顷。严格履行执法监察职能。2012年度土地矿产卫片执法检查通过省国土厅验收。发现违法案件482宗，土地面积568公顷。其中立案查处445宗，土地面积543公顷；制止37宗，土地面积25公顷。结案395宗，土地面积453公顷。

2013年5月3日，武汉市人民政府副市长张光清到市国土资源和规划局调研指导工作，市政府副秘书长马泽江，市重点办、市汉正街办公室负责人陪同调研。市国土资源和规划局领导王继连、盛洪涛、严春、刘奇志、马文涵、石东文、汪普查、刘锦智出席会议

五 夯实基础，信息化法制化水平提高

信息化水平不断提高。全面实施市区一体化的国土规划管理网上审批，并在全市率先实现了市、区行政审批信息的对接和统一交换。电子效能监察绩效排名继续保持全市前列。地理信息服务能力不断增强。国家测绘地理信息局批准武汉市为智慧城市时空信息云平台试点城市，并将智慧武汉时空信息云平台建设项目列入2013年试点计划。组织启动武汉市地理国情普查试点工作，并圆满完成东湖高新区普查试点。法制建设不断强化。积极推动立法工作，《武汉市人民代表大会常务委员会关于加强武汉市基本生态控制线规划实施的决定》颁布施行，《武汉市城乡规划条例》《武汉市建设工程规划管理技术规定》获市人大常委会审议通过，起草并推动市委市政府印发《关于加快"三旧"改造工作的意见》、市政府出台《武汉市地下空间开发利用管理暂行规定》等。

WUHANSHI GUOTU ZIYUAN HE GUIHUAJU

六 强基固本，内部建设成效显著

开展教育实践活动。主要领导和班子成员分头深入基层，广泛听取意见建议。针对“四风”方面存在的突出问题，确定具体整改任务，逐一制定整改方案，建章立制，努力推进作风建设常态化、长效化。加强廉政建设。认真贯彻落实中央“八项规定”、省委“六条意见”和市委“十一条禁令”，狠刹节日公车私用、公款送礼、公款吃喝和奢侈浪费等不正之风。加强对领导干部廉洁从政的监督，全面开展全系统处级以上党员领导干部持有会员卡专项清退工作。加强主动宣传。围绕中心工作和社会关注热点，对《武汉2049远景发展战略》、市人大2号议案、轨道交通线网规划修编、18城市国土局长联席会等重点工作开展了全面深入宣传。加强队伍建设。推进干部履职尽责管理工程，探索推进局内年轻干部成长工程，开展了人才工作顶层设计及配套制度建设。市土资委办公室实体化运作顺利得到市编办批复。

2013年，承办省、市人大、政协议提案298件，占全市议提案总量的22%，全部按时办结。认真抓好信访稳定工作，信访总量逐年下降，有效落实了维稳任务。工会、老干、共青团等工作有声有色，社会治安综合治理和后勤服务等工作得到加强。各区、分局主动衔接、贴近服务，发挥了桥梁纽带作用，赢得了辖区领导和服务对象的广泛赞誉。

一年来，全局获得市级以上奖项100多个，先后荣获“国土资源政务信息网上公开示范单位”、“全国国土资源管理系统‘六五’普法中期先进单位”、“全国国家版图意识宣传教育和地图市场监管工作先进集体”，“省国土资源系统目标责任制考评先进单位”、“省住房和城乡建设系统先进集体”、“市绩效综合考评立功单位”等称号。“三维地理信息系统平台软件与应用示范”获国家测绘科技进步一等奖。市局机关获得省级（最佳）文明单位荣誉称号，局属14家二级单位获市级以上文明单位称号。

2013年9月26日，由武汉市人民政府和市国土资源和规划局承办的全国18城市国土资源局长联席会第24次年会召开。国土资源部土地利用司副司长窦敬丽，国家土地督察武汉局副局长唐世力，国土资源部土地利用管理司原副司长、联席会顾问束克欣，重庆市国土局原局长、联席会顾问高群，省国土资源厅副厅长夏亚灵，市人民政府副市长张光清，以及来自北京、上海等全国18个城市的国土资源单位领导参加年会

2013年9月9日，位于武汉市国土资源和规划局二楼的市国土规划集中服务中心开始试运行，对外办理国土规划报建手续。市国土资源和规划局领导王继连、盛洪涛、严春、刘奇志、马文涵、石东文、刘锦智视察了中心各服务窗口，并召开了现场会。局带班领导及14个处室和7个二级单位29项服务事项共计50余人准时对外服务，受到建设单位的欢迎

2013年11月16日，武汉市国土资源和规划局在武汉全民健身活动中心举办首届“国土杯”职工趣味运动会，全市国土规划系统30个代表队参加了5个项目的角逐。局领导王继连、严春、汪普查、石东文、陈明宝、李宗华、邢志敏、张海华出席运动会并向获奖队颁奖

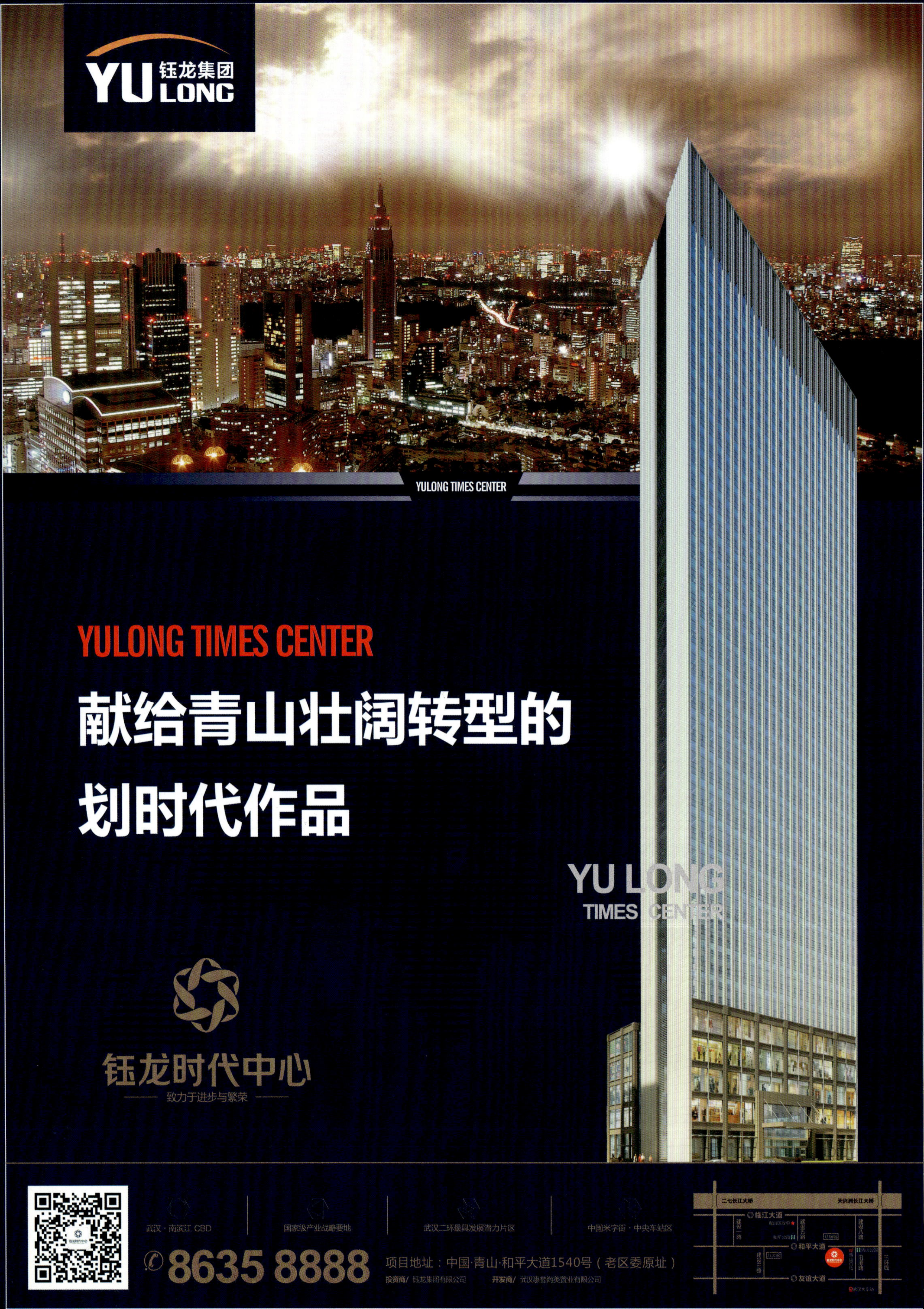
YU 钰龙集团 LONG
YULONG TIMES CENTER
YULONG TIMES CENTER
献给青山壮阔转型的
划时代作品
YU LONG
TIMES CENTER
钰龙时代中心
致力于进步与繁荣
武汉·南滨江 CBD
国家级产业战略要地
武汉二环最具发展潜力片区
中国米字街·中央车站区
8635 8888
项目地址：中国·青山·和平大道1540号（老区委原址）
投资商/ 钰龙集团有限公司
开发商/ 武汉惠誉尚美置业有限公司
二七长江大桥
天兴洲长江大桥
临江大道
和平大道
友谊大道
建设一路
建设五路
建设八路
建设三路
沿港路
三环线

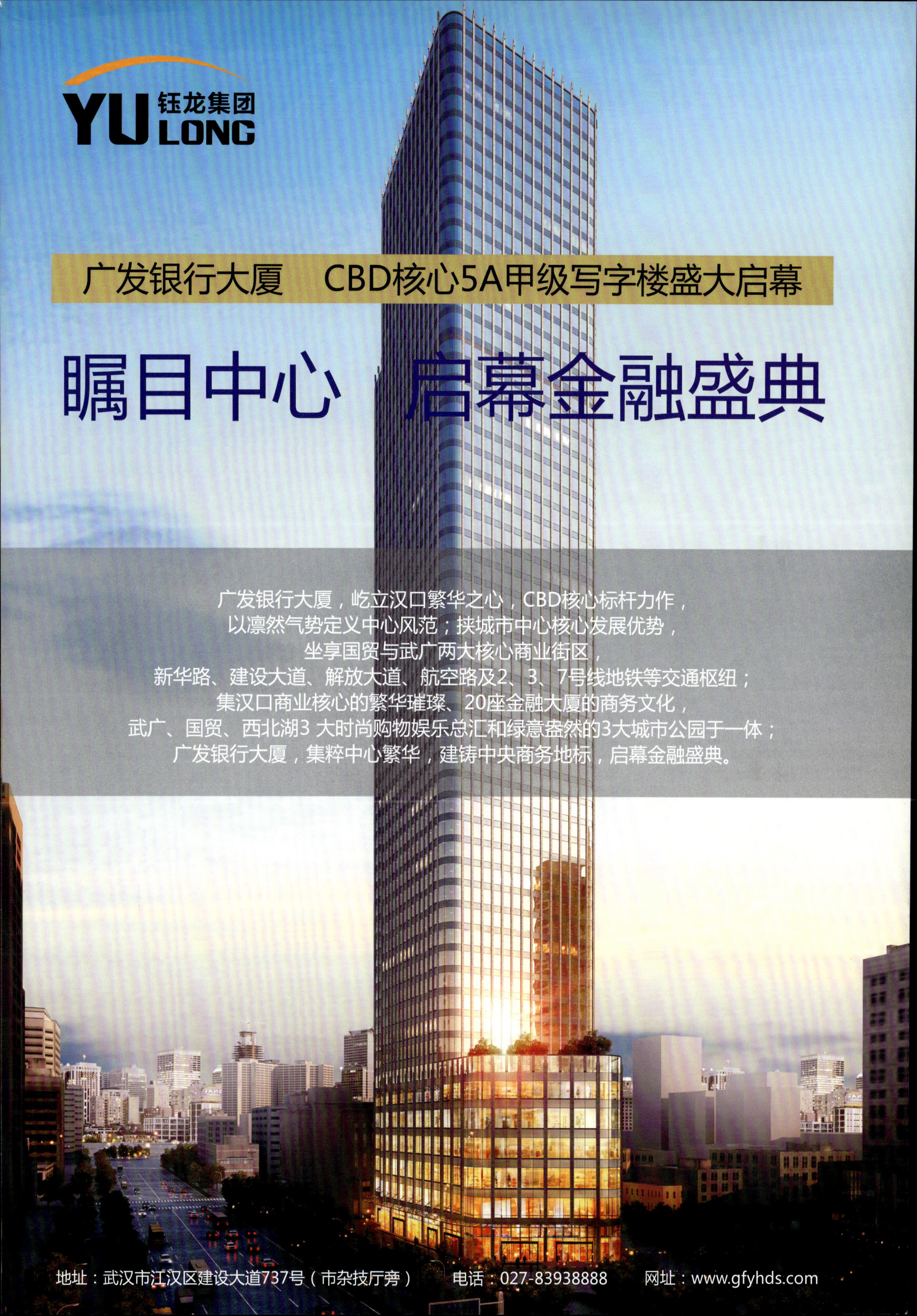
钰龙集团
YU LONG
广发银行大厦　CBD核心5A甲级写字楼盛大启幕
瞩目中心　启幕金融盛典
广发银行大厦，屹立汉口繁华之心，CBD核心标杆力作，
以凛然气势定义中心风范；挟城市中心核心发展优势，
坐享国贸与武广两大核心商业街区，
新华路、建设大道、解放大道、航空路及2、3、7号线地铁等交通枢纽；
集汉口商业核心的繁华璀璨、20座金融大厦的商务文化，
武广、国贸、西北湖3 大时尚购物娱乐总汇和绿意盎然的3大城市公园于一体；
广发银行大厦，集粹中心繁华，建铸中央商务地标，启幕金融盛典。
地址：武汉市江汉区建设大道737号（市杂技厅旁）
电话：027-83938888
网址：www.gfyhds.com

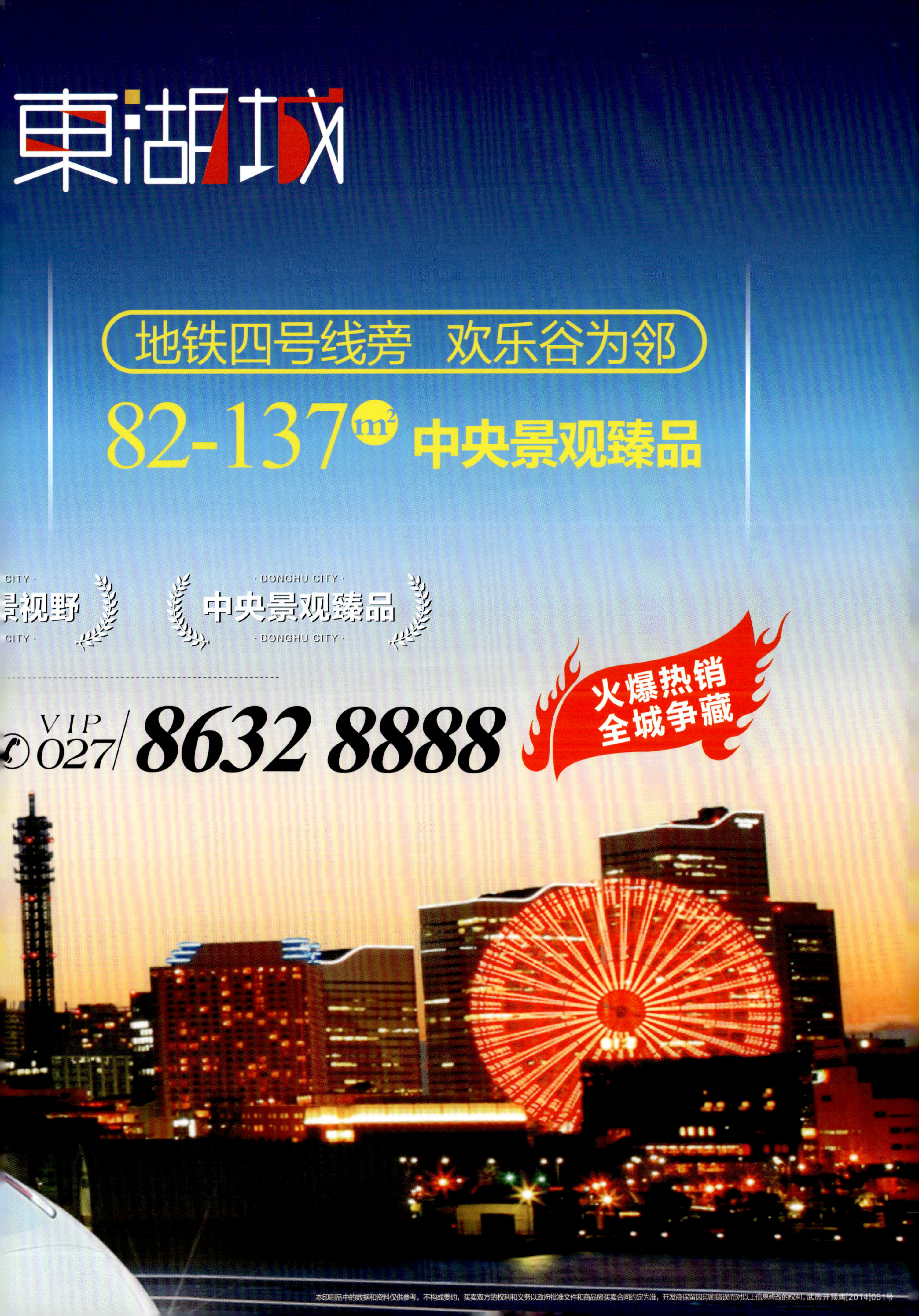
東湖城
地铁四号线旁 欢乐谷为邻
82-137㎡ 中央景观臻品
· CITY ·
景视野
· CITY ·
· DONGHU CITY ·
中央景观臻品
· DONGHU CITY ·
VIP 027/ 8632 8888
火爆热销
全城争藏
本印刷品中的数据和资料仅供参考，不构成要约，买卖双方的权利和义务以政府批准文件和商品房买卖合同约定为准，开发商保留因印刷错误而对以上信息修改的权利。武房开预售[2014]051号

HANYANG PALACE
漢陽城

武汉市住房保障管理中心

WUHANSHI ZHUFANG BAOZHANG GUANLI ZHONGXIN

机构简介

武汉市住房保障管理中心（前身是武汉市经济适用住房发展中心）于2008年7月1日挂牌成立，主要承担全市住房保障日常管理工作，具体承担全市保障对象的动态监管，保障房建设项目的巡查督办和协调，保障房配售配租以及后期管理，受市局委托对各区及开发企业实施监管等工作。

按照市政府、市局的要求，中心紧紧围绕年度绩效目标，以解决中低收入家庭住房困难为主线，切实履行职责，深化内部管理，完善工作机制，强化服务意识，加强队伍建设，有效推进保障性住房管理工作持续健康发展。

2013年，全市保障性安居工程新开工项目91个55477套，完成计划目标的101.62%；基本建成保障性住房项目53个41951套，完成计划目标的103.33%；分配入住项目30个26662套，完成计划目标的109.45%；新增廉租房租金补贴2265户，完成全年目标的226.5%。

▲中心领导班子

▲国务院督查组检查武汉市保障房小区社区管理工作

2013年主要工作

一、强化职能，建立机制，圆满完成市局下达的绩效目标。

二、夯实基础，在信息化建设上有较大突破。

三、完善手段，在项目管理上全覆盖。

四、强化监管，在后期管理上有创新。

五、深化房源管理，在资格和配租管理上跟进及时。

六、切实加强能力建设，在规范化服务上创先争优。

七、切实加强党的建设，促进中心全面发展和进步。

▲住建部调研武汉市保障性住房建设

▲省市领导视察2013年房交会住房保障专区

▲陈新政副局长检查保障房消防设施

▲公租房政策宣传

▲“立足平凡岗位　争创一流业绩”先进事迹报告会

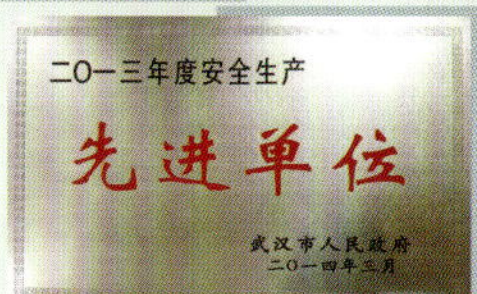

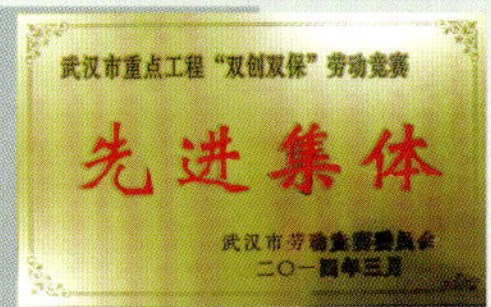

2014年工作目标

一、开工建设保障性住房、棚户区改造住房83400套（户）。其中，新增公共租赁住房11600套（含廉租住房），新建经济适用住房500套，新建限价商品房17900套，城市和国有工矿棚户区改造45900户，垦区棚户区改造7500户。

二、基本建成保障性住房、棚户区改造住房48000套（其中，垦区棚户区改造住房3820套）。

三、分配入住保障性住房、棚户区改造住房35000套（其中，垦区棚户区改造住房1940套）。

四、新增廉租住房租金补贴目标1000户。

五、强力推进保障性住房信息化建设进程。

▲保障房小区消防逃生演习

▲“党员进社区”服务活动

▲志愿者服务活动

▲项目巡查

办公地址：武汉市高雄路166号武汉市房地产交易大厦10楼　　电话：027-85482249　　传真：027-85482449

武汉市房产交易和登记发证中心

WUHANSHI FANGCHAN JIAOYI HE DENGJI FAZHENG ZHONGXIN

单位简介

中心领导班子成员

武汉市房产交易和登记发证中心是武汉市住房保障和房屋管理局直属事业单位。2012年，根据武汉市机构编制委员会《关于调整武汉市住房保障和房屋管理局部分事业单位职能和名称的批复》文件精神，中心集合房产交易管理、登记发证、产籍档案管理和窗口服务等多项职能于一身，实现了房产交易和权属登记“一体化”。

中心设立综合办公室、计划财务科、登记科、交易科、抵押科、证管科、法制科、档案科、信息化科等9个科室。受市局委托，负责办理房屋交易审核手续；房屋所有权登记及相应权属证书的核发工作；房屋他项权利登记，包括房屋抵押权登记、地役权登记、抵押预告登记等工作；市属房产产籍档案管理与查询利用工作；负责对省直、武铁、高校等单位的房改房权属登记进行确权审批和权证管理工作；同时，协助市局办理房产类案件的司法协助与执行工作。

近年来，中心在市局的正确领导和机关各处室的关怀下，围绕依法行政、勤政效能、服务优质、廉洁自律的要求，着力单位文化体系建设，塑造中心精神；着力房产法制和规范化管理体系建设，以业绩展现中心实力；着力便民服务窗口建设，以优质高效的服务举措赢得社会广泛认可。“敢为人先、追求卓越”，中心人在时代精神的指引下，勤奋稳健、求实创新，推动了房屋管理事业全面发展，奏响了“住房保障、民生和谐”的时代音符！

中心先后荣获全国“青年文明号”、全国“三八红旗集体”、省“五一劳动奖状”、省“巾帼示范岗”等集体殊荣；被住建部授予全国“房地产交易和权属登记规范化先进单位”、“产权产籍达标单位”，连续多年被省住建厅评为“全省建设系统先进单位”；涌现出省级“青年岗位能手”、市“三八红旗手”、市“五一劳动奖章”、市直机关“优秀党务工作者”、“党员示范岗”等一批先进典型。

中心荣获“武汉市房产系统微笑服务示范窗口”

中心进社区开展“送清凉”活动

中心荣获“群众满意基层站所”

2013年工作报告 

（一）主要业务指标超额完成。2013年，中心房产登记、交易和抵押等主要业务的工作量较2012年同期增长40%至55%。全年完成房产登记审核72999户，登记发证建筑面积743.5万平方米；交易审核35758起，交易鉴证建筑面积374.18万平方米；抵押登记33558起，抵押物建筑面积568.5万平方米，抵押权利价值344.54亿元；存量房合同备案11674起，资格核查12730起；缮证107697件，发证106515件；代征各类税款7.8亿元，实现各项收入4425万元。特别是第一季度和第四季度的部分时段，受宏观调控政策影响，出现了房产交易办证高峰，日均受理工作量从正常的100起左右，陡增到日均260起左右，中心顶住压力，沉着应对，及时启动《办证高峰应急处理方案》，圆满完成了办证量高峰时期的各项工作任务，保持了服务窗口的正常秩序，履职能力得到了全面的检验和提高。

（二）交易和登记规范化管理不断加强。中心严格按照国家法律法规和市局有关规定，审慎开展房产交易和登记业务，全年各类登记案件差错率有效控制在0.1‰以下，无电子监察红、黄牌。在圆满完成各项绩效目标和专项工作任务的基础上，中心以促进房产交易和权属登记规范化、标准化为目的，积极配合市局研究制定《武汉市房屋登记实施细则（试行）》《武汉市房屋登记规程》，自主研究编辑了《房屋转移工作手册》《房屋（预）实测基础信息采集工作手册》《落实交易权属登记和测绘管理市区分工调整工作材料汇编》，以及拟定了房产交易登记工作环节的管理制度，形成了一批切合实际、行之有效的操作规范和制度成果，不断提高了房产交易和权属登记规范化管理水平。

同时，中心配合市局加快解决“两证”办理历史遗留问题。起草完成了相关政策文件和各项配套规定，编辑了《武汉市部分房屋历史遗留两证处理工作手册》。参与组织召开了全市历史遗留动员部署大会及业务工作培训会，并抽调业务骨干参与专班工作，为加快解决“两证”办理历史遗留问题提供了政策支持和人员保障。

（三）严格落实房地产市场调控政策。中心配合市局制定了《存量房合同备案环节限购审核规范》，重新梳理房屋资格核查岗位的工作职责和工作流程，采取“专人专岗、一人一密码”的方式严格管理。与地税、人社部门建立了完善的联席查询工作机制，相互监督，层层把关，经初审、复审两级审核后形成完备的《存量房合同备案台账》，确保市场调控和房屋限购有关政策得到落实。同时，中心在全面完成存量住宅交易评估系统成功上线工作任务的基础上，有针对性地制定试行了《非住宅存量房交易评估价格审核规定》，确保了交易课税工作公开透明和公平公正。

（四）窗口服务品质进一步提升。中心着力在加强窗口管理和改进服务方式上狠下功夫，严格落实领导值班制度；试行特殊和疑难案件申报审批制度；服务窗口管理小组坚持现场“晨会”和“周一讲评”；设立“曝光台”和“表扬栏”；定期实地查找、整改问题，切实提高了服务窗口管理水平。修订完善了服务窗口首问责任制，配备了窗口引导服务人员，并对其进行了业务培训，提高了咨询接待水平。在全市房产系统率先引入“二维码”技术，提高业务办理的便捷化、人性化水平。搭建案件批量受理室，制定《房屋登记分层受理的暂行规定》，提高了工作效率，节约群众等候和办理时间。通过一系列的强化管理和优质服务举措的落实，窗口服务工作呈现出“多走访、勤上门、优服务”的服务特色，全年办理“绿色通道”案件658起，上门服务130余起，办理符合条件的房产交易登记“立等可取”案件4711起，经批量受理室办理案件3175起。

（五）房产信息化建设水平逐步提高。中心在市局统一部署下，重点落实了2项信息化建设基础性工作，为提升全市房产信息化建设水平，最终实现“数字房产”工作目标奠定了坚实的基础：一是参与组建“建盘管理办公室”。中心主动协调测绘成果管理、档案扫描、成果发布等多个部门和环节，规范建盘工作流程，实现了全流程办理时限的提速，中心承担的审核时限由7个工作日减少为5个工作日。全年审理建盘项目810个，总建筑面积3806.62万平方米，为后续的房屋抵押、预售、合同备案、交易登记等业务提供了准确的基础数据支持。二是在全市范围内率先完成了历史档案影像化扫描和数据整理工作，顺利通过了省厅专家组考评验收。同时，中心以档案影像化为契机，完成了武汉市房屋登记档案管理信息系统上线运行工作，进一步提升了档案管理、查询和利用的信息化水平。

（六）房产法制工作有序推进。中心通过加强案件质量抽查、坚持疑难案件会审，以及强化工作人员专业素质培养，不断夯实了依法行政的基础，为各项业务工作顺利开展提供了保证。全年抽查各类登记案卷849件，按季度出具《质量检查报告》，按规定对案件办理有瑕疵的相关责任人下发了4份《质量检查处罚通知单》，并落实了相应的纠正和处罚措施，保证了各类案件的办理质量；全年召开疑难案件会审会2次，个案处理研究会30次，有效规范了房产交易和登记案件受理审核和登记发证工作，最大限度地防范了登记风险；年初就制定了年度学习培训计划，并组织落实；按市局的统一安排，组织了“登记官”培训和考试工作，截至2013年底，中心共有“登记官”52名，占业务岗位工作人员总数的85%。

（七）基层党组织建设取得新成效。2013年，中心党委以学习贯彻党的十八大精神为主线，充分发挥基层党组织和党员战斗堡垒作用。在教育实践活动中，中心党委和领导班子扎实开展学习教育，广泛听取意见建议，深入查摆“四风”问题，初步达到了“真学习、真开门、真整改”的良好效果。并以教育实践活动为契机，认真贯彻落实中央“八项规定”和省市有关工作要求，促进了工作作风的进一步转变；以“廉政腐败风险防控”和“党风廉政建设宣传教育月”活动为载体，开展了系列宣教活动，全面清查了岗位责任风险，进一步建立完善了预防腐败的长效机制；同时，中心以全市“群众满意基层站所”、房管系统“文明服务示范窗口”创建活动为抓手，促进了服务质量和服务效能的进一步提升。

中心积极开展党的群众路线教育实践活动

中心开展“道德讲堂”活动

中心员工孙伟利在市委报告厅作“立足岗位、争创一流”事迹报告

中心服务窗口实行5类房屋交易和登记业务的“立等可取”

中心举办“中国梦·中心梦·我的梦”主题演讲比赛

办公地址：汉口建设大道702号6楼
电话：027-85482006
传真：027-85482165
邮箱：jiaodeng2012@163.com
邮编：430015

武汉市房地产市场管理中心

WUHANSHI FANGDICHAN SHICHANG GUANLI ZHONGXIN

中心领导班子成员

机构简介

武汉市房地产市场管理中心同时挂武汉市住房专项维修资金管理中心牌子，2012年7月挂牌成立，是武汉市住房保障和房屋管理局下属正处级自收自支事业单位。中心内设综合办公室、资金监管一科、资金监管二科、执法监督科、维修资金科、市场监测科、财务科、物业事务指导科等8个科室。

地址：汉口建设大道702号四楼

电话（传真）：85482021

中心业务服务指南

主要职能

中心主要承担职能是：负责住房专项维修资金管理的具体实施工作；负责商品房预售资金监管的具体实施工作；负责存量房交易资金监管的具体实施工作；负责房地产市场秩序整治及查处违法违规行为的具体工作；负责房地产中介和经纪机构管理、房屋租赁管理、物业管理执法的具体工作；负责房地产市场监测与分析工作；负责商品房买卖合同签订及备案管理工作；负责房地产开发企业、中介机构、物业管理企业信用档案管理工作；完成上级交办的其他工作。

中心编辑市场分析内刊

2013年工作成果

一、积极开展商品房预售资金监管工作，完成商品房预售资金监管开户598起（资金进账项目 565个）、监管总额646.5亿元，拨付总额484.2亿元，为强化房地产市场监管机制增添举措。一是以企业需求为核心，不断优化工作流程；二是以优化服务为宗旨，积极改进管理方式；三是以推进工作为目标，全面开展宣传交流。

荣誉

2008-2010年度
青年文明号
住房和城乡建设部　共青团中央

2011-2012年度
最佳文明单位
中共湖北省委
湖北省人民政府

档案工作目标管理
省一级
湖北省档案局颁发
有效期五年

二〇一二年度安
先进

二、克难攻坚，不断提升维修资金管理水平，完成住宅专项维修资金开户建档328起，全年归集资金17.47亿元，累计拨付使用资金3755.85万元，追回历史欠缴资金1590万元，为落实惠民利民工程尽心尽力。一是摸清资金底数，及时启动历史数据清理试点工作；二是规范缴存管理，保障维修资金应收尽收；三是破解使用难题，规范行业监管机制。

三、敢于作为，全面开展在售项目监督检查，检查开发企业270家、项目449个，受理各类投诉271起，为促进房地产市场稳定发展保驾护航。一是夯实基础，强化执法制度建设；二是规范行为，全面开展在售项目监督检查；三是主动作为，加强预售资金监管力度。

四、再接再厉，扎实推进市场监测和分析工作，完成新建商品房合同备案24620套、合同异动3804起，各类分析材料30多份、《武汉房地产市场分析》内刊6期，为全市房地产调控政策制定提供支撑。一是发挥“决策支撑”作用，扎实推进市场监测工作；二是发挥“组织协调”作用，稳步推进存量房评税系统建设工作；三是执行“限购”政策，严格落实市场调控措施。

五、勇挑重担，全力配合物业事务服务指导研究工作，完成了10个区、87个街道，846个社区、3981个小区的调查摸底组织工作，启动了“百千万”培训工程，为提升物业管理水平奠定基础。一是着力开展老旧物业服务改善前期调研工作；二是配合开展物业管理政策研究工作；三是配合做好物业管理基础性工作。

六、凝神聚力，扎实推进精神文明建设，开展各类学习培训30次，完善业务流程及内部管理制度57项，编印《岗位责任制及廉洁风险点防控措施手册》等汇编10类，收到服务锦旗15面、感谢信2封，为中心事业的可持续发展增强后劲。一是以创建全国文明单位为目标，充分激发职工活力；二是以创建群众满意基层站所为载体，不断提升服务质量；三是以开展党的群众路线教育实践活动为契机，切实转变工作作风；四是以防范廉政风险为目的，不断完善管理机制。

市局何局长莅临第34届房展会

中心召开2013年工作会暨目标签订大会

中心召开党的群众路线教育实践活动动员大会

中心开展武汉市新建商品房预售资金监管系统升级业务培训

中心开展学雷锋青年志愿者服务

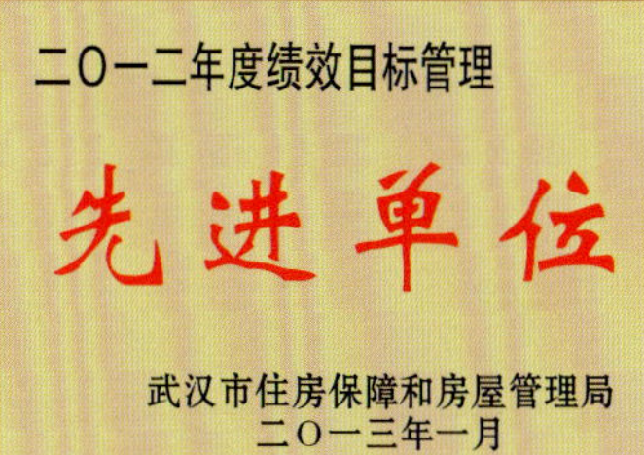

武汉市房产测绘中心

WUHAN SURVEYING AND MAPPING CENTER OF REAL ESTATE

2013年中心十件大事

中心以“优化测绘发展方式，提高测绘发展质量”为发展方针，一方面紧紧依托房产行政管理职能，一方面紧密联系房地产市场需求，持续推进内部改革，不断优化服务质量，着力增强创新能力，实现数字化测绘向信息化测绘的稳步迈进，积极推进房产测绘系统化、测绘成果多元化、成果应用广泛化的发展进程。

一 积极开拓市场，经济效益再攀新高

房产项目测绘是中心的传统主业，主打“实力牌”，全年完成230项，实现产值1300万元。分幅分丘图测绘是中心的新增长点，主打“高效牌”，全年完成1050项，实现产值1620万元。面积调查、工程测量、地籍测绘等是中心的效益突破点，主打“优势牌”，全年完成130项，实现产值1100万元。三大业务板块在2013年均创历史新高，突破4000万大关，年增长率达到15%。

二 不断夯实基础，房产基础测绘步入正轨

中心已完成了1360平方公里1:2000房产管理图的动态修测工作，并在此基础上，制作完成了保障性住房分布图、优秀历史建筑分布图、危房分布图、老旧住宅物业小区考评图等专题图件2724项。同时，该图件在全市中心城区既有危房普查及图、数、表一体化数据库建设、物业管理区域平面图测绘、房屋安全管理基础信息调查、英租界面积调查、房屋面积调查嵌合图等重大项目中，也起到关键的房产测绘技术支撑和技术服务作用，为中心创造了良好的社会效益和经济效益。

三 提升保障能力，鼎力促推行业发展

中心承办了武汉市第十八届职业技能大赛测绘专业比赛，选拔了一批优秀技术骨干，增强了行业凝聚力和职业荣誉感。在大赛中，中心职工囊括前三名。为了提高全市房产测绘的成果质量，中心全力协助市房管局开展房产测绘成果审核工作，全年完成883项，审核面积4722.27万平方米，全市测绘成果的质量得到明显提升。除此之外，中心还组织全省专家编写了《湖北省房产测绘技术规程》，在行业规范化建设方面作出了积极努力。

四 坚持信息化发展，“房管一张图”取得突破

2013年，中心联合汉南区房管局，着力打造了精细化房产管理亮点工程“汉南房管一张图”。该图以GIS为基础，以测绘数据为龙头，以房屋数据为主线，串联起所有业务数据，通过对房屋进行实景三维建模，实现房产空间信息的一体化管理，已真正意义上实现“以图管房”的目的。该项目是全省乃至全国房管领域的首创之举，试点区域成果获得了汉南区委、区政府和市局领导的充分肯定。

中心主任介绍“房管一张图”建设情况

中心在全市测绘专业比赛中取得优异成绩

汉南区纱帽街三维效果图

五 加速科技创新，成为中心发展新动力

中心不断拓展地理信息技术应用范围，使房产管理更加直观化、精细化。打造存量房评估“武汉模式”，有效服务国民经济发展；探索“以图管业”模式，实现社会创新管理；建设危房管理系统，提升房屋安全管理水平；开展原汉口英租界房屋资源调查，保存城市历史文化因子；开展保障房图数表一体化建设工作，确保民生工程公平公正；开展长江大道沿线房屋立面整治测量及三维建模工作，服务城市经济建设。

武汉市中心城区老旧住宅区物业服务提档升级社区分布图

六 争创优质工程，提高行业地位

2013年，武汉城市景观大道（长江大道）沿线房屋三维建模与立面整治测绘获湖北省优秀测绘工程一等奖，武汉市蔡甸区恒大绿洲房产测绘获湖北省优秀测绘工程二等奖，武汉市武商摩尔城测绘获湖北省优秀城市勘测工程二等奖。同时，中心等多篇论文发表于行业核心期刊，其中《基于GIS的武汉市危房管理系统建设与应用》经全国管理创新成果评审委员会评审鉴定，获得2013年度全国管理创新成果一等奖，并且该成果获得湖北省测绘科技进步奖。

七 树立行业标杆，积极发挥龙头作用

中心注重思考，摸索出行业可持续化发展的道路。以项目驱动，积极拓展地理信息技术在房产管理领域的应用。湖北省测绘地理信息局联合湖北省电视台对中心地理信息技术应用情况进行深入调研采访，并以电视新闻的方式在全省展示中心的应用成果，引领行业发展方向。协助市局首次编研了武汉市第一部有关住房保障和房屋管理的蓝皮书《2014武汉市住房保障和房屋管理蓝皮书》，及时准确介绍武汉市住房和房地产业发展现状及趋势，为行政决策提供依据，促进房地产业科学、健康、可持续发展。

八 奉献社会大众，用心服务企业群众

中心用心谋发展，服务创品牌，按时按质办结回复市政府市长专线政务督办单。80万吨乙烯项目现场，采取驻地作业的方式，提高效率，缩短工期，尽最大限度满足企业要求。深入光谷联合、保利地产、华侨城等多家企业，上门现场办公，采取有效措施解决企业难题。安排专人面对群众，处理历史遗留问题，化解社会矛盾。积极开展社会宣传，普及房产测绘知识，提高社会知晓率。

九 转变运行方式，加强内部管理

2013年，中心将内部管理的重点放在建标准、打基础上。编制《个人绩效目标汇编》，实现“任务、责任”落实到人；在绩效奖金上推行同工同酬，实行新的分配机制，激发职工积极性。加强风险防控，在重大工程支出、细化房产测绘技术标准、合同管理、数据保密、杜绝吃拿卡要等方面进行了部署。加强建章建制和督促检查工作，出台外业生产、机动车辆操作规程，强化执行环节的督促检查。为了实现可持续发展，中心加大了人才引进力度，稳步推行了用工制度的改革，聘用人员绩效奖金、福利享受正式职工待遇。

十 加大文化建设，用先进文化凝聚正面力量

2013年，中心荣获“武汉五一劳动奖状”、“省级青年文明号”和“武汉市安全生产先进单位”，各项工作再上新台阶。为了扩大社会影响，在《长江日报》上作深度宣传，主动邀请社会各界领导到中心调研，展示发展成果。坚持文化引路，拍摄反映科室团队精神的宣传短片，营造积极向上，奋勇争先的良好氛围。举办迎春运动会、道德讲堂、足球比赛等活动，凝聚起干事创业、和谐共赢的积极力量。启动企业文化体系建设活动，全力打造共同认可和践行的主流文化，引领和影响房产测绘行业的发展。

武汉市房产信息中心 WUHANSHI
武汉市房产档案馆 WUHANSHI

追求卓越致力智慧房管
勇于担当服务百姓安居

机构简介 Organizations Introduction

武汉市房产信息中心（武汉市房产档案馆）成立于2010年7月，是武汉市住房保障和房屋管理局下属正处级事业单位。中心是数字城市专业委员会数字房产专业学组副组长单位，具备地理信息系统工程专业国家乙级测绘资质，是湖北省机关档案目标管理省特级达标单位。

中心现有职工58人，其中：本科及以上学历48人（博士3人、硕士13人），占全体职工85%；各类专业技术人员45人（高级职称6人、中级职称15人），占全体人员80%，是一支团结、拼搏、年轻、高效的工作团队。

地址：武汉市建设大道702号
电话：027-85482516
传真：027-85482516

中心书记 缪涛

中心副主任 周民杰

主要职能 Main Functions

一 为全市住房保障和房屋管理业务提供技术保障，为房屋管理决策提供技术支持和服务，促进住房保障和房产技术创新；

二 承担全市房管信息资源开发利用的规划方案起草及组织实施；

三 负责拟定房管信息资源的管理制度、工作规范和技术标准；

四 负责全市房管信息资源的共享、交换和整合工作；

五 负责集中管理全市房管系统重要信息资源，开展信息资源研究，为局机关提供决策支持服务，为社会提供信息咨询、档案利用和技术服务；

六 负责全市房管系统档案的统筹管理、收集整理、编研利用和业务指导；

七 协助开展全市房管系统干部职工和从业人员的继续教育和专业培训。

所获荣誉 Achievements

“房屋产权登记历史档案扫描加工及权属登记数据整理项目”被列为住建部2013年度科技示范项目，受到省、市档案部门的高度肯定，多家新闻媒体给予正面报道；取得地理信息系统工程专业国家乙级测绘资质；住房保障管理信息系统和房地产抵押信息查询系统分别获得计算机软件著作权；中心档案管理科被授予全省档案工作先进集体、武汉市市级巾帼文明岗等荣誉称号。

王旭同志被授予武汉五一劳动奖章；焦龙等四名同志获得房屋登记官资格；缪涛、徐有威2名同志被聘为武汉市政府采购评审专家；缪涛、魏鸿毅、张曾福、胡嵩同志《基于GIS服务的住房保障管理信息系统的实现》、《武汉市个人住房信息系统框架及建设思路》、《浅析房产管理数据挖掘在智慧房产建设中的典型应用》等多篇论文在智慧城市研讨会论文集发表；徐有威同志《关于开源软件开发者提交行为的动力分析》在美国计算机学会应用计算研讨会上发表；陈永霞同志《新农村建设中农村居民点整治问题的思考》在《中国房地产业》杂志发表。

党的群众路线教育实践活动专题民主生活会情况通报会

王旭同志被授予武汉五一劳动奖章

业务成果 Business Results

一 全力推进智慧房管顶层设计，制定了智慧房管顶层设计方案，绘制智慧房管顶层设计规划图，形成了“5+1”的系统构架和管理平台：即规划建设、市场管理、确权登记、使用维护和灭失注销的五个阶段和住房保障的全生命周期管理。截至目前，系统已全面部署到全市16个区局，共完成4799栋房屋的调查数据采集和落地。

二 积极参与建设财源管理平台、社会收入比对管理平台、存量房评税信息系统等一批对全市社会经济发展有着重要影响的项目，截至目前，存量房交易计税价格评估系统自上线以来，共完成机评11.9万笔，累计为全市增加税收约98亿元，为交易双方节约评估费用约2.1亿元。

三 配合开展“两房并轨”历史数据整理，落实保障性住房“建管并重”，共受理公租房申请12044户，发放资格证书8288个，实现了2145户家庭在线选房和签约入住。

四 全市房屋产权登记历史档案扫描加工及权属登记数据整理项目经过近两年的建设，共完成产权历史档案扫描加工274万卷、9275万页，完成2011年以前的677.4万条房屋权属电子数据及商品房合同备案电子数据的补录、关联、归幢等整理工作。共形成房屋基本登记单元252万户，房屋归幢49万幢。项目于2014年5月8日顺利通过住建部科技示范工程验收，得到了验收专家委员会的高度评价，项目数据成果满足了个人住房信息系统建设的需要，为不动产统一登记信息平台提供了房屋产权登记数据基础，具有示范意义。

五 严格执行住房限购、限贷资格核查工作，全年累计接待房屋权属登记信息查询48901人次、 限购查询反馈250018户、限贷查询反馈 229878户，同比增加68.2%、37%、36%。

工作成果 Work Products

一 开展“智慧房管”顶层设计，推进房屋全生命周期系统集成

结合市局“智慧房管”建设规划要求，中心成立工作专班，与武大专家团队紧密配合，以房屋全生命周期管理为核心，以智慧房管数据共享为纽带，从房产信息标准化、共享机制、审查制度、共享框架和技术实现等几个方面着手，制定了智慧房管顶层设计方案；配合行政审批处进行房屋全生命周期业务流程优化研究，绘制智慧房管顶层设计规划图，参与制作了房屋全生命周期专题视频。

以房屋安全管理为主线，整合相关资源，建设完成房屋安全全生命周期管理系统（一期），初步实现全市房屋安全管理的集成化、动态化和智能化。同时，基于全生命周期管理，对涉及房地产从业企业管理、房产市场交易管理及房产登记管理的各项业务系统进行整合，通过新建和对既有系统的升级改造，强化动态监管和服务，运用GIS技术、楼盘表管理将房屋的空间位置、权属属性、图形数据等信息有机结合起来，实现高度集成的房产市场信息化管理体系。

二 优化市区房屋权属管理系统，整合房管信息化综合服务平台

为兑现7个工作日内办理保障性住房项目预售许可审批的承诺，中心积极开展行政审批系统的升级改造，在1个月内全面完成了系统的部署及培训工作。为解决房屋登记系统、商品房合同备案管理系统运行效率不高，数据交换接口复杂的问题，利用2014年春节期间完成了合同备案系统的数据库升级改造，并于2014年3月底全面完成全市房屋登记系统的服务器及数据库升级工作。

按照满足未来10年全局信息化发展的需求，开展了密集的网络调研工作，开展了3次应急演习工作，以“演”带“练”，具备了应对突发事件的协同配合能力。在数据整理方面，注重搭建一体化数据清理工作流程，初步完成了登记系统、住房保障系统的数据清理，创新数据采集方式，较好地解决了业务数据与空间数据整合的难题。

三 全面推进单位人本化制度建设，单位行政管理能力进一步提高

持续改进各项规章制度，制定了《专业技术委员会管理制度》等12项业务管理制度和19项综合管理类制度，涵盖了人员管理、事务管理、资产管理等多个方面，有力践行了中心“制度管人”的管理理念和“以人为本”的服务理念，不仅确保了各项工作的顺利推进，保证了依法行政和民主决策科学管理思想的贯彻落实，也从源头上预防了腐败行为的发生，保证了党风廉政建设责任制落到实处。

大力弘扬“以人为本”的服务理念，租赁职工宿舍2间，解决了外地员工的住宿难题；通过系统规划和分步实施，对聘用人员使用实行重大变革。通过一系列的考试和考核，录用新员工3人，劳务派遣转聘2人，转劳务派遣用工3人，做到有情操作，平稳过渡，打破了单位用工只进不出的传统惯性，建立了相对合理的长效管理机制，逐渐形成了以人为本、尊重人才、关心职工的良好氛围。

在进人和用人实现规范化管理的基础上，同步抓紧人才素质提升工程，大兴创新研究之风，出台了《科学技术奖励办法》，鼓励员工加强专技能力学习，奖励作出贡献的部门和个人，为提升住房保障和房管信息化服务水平奠定了坚实的基础。

武汉市白蚁防治管理办公室
武汉市白蚁防治研究所

单位简介

武汉市白蚁防治研究所成立于1956年，2009年批复挂武汉市白蚁防治管理办公室牌子，实行合署办公模式。武汉市白蚁防治管理办公室行使市住房保障和房屋管理局委托的全市白蚁防治市场管理和行业管理职责。武汉市白蚁防治研究所承担全市中心12个城区的新建、改建、扩建和装饰装修房屋的白蚁预防工作，承接现有房屋建筑、园林绿化、水库堤坝、地下构筑等白蚁危害普查鉴定及治理工作。

武汉市白蚁防治研究所现为全国白蚁防治标准化技术委员会委员单位、中国物业管理协会白蚁防治专业委员会副主任委员单位、湖北省房地产业协会白蚁防治专业委员会主任委员单位、武汉市房地产协会白蚁防治专业委员会主任委员单位等。一直以来，市白蚁所负责白蚁防治专委会的日常工作，按照上级部门要求和行业发展的需要，组织会员单位开展《房屋白蚁预防技术规程》、白蚁防治专业人员岗位培训等各类技术业务培训和讲座，组织省内会员单位相互学习，跨地区专家检查，交流经验，并走出去向省外兄弟单位学习先进方法，依托协会优势，深入推进白蚁防治行业健康发展。

全所现有职工106名，所内设有6个职能科室、5个基层防治站。有高级专业职称人员13名，中级职称人员24名，技师8名，在全国同行业中处于技术和服务领先地位。

近年所获荣誉

2007年，武汉市白蚁防治研究所被市政府授予“武汉五一劳动奖状”单位，被市委授予“思想政治工作先进单位”。2008年，被市直机关工委评为“先进基层党组织”，被江岸区评为“最佳文明单位”。2009年，被市总工会授予“劳动关系和谐单位”。2010年，被市委授予“先进基层党组织”，被市总工会授予“市级模范职工小家”。2011年，被市政府评为“全市城乡基层党组织结对共建工作先进单位”，被市总工会评为“工会组织创先争优示范单位”以及“劳动竞赛优秀班组”。2012年，被市直机关工委评为“党员先锋岗”，被市工商局评为“武汉市五星级管理服务单位”，被全国白蚁防治中心全国白蚁防治标准化技术委员会评为“白蚁防治单位标准化建设考核优秀单位”，保持了综合治理优胜和安全生产先进单位。2013年，被市委、市政府授予“市级文明单位”，被市“三万”活动领导小组授予市级“三万”活动先进单位。

▲ 2014年全市白蚁防治工作会

▲ 送药进社区

▲ 春节慰问

2013年基本工作情况

1.提前超额完成白蚁防治全年经济目标

全年全所经济总量达6609.4万元，同比增长11.2%。共完成全市806项，2366.81万平方米包治期内（五年、十年、十五年）新建预防项目，征收白蚁预防费6060.9万元，征收面积3558万平方米；完成全市141处、51.6万平方米优秀历史建筑白蚁防治任务，以及9项107万平方米、429.8万元的装饰装修白蚁预防工程项目内部招投标，共消除蚁害1945处。

再次被评为“白蚁防治服务五星级单位”，全年共收到锦旗12面，表扬信8封。其中征收窗口被评为市民之家“巾帼文明岗”，并得到2面锦旗，童艳芳同志被评为市局“微笑服务之星”。

2. 不断提升IPM科研技术，提高服务满意度

积极做好新建房屋白蚁预防监控IPM工程项目的推进管理工作及IPM施工方案的审定工作，完善工程方案审核程序，共完成项目355万平方米。对设置了地上监控装置的进行重点跟踪，全年坚持2次以上定期查看监控装置，发现蚁害及时治理。各部门工作人员4、5、6三个月放弃中午休息和节假日，坚持值班接听电话、耐心解答居民疑难问题，坚持及时到发生蚁害的住户家进行返治，全年共完成新建返治任务1257户。

3.履行社会承诺，扩大免费灭治覆盖率

按照《市人民政府关于促进工业经济平稳较快发展的意见》规定，全市共对84.39万平方米的26个工业项目进行免收白蚁预防费，

免收金额达到100万元以上。同时，切实履行对低保困难残疾家庭免费灭治白蚁的社会承诺工作，坚持按《关于进一步加强白蚁防治管理服务的通知》精神，将免费受理相关权力下放到基层单位，便于及时周到地服务困难居民家庭。与市局、汉网、武汉晚报联合，开展“情系百姓服务民生”宣传活动。2013年全所为2000多户家庭提供上门服务，为67户低保残疾人家庭解决了白蚁困扰，免费赠送白蚁防治药物150多瓶，发放宣传手册和服务指南2600余份。

4.积极开展园林绿化和省外水库堤坝的白蚁灭治工作

2013年在园林绿化方面基本保持了原来的状况。武昌防治站在肯德基店装修白蚁预防方面已拓展到周围省市，创收任务超过10万元。另外，在大型娱乐场所、文物建筑白蚁预防方面都有一定提升，以新建预防为主、以拓展灭治为重点、以向市外发展为突破点的全面发展防治工作取得了一定成效，为单位长远建设、应对市场经济打下了良好的基础。

5.开展第三轮“三万”活动、学雷锋活动、党员进社区活动

从2012年12月5日至2013年3月5日，参与了以“整洁村庄环境、建设美丽家园、促进生态文明”为主题的“三万”活动。所驻村小组及时前往对口村（江夏区法泗镇大路村），开展“三清五改”活动，有计划地组织人员和工程机械药车对确定的区域和项目进行整治。所领导亲自下基层走访农户，宣传政策，慰问困难居民，全年投入资金20多万元，被评为市级“三万”活动先进单位。

结合文明单位创建、卫生城市创建等各项工作，与辖区香港路社区紧密共建，开展好在职党员进社区活动。到社区认领帮扶帮困、创卫宣传、白蚁防治宣传、关爱空巢老人、环境卫生整治、心理咨询、爱绿护绿共计七个服务项目。为社区困难群众和党员家庭捐款捐物，为农民工子女提供学习用具；开展结对帮扶活动，主动将白蚁防治知识、服务指南和药物送到社区，解决了社区部分的燃眉之急。“十一”前夕,开展以“五员”（即宣传员、联络员、监督员、服务员、调解员）为核心的党员干部“回归家园”活动。

6.认真开展 “四风”查摆，贯彻落实党的群众路线教育实践活动

所领导班子按照市局党组的第一批群众路线教育实践活动工作部署，紧密围绕“为民、务实、清廉”的主题精髓，高度重视并积极落实“四风”整改。

7.深入推进学习型单位建设

所全年为职工购买学习书籍200余本，切实开展科普宣传和技术培训，在党员活动室组织“书香党支部”活动20余次、基层单位“青年读书角”活动10余次，按照市级文明单位要求，切实开展以“五个一”为核心的道德讲堂活动7次。开展“学雷锋”志愿服务活动、“青年志愿队进社区宣传服务造福于民”的白蚁防治科普知识及防治政策的义务宣传活动、“12 · 5国际青年志愿者”活动等。全年共征集了各部门各类文章50余篇，发表了11篇技术文章，13篇专业交流文章，完成了《蚁学简讯》两期编发工作。

8.积极保障职工合法权益

关心职工身体健康，组织全所检查并注射乙肝疫苗；看望住院生病职工；关怀职工医疗保障，及时发放医疗互助补贴金；加强职工学习教育，组织观看教育影片；组织职工参加健康知识和紧急救护专题讲座；承办了市局网球俱乐部、游泳俱乐部活动和相关知识讲座。

9.做好信访维稳，维护安定团结

2013年共及时处理市长专线、政务督办24件，其中交（转）办件8件（减免的5件），督办件市长专线等16件。小区居民反映蚁患及时上门处理，园林绿化投诉加强横向沟通，遇到群众困难积极帮助，做到了“事事有人管，件件有落实”，信访办结率达100%，息访率达100%，全年全所安全生产无事故。

▲ 高温慰问

▲ “三万”活动总动员

▲ 施工现场

▲ 所“小红帽”热情回应村民各类疑难问题

▲ “青年文明号”、“学雷锋”志愿服务队

地址：武汉市建设大道702号5楼　　传真：027-85482317
电话：027-85482317　85482292　　邮箱：808wu@163.com

交通调查

职工趣味运动会

配乐诗朗诵

党员教育活动

公司简介

武汉市交通规划设计有限公司隶属于武汉市交通发展战略研究院。武汉市交通发展战略研究院系武汉市国土资源和规划局下属事业单位，是中部地区最早成立、国内首批成立的综合性交通科研院所，经过近20年的发展，已成为集城市交通规划、设计、研究于一体，面向政府决策、规划管理和城市建设等各个领域，具备国内一流交通规划科研综合实力和行业最高资质标准的专业交通规划研究机构。先后完成了武汉市交通发展战略、综合交通规划、综合交通调查、轨道交通规划、快速环线规划、过江通道规划、重大项目选址、重大项目交通影响分析、重大建设项目交通组织、交通信息系统以及国内其他城市综合交通规划等1000余个科研项目，为促进城市交通和谐快速发展作出了突出贡献。

2012年4月，按照武汉市政府关于勘察设计类事业单位机构改革（武政办〔2011〕175号文）要求，武汉市交通发展战略研究院独资组建成立了武汉市交通规划设计有限公司，服务武汉市城市规划、建设、管理等各个领域，业务范畴涵盖综合交通规划、公共交通规划、交通影响评价、控制性详细规划、静态交通规划研究与设计、交通市政工程设计、施工期交通组织方案、交通规划咨询等各类规划设计业务。

公司拥有一支结构合理、技术精湛、能力突出的高素质人才队伍，公司下属4个部门：综合管理部（生产经营部、办公室）、规划部（综合交通规划、公共交通规划、有轨电车）；设计部（静态交通规划设计、交通市政工程设计、地下空间利用）；咨询部（交通影响评价、交通规划咨询、模型）；共有专家和技术人员28名，其中正高职5名、中高级专家5名、国家注册城市规划师3名、注册工程咨询师3名，是一家具有丰富交通规划设计经验的专业交通规划设计机构。

公司将依托市国土规划局在武汉城建领域的强势地位及总院近二十年来积累的市场、技术、人脉、口碑等资源，囊括交通规划、咨询到设计全面纵深发展；以有轨电车、地下空间等新兴课题为主要突破口，积极寻求错位发展，致力于将公司打造成全国知名的交通规划设计单位，为创新大武汉，建设国家中心城市而不懈奋斗。

公司架构

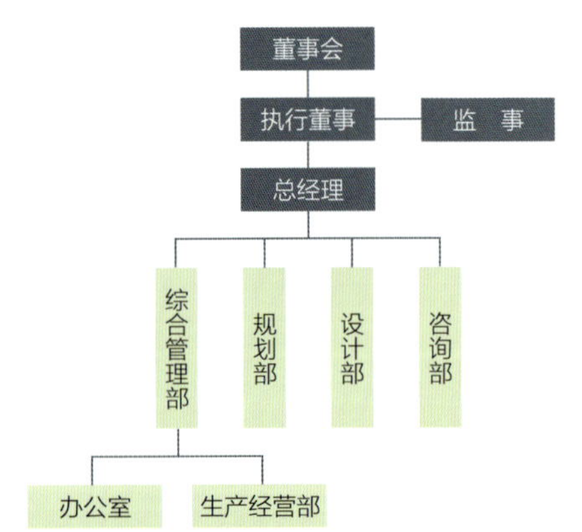

2013年获奖情况

获奖项目名称	获奖类别	发奖单位
武汉市轨道交通资源共享规划	武汉市优秀城乡规划设计一等奖	武汉市国土资源和规划局 武汉市城市规划协会
武汉市新时期交通发展战略研究及近期建设规划	武汉市优秀城乡规划设计三等奖	
武汉东湖国家自主创新示范区综合交通规划	武汉市优秀城乡规划设计三等奖	
武汉市新城区轨道交通线网规划和"十二五"建设规划	武汉市优秀城乡规划设计三等奖	
武汉市轨道交通资源共享规划	湖北省优秀城乡规划设计一等奖	湖北省城市规划协会
武汉市交通信息系统一期工程	湖北省优秀城乡规划设计一等奖	
行人仿真模型构建及应用	湖北省优秀城乡规划设计三等奖	
武汉东湖国家自主创新示范区综合交通规划	湖北省优秀工程咨询成果二等奖	湖北省工程咨询协会
武汉市轨道交通资源共享规划	湖北省优秀工程咨询成果三等奖	
四新地区智能交通管理规划	湖北省优秀工程咨询成果优秀奖	
武汉综合交通枢纽总体规划研究	湖北省优秀工程咨询成果优秀奖	
物流新城（走马岭建新单元和风情园单元）选址规划及控制性详细规划研究	2013年武汉市优秀工程咨询成果一等奖	武汉市投资和工程咨询协会
青少年宫公共停车场工程可行性研究报告	2013年武汉市优秀工程咨询成果二等奖	
东西湖区舵落口大市场东北部地块规划咨询	2013年武汉市优秀工程咨询成果二等奖	
国际中美大都会项目规划咨询	2013年武汉市优秀工程咨询成果三等奖	

武汉市交通规划设计有限公司

WUHAN TRANSPORTATION PLANNING&DESIGN CO., LTD.

交通影响评价简介

交通影响评价(Traffic Impact Assessments)是对城市土地开发项目与交通需求增长之间的关系进行研究，分析项目对城市交通的影响程度和影响范围，进而确定相应的对策或修改方案，以减少开发项目对交通的影响。目前，交通影响评价在美国、英国、日本等发达国家已经应用十分广泛，国内从20世纪90年代中期开始，北京、上海、广州等大城市逐步实施了大型公共设施的交通影响评价。

伴随武汉城市化、机动化进程的加快，交通问题日益突出，城市土地开发与交通协调发展越来越受到关注和重视。武汉市国土资源和规划局作为武汉市规划行政主管部门，自1999年以来一直非常重视并积极开展交通影响评价工作，将其作为部分建设项目审批的重要参考依据，致力于在城市化快速发展期中，减少城市建设开发对城市交通系统的负面影响，促进城市与交通的协调及可持续发展。进入新时期，武汉仍将面临土地开发和交通需求快速增长的矛盾，科学协调建设项目开发与交通系统发展之间的关系仍然是武汉市发展的重点。

交通影响评价工作进一步丰富了规划建设决策的科学手段，市国土规划局目前开展的交通影响评价工作，能在满足建筑功能的基础下，通过优化建筑规模、调整业态构成、优化交通设施、合理安排内部设施布局等方法，有效减少建设项目对城市交通的不利影响，满足科学规划的需要，促进武汉市城市建设和公共基础设施建设。

交通影响评价工作思路

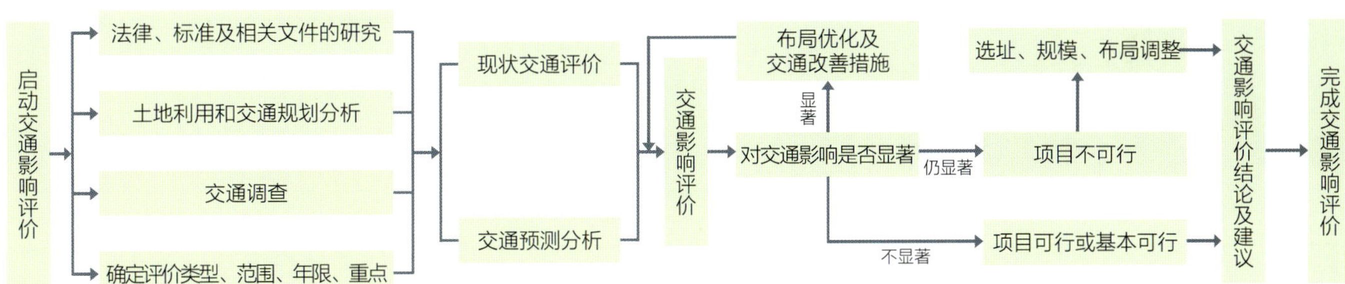

交通影响评价项目

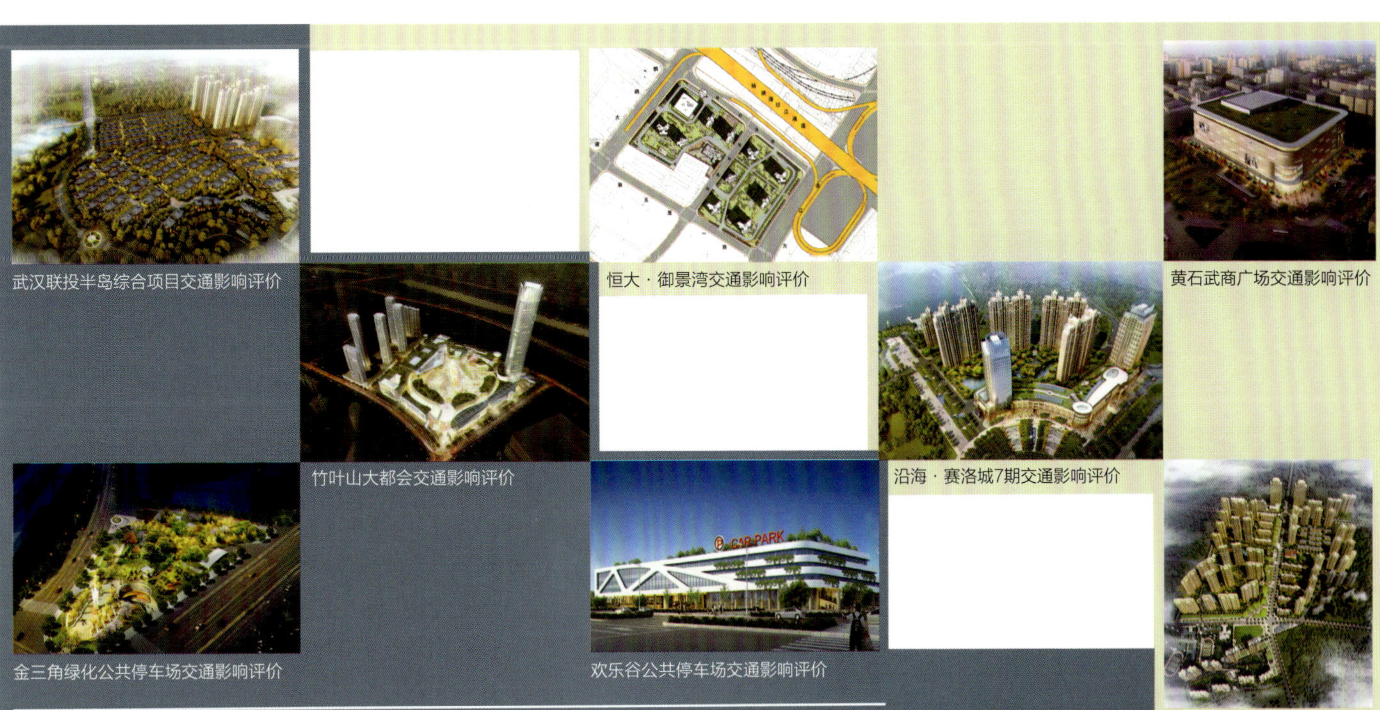

武汉联投半岛综合项目交通影响评价

恒大·御景湾交通影响评价

黄石武商广场交通影响评价

竹叶山大都会交通影响评价

沿海·赛洛城7期交通影响评价

金三角绿化公共停车场交通影响评价

欢乐谷公共停车场交通影响评价

武锅百瑞景交通影响评价

地址：武汉市江岸区四唯街中山大道1541号三阳金城B栋2层　邮箱：whtpd2012@126.com

邮编：430017　电话：027-88188060　传真：027-88188060

召开武汉市第一次地理国情普查动员部署会

召开武汉市基础测绘“十二五”规划中期检查会

单位简介

武汉市测绘研究院（原武汉市勘测设计研究院）成立于1950年，主要从事城市勘测生产、科研、开发、应用等基础工作，担负着为城市建设和经济社会发展以及社会各界提供基础地理信息和勘测技术服务的职能。

全院现有在职员工600余人，其中有事业单位专业技术二级岗位1人、三级岗位6人，国家注册测绘师37人，注册土木（岩土）工程师20人，注册一级建造师6人，注册监理工程师3人，注册咨询工程师3人，享受国务院、湖北省和武汉市政府专项津贴16人次，正高职高级工程师24人，博士、硕士90余人。

该院具有测绘甲级资质，地基与基础施工一级资质，地质灾害危险性评估甲级资质，地质灾害治理勘查、设计、施工乙级资质，土地代理登记资质等多项业务资质，是全国城市勘测行业和湖北省首家国家档案一级达标科技事业单位，通过ISO9001质量管理体系、ISO14001环境管理体系、OHSAS18001职业健康安全管理体系认证，获湖北省高新技术企业认定，入选湖北省创新型试点企业，是“精密工程与工业测量”国家测绘局重点实验室主体建设单位。业务领域涵盖地理信息工程及系统集成、信息咨询、测绘工程（卫星大地测量、遥感与航空摄影测量、工程测量、地籍测绘、地下管线探测、地图制印）、地质灾害治理工程（危险性评估、勘查、施工、设计）、土地登记代理等。

该院先后荣获“全国城市勘测设计先进单位（金奖）”、“全国城市规划行业新技术应用单位”、“全国测绘质量优秀单位”、“全国工程勘察与岩土行业诚信单位”、“中国勘察设计优秀单位”、“中国建设职工行业文明单位”、“全国青年文明号”、“全国企业文化建设优秀单位”、“湖北省勘察设计企业综合实力10强”、“湖北省测绘服务行业排头企业”、“湖北省建设系统先进集体”、“武汉市五一劳动奖状”、“武汉市文明单位”、“武汉市卫生先进单位”等40多项国家、省（部）、市级荣誉称号，200余项工程或成果项目获国家、省（部）、市级科技进步奖、优秀工程奖和优秀软件奖。

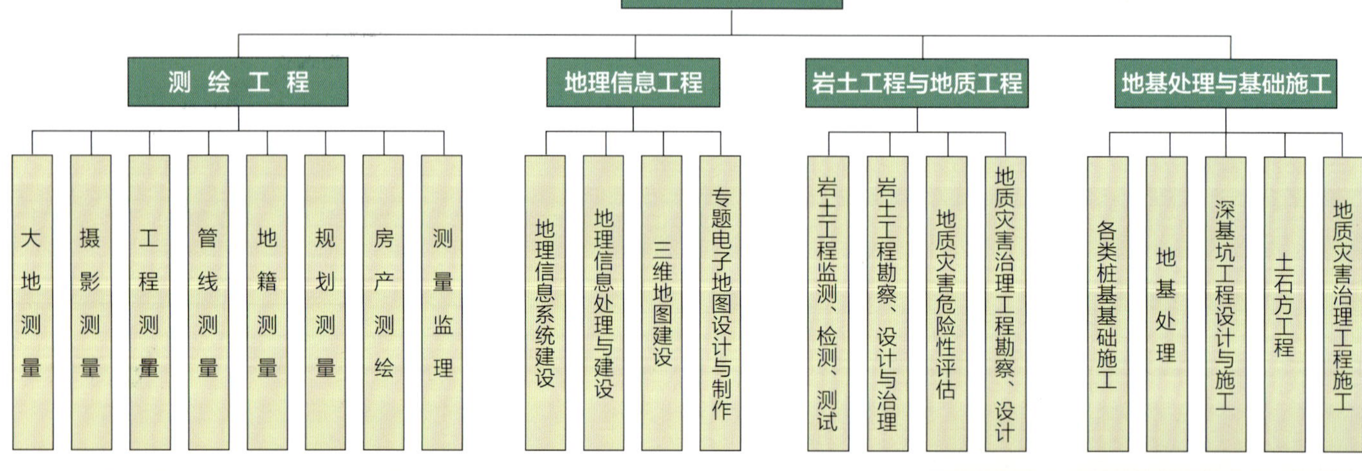

荣获湖北五一劳动奖状

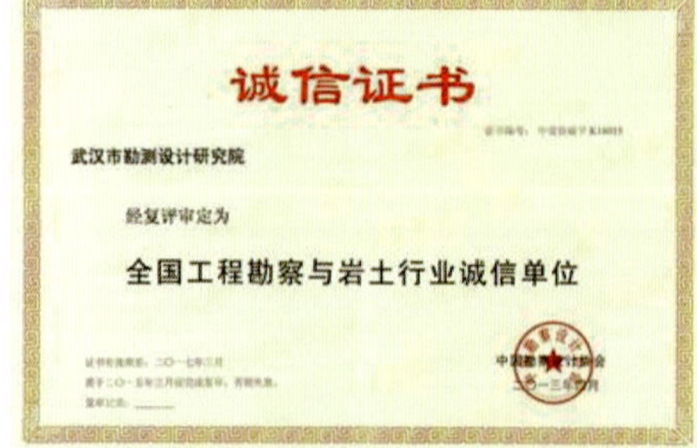

荣获全国工程勘察与岩土行业诚信单位

成立地理国情监测联合研究中心

武汉市测绘研究院

WUHAN GEOMATIC INSTITUTE

武汉文地图等6版公益地图的编制

科研成果

随着测绘科技的发展，城市勘测经历了从模拟勘测、数字勘测到信息勘测的三个阶段，并正在向智能勘测不断发展，信息化建设工作也逐步贯穿测绘工作的各个环节，其技术手段、产品形式、服务对象和体现的价值等方面都有了跨越式发展，有的甚至是质的飞跃。

近年来，武汉市测绘研究院为了促进勘测事业的发展与壮大，不断加大了信息化的建设力度，将信息化建设作为全院工作的重中之重来抓。为了明确每个阶段的工作目标，从2004年起，根据信息化建设的年度侧重点不同，分别开展了“信息化建设年”、“信息化服务年”、“信息化应用年”、“信息化推广年”、“信息化提高年、“信息化平台年”、“资源整合年”、“信息一体化年”、“信息深化建库年”、“标准建设年”等主题年活动，通过10年的建设与发展，逐步实现了勘测管理的全面网络化、勘测生产的信息一体化、勘测成果的产品系列化、成果应用的服务泛在化、创新举措的手段多元化，有力提升了生产技术水平和服务保障能力。2014年，该院正以“时空信息建设年”为主题，坚持“以我为主，开放协作，需求牵引，项目驱动”的建设原则，继续深化信息化建设，着力建设有价值的时空信息，努力实现由信息测绘向智能测绘的转型发展，推进勘测事业再上新台阶，为建设国家中心城市、复兴大武汉再立新功！

服务于国土规划管理

“规划是龙头，勘测是基础”，勘测成果是规划国土管理的基石，我院信息化建设十年以来所构建的信息化勘测体系，为规划国土管理提供强有力的技术支撑。

武汉市土地资产经营监管子系统

武汉市土地交易中心综合信息平台

武汉土地登记发证中心OA办公系统

服务于重大工程建设

利用现代测绘技术，整合城市各种信息资源，为企业以及社会大众提供了多层次、高质量、高效率的地理信息服务，大幅度提高了城市和社区建设的管理水平和效率，促进城市管理的高效化。

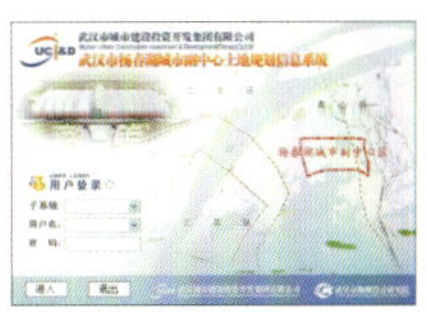

杨春湖土地规划信息系统

王家墩地区地理信息管理系统

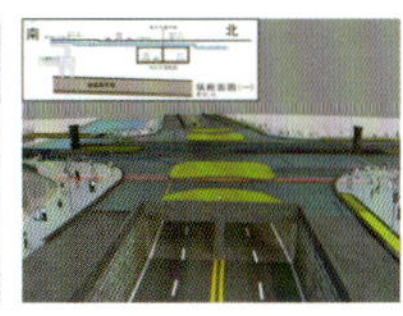

东沙联通审批系统

服务于电子政务建设

利用地理信息技术和成果建立政务信息系统，有效提高了各级政府科学管理决策水平。利用测绘手段和地理编码技术等，建立了城市网格化管理平台，推进城市管理的变革，形成了经济、高效的城市管理新模式。同时，建立了城市三维地理空间框架，为政府整合各部门专题信息提供了统一平台。

警用地理信息系统

环保环境数据中心

农业地理信息服务平台

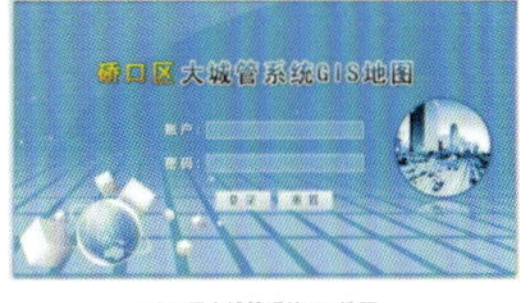

硚口区大城管系统GIS地图

服务于社会公益

坚持“三公三共”思想（以“信息公开、服务公众、利益公平”为基础，实现“系统共建、信息共享、发展共赢”的目标），努力搭建地理信息公共服务平台，积极建立了武汉市公益地图及网站，编制了武汉市公益地图，并逐年发布了武汉市地理信息蓝皮书，不断增强信息系统的社会化应用力度，推动基础地理信息的运用和信息系统产业化建设。

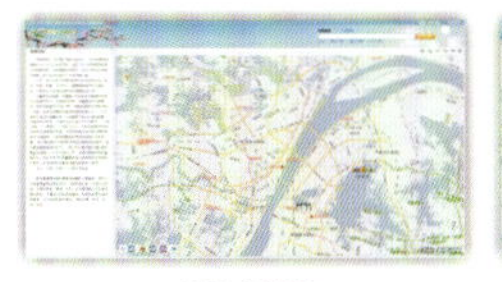

武汉公益地图网
http://www.vrwuhan.com

武汉市环境空气质量实时发布系统
http://ft.whepb.gov.cn:8090/default.aspx

武汉赏花游网站
http://whshy.wuhanagri.gov.cn

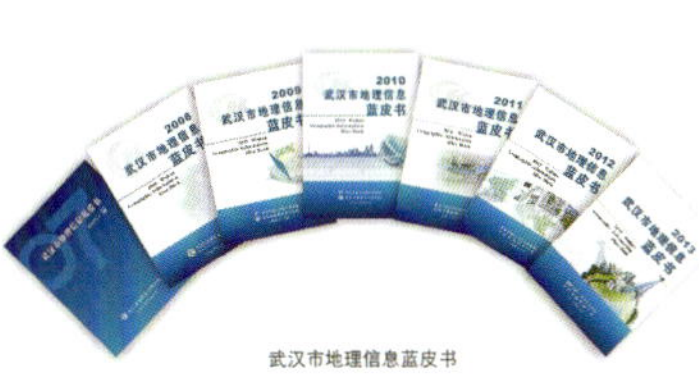

武汉市地理信息蓝皮书

纸质地图

中心简介

武汉市土地利用和城市空间规划研究中心为武汉市国土资源和规划局下属事业单位，是从事公益性服务的研究机构，拥有土地利用规划、城乡规划编制双甲级资质。主要承担全市土地资产经营管理相关研究、土地集约利用和分等定级研究、各层次城市规划编制与修订、建设项目用地规划及空间规划论证、旧城改建类项目可行性研究及相关规划实施政策研究等工作，并承担市土地学会的事务性工作。

一个不断壮大和更具创造力的团队，是中心开拓、领先的基石。中心拥有土地、规划、建筑等各类专业技术人员130余人，其中博士2人、硕士63人；50%以上人员具备中高级以上职称；2人享受国务院特殊津贴、国家和省、市级专家9人。

中心以土地利用研究为主导、以实施性规划为抓手，充分发挥"规土融合"职能特色，为国土规划管理提供技术支撑保障，为各级政府、部门和社会公众提供专业技术服务。高水平地完成了武汉市土地节约集约利用评价、基准地价更新、法定规划、重点地段城市设计、重点功能区实施性规划等一大批土地利用、城市规划、政策法规类研究工作。1项成果获国土资源科学技术二等奖，80余项研究成果获得国家和省、市级荣誉，在推进武汉市国家中心城市和国际化大都市建设过程中发挥了积极作用。

地空中心秉持城市可持续发展理念，勇于探索，践行"规土融合"，助推土地利用研究、实施性规划、土地利用综合管理、用地和空间规划论证、政策法规研究等五大技术平台，取得了良好的效应。

与国家土地督察武汉局合作共建签约仪式

中心与ARCADIS签订谅解备忘录

与荷兰代尔夫特理工大学交流会

新型城镇化背景下土地问题与对策研究

道德讲堂

工作成果

（一）发挥"规土融合"技术优势，为部省级部门及机构提供决策支持和技术服务

相继承担国土资源部、省国土厅、省住建厅、省纪委、省安全厅等20家单位的各类公益性研究58项。其中，与国土督察武汉局联合开展的《新型城镇化背景下土地问题与对策研究》《十八届三中全会土地新政解读研究》成果，获国土资源部胡存智副部长高度评价，为国家推进新型城镇化土地制度改革提供技术支撑。承担国土资源部下达的《武汉市土地节约集约利用评价》及高校用地评价、城乡结合部评价、省级评价汇总等专项研究，分别于2012年11月、2013年11月通过国土资源部验收，技术成果被专家评价为国内领先。由于提交的各类研究成果多次为国土资源部的决策管理提供良好的技术支撑，2013年12月，国家土地督察武汉局王广华局长与中心签订了《国家土地督察武汉局土地督察工作五年规划委托合同书》。

承担省国土厅下达的《湖北省地下空间开发利用政策研究》、省住建厅下达的《湖北省"四化同步"示范乡镇试点镇村规划编制空间资源节约集约利用导则》等研究工作，充分运用了"规土融合"的技术手段，填补了省级地下空间开发利用管理、土地节约集约规划标准的空白。此外，还承担了省公安厅、省安监局、省测绘局、省地税局、省地矿局等政府机构的技术服务工作，解决上述机构在用地、规划以及建设方面的困难，均得到服务对象的高度评价。

（二）利用"规土融合"技术平台，为市、区两级政府及部门提供管理支撑和专业服务

近几年，承担政策性法律法规、重点功能区实施性规划、各类计划、技术性研究、指令性工作等达600余项。为市委市政府、市政协、市重点办、市法制办、市发改委、市城建委、市房管局以及市国土规划局等10多家政府部门，提供管理支撑和专业服务。

完成的《武汉市土地级别与基准地价更新》获省物价局批准执行，并获得国土资源部科学技术二等奖，编制技术水平居全国领先地位。配合完成的《武汉国有土地上房屋征收和补偿实施办法》《武汉市城乡规划管理条例》《武汉市地下空间开发利用管理规定》《武汉市建设工程规划管理技术规定》等一系列政策法规研究制定工作，在规范政府管理、维护公共利益、保障社会权益等方面作出积极贡献。上述条例、办法、规定均已正式颁布实施。完成的《武汉市"三旧"更新改造规划技术标准》《武汉市城市设计编制技术规程》《武汉市城市设计编制与管理技术要素库》《武汉市国有土地年租金标准研究》等20余项技术规范和标准，成果已广泛应用于武汉市城市设计、规划管理中。

积极探索"规土融合"的编制模式，高质量完成的《汉口沿江商务功能区实施性规划》《武昌沿江地区实施性规划》《武昌古城实施性规划》等一批重点功能区的实施性规划编制成果，以"二七商务区实施规划"为试点，建立了"规划统筹、土地支撑、空间落实、计划保障"的规划编制模式。研究制定的《武汉功能区实施规划创新研究》《武汉重点功能区实施规划工作指引》《武汉市重点功能区片实施性规划编制体系与行动计划（2013—2018年）》等，在指引全市功能区实施规划、组织与编制工作中发挥了重要作用，取得了良好的效果。

承担全市土地储备计划、土地供应计划、房屋征收计划、保障性住房建设计划等年度计划制定工作，有效发挥市级土地宏观调控、节约集约、保障公共利益等方面的积极作用。

开展了《武汉市创建国际化城市策略研究》《武汉市现代服务业集聚区发展总体布局规划》《武汉区域金融中心空间布局规划》《武汉市职住平衡研究》等一批宏观、中观层面课题研究工作，为推动落实武汉市建设国家中心城市目标，实现空间布局结构优化、现代服务业聚集发展奠定坚实基础。

制定了《武汉市建设项目用地和空间规划论证技术规程》，开展具有公益性、保密性特征的地空论证研究工作，成果被纳入市局管理流程，促进了国土规划管理水平和效率的提升。制定的《武汉市市区土地出让收益及税费征收项目土地评估操作细则》，组织招标采购，规范土地估价业务，截至目前共完成土地估价149宗，评估价值511亿元，有效保障了国有资产的保值增值。实现了规划和土地管理技术服务全覆盖。搭建土地资产经营监管平台，实现土地资产经营的动态监管，构建具有"规土融合"特色的土地节约集约利用平台。

编制了《武昌区战略规划》《区级土地节约集约利用评价和发展规划》《区级"三旧"改造规划》《区级重点功能区实施性规划》《硚口古田二路城市设计》等200余项。初步实现了"以战略规划为统领，以土地节约集约利用为基础，以'三旧'改造为手段，以重点功能区实施性规划为抓手"的全面服务区级经济发展新模式。

此外，中心加大服务分局及新城区局管理力度。按照市局进一步下放事权、搞好技术支撑的有关精神，采取业务部门对口服务和直接派驻人员到分局、区局贴身服务等方式，发挥了良好的技术支撑作用。编制了《汉南区节约集约利用评价与发展规划》《汉南区兴城大道城市设计》《硚口汉宜路片城市设计》等20余项规划，取得良好实效。积极响应省委省政府、市委市政府号召，开展援疆、援藏和对口扶贫工作。派驻技术骨干赴新疆博乐市规划局挂职，圆满完成《新疆博乐市北京路、青得里大街综合改造规划》《新疆博乐市基准地价更新》《西藏乃东城镇体系规划》《西藏泽当—昌珠历史文化名镇保护规划》等技术援助工作，获得当地政府高度认可。选派中层干部赴郧西县规划局挂职，开展了《郧西县天河银街总体规划》编制等一系列技术服务工作，有效促进当地社会经济发展。

（三）面向重点项目的建设单位提供专业技术服务

承担了大量城市重点地段建设项目的策划和研究工作。如完成建设单位委托的《武汉市精武路片旧城更新规划》《中央文化区南扩片区定位策划研究》《姚家岭国际艺术文化区城市设计》，按照完善城市功能、提升城市品质、落实城市规划等要求，联合国际知名设计机构，对片区进行整体策划和研究。完成瑞安房地产公司委托的《武汉天地项目策划和规划研究》，成功地打造了一个多功能综合发展项目，成为武汉市城市"名片"。完成万达集团、绿地集团等建设单位委托的万达公馆项目、万达中央文化区项目、绿地国际金融城项目的研究，从城市滨水形态、城市功能布局等宏观要素着手，对项目的规划建设进行合理引导。通过对重点项目的技术服务，维护了城市公共利益，完善了城市功能，实现规划管理的体外循环，起到衔接服务国土规划管理和服务建设单位的桥梁纽带作用。

按照武汉市推进建设国家中心城市与国际化大都市的目标，中心通过与SOM、AECOM、ARCADIS、荷兰代尔夫特理工大学、澳大利亚新南威尔士大学等多家外籍知名设计机构开展项目合作研究。先后完成了《江岸沿江商务区实施性规划》《二七商务核心区深化设计》《武昌滨江实施性规划》《南岸嘴及龟北片规划前期研究》《汉正街实施性规划》等项目合作。特别是《武昌滨江实施性规划》有效指导地区的规划实施和后续项目的深化设计，吸引了荷兰驻华大使贾高博、海尔德兰省副省长德娜荷、阿纳姆市副市长米歇尔·范·维森姆等一行代表前来观摩，并与中心签订了项目战略合作协议。

获奖情况

序号	项　目　名　称	获奖等级
1	武汉市土地级别与基准地价更新	国土资源科学技术二等奖
2	特大城市土地利用综合管理信息系统	中国地理信息科技进步二等奖 湖北省测绘科技进步二等奖
3	武汉市汉口沿江商务区实施规划	全国优秀城乡规划设计三等奖 湖北省优秀城乡规划设计二等奖
4	武汉市职住平衡及规划对策研究	全国优秀城乡规划设计三等奖 湖北省优秀城乡规划设计二等奖
5	武汉市滨水、临山区域控制性详细规划细则 ——以南湖、武昌滨江、营盘山周边地区为例	全国优秀城乡规划设计三等奖 湖北省优秀城乡规划设计二等奖
6	武汉市江汉区土地集约利用评价与发展规划	全国优秀城乡规划设计三等奖 湖北省优秀城乡规划设计二等奖
7	武汉市姚家岭国际艺术文化区城市设计（暨局部控制性详细规划）	湖北省优秀城乡规划设计二等奖
8	武汉市建设用地节约集约利用评价信息系统	湖北省优秀城乡规划设计二等奖
9	汉口民生路滨江核心区旧城改造规划	湖北省优秀城乡规划设计三等奖
10	武汉国际艺术文化区实施规划——姚家岭村"三旧"改造项目	湖北省优秀工程咨询成果三等奖

汉口沿江商务区实施性规划

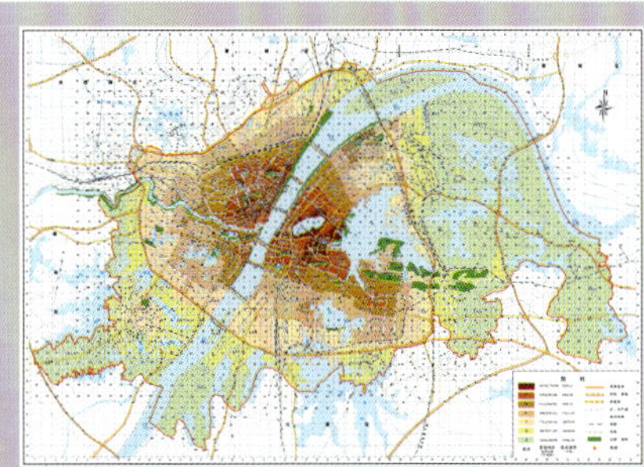
武汉市市区土地级别与基准地价更新

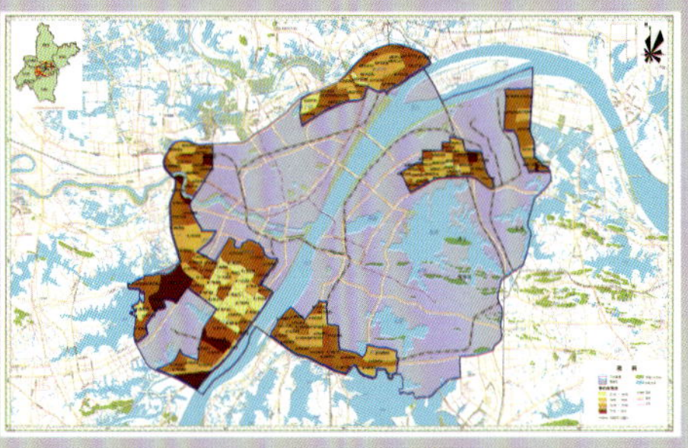
武汉市城乡结合部土地集约利用评价

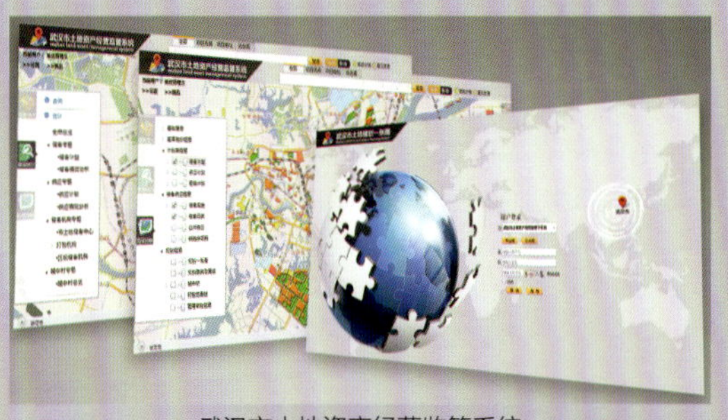
武汉市土地资产经营监管系统

地址：武汉市江岸区三阳路55号 邮编：430014 电话：027-82788743 传真：027-82788745 网址：http://www.wlsp.org.cn 邮箱：public@wlsp.org.cn

交易中心领导班子

交易中心土地公开出让现场

市民之家土地公开出让现场

土地网上挂牌成交

机构简介

武汉市土地交易中心于2004年12月21日正式分设运行，是隶属市国土局的正处级事业单位，经费自收自支；单位职工77人；其中，教授级高级工程师3人，高级工程师7人，中级工程师16人；博士1人，硕士17人。内设机构为综合办公室（财务室）、综合计划部（市场研究室）、交易服务部（司法项目室）、远城区部、招拍挂部和重大项目部。

按照《武汉市土地交易管理办法》职责分工，市土地交易中心是全市统一土地有形市场的承办机构，主要职责是：办理国有土地使用权出让、租赁的招标、拍卖、挂牌交易及国有土地使用权转让交易；实施土地有形市场的建设计划和目标；发布土地交易信息和土地价格信息；开展土地交易法律、法规和相关信息咨询服务等；承担新城区、开发区的商业、商品住宅等两类经营性用地的招标拍卖挂牌出让工作；承办全市法院执行涉及土地、房地产的公开交易工作。

2013年主要工作

一、迎难而上，圆满完成绩效任务

（一）土地市场平稳运行

一级市场供地工作圆满完成。全市土地市场累计成交土地533宗，土地面积39485亩（在全国19个副省级及以上城市中排名第三），规划建筑面积5585.43万平方米，成交金额739.95亿元。交易中心组织土地公开出让活动33次（其中挂牌25次，招标8次），共成交土地220宗，成交面积约17012.51亩，成交金额约685.94亿元。

二级市场保持良好发展态势。交易中心共办理出让国有建设用地使用权转让项目32宗，涉及面积5085.1亩。共办理划拨土地使用权转让项目13宗，涉及土地使用权面积81.28亩。

（二）重大项目供地工作全面落实

交易中心完成了硚口恒隆地块、普天地块，青山区科技体育中心地块、武昌昙华林地块等重点招商项目土地供应；完成了第一宗地下空间开发项目（澳门路地下停车场用地）的出让工作；完成了洪山区青菱都市工业园、青山区都市工业园、化工区工业园、硚口区长丰工业园、汉阳区黄金口工业园等18宗工业用地项目土地供应，成交面积约1828亩；完成了红桥村、烽火村等9个城中村改造项目18个编号地块的供地工作，成交面积约2826亩，筹集改造资金约149亿元；实施了华中科技大学小张（土库）村、省畜禽中心、江岸区社会福利院等500亩限价安置商品房项目供地，可建设限价房约82万平方米。

（三）新城区（开发区）土地市场稳健发展

在全市统一土地市场建设中，通过召开土地供应情况协调会、印发《关于进一步规范新城区（开发区）经营性土地出让工作有关事宜的通知》、完善经营性用地价格审批制度等多种形式，全面深化对新城区（开发区）土地供应工作的管理，新城区（开发区）土地市场取得前所未有的新发展。成交土地面积约32410亩，其中工业用地约22474亩，占新城区（开发区）总成交面积的69%，同时新城区（开发区）新增建设用地的94%用于发展工业，为落实全市“工业倍增”计划提供了有力支撑。

二、与时俱进，优化制度设计

（一）市场配套制度不断完善

1、优化交易规则

一是调整挂牌出让公告和挂牌文件中规定的揭牌时间、报价、竞价规则等相关内容，取消了沿用12年的10分钟内追加报价才能转入现场竞价的规则。二是降低土地市场准入门槛，简化和规范土地公开出让过程中关于成立新公司的要求，为企业提供了更为便捷的服务。三是规范土地公开出让终止或延期工作，制定《武汉市国有建设用地使用权公开出让终止或延期办理工作程序（试行）》。四是按照“准净地”、宗地与扩大用地分期供地、自行拆除等三种方式办理“扩大用地”的手续，有力地推动了重大项目的建设进度。

2、完善价格体系

一是针对规划用地性质为商业金融业、土地分类为商服的土地，修改完善了价格测算机制。二是针对土地市场溢价项目增多、溢价项目竞价轮数过多、竞价时间过长等问题，对增价幅度进行了规范和统一，出台《国有建设用地使用权出让增价幅度确定标准》。三是加强对竞买保证金的管理，制定《武汉市土地交易中心竞买保证金银行考评制度》，确保及时、准确完成竞买保证金收付工作，为用地企业提供优质服务。

（二）工作机制不断创新

1、加强土地市场计划管理

一是严格项目审查机制，拟定了统一的档案资料清单、相关资料样本和出让文件样本，编印了一次性告知书，每月定期召开项目推进会及文件审查会。二是定期清理项目完成情况，通过书面通知、现场调研等形式，对各储备机构和新城区（开发区）的供应计划、项目进度进行统计摸底，建立项目信息库和开发企业信息库，做到科学合理安排供地时间，有力保障了绩效目标的顺利完成。

2、建立“找项目”工作机制

结合市场需求旺盛、供应不足的现实情况，中心积极探索，将“招商引资”工作调整为“找项目”，建立“找项目”工作机制。采取上门拜访、现场服务、召开座谈会等多种形式，深入了解储备机构供应计划和企业用地需求，妥善解决项目供应前期可能存在的问题，并成功引进了房地产百强企业上海农工商房地产(集团)股份有限公司。

武汉市土地交易中心

WUHAN SHI TUDI JIAOYI ZHONGXIN

三、务实创新，拓展技术革新

（一）全面推行土地网上交易

建立健全了网上交易保障体系：一是制定了网上交易规则。二是达到国家系统安全等级保护三级标准。三是启用了专职部门加强管理，提高了工作和服务效率。积极推进工业用地网上交易。2013年江夏区、汉南区率先通过网上交易系统发布公告10次，出让工业用地31宗，成交面积2729.71亩，成交金额5.86亿元。

（二）启用内网综合管理平台

大力推进内网综合管理平台的建设和运用，并荣获湖北省2013年度优秀城乡规划设计奖城市勘测类一等奖。其中，地价动态决策服务系统于7月正式投入使用，为供地价格会审实现科学决策提供了有力支撑；公文流转督办系统于11月初试运行，经过调试、完善，初步实现了现代化网络办公，节约了办公成本，提高了工作效能。

四、积极应对，迎接改革挑战

（一）参与公共资源交易体制改革

成立工作专班对体制改革进行了深入研究，为省国土厅、省监察厅出台相应政策提供了智力支持，促成《关于推进土地使用权和矿业权进入公共资源交易市场工作的通知》（鄂土资发〔2013〕18号）的颁发，该文件明确：国土资源管理部门是土地使用权的实施主体，派员代表出让方到公共资源交易市场进行交易；公共资源交易中心负责提供进场交易相关公共服务和现场管理。

（二）积极推进事业单位改革

根据中共中央、国务院《关于分类推进事业单位改革的指导意见》（中发〔2011〕5号）、武汉市人力资源和社会保障局、武汉市财政局《关于市直其他事业单位实施绩效工资有关问题的暂行意见》（武人社发〔2012〕44号），按照市局的统一部署，交易中心成立了绩效工资改革工作专班，先后组织中心全体职工参加文件学习会、专题研究会共计13次，广泛听取职工对改革的看法和建议，不断优化制度设计。

五、着眼发展，强化日常管理

（一）建设学习型事业单位

一是以市场研究室为主体，认真落实快报、月报、季报和年报的研究报告制度，按时上报土地市场运行分析报告和动态监测分析报告。二是以《武汉土地市场》为阵地，鼓励广大职工积极撰稿、踊跃投稿，表达对土地市场发展的思考，极大地激发了干部职工的学习热情。三是以周四学习例会为依托，定期交流，多次邀请专家学者和全国道德模范开展专题讲座，营造了浓厚的学习氛围。

（二）加强人才队伍建设

为适应土地市场业务不断发展壮大的需求，全面提升单位建设水平，按照国家关于干部轮岗的相关要求，经市局批准同意，启用了重大项目部，开展了干部轮岗交流和民主推荐正科级干部工作，开展了副科级干部选拔工作，促进了年轻干部的成长，充实了中层管理力量。

（三）规范档案管理

通过建立兼职档案员制度，健全档案管理制度，提高档案利用效率，促使档案管理工作更加规范化、制度化、科学化。2013年9月，经市档案局档案执法组一致评定，中心被评为2013年市档案行政执法检查优秀单位。12月中旬，经过市档案局评审组综合评议，交易中心顺利通过省AA级档案达标验收。

（四）抓好后勤保障

一是积极完成市局下达的各项事务性工作，尤其是大型活动和会议的组织筹备，协助市局组织“八一”表彰大会、18城市国土局长联席会议等。二是一如既往做好本单位的后勤保障工作，严格落实中央“八项规定”，狠抓办公大楼日常管理，注重安全生产，加强车辆规范化管理和食堂环境卫生管理，使中心各项工作的开展得到充分保障。

六、务实为民，深入开展党的群众路线教育实践活动

按照市局党组的统一部署，结合工作实际，交易中心科学制定工作方案，成立了党的群众路线教育实践活动领导小组，积极开展学习活动，紧密围绕解决“四风”方面存在的突出问题，领导班子成员认真撰写个人对照检查材料，组织召开民主生活会，进行了深刻的批评与自我批评。通过积极上门服务、开展实地调研、增加便民措施、加强精细化管理、强化节俭意识等举措，及时整改落实，并将整改成果制度化，多次受到市委、市局督导组的高度评价，走在了全局系统的前列。

土地网上交易系统

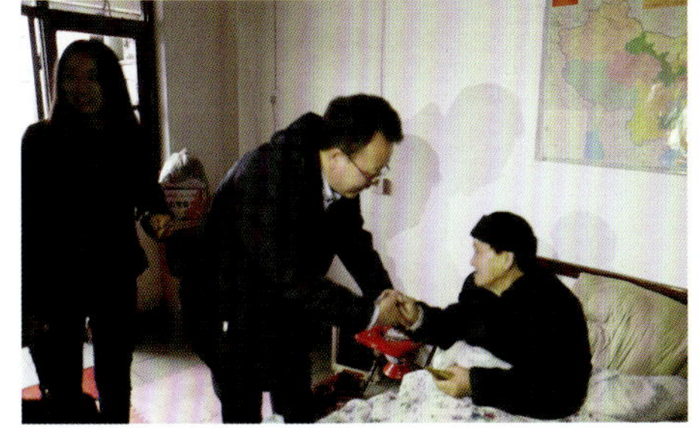

中心领导赴华清社区慰问

中心职工参加国土规划系统运动会

办公地址：武汉市江岸区三阳路55号江花综合大楼　电话：82739008　传真：82739008　邮箱：TDJYZX@yahoo.com.cn

福星惠誉房地产有限公司

经过多年的辛勤耕耘，福星惠誉已在武汉市民心中树立了无可取代的良好形象。一直以来，贵公司持续注重与时俱进，不断引领房地产行业发展潮流。请您向读者介绍一下贵公司的最新发展态势。

董事长谭少群： 福星惠誉是一家立足于业务全球化、资本国际化的中国房地产百强企业，公司成立于2001年1月18日，2005年起，福星惠誉连续9年被评为中国房地产百强企业，品牌价值达56.2亿元人民币。2007—2013年连续位居武汉市房地产开发企业综合实力第一名，是湖北区域龙头企业。公司建立了"先做人，后做事"的优秀企业文化，坚持"为政府分忧，为民解困，造福社会"的开发宗旨和以旧城改造为基点的开发思路，在城中村、旧城改造方面已经走到了全国房地产企业的前列。

现在，福星惠誉实现了住宅与商业地产齐头并进，同时全面推进"业务全球化、资本国际化"发展战略，2013年以来，公司在澳大利亚、美国、香港、新加坡的业务已经快速展开，为持续发展夯实了基础。

请您以典型项目为例，阐释贵公司是如何逐步实现住宅与商业地产齐头并进，如何全面推进"业务全球化、资本国际化"发展战略的。

董事长谭少群： 好的。创业以来，福星惠誉在武汉核心区开发了福星城市花园、福星惠誉·金色华府、福星惠誉·汉口春天、福星惠誉·水岸星城等项目，在湖北重点城市开发了孝感福星城、恩施福星城和咸宁福星城。从2007年开始，福星惠誉积极参与武汉城中村改造，陆续开发了福星惠誉·国际城、福星惠誉·水岸国际、福星惠誉·福星城、福星惠誉·东澜岸等以城中村改造为主的300多万方大型城市综合体项目。这些项目的成功开发，极大地改变了武汉中心城区的面貌，改善了人居环境。

现在，福星惠誉新推出的几个精品大盘再次在江城武汉掀起一股居住风潮。福星惠誉·东湖城是福星惠誉在武汉四大新城之东湖新城打造的120万方国际都会生活体，是融合自然生态、繁华、文化、旅游、艺术等于一体的国际湖区生活主场。150万方的福星惠誉·福星华府是汉口片区规模最大、最具投资价值的大盘，项目汇集了顶尖商业资源，为客户提供了商住互动的全方位生活体验。福星惠誉·汉阳城凭借与生俱来的优越区位及40万方新兴城市综合体的打造， 在面世之初，就备受全城瞩目。

福星惠誉大力推进商业地产创新取得显著成效，群星城、福客茂、东澜岸、水岸国际F6等项目各有千秋，优势明显。其中，群星城项目更是福星惠誉首次用超前的生态型体验式概念，创新构筑而成的差异化商业地产产品，一经推出，就在市场上产生巨大反响，2013年9月的全球招商大会获得空前成功，并荣获"2013年度中国城市商业新地标"。2014年10月，群星城盛大开张，为江城武汉再添一个独具特色的消费热点。

2014年5月24日，福星惠誉澳洲公司普罗米娜项目在当地Park Royal五星级酒店开盘，首期推出的124套房源全部售罄。作为当地的巨型项目，从拿地到首期售罄，短短8个月的时间，刷新了澳洲地产开发的中国速度。普罗米娜的成功，是福星惠誉稳健的地产开发管理模式和国际资本运作能力的华丽展现。

庭瑞集团股份有限公司

庭瑞集团作为中国地产百强，成立时间虽然不长，但成绩斐然，在武汉具有较大的影响力。请问，贵公司是如何发展的呢？

庭瑞集团： 庭瑞集团成立于2010年9月，是一家以实业化投资发展为核心的多元化现代企业集团。庭瑞集团一直秉承"为明天奋斗"的发展理念，以"忠孝仁义信"为企业核心价值观，落实"坚持房地产开发为主体、坚持投资多元化发展和坚持走上市之路"的"三个坚持"方针，坚定不移地实施"本土、省外和海外"的"三个三分之一"战略布局，进一步做好专业化分工、精细化作业，为社会提供更丰富、更完美的服务，形成企业集群，凝聚"合能"，以此持续提升地产产业价值链竞争力，立足武汉，辐射全国，谱写与其光荣历史交相辉映的时代篇章。

作为中国百强地产，贵公司深耕汉阳，现已成为2013中国房地产地方项目品牌价值十强。2014年，贵公司在经营上有什么突出的表现，未来将如何发展？

庭瑞集团： 2014年，庭瑞集团以汉阳为核心，布局大武汉，蓄力打造"观澜生活圈"，诠释都市高端居住品质，项目产品配套完善，户型设计合理，多盘联动，强强携手，在武汉市形成较大的区域影响力，产生了强大的"品牌共振"效应。

其中，"观澜生活圈"包括观澜国际、观澜御璟台、观澜高尔夫、观澜外校城四大项目。庭瑞集团看准极具前景的汉阳地区，挖掘潜在人居胜地，将高品质住房一次又一次呈现在武汉市民眼前，不断提升武汉品质居住水准。

庭瑞集团已进入快速发展的黄金时机，一直在为建造都市人居大盘而努力。庭瑞集团将在2013—2017年"二五"发展时期，完成100亿的销售目标，永续经营，成为中国最受尊敬的实业化投资发展的现代化企业集团。

从最初的"汉阳造"地产发展到拥有18家分公司，庭瑞集团业务范围逐步扩大，成为以商品房开发和商用物业管理为核心业务体系的现代企业集团，初步实现了"以地产开发为根基，坚持多元化发展"的战略目标。而今，庭瑞集团在保持精工品质的基础上，追求卓越不凡的高品质生活，将完美落实到住房理念的方方面面，势必在未来缔造大武汉都市大盘传奇。在如此迅猛的发展中，我们坚信庭瑞集团未来将有着不可限量的发展前景。

武汉中央商务区建设投资股份有限公司

武汉CBD作为武汉最为方便、快捷、高效的财富汇聚之地，其建设为世人所瞩目。首先请吴总简要介绍武汉CBD的最新建设情况。

总裁吴立峰：好的。目前，武汉CBD已建及在建工程项目面积500万平方米，在建超100米的建筑95栋；泛海城市广场、泛海国际SOHO城、泛海国际居住区樱海园、兰海园、香海园、悦海园项目已交付使用或基本建成。随着一大批重量级的知名企业相继签约入驻，随着世贸中心的落户、超五星级酒店群的成型、总部经济的良好开局，一个高端、时尚新商圈的即将登场，一个大武汉的财富新高地正在CBD恢弘崛起。

武汉CBD渐趋渐近，正在向江城人民徐徐走来。作为华中地区现代服务业中心，武汉CBD建设中的主要亮点有哪些?

总裁吴立峰：首先是世界贸易中心荣耀落户。世界贸易中心协会成立于1970年，是全球最大的国际贸易平台，素有“商务联合国”的美誉。该协会的会员以各城市世界贸易中心为分支机构，目前，在全球100多个国家和地区，有320多个城市会员，并向100多万家企业会员提供服务。世界贸易中心在世界范围内布点有着严格的标准：该地应该是一个国家或地区的未来经济产业中心、人口聚集中心、商务商贸中心、城市中心。经过武汉市贸促会与泛海控股的努力，纽约世界贸易中心总部把目光抛向大洋彼岸迅速崛起的武汉CBD。2013年底，高度达438米、总建筑面积143万平方米、投资达180亿的武汉世贸中心正式开工，这里将是亚太地区规模最大、功能最全、建筑最高的世界贸易中心。对面，她的“孪生姊妹” 武汉中心将于2015年封顶，她们将成为全球最高双子座之一，更成为武汉城市未来新地标。

其次是超五星级酒店集中布局。目前，武汉高星级酒店总量仅为40家，在全国19个副省级以上城市中排行居中，与武汉在全国的经济地位严重不符。武汉CBD充分释放了集中竞争优势，扭转了武汉高端酒店不给力的现状。目前，喜来登、君悦、瑞吉、费尔蒙、艾迪逊等6家超五星级酒店已经完成签约，入驻CBD。其中，喜来登酒店于2014年11月28日正式营业，其余几家也在紧锣密鼓地建设中，武汉CBD将成为武汉市五星级酒店最密集区域。超五星级酒店产业集中布局，为武汉CBD的商务、商贸、旅游等产业的布局提供了充分的保障。

再次是总部经济建设如火如荼。继2012年招商银行武汉分行签约入驻武汉CBD后，邮政储蓄银行、平安银行等金融机构区域总部以及能源、制造业、食品行业的企业总部都将陆续在此落户，开启了CBD总部经济发展的大幕。总部经济聚集区能在较小的区域内，形成巨大的辐射力和影响力，扩大、提升城市就业和消费的规模和层次，成为拉动城市经济发展的重要增长极。

最后是高端时尚商圈即将启幕。2014年，泛海城市广场一期购物中心、泛海国际SOHO城尚街已陆续开业，建成商业总体量约20万平方米；新开工的世界贸易中心及在建的泛海城市广场二期共计商业体量超过30万平方米，武汉CBD在未来五年内将再造一个武广商圈，国际精品体验购物方式将在此大放异彩。

前期，武汉CBD借鉴了众多国内外知名城市CBD的案例，最终造就了今天的景象，我坚信以后武汉CBD也能成为别人借鉴的范例。一个熠熠生辉的武汉CBD时代正在到来!

武汉生态城碧桂园投资有限公司

在市场分化日趋明显的情况下，在去化率偏低、市场普遍不甚景气的当下，据湖北中原研究部数据显示，碧桂园·生态城夺得武汉1-8月单盘销售金额、套数、面积三料销冠。是哪些因素造就了碧桂园·生态城亮眼的“成绩单”？

碧桂园生态城营销总监程俊飞:首先是碧桂园这个品牌得到了武汉市民的认可。作为千亿房企、中国地产十强，碧桂园精耕房地产行业22年，积累了丰富的经验，还成功进军海外，现已成为值得消费者信赖的全球地产品牌。

从2013年起，“PM2.5”这一名词走红中国，武汉的PM2.5屡屡“爆表”，让“洗肺”成了武汉市民休闲度假的新追求，这正是碧桂园·生态城得天独厚的优势。20000亩严西湖烟波浩渺，88公顷湿地公园让家安在自然之中，天然氧吧白羊山送来源源鲜氧，还有百米生态长廊，让人仿佛置身世外桃源。“这里环境好美”是绝大多数到访碧桂园·生态城的人发出的感叹。

除良好的环境之外，碧桂园·生态城的性价比也是吸引消费者的因素。与中心城区动辄破万的房价相比，碧桂园·生态城的价格在大多数市民可承受的范围之内，在价格上有足够的吸引力。同时，再加上超五星级希尔顿酒店、千亿级武汉软件新城、省级名校华师附小、商业街等顶级配套的逐一兑现，使碧桂园·生态城性价比超高，成为武汉市民自住和投资的首选。

以鲁巷广场为核心的光谷发展已遇到瓶颈，交通、环境、人口方面凸显的压力迫使光谷寻找新的发展方向，而光谷东就是光谷新中心突破的必经之路。同时，贵公司在花山地区连年拿地，是否有深耕花山、做深做透的想法?

碧桂园生态城营销总监程俊飞:我公司连年在花山拿地，看中的正是以“国际一流生态城”为目标的花山生态新城的巨大发展潜力。花山生态新城由政府投资500亿元重金打造，是武汉城市圈“两型社会”先行先试区，以会展、旅游、研发培训、商业文娱、居住养生等新兴产业为主，整个新城的建设得到政府的全方位政策支持，未来发展可期。

与碧桂园·生态城一路之隔，是由大连亿达集团和省联投集团合作开发、联手投资超过100亿元打造的“双谷第一城”武汉软件新城，IBM等世界500强企业已经入驻。

同时，碧桂园·生态城紧邻花山河项目，该项目2013年底已经开工建设，招商引资同步进行。作为首次在媒体上亮相的花山商业配套项目，花山河项目开发用地近4000亩，相当于3个“楚河汉街”规模，未来将在湖边修建时尚影视创意区、旅游商业聚集区和滨水生态展示区，将生态体验、创意展示与影视音乐等功能完美融合。

距碧桂园·生态城6分钟车程的光谷新中心正在加快建设，湖北省广播电视总台新大楼已动工建设，东湖新技术开发区管委会预计近期搬迁到新址大楼，省科技馆、五星级酒店、高尔夫球场等行政、医疗、科研、商务休闲配套设施也将纷纷入驻。

庭瑞集團

TEAMRISE GROUP

忠孝仁义信 汉阳造江山

庭瑞集团，筑城十载，磨砺一剑，成就辉煌；

“大观澜系”多盘联动，形成7大楼盘布局江城的战略格局；

2013年，以200万方开发总量稳居汉阳之首，

铸就观澜生活圈，优质生活一步即享，成为汉阳核心置业首选；

2014年，凭借傲人销售成绩荣膺中国地产百强企业，

正式迈入全国房企一线阵营。

观澜天地

观澜华中智谷

ANHUI 安徽

观澜御湖世家

NINGXIA 宁夏

千亿布阵 · 实力钜献

武汉中央商务区　定制武汉的世界高度

武汉中心

武汉中心位于商务核心区西南角，占地约2.81公顷，总建筑面积32.14万平方米，楼高88层，建筑高度438米。为集智能办公区、全球会议中心、VIP酒店式公寓、白金五星级酒店、360°高空观景台、高端国际商业购物区等多功能为一体的地标性国际5A级商务综合体。

泛海国际中心

泛海国际中心位于武汉中央商务区淮海路和云霞路交会处，总建筑面积约24.20万平方米，是武汉CBD核心区写字楼群的重要组成项目。项目由招商银行大厦、武汉民生金融中心和超五星级的费尔蒙酒店组成。中心已于2012年12月开工，其中招商银行大厦预计将于2015年9月正式竣工交付，其他项目正按计划建设中。

武汉世贸中心

武汉世贸中心位于武汉CBD的核心区，总占地面积21.31万平方米，总建筑面积约143万平方米。项目定位为以武汉世界贸易中心为主题，集国际商业中心、超豪华五星级酒店、国际顶尖甲级写字楼、精品会展、高端公寓等多功能于一体的超大型综合体。

泛海财富中心

泛海财富中心位于武汉中央商务区淮海路和云霞路交会处，与招商银行大厦、武汉民生金融中心隔街相望，具有优越的昭示性。项目定位为国际5A甲级生态景观写字楼，占地面积约10300平方米，总建筑面积约10.42万平方米，共35层，总高度约150米。

泛海城市广场

泛海城市广场位于武汉CBD东北端启动区内，总建筑面积约30.1万平方米，是武汉CBD首个集购物中心、酒店、写字楼等功能于一体的大型城市综合体项目。

泛海国际SOHO城

泛海国际SOHO城，位于商务核心区门户位置，总建筑面积约63万平方米，是集SOHO办公楼、5A甲级写字楼、高档公寓、酒店、酒店式公寓、商业为一体的国际全能商务服务综合体。

泛海国际居住区

泛海国际居住区·樱海园，地处CBD商务核心区以北，是武汉CBD首个大型高档住宅开发项目。项目占地5.86万平方米，总建筑面积28.4万平方米，绿地率44%，规划为9栋高层住宅。

红领巾小学

红领巾小学是武汉CBD首个教育配套项目，学校占地28亩，总建筑面积1.3万平方米，由教学楼、学生公寓以及风雨操场和一系列配套教育、生活设施组成。

王家墩公园

王家墩公园位于武汉CBD商务核心区中心轴线北端，总占地面积约12万平方米，主峰15米。连接商务启动区和核心区生态走廊，是武汉CBD的“绿肺”和天然“氧仓”。

梦泽湖公园

梦泽湖公园总占地面积约49.7公顷，湖水面积约23公顷，是武汉最大的人工水体公园。是王家墩区域及全市的娱乐休闲中心，是武汉中央商务区绿地系统中的综合公园之一。

万达御湖世家

沙湖湾·楚河畔·世界文化中央大宅

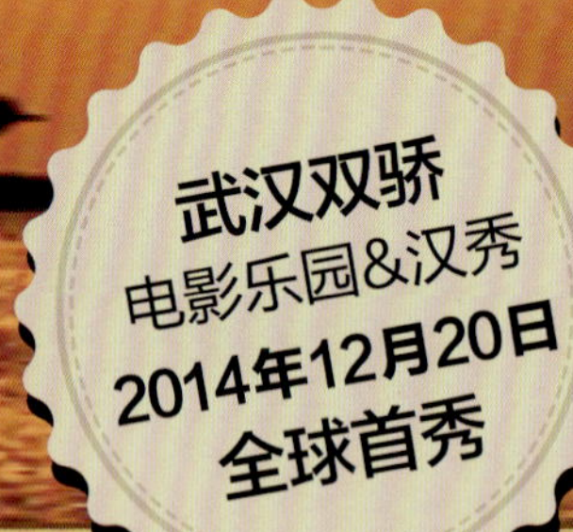

PALAIS D

内环核心183-305m

准现房发售，实景

内环核心 政务中枢

500亿国际配套

内环一线湖景

法式园林实景呈现

三大产品系列 同期限量发售

汉街·华中首席电影主题街区金铺
$70m^2$起全临街旺铺 全城开抢

汉街·环球国际中心万达尊超5A写字楼
$1500-2500m^2$整层整栋定制

汉街·绝版精装小高层
$60-110m^2$酒店奢装住宅全城追捧

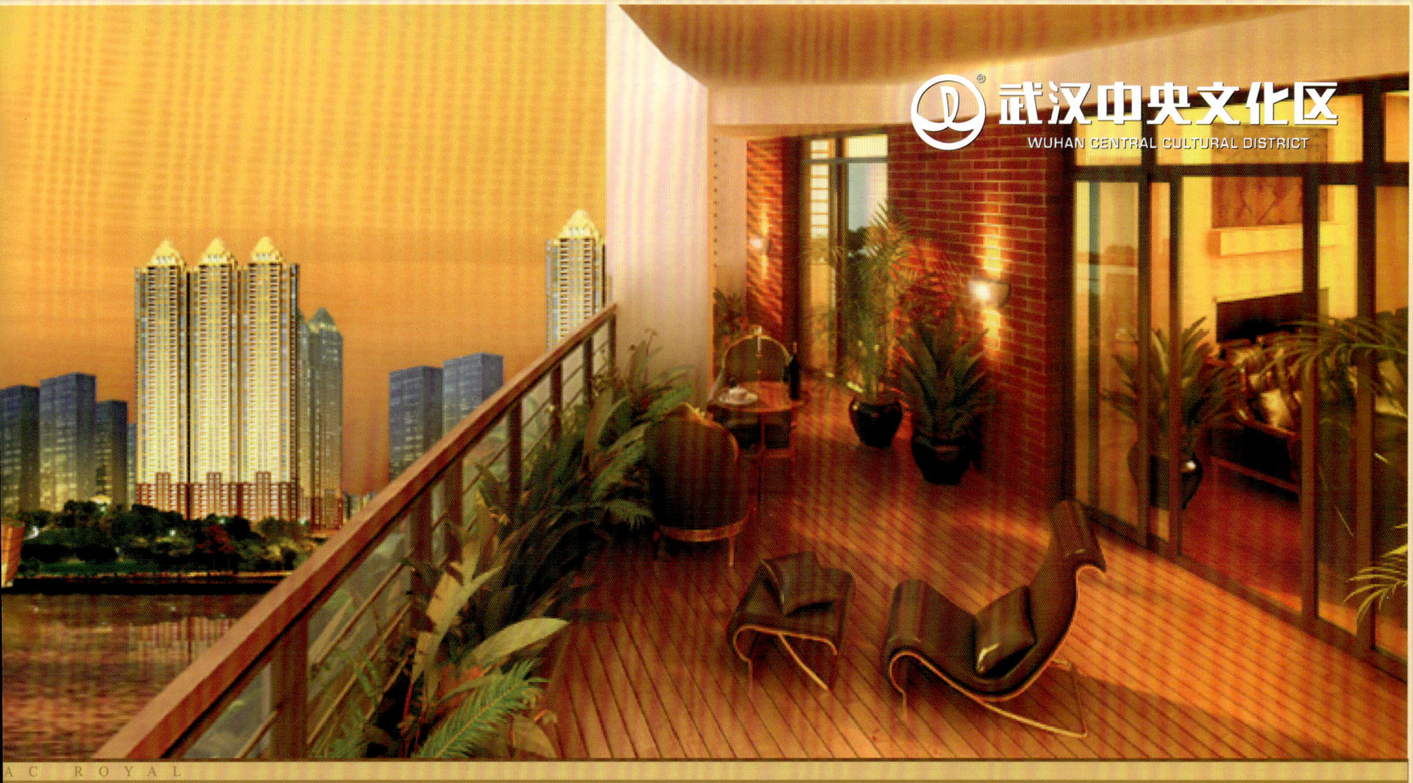

朋友自成圈

一线湖景奢装豪宅

示范区恭迎品鉴

六重极致园林　皇室专属紫铜门　10挑高大堂　室内中央空调　自动温控地暖　智能卫浴系统　户式新风系统　智能一键开关　一卡通管家系统

万达集团
WANDA GROUP

8730 7777

展示中心地址：武汉市武昌区中北路171号（周家大湾站）
中北路与沙湖大桥延长线交汇处北行100米

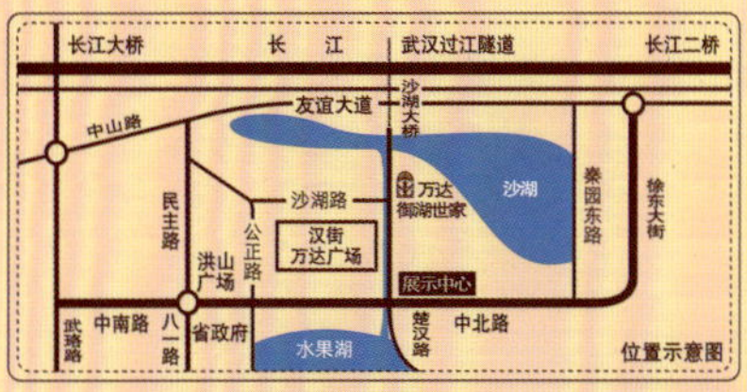

本资料仅为要约邀请，不构成本公司对广告相应内容的承诺。买卖双方权利义务以《武汉市商品房买卖合同》为准。

漢飞·逛逛街

万隆国际咨询集团有限公司
WAN LONG INTERNATIONAL CONSULTING GROUP CO.,LTD.

成为最具有影响力的专

公司简介

COMPANY BRIEF

万隆国际咨询集团有限公司（以下简称万隆咨询集团）是一家在全国设有分支机构的集团性咨询公司。“万隆”品牌连续多年被评为上海市著名商标，2012年在中国企业家联合会的50大咨询公司排名中位列第六。

万隆咨询集团经过多年的发展，以“万隆”品牌为纽带、以市场需求为导向、以综合服务为平台，聚集并发展成为了一个包括会计师事务所、税务事务所、资产评估公司、建设工程咨询公司、工程项目管理公司、房地产估价公司、资信评估公司、律师事务所、管理咨询公司、资本顾问公司、财务咨询公司、劳动保障咨询公司、信息技术公司在内的专业服务集团性公司。

万隆咨询集团确立了立足上海、服务长三角，辐射全国的地域发展战略，已在全国主要的省会城市设立了分支机构，同时汇聚了包括注册会计师、注册资产评估师、注册律师、注册税务师、注册造价工程师、注册咨询师在内的一批优秀的专业人士，建立并具有承接大型集团和企业项目的业务能力和跨地域执业的规模实力。

万隆咨询集团具有综合整体咨询能力和实际操作能力，将相关的会计、法律、管理等要求予以落实，为企业防范风险问题、辅助高效规范管理和整体发展提供咨询服务，包括：内部控制与风险管理、战略管理咨询服务、组织优化、集团管控、人力资源、薪酬激励、连锁与特许经营、能力素质模型、企业文化建设、并购重组以及企业重组类的企业上市融资前的战略投资者引进等。

!服务品牌

专业资源丰富
Rich in professional resources

万隆咨询拥有超过300多名员工，大都具备注册管理咨询师、注册会计师、注册造价工程师、注册税务师、注册评估师、律师、注册内部审计师、注册信息系统审计师等专业资格，同时还拥有各大高校、科研院所专家学者和行业领军人才的支持，能够在各种专业知识领域的业务提供专业化的服务。

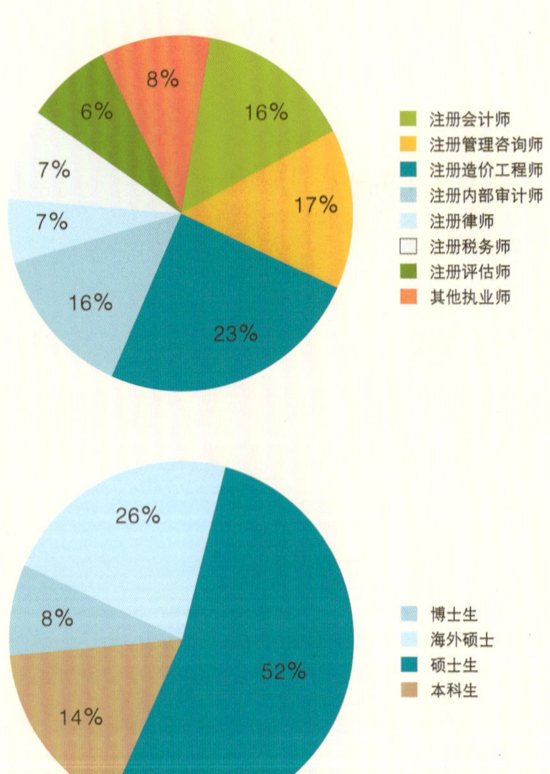

万隆国际咨询集团有限公司

万隆建设工程咨询集团有限公司

上海万隆三维项目管理有限公司

上海万隆资信评估有限公司

上海万隆信息技术有限公司

上海万隆财务咨询有限公司

上海万隆投资管理顾问有限公司

上海万隆房地产估价有限公司

万隆（上海）资产评估有限公司

上海万隆会计师事务所

上海万隆税务师事务所

地域规模范围广
Wide range of territory

万隆咨询在全国大部分省、市、自治区构建了服务网络，成立了近30家分支机构，能够满足跨地域和跨专业的服务需求，在降低服务成本的同时，又能充分发挥属地化服务的优势，提高服务的效率和效益。

一体化服务能力强
Specialize in integrated service

万隆体系整合了各类专业机构的服务能力和资源，通过打造一站式综合服务团队，形成了一体化的服务能力，在涉及跨专业和行业的服务需求时，避免了客户面对聘请多个中介机构而造成的沟通难、协调难的问题。

体现务实化服务效果

Reach to a pragmatic effect of service

万隆采取了“咨询方案+协助实施”的服务方式，在为企业变革和成长提供系统性、针对性、实效性的解决方案和咨询意见及培训的同时，更在操作层面上不断优化实施方案，协助企业共同推进，不断改善公司治理和管理水平。

企业文化

CORPORATE CULTURE

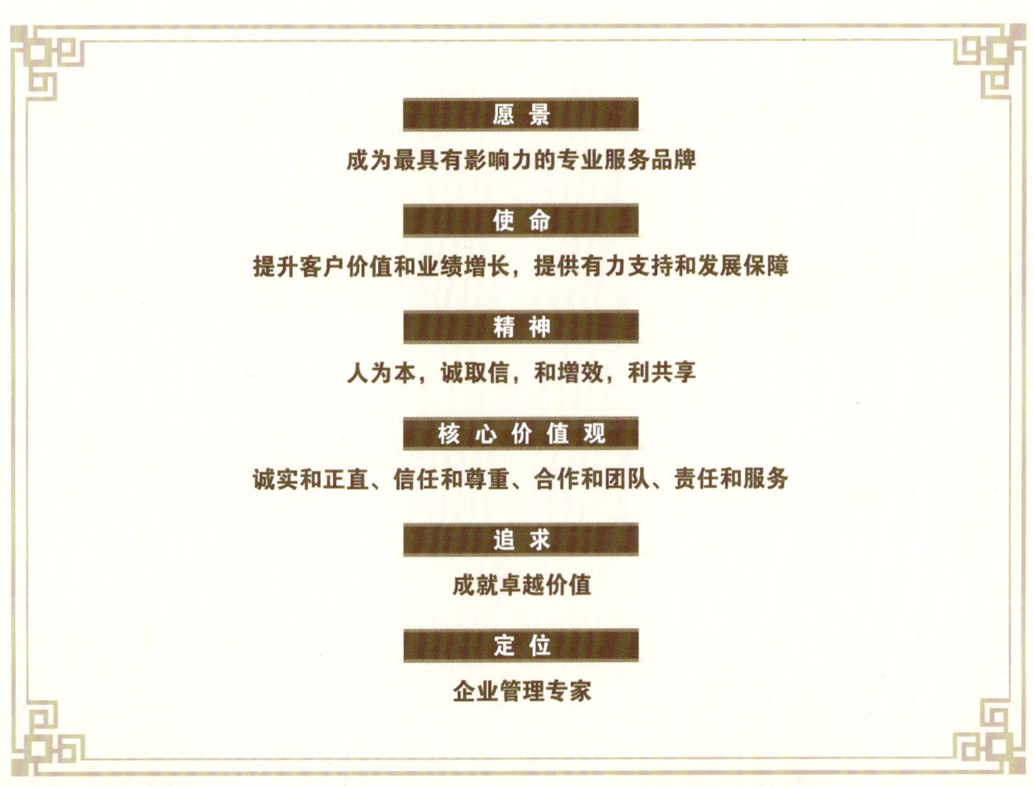

2014中国管理咨询机构50大名单

排名	公司名称	营业收入(万元)
1	北京北大纵横管理咨询有限责任公司	20635
2	爱波瑞管理咨询集团有限公司	15009
3	上海华彩管理咨询有限公司	14193
4	中华财务咨询有限公司	13743
5	北京仁达方略企业管理咨询有限公司	12750
6	天津倚天管理咨询有限公司	11769
7	北京联合智业控股有限公司	11753
8	**万隆国际咨询集团有限公司**	**11665**
9	北京国富创新管理咨询有限公司	11300
10	广东汇安恒达管理顾问有限公司	11200

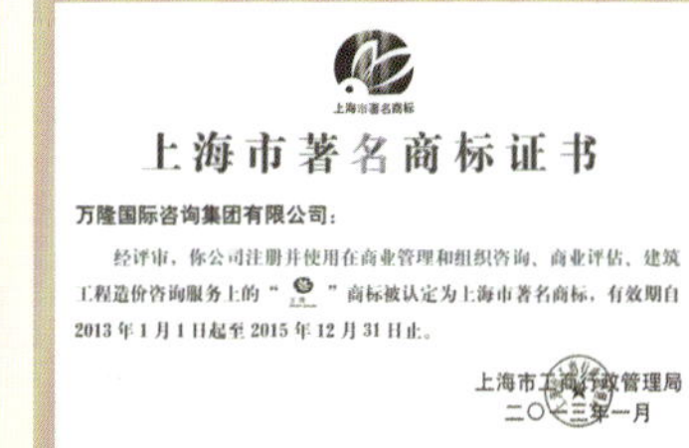

上海市著名商标证书

万隆国际咨询集团有限公司：

经评审，你公司注册并使用在商业管理和组织咨询、商业评估、建筑工程造价咨询服务上的“ ”商标被认定为上海市著名商标，有效期自2013年1月1日起至2015年12月31日止。

上海市工商行政管理局

二〇一三年一月

集团地址：上海市黄浦区迎勋路168号18F

邮政编码：200011

联系电话：86（021）63788398

传　　真：86（021）63768198

网　　址：www.wanlonggroup.com.cn

武汉联络机构：万隆建设工程咨询集团有限公司湖北分公司

公司地址：武汉市江岸区解放公园路50-6号永成大厦7楼

联系电话：86（027）82623395

传　　真：86（027）82623397

荣 誉

万隆建设工程咨询集团有限公司
青草沙水库项目财务监理项目组

青草沙水源地原水工程建设

优秀集体

长江口青草沙水源地建设指挥部
二〇一一年七月

中国建设工程造价管理协会

优秀工程造价成果奖
获奖证书

获奖等级：二等奖
获奖单位：万隆建设工程咨询集团有限公司
获奖项目：广东科学中心全过程投资控制
获奖人员：王枕庭

2013年度上海市优秀工程造价成果奖

获奖等级　一等奖
获奖项目　中国2010上海世博会中国馆全过程造价咨询服务
获奖单位　万隆建设工程咨询集团有限公司

上海市建设工程咨询行业协会
二〇一四年三月三日

荣誉证书

万隆建设工程咨询集团有限公司：

被评为2012~2013年度上海市先进造价咨询企业。

特颁此证，以资鼓励。

上海市建设工程咨询行业协会
二〇一四年十二月

云南烟叶保山复烤厂

中国农业银行数据处理中心

上海市轻轨5号线

扬州交通银行金融服务中心

上海浦东机场扩建场外输油工程

安徽农业大学综合楼及研究生公寓

万隆建设工程咨询集团有限公司湖北分公司

WANLONG CONSTRUCTION ENGINEERING CONSULTING GROUP CO.,LTD. HUBEI BRANCH

公司简介 Company Profile

2013年10月，万隆建设工程咨询集团有限公司在武汉成立湖北分公司。湖北分公司现有专业技术人员20人，其中注册造价师11人（同时具备高级工程师职称的有7人），造价员9人，已建立了适合湖北市场的相关管理制度和操作规程，与湖北市场相关企事业单位建立了良好的合作关系。

成立迄今，湖北分公司已成功入选武汉市财政局财政投资评审机构库、武汉市城市建设投资开发集团有限公司中介机构库、武汉地产开发投资集团有限公司造价咨询机构名录库、武汉地产开发投资集团有限公司审计中介机构备选库，累计承接投资额约100亿元的造价咨询项目。

绿地汉南新城（欧洲风情小镇）

业绩 Achievement

项目名称	委托单位	投资规模
中维月湖琴声	中维地产武汉有限公司	26亿元
黄石东风路地块旧城改造项目一、二期工程	黄石海泰房地产开发有限公司	4.5亿元
武汉后湖花园三期项目	武汉三鼎房地产开发有限公司	约3亿元
米粮山立交工程	武汉城投集团	3.6亿元
21号公路及人行过街设施项目	武汉城投集团	4.1亿元
绿地汉南新城（欧洲风情小镇）一期	绿地集团汉南新城置业有限公司	约22亿元
荆州绿地之窗一期	绿地集团荆州置业有限公司	约25亿元
武汉绿地新都会	绿地地产武汉置业有限公司	约2亿元
民生路泵站工程	武汉市财政局	约1.6亿元

荆州绿地中央广场

中维地产月湖琴声

地址：武汉市江岸区解放公园路50-6号永成大厦7楼
电话：027-82623395　传真：027-82623397

21号公路（武汉石化南大门—金家嘴）

黄石东风路地块旧城改造

武汉绿地新都会

编 辑 说 明

一、《武汉房地产年鉴（2014）》是一部例行出版的行业资料性工具书，到2014年已编辑出版了十七卷。本书主要从环境篇、管理篇、开发篇、市场篇、企业篇以及附录篇六个部分，详细地记录了武汉市2013年房地产业发展情况，以及房地产行业相关管理部门所做的各项管理工作情况。

二、本书主要通过图、表方式来反映武汉市2013年房地产业（部分数据可追溯至2003年）的各类数据变化情况，并在表格下注明数据来源，供读者参考、分析和使用；文字性资料在力求客观真实、力避主观评判的基础上，与对应表格相得益彰，互为一体。

三、本书的货币单位，除特别注明外，均采用人民币单位：元、万元或亿元。

四、本书的图、表，均以章号冠前，节序、表序随后。例如，第十章第一节第一个表为“表10-1-1”等。表内凡有“—”符号的，为不应发生内容；空格的，为应发生而未收集到的内容。

五、本书表中部分数据前用“－”，则表示减少，如减少50%，写作“－50%”。因该书原始数据小数点后数位较多，在成书时统一保留两位小数，由此造成该书部分表格最后的加总数据和原始汇总数据小数位上的数字略有差异，属于正常的统计误差。

六、本书中使用的“中心城区”指江岸区、江汉区、硚口区、汉阳区、武昌区、洪山区、青山区；“开发区”指武汉经济技术开发区、东湖新技术开发区；“新城区”指东西湖区、江夏区、黄陂区、蔡甸区、新洲区、汉南区。

七、本书涉及城市规划、国土资源和房产管理的章节中，城市规划、国土资源相关内容标注的管理机构是武汉市国土资源和规划局，房产相关内容标注的管理机构是武汉市住房保障和房屋管理局。

八、本书的综合性统计数据，主要来源于武汉市统计局；专业性资料，主要来源于武汉市住房保障和房屋管理局、武汉市国土资源和规划局、武汉住房公积金管理中心、中国人民银行武汉分行营业管理部、武汉市城乡建设委员会；其他资料主要来源于各政府部门门户网站及房地产相关专业网站，由本编辑部综合编辑而成，在此一并表示感谢。缘于资料出处的不同和统计口径的差异，并受行业管理体制的约束，尽管编者做了许多工作，但仍有待完善，敬请批评指正。

《武汉房地产年鉴》编辑部

2014年10月

索　　引

说　明

1. 本索引采用主题分析方法，按主题词首字汉语拼音字母次序排列（若有同音字则按声调顺序排列），首字相同时按第二字汉语拼音字母次序排列，依次类推。为方便检索，还配套编制了《主题词首字笔画检字表》。

2. 目录各章的主题词采用全名，章以下各级标题的主题词一般采用中心词或简称。

主题词首字笔画检字表

说明

1. 本表收录主题索引中全部主题词首字，与主题索引配合使用。

2. 表中各字按笔画由少到多的顺序排列。笔画数相同时，按起笔“横、竖、撇、点（捺）、折”的顺序排列；起笔相同的按下一笔“横、竖、撇、点（捺）、折”的顺序排列，依次类推。

3. 表中各字后面的字母为其汉语拼音声母首字母。例如“人 R”表示首字为“人”的主题词应该在汉语拼音主题索引的“R”内查找。

汉语拼音主题索引

目　　录

第一部分　环　境　篇

第二部分　管　理　篇

第三部分　开　发　篇

第四部分　市　场　篇

第五部分　企　业　篇

第六部分　附　录　篇

PART 1
环境篇

第一章 城 市 发 展

武汉，简称“汉”，俗称“江城”，是湖北省省会和省政治、经济、科技、教育及文化中心，中国中部地区的中心城市，全国重要的工业基地、科教基地和交通通信枢纽。在地理上，武汉分为长江以南的武昌及长江以北的汉口和汉阳。武汉现辖江岸、江汉、硚口、汉阳、武昌、青山、洪山、东西湖、汉南、蔡甸、江夏、黄陂、新洲13个行政区，以及武汉经济技术开发区、东湖新技术开发区、东湖生态旅游风景区、武汉化学工业区和武汉新港等5个功能区。2013年末，全市国土面积8494.41平方公里，其中建成区面积534.28平方公里；全市户籍人口822.05万人，常住人口1022万人。

第一节 战 略 定 位

2012年，武汉精心组织城市顶层设计，邀请中国城市规划设计研究院承担《武汉2049》和《武汉建设国家中心城市行动规划纲要》的编制工作。2013年3月，武汉召开《武汉2049》和《武汉建设国家中心城市行动规划纲要》汇报会，为武汉长远未来描绘蓝图。

《武汉2049》的定位是建设更具有竞争力、更可持续发展的世界城市，其部分内容如下：

一、目标定位：三个阶段

2020年前，是武汉城市发展转型和功能培育的关键期、国家中心城市建设的成长期。在这一阶段，要大力推进国家创新中心、国家先进制造业中心和国家商贸物流中心建设，巩固全国交通枢纽地位，不断增强城市的功能地位，把武汉建设成为基础设施初步完善、生态环境明显好转、城市空间格局基本形成、历史人文特色风貌初步彰显的宜居宜业城市。

2030年前，是武汉进入城市协调发展和功能提升的突破期，是国家中心城市建设的成熟期。在这一时期，武汉要全面建成国家创新中心、国家先进制造业中心和国家商贸物流中心，以及重要的国际交通枢纽，成为生态环境良好、城市功能完备、城市特色鲜明、具有国际影响力的国家中心城市。

2049年，要把武汉建设成为综合实力雄厚、科学技术发达、生态环境优美、文化魅力彰显的中国中部中心，成为更具竞争力、更可持续发展、具有重要影响的国家中心城市，成为活力、高效、绿色、宜居、包容的国际化大都市，在更大范围、更多领域发挥辐射引领作用，实现大武汉的全面复兴。

二、核心功能定位：四个中心

（一）创新中心

创新是未来城市发展的核心动力，也是武汉打造国家中心城市、参与全球科技创新的战略支撑。武汉拥有普通高校80所，在校大学生130万，居世界城市之首，这是创新最宝贵的源泉。未来需要全力支持在汉高校建设，加快推进大学

与城市融合式发展，在提升大学品质中提升城市价值，早日建成世界闻名的“大学之城”。2049，武汉应当成为具有全球影响力的高技术创造中心、新兴产业生成中心、创新文化培育中心，在新一轮科技革命中，实现城市崛起。

未来，要努力把东湖国家自主创新示范区建设成为一流科技园区，成为更开放、更独特、更创新的世界光谷，成为具有国际影响力的科技创新活力中心。

空间上重点依托东湖国家自主创新示范区，联合洪山区、江夏区形成大光谷次区域，以科技创新为引领，形成创新型人才、创新成果、创新金融、创新型企业高度密集，创新产业链高度集聚的中心。将武汉的创新资源优势转化成为城市最核心的竞争优势。

（二）贸易中心

未来，随着区域高速铁路网络的建设，将进一步强化武汉作为九省通衢的枢纽地位。打造中三角的商业贸易中心，加大各类集聚贸易要素的平台建设，形成统一开放、竞争有序的贸易市场格局，发挥贸易对周边城市地区的集聚和辐射作用，恢复武汉在历史上作为大区域贸易中心的地位。空间上重点依托东西湖物流枢纽区、天河机场航空枢纽以及阳逻港等交通枢纽资源，结合现有的商业贸易基础，发展面向国际的商业贸易基础。

（三）金融中心

未来武汉作为中三角金融中心，主要承担功能包括商业银行金融中心（银行机构、货币市场、结算中心、资产管理、监管机构）、区域投资银行金融中心（证券市场、外汇市场、黄金市场、保险市场、期货市场）和风险投资金融中心（风险投资基金、研发转化基金、项目交易体系），其中投资银行区域性金融中心和风险投资区域金融中心是武汉面向区域产业市场需要大力加强和政策引导的功能。空间上重点依托汉口、武昌等长江

碧桂园 · 生态城

两岸中央活动核心区，形成双中心的金融中心格局，建设以武昌滨江总部商务区、中央文化区、王家墩中央商务区、汉正街中央服务区为代表的一批具有国际水准的现代服务业集聚区，吸引未来亚太总部集聚、金融产业集聚，构建全国重要的金融中心之一。

（四）高端制造中心

雄厚的先进制造业始终是现代化大都市发展的重要经济基础，现代化大都市也始终是先进制造业集聚和发展的中心。未来武汉依托已有的工业基础，加快构建现代产业体系，提升经济的实力和影响力。充分发挥汽车、装备制造等产业的引领作用，打造大光谷、大车都、大临空、大临港四大工业板块，同时依托国家级工程技术研究中心和国家级企业技术中心等高端制造的研发机构，不断提升高端制造能级，形成区域有影响力和带动力的高端制造中心。空间上重点依托主城区外围的产业板块，形成产城融合，各有重点的综合性产业新城。

三、战略举措：五个方向

（一）绿色的城市

目标：构建蓝绿有序的生态安全格局；保证未来的生态底线空间不被侵占；构建以山体、绿道、绿脉、水系、湖泊为基础的蓝绿网络格局，明确城市的低碳发展战略。

措施：明确区域生态安全形势与发展策略；确定未来生态敏感性与阻力研究，划定生态控制底线；构建生态廊道、绿道系统将这些生态公园与郊野公园串联成有机的生态公园网格体系，明确生态空间管理；通过低碳发展降低碳耗，确保能源安全。

（二）宜居的城市

目标：打造活力社区、绿色社区、和谐社区。

碧桂园·生态城

措施：结合个人生活圈的研究，划定未来社区范围；结合武汉的轨道交通线、绿地景观布局城市社区的活力中心，构建活力社区生活圈；构建绿色公园系统，主城区满足居民步行10分钟到达公园系统，居民交通出行方式中步行与公共交通等绿色交通方式为主导；鼓励居民自治、混合居住与邻里活动，凸显和谐社区。

（三）包容的城市

目标：形成具有区域甚至全球影响力的文化精神氛围，打造文化活力场所和具有居民影响力的文化活动空间。

措施：改善体制环境，为文化产业的发展营造良好的环境；依托已有的文化景观和历史资源，营建具有特色的人文场所；通过策划多元文化活动，提升城市居民的文化认同感，促进城市历史文化与现代生活的融合。

（四）高效的城市

目标：构建中国中部的国际交通枢纽，打造华中物流的运营枢纽与管理中心，形成一体化的大都市绿色交通体系。

措施：全面推进铁水公空综合交通枢纽建设，构建完善、高效的对外枢纽体系，形成国际化的航空、航运、铁路枢纽之一；打造城市环线，串联三镇的中心节点；整合武汉的对外货运系统，形成铁水公空的联运系统；完善武汉的公交体系，形成依托轨道交通和中运能公交系统的复合公交体系。

（五）活力的城市

目标：形成清晰的功能体系结构，中心城市与周边城市共同构成了不同地域分工、不同空间层次、不同景观特征的高度城市化地区。核心构建一个具有服务活力的主城区、打造两江四岸成为功能核心、建设融合产业集聚区、边缘新城和综合新城的四个“次区域”引导外围地区发展，预留未来发展的多个战略性空间。

措施：依托发展轴线串联重点区域、引导主城区产业转型与服务提升、建设南北两翼双主中心，发展“临空次区域”、“临港次区域”、“光谷次区域”、“车都次区域”成为武汉4个经济增长极，综合构建具有活力的空间体系。

目前，全市上下正按照《武汉2049》的顶层设计，朝着“建设国家中心城市、复兴大武汉”的宏伟目标阔步迈进！

第二节 经　　济

2013年，面对国内外错综复杂的发展环境，全市认真贯彻落实党的十八大精神，坚持竞进提质、效速兼取，着力稳增长、调结构、惠民生，深入实施“五大计划”，经济社会发展稳中向好、稳中有进，为建设国家中心城市奠定了坚实基础。

一、综合

初步核算，全年地区生产总值9051.27亿元，按可比价格计算，比2012年增长10%。其中，第一产业增加值335.40亿元，增长4.50%；第二产业增加值4396.17亿元，增长10.30%；第三产业增加值4319.70亿元，增长10%。一、二、三产业比重由2012年的3.80∶48.30∶47.90调整为3.70∶48.60∶47.70。武汉市2013年地区生产总值及其增长速度见表1-2-1。

表 1-2-1　　武汉市 2013 年地区生产总值及其增长速度一览表

指　标	金额（亿元）	比 2012 年增长（%）
生产总值	9051.27	10
第一产业	335.40	4.50
第二产业	4396.17	10.30
工业	3645.32	10.30
建筑业	750.85	10.20
第三产业	4319.70	10

注：本表数据来自《2013 年武汉市国民经济和社会发展统计公报》。

年末企业数 21.48 万户，新登记 3.21 万户。其中，私营企业数 18.90 万户，新登记 3.13 万户。个体工商户 44 万户，新登记 7.41 万户。

全年公共财政总收入 1730.65 亿元，比 2012 年增长 13.10%。地方公共财政收入 978.52 亿元，增长 18.10%。其中，税收收入 793.49 亿元，增长 19%；非税收入 185.03 亿元，增长 14.30%。武汉市 2013 年财政收入及其增长速度见表 1-2-2。

表 1-2-2　　武汉市 2013 年财政收入及其增长速度一览表

指　标	金额（亿元）	比 2012 年增长（%）
公共财政总收入	1730.65	13.10
地方公共财政收入	978.52	18.10
税收收入	793.49	19
增值税	81.20	12.60
营业税	263.46	5.50
企业所得税	124.49	9.80
个人所得税	31.68	18.30
非税收入	185.03	14.30

注：本表数据来自《2013 年武汉市国民经济和社会发展统计公报》。

全年居民消费价格同比上涨 2.40%。分类别看，食品上涨 2.90%，烟酒及用品上涨 0.90%，衣着上涨 3.30%，家庭设备用品及维修服务上涨 2.60%，医疗保健和个人用品上涨 2.10%，娱乐教育文化用品及服务上涨 0.30%，居住上涨 4.40%，交通和通信下降 1.10%。工业生产者出厂价格指数上涨 2.40%，其中轻工业上涨 3.30%，重工业上涨 2.20%；生产资料上涨 2.30%，生活资料上涨 2.60%。工业生产者购进价格同比下降 1.60%。武汉市 2013 年价格指数见表 1-2-3。

表 1-2-3　　武汉市 2013 年价格指数一览表　　（2012 年=100）

指　标	2013 年
居民消费价格指数	102.40
食品	102.90
烟酒及用品	100.90
衣着	103.30
家庭设备用品及维修服务	102.60
医疗保健及个人用品	102.10
交通和通信	98.90
娱乐教育文化用品及服务	100.30
居住	104.40
商品零售价格指数	100.90
工业生产者出厂价格指数	102.40
工业生产者购进价格指数	98.40

注：本表数据来自《2013 年武汉市国民经济和社会发展统计公报》。

二、工业和建筑业

全年规模以上工业增加值 3113.30 亿元，比 2012 年增长 11.70%。规模以上工业总产值 10394.07 亿元，增长 18%。其中，制造业增长 19.40%，电力、热力、燃气及水生产和供应业增长 6.40%。武汉市 2013 年规模以上工业生产及其增长速度见表 1-2-4。

表 1-2-4　　武汉市 2013 年规模以上工业生产及其增长速度一览表

指　标	金额（亿元）	比 2012 年增长（%）
工业增加值	3113.30	11.70
工业总产值	10394.07	18
国有经济	1798	10.40
集体经济	29.77	18.80
股份制企业	5091.68	21.90
外商港澳台经济	3268.69	15.70
采矿业	—	—
制造业	9206.43	19.40
电力、热力、燃气及水生产和供应业	1073.09	6.40

注：本表数据来自《2013 年武汉市国民经济和社会发展统计公报》。

年末规模以上工业企业 2164 户。产值过 100 亿元的企业 14 户，过 10 亿元的企业 105 户。在规模以上工业企业中，全年 11 大工业行业完成工业总产值 10192.99 亿元，占规模以上工业的

98.10%。其中6个行业产值超千亿元，分别是汽车及零部件2069.58亿元，装备制造1480.09亿元，电子信息1418.99亿元，食品烟草1210.22亿元，能源及环保1005.01亿元，钢铁及深加工1003.24亿元。两大开发区工业总产值4167.32亿元，增长21.50%。其中，东湖新技术开发区1806.02亿元，增长20%；武汉经济技术开发区2361.30亿元，增长22.70%。武汉市2013年规模以上工业11大行业总产值及其增长速度见表1-2-5。

表1-2-5　　武汉市2013年规模以上工业11大行业总产值及其增长速度一览表

指　标	金额（亿元）	比2012年增长（%）
汽车及零部件	2069.58	22.20
装备制造	1480.09	16.10
电子信息	1418.99	20.50
食品烟草	1210.22	13.60
能源及环保	1005.01	12.30
钢铁及深加工	1003.24	1.80
石油化工	659.86	44.30
日用轻工	563.11	29.70
建材	387.93	23.20
生物医药	212.16	23.80
纺织服装	182.80	14.90

注：本表数据来自《2013年武汉市国民经济和社会发展统计公报》。

全年主要工业产品中，生铁产量1680.78万吨，比2012年增长3.40%；钢材1812.09万吨，增长2.60%；汽车95.35万辆，增长19.90%；原油加工量641.48万吨，增长48.20%；光缆2877.52万芯千米，增长9.60%；房间空调器1189.37万台，增长43.30%；软饮料305.21万吨，增长23.90%；卷烟279.60万箱，增长2.20%；水泥1073.78万吨，增长10.50%。

全年规模以上工业销售产值10088.62亿元，比2012年增长17.40%。规模以上工业产品销售率97.10%，下降0.40个百分点。

全年建筑业增加值750.85亿元，比2012年增长8.30%。建筑业产值4791.80亿元，增长18.60%。年末具有资质等级的建筑企业1369户。

三、固定资产投资

全年全社会固定资产投资6001.96亿元，比2012年增长19.30%。其中，民间投资3501.97亿元，增长35.60%，占全社会固定资产投资的58.30%。全年施工项目2650个，增长8.70%，新开工项目1711个，增长1.40%。完工投产项目1370个，增长7.80%。

全年固定资产投资（不含农户，下同）5974.53亿元，比2012年增长19.10%。其中，第一产业投资13.31亿元，下降23.50%；第二产业投资2266.73亿元，增长33%，其中工业投资2258.07亿元，增长32.70%；第三产业投资3694.48亿元，增长12.20%。武汉市2013年全社会固定资产投资及其增长速度见表1-2-6。

表 1-2-6 武汉市 2013 年全社会固定资产投资及其增长速度一览表

指　标	金额 （亿元）	比 2012 年增长 （%）
全社会固定资产投资	6001.96	19.30
固定资产投资	5974.53	19.10
按行业分：		
第一产业	13.31	－23.50
第二产业	2266.73	33
工业	2258.07	32.70
第三产业	3694.48	12.20
按构成分：		
建筑工程	3681.78	18.20
安装工程	513.45	17.80
设备购置	846.75	24.50
其他费用	932.53	18.80

注：本表数据来自《2013 年武汉市国民经济和社会发展统计公报》。

碧桂园 · 生态城

在工业投资中，食品烟草业完成投资142.97亿元，比2012年增长75.50%；电子信息业完成投资191.69亿元，增长71.10%；汽车及零部件业完成投资480.11亿元，增长57.10%；装备制造业完成投资635.09亿元，增长42.90%；石油化工业完成投资104.81亿元，下降37%。

全年完成城市基础设施投资1301.14亿元，比2012年增长6.70%。武咸城际铁路，地铁4号线一期顺利建成投入运营；地铁3号线、4号线二期、6号线、7号线、8号线均进入施工阶段；天河机场第三航站楼、天河机场交通中心、天河机场第二通道、长江大道（范湖至中南路）、二环线西段、杨泗港快速通道、四环线高速公路、鹦鹉洲长江大桥、江汉六桥、武深高速公路等计划投资过25亿元的重大城市基础设施项目进展顺利。

四、房地产业

全年房地产开发投资1905.60亿元，比2012年增长21%。其中，住宅开发投资1250.78亿元，增长26.20%；办公楼投资123.68亿元，下降2.20%；商业营业用房投资274.26亿元，增长36.10%；其他投资256.88亿元，增长0.60%。房屋施工面积8545.13万平方米，增长24.50%，其中，住宅施工面积6225.75万平方米，增长22.80%。房屋竣工面积679.31万平方米，下降35.40%，其中，住宅竣工面积529.70万平方米，下降41.10%。武汉市2013年房地产开发主要指标完成情况及其增长速度见表1-2-7。

表1-2-7　武汉市2013年房地产开发主要指标完成情况及其增长速度一览表

指　标	单位	数量	比2012年增长(%)
房地产开发投资	亿元	1905.60	21
住宅开发投资	亿元	1250.78	26.20
房屋施工面积	万平方米	8545.13	24.50
住宅施工面积	万平方米	6225.75	22.80
房屋新开工面积	万平方米	2791.80	30.40
住宅新开工面积	万平方米	2057.15	27.20
房屋竣工面积	万平方米	679.31	－35.40
住宅竣工面积	万平方米	529.70	－41.10

注：本表数据来自《2013年武汉市国民经济和社会发展统计公报》。

五、金融

年末武汉地区金融机构本外币各项存款余额14915.69亿元，比年初增加1781.01亿元。其中，个人存款5421.80亿元，增加691.38亿元。金融机构本外币各项贷款余额12803.87亿元，增加1336.99亿元。境内贷款中，短期贷款3679.39亿元，增加598.55亿元；中长期贷款8332.94亿元，增加682.47亿元。个人消费贷款1722.56亿元，增加214.79亿元。其中，个人住房贷款1429.58亿元，增加196.89亿元；个人购车贷款93.66亿元，增加37.39亿元。武汉市2013年金融机构本外币存贷款见表1-2-8。

表 1-2-8　　武汉市 2013 年金融机构本外币存贷款一览表

指　　标	金额（亿元）	比年初增加金额（亿元）
各项存款余额	14915.69	1781.01
个人存款	5421.80	691.38
各项贷款余额	12803.87	1336.99
短期贷款	3679.39	598.55
中长期贷款	8332.94	682.47
消费贷款	1722.56	214.79
个人住房贷款	1429.58	196.89
个人购车贷款	93.66	37.39

注：本表数据来自《2013 年武汉市国民经济和社会发展统计公报》。

年末总部设在武汉的金融机构 16 家。在汉设立或正筹建后台服务中心的金融机构 33 家，新增 6 家。上市公司累计 58 家，其中，境外上市 13 家，境内上市 45 家。

第三节　社　　会

一、城市人口发展

（一）人口发展与变化

2013 年，武汉市户籍人口 822.05 万人，比 2012 年增加 0.34 万人。其中，农业人口 266.18 万人，增加 1.18 万人；非农业人口 555.60 万人，增加 0.58 万人；户口待定人口 0.27 万人，减少 1.42 万人。人口自然增长率 6.30‰，其中，人口出生率 11.28‰，人口死亡率 4.98‰。人口净迁移率负增长 3.06‰。武汉市 2006—2013 年户籍人口情况见表 1-3-1。

表 1-3-1　　武汉市 2006—2013 年户籍人口统计表

年　度	人　数（万人）	比上年增加人数（万人）	增长率（%）
2006	818.84	17.48	2.18
2007	828.21	9.37	1.14
2008	833.24	5.03	0.61
2009	835.55	2.31	0.28
2010	836.73	1.18	0.14
2011	827.24	− 9.49	− 1.14
2012	821.71	− 5.53	− 0.67
2013	822.05	0.34	0.04

注：①增长率按年末人数计算；
②本表数据来自《武汉统计年鉴》。

武汉市常住人口1022万人，比2012年末增加10万人。其中江岸区92.68万人、江汉区71.31万人、硚口区84.83万人、汉阳区61.67万人、武昌区124.68万人、青山区51.26万人、洪山区147.74万人、东西湖区50.06万人、汉南区12.68万人、蔡甸区66.34万人、江夏区83.40万人、黄陂区89.78万人、新洲区85.57万人。武汉市2013年常住人口区域分布情况见表1-3-2。

表1-3-2　　武汉市2013年常住人口区域分布统计表

区　域	人口数 （万人）	比重 （%）
合　计	1022	100
江岸区	92.68	9.07
江汉区	71.31	6.98
硚口区	84.83	8.30
汉阳区	61.67	6.03
武昌区	124.68	12.20
青山区	51.26	5.02
洪山区	147.74	14.46
东西湖区	50.06	4.90
汉南区	12.68	1.24
蔡甸区	66.34	6.49
江夏区	83.40	8.16
黄陂区	89.78	8.78
新洲区	85.57	8.37

注：①常住人口中，江汉区含水上地区0.42万人，武昌区含东湖生态旅游风景区1.70万人，洪山区含东湖新技术开发区28.59万人、东湖生态旅游风景区6.22万人和武汉化学工业区4.32万人，蔡甸区含武汉经济技术开发区22.92万人，江夏区含东湖新技术开发区16.56万人。

②本表数据来自《武汉统计年鉴》。

（二）人口分布与密度

武汉市各区人口分布差别较大，中心城区人口密度高，新城区人口密度低。2013年，全市人口密度为1203人/平方公里。其中，江岸区14427人/平方公里、江汉区21331人/平方公里、硚口区18286人/平方公里、汉阳区5692人/平方公里、武昌区14262人/平方公里、青山区7494人/平方公里、洪山区3077人/平方公里、东西湖区1140人/平方公里、汉南区441人/平方公里、蔡甸区599人/平方公里、江夏区415人/平方公里、黄陂区397人/平方公里、新洲区570人/平方公里。江汉区人口密度最高，黄陂区人口密度最低。武汉市2013年户籍人口区域分布情况见表1-3-3。

表 1-3-3　　武汉市 2013 年户籍人口区域分布统计表

区 域	户 数 （户）	年末户籍人口数量 （人）	人口密度 （人/平方公里）
合 计	2863929	8220493	1203
江岸区	267573	700179	14427
江汉区	189206	485618	21331
硚口区	205336	528649	18286
汉阳区	223727	567230	5692
武昌区	335913	1086411	14262
青山区	151461	442347	7494
洪山区	283331	927275	3077
东西湖区	104613	276445	1140
汉南区	41715	111562	441
蔡甸区	148031	449084	599
江夏区	212110	583623	415
黄陂区	385385	1112543	397
新洲区	315528	949527	570

注：①人口密度按常住人口计算；
②户数中：江汉区含水上分局 90 户，汉阳区含武汉经济技术开发区 47655 户，洪山区含东湖新技术开发区 96319 户、东湖生态旅游风景区 14197 户、武汉化学工业区 11710 户；
③年末户籍人口中：江汉区含水上分局 9239 人，汉阳区含武汉经济技术开发区 141292 人，洪山区含东湖新技术开发区 318371 人、东湖生态旅游风景区 33594 人、武汉化学工业区 32601 人；
④本表数据来自《武汉统计年鉴》。

（三）人口性别与年龄

2013 年，武汉市全市户籍人口中男性为 4206867 人，占 51.18%；女性为 4013626 人，占 48.82%。0—17 周岁人口为 1099564 人，占全市户籍人口 13.38%；18—34 岁人口为 2450245 人，占 29.81%；35—59 岁人口为 3214512 人，占 39.10%；60—79 岁人口为 1263747 人，占 15.37%，80—99 岁人口为 191511 人，占 2.33%，100 岁以上人口为 914 人，占 0.01%。武汉市 2013 年按性别和年龄分人口构成情况见表 1-3-4。

表 1-3-4　　武汉市 2013 年按性别和年龄分人口构成统计表

（户籍统计）

单位：人

性别 / 年龄	男	女	合计
合　计	4206867	4013626	8220493
0—17 岁	597130	502434	1099564
18—34 岁	1290409	1159836	2450245
35—59 岁	1616724	1597788	3214512
60—79 岁	622538	641209	1263747
80—99 岁	79854	111657	191511
100 岁及以上	212	702	914

注：本表数据来自《武汉统计年鉴》。

（四）人口的社会经济状况

2013 年，全市从业人口 522.24 万人。在不同经济类型从业人数中，城镇国有、集体和其他经济类型单位从业人员 198.54 万人，私营企业从业人员 87.29 万人，个体从业人员 124.96 万人，灵活就业等人员 22.82 万人，农村从业人员 88.63 万人。武汉市 2013 年各经济类型从业人数统计情况见表 1-3-5。

表 1-3-5　　武汉市 2013 年各经济类型从业人数统计表

类　别	从业人数（万人）	所占比重（%）
国有经济	87.85	16.82
集体经济	4.62	0.88
其他经济	106.07	20.31
私营企业	87.29	16.71
个体经济	124.96	23.93
农村经济	88.63	16.97
灵活就业等	22.82	4.37
合　计	522.24	100

注：本表数据来自《武汉统计年鉴》。

二、人民生活和社会保障

2013 年，武汉城市居民人均可支配收入 29821.22 元，比 2012 年增长 10.20%。人均消费支出 20157.32 元，增长 7.10%。其中，食品支出 7770.69 元, 增长 3.30%。人均住房建筑面积 34.75 平方米，增加 1 平方米。每百户家庭拥有家用汽车 24.50 辆，计算机 111 台，空调器 203.60 台，移动电话 230.30 部。

全年农村居民人均纯收入 12713.46 元，比 2012 年增长 13.60%。人均消费支出 9127.00 元，增长 11.80％。其中，食品支出 3459.13 元，增长 6.60%。人均居住面积 47.82 平方米。每百户家庭拥有洗衣机 83.30 台，计算机 36.60 台，空调器 88.50 台，移动电话 228.70 部。武汉市 2013 年城乡居民收入及增长速度见表 1-3-6。

表 1-3-6　　武汉市 2013 年城乡居民收入及增长速度一览表

单位：元

指　标	2013 年	比 2012 年增长（%）
城市居民人均可支配收入	29821.22	10.20
工薪收入	20545.18	10.90
经营净收入	2538.53	2.80
财产性收入	778.48	26.30
转移性收入	9984.89	10.20
农村居民人均纯收入	12713.46	13.60

注：本表数据来自《2012 年武汉市国民经济和社会发展统计公报》。

2013 年末，武汉城镇基本养老保险参保职工 368.25 万人，其中在职 249.14 万人，退休 119.11 万人。参加职工医疗保险人数 381.45 万人，参加居民医疗保险人数 203.59 万人。失业保险参保人数 168.16 万人，增长 6.70%。工伤保险参保人数 214.55 万人，增长 7.30%。生育保险参保人数 219.44 万人，增长 1.35%。全年城市居民享受低保人数 16.31 万人，减少 0.36 万人；发放保障金 7.03 亿元，增长 18.80%。农村居民享受低保人数 11.93 万人，增加 1.06 万人；发放保障金 2.12 亿元，增长 48.0%。年末社会福利院 240 家，床位数 36597 张。武汉地区福利彩票销售额 28.93 亿元，增长 28.20%。全年筹集社会福利资金 2.29 亿元，增长 6%。

武汉 CBD · 泛海城市广场

第四节　城　市　规　划

一、城市总体规划及土地利用总体规划

（一）武汉 2049 远景发展战略

1. 规划背景

党的十八大报告提出了“在建党一百年时全面建成小康社会、建国一百年时建成富强民主文明和谐的社会主义现代化国家”的“两个一百年”的目标。为了落实国家的发展目标，加强城市顶层设计，武汉市委、市政府提出“按照国家中心城市和国际化大都市标准规划建设城市”、“开展武汉远景发展战略研究”的工作要求，武汉市国土资源和规划局邀请以中国城市规划设计研究院为主，联合南京大学、香港大学、福卡智库等机构和武汉市规划研究院共同编制《武汉 2049 远景发展战略》。

2. 规划目标

规划围绕建设“更具竞争力更可持续发展的世界城市”目标，提出到 2049 年远景发展愿景：武汉将拥有更加绿色低碳的生态环境，更加宜居的市民社区，更加包容的文化环境，更加高效的交通体系，更加活力的城市空间，并且是一个在创新、贸易、金融、高端制造方面拥有国际影响力与全国竞争力的世界城市。

3. 主要内容

规划充分借鉴《香港 2030》《大芝加哥 2040》《纽约 2030》《北京 2049》等国内外城市长远战略研究的编制经验，分析了武汉的发展趋势、机遇与面临挑战，提出了武汉远景发展战略目标和空间战略落实路径。

武汉 CBD · 泛海城市广场

规划提出，实现武汉 2049 远景发展战略目标，分 3 个阶段推进：

2020 年以前，是武汉城市发展转型和功能培育的关键期、国家中心城市建设的成长期。在这一阶段，要大力推进国家创新中心、国家先进制造业中心和国家商贸物流中心建设，巩固全国交通枢纽地位，不断增强城市的功能地位，把武汉建设成为基础设施初步完善、生态环境明显好转、城市空间格局基本形成、历史人文特色风貌初步彰显的宜居宜业城市。

2021—2030 年，是武汉进入城市协调发展和功能提升的突破期，是国家中心城市建设的成熟期。在这一时期，武汉要全面建成国家创新中心、国家先进制造业中心和国家商贸物流中心，以及重要的国际交通枢纽，成为生态环境良好、城市功能完备、城市特色鲜明、具有国际影响力的国家中心城市。

2031—2049 年，要把武汉建设成为综合实力雄厚、科学技术发达、生态环境优美、文化魅力彰显的中国中部中心，成为更具竞争力、更可持续发展、具有重要影响的国家中心城市，成为活力、高效、绿色、宜居、包容的国际化大都市，在更大范围、更多领域发挥辐射引领作用，实现大武汉的全面复兴。

规划围绕城市“软实力”的打造，提出武汉要建设“绿色城市”、“宜居城市”、“包容城市”、“高效城市”、“活力城市”。其中，“绿色城市”重点要协调区域生态安全，控制城市生态底线，建设生态网络，增加城市绿地，促进低碳发展；“宜居城市”重点构建设施完善、宜居和谐的社区单元；“包容城市”突出城市包容并蓄的文化精神，打造有特色文化空间和有活力的文化场所，策划举办有影响力的多元文化活动；“高效城市”重点要构建中国中部的国际交通枢纽，形成一体化的大都市绿色交通体系，打造华中物流的运营枢纽与管理中心；“活力城市”重点完善城市功能体系和城市中心体系，实现区域一体化发展。

（二）武汉建设国家中心城市重点功能区体系规划

1. 项目背景

根据武汉市委、市政府的部署安排，2012 年，武汉市国土资源和规划局组织中国城市规划设计研究院编制了《武汉建设国家中心城市行动规划纲要》。为进一步落实该规划确定的各项城市职能，市国土资源和规划局研究提出了武汉市重点功能区体系，并于 2013 年 7 月 8 日向市政府常务会进行了汇报。按照唐良智市长关于“武汉要按照国家中心城市的战略要求，打造具有全国影响力的重点功能区，并形成功能区体系，支撑武汉的快速发展建设”的指示精神，武汉市规划研究院编制完成了《武汉建设国家中心城市重点功能区体系规划》。

2. 规划目标

规划围绕市十二次党代会提出的“三个中心、三个武汉”战略目标要求，以重点功能区为实施抓手，谋划武汉建设国家中心城市的代表职能，统筹政府、土地及相关部门、企业主体等各方面力量，调动各方资源协同推进，构建“功能分工明确、空间有序发展、整体效益凸显”的重点功能区体系，实现多层次发展目标的协调统一。

3. 主要内容

按照“功能相关、空间相近、建设相联”的基本原则，在全市范围内构建“一核两翼、四大板块、多点支撑”的重点功能区体系。其中：

“一核”指两江四岸国际高端服务核，集中发展金融贸易、人文旅游等国际高端服务功能。包括“汉口原租界文化区”、“武昌古城文化旅游区”、“琴台国际文化艺术区”、“归元宗教文化区”、“汉正街国际商贸城”、“二七商务功能区”、“武昌滨江国际金融城”等 7 片重点功能区。

“两翼”指建设大道金融商贸带、中南—中北路金融商务带，集中发展商务、办公、会议等区域专业服务功能。包括“王家墩中央商务区”、“建设大道华中金融总部区”、“楚河汉街生态商务区”、

"中南路商业金融中心"、"同济国际医疗城"、"东湖国家会议中心"等6片重点功能区。

"四大板块"指大光谷、大车都、大临空、大临港等四大板块，集中发展先进制造业、配套生产服务等功能，打造国家级产业基地。包括"光谷国际创新中心"、"东湖未来科技城"、"光谷生物医药城"、"光谷佛祖岭产业园"、"东湖综合保税区"、"大桥装备制造产业区"、"华中汽车总部研发区"、"军山汽车研发区"、"沌口整车制造产业区"、"金口通用汽车产业区"、"黄金口雷诺汽车产业区"、"中法生态示范城"、"天河机场枢纽区"、"航空总部区"、"海峡两岸科技产业区"、"横店临空产业园"、"走马岭陆路物流分拨中心"、"长江中游航运中心港"、"国家粮食物流园"、"80万吨乙烯产业园"、"武汉化工产业园"、"阳逻钢铁深加工产业区"、"古龙重型装备产业区"等23片重点功能区。

"多点支撑"指结合生态、交通、文化、服务等各类功能要素，以及各区发展诉求形成的其他重点功能区，对完善城市功能提供重要保障。围绕"生态建设"目标，重点建设三环线生态带（包含"园博会"）、大东湖生态绿楔等7个生态型重点功能区；围绕"交通枢纽"目标，重点建设武汉站枢纽区、汉口站枢纽区等4个交通枢纽型重点功能区；围绕"文化创新"目标，重点建设盘龙城遗址文化区、黄鹂路楚文化区等4个文化型重点功能区；围绕"高端服务"目标，重点建设四新国际博览中心区、二妃山国际体育城（包含"WTA"）等6个专业服务型重点功能区。

在区级层面，结合各区发展要求和建设实际，打造体现"区级发展重心"的重点功能区。其中，主城区结合"三旧改造"，植入新的商业服务、文化创意、科技研发等功能，改善环境景观品质；各开发区、新城区应结合"两区一园"（包括新城中心区、"工业倍增"发展区和郊野公园）的建设实施，加快提升公共服务、工业生产、生态游憩等功能，提高新城的人口吸纳能力。

二、分区规划

（一）武汉市四大板块综合规划

1. 规划背景

为贯彻落实市政府工作报告关于"建设大光

武汉中央商务区

谷、大车都、大临空、大临港等四大板块”的战略部署，加快推进武汉国家中心城市建设，根据唐良智市长的有关指示要求，2013 年，武汉市国土资源和规划局组织市规划研究院编制了《武汉市四大板块综合规划》。2013 年 10 月 14 日、12 月 30 日，市政府两次召开常务会，分批审议通过了四大板块综合规划。

2. 规划目标

本次规划以武汉市都市发展区 3261 平方公里为重点，研究范围拓展至市域，主要包括大车都、大光谷、大临空、大临港等四大板块。规划按照“独立成市、产城联动、城城互动、园园互补”的指导思想，围绕落实市委、市政府关于 2019 年实现工业总产值 3 万亿元的总体目标，规划重点解决三大核心问题：一是明确各大板块战略发展思路，落实建设国家中心城市的有关要求；二是统筹各大板块总体发展格局，全面整合新城、产业、配套、生态等各类空间发展要素；三是明确各大板块近期建设重点，细化提出建设发展指引。

3. 主要内容

依据城市总体规划和有关上位规划要求，规划明确了四大板块发展的总体思路：一是在功能方面，必须面向“建设武汉国家中心城市”需要；二是在产业方面，必须体现“集群发展”的产业导向；三是在空间方面，必须遵循“产城一体”的发展路径；四是在实施方面，必须落实“近远结合”的建设思路。

其中，大车都板块的规划目标是：国家重要的汽车生产基地，整车生产能力 300 万辆；中部地区汽车物流商贸中心、汽车研发中心和总部基地；武汉西南增长极，是以“大规模、全链条”汽车产业为核心驱动，以“繁荣活力”现代新城为发展引领的“产城一体”现代化新城区。规划工业总产值 10000 亿元。

大光谷板块的规划目标是：国家自主创新和产业结构转型的示范区；中部战略型新兴产业聚集区，长江中游城市群新型城镇化示范区；以光电子信息产业为核心驱动，以“繁荣活力”现代新城为发展引领的“产城一体”科技时尚新城。至 2019 年，规划工业总产值 10000 亿元。

大临空经济区板块的规划目标是：国家重要的临空现代制造业基地和国际航空港，促进中部崛起的国际临空新城和中部地区的航运中转、周转中心，武汉城市圈“港、产、城”一体化的示范区和武汉市西北部的经济增长级。到 2019 年，规划工业总产值达到 5000 亿元。

大临港经济区板块的规划目标是：国家级临港经济产业基地；长江中游城市集群先导区、长江中游航运中心；武汉城市圈“港、产、城”一体化的示范区和武汉市东北部的经济增长级。到 2019 年，规划工业总产值达到 5000 亿元，GDP 总量达到 1700 亿元；港口吞吐能力突破 1 亿吨，集装箱量达到 220 万 TEU。

（二）大东湖湿地公园系统规划

1. 规划背景

为全面贯彻落实党的十八大提出的“大力推进生态文明建设”、“加大自然生态系统和环境保护力度”、“实施重大生态修复工程，增强生态产品生产能力”、“扩大森林、湖泊、湿地面积，保护生态多样性”的指示精神；严格执行《武汉市基本生态控制线管理规定》的重要决策；建立武汉市湿地品牌，积极主动探索生态底线区保护与发展平衡点，提出生态绿楔建设模式及实施运营策略，保障生态区的可持续发展，武汉市国土资源和规划局组织编制了《大东湖生态绿楔实施规划暨大东湖湿地公园系统规划》。

规划范围为北至青化路、南至九峰森林公园南边界，西至东湖风景名胜区东边界和铁路边界、东至严东湖环湖路，面积约 106.60 平方公里。

2. 规划目标

根据上位规划要求以及相关湿地公园案例研究，确定大东湖湿地公园系统规划目标为城市自然生态之翼、城市湿地品牌之标、城市休闲旅游之所。功能定位为绿楔建设先行示范区、国家级生态湿地公园带、滨湖特色游憩体验区。

3. 主要内容

（1）对规划区现状用地、行政权属、基础设施、村庄居民点、景观资源等情况进行全盘分析梳理；利用 GIS、ENVI 等技术手段，对绿楔范围内生态资源敏感性进行全面评估分区。

（2）明确“一环四湖串七珠”的规划结构，规划通过打造的环状湿地带，将严东湖、严西湖、竹子湖、清潭湖 4 个湖泊及 7 个主要景区进行串联。并构筑了生态保护、风景游赏、居民社会、市政保障等四大功能体系，分别对生态底线区公园用地进行分级分区保护控制，对旅游资源进行整合与策划，对农村居民点进行合理引导与安置，对交通市政设施进行提档升级。

（3）通过“四纵四横”的外部交通线路、多层次内部游览线路，城际铁路、轨道交通、公交快线等多种公共交通线路的组织，实现景区的可达性，通过公园绿道和各类游线的规划，实现景区的可游性和参与性。

（4）根据生态资源完整性、行政区划等因素划定七大实施单元，明确行政主体，并对近期实施片区建立项目库；通过图则对实施单元主导功能、各类用地规模、五线进行控制，对旅游服务设施、绿道建设类型和主要景点进行引导，与生态绿楔的规划管理相对接，体现规划的可实施性。

三、城市设计

（一）解放公园地区澳门金角地块城市设计

1. 区位优势

规划澳门金角地块，为解放大道—澳门路—光华路—解放公园路围合的区域，总面积 32.60 公顷，是 2012 年编制完成的《解放公园周边地区旧城更新实施性规划》的启动地块。

2. 规划目标

澳门金角地块的规划建设目标是“智囊中枢，服务金地”，汇聚周边政务、商务资源，打造成为政务依托型中央智力区（CID），建立以政务为依托的智力服务平台，为武汉市建设创新中心、金融中心、贸易中心奠定基础。

3. 主要内容

（1）规划理念与功能定位

以“公园城市”为规划理念，以政策研究与咨询服务平台、经贸推广信息平台、行业协调平

武汉中央商务区

台三大平台作为核心功能，并配套都市文化、商业和居住功能，围绕解放公园，打造功能融合的现代城市综合业态。

规划总建筑面积135万平方米，容积率4.14，其中，商务办公类建筑45万平方米，商业建筑25万平方米，居住建筑50万平方米，文化建筑8.50万平方米，其他类建筑6.50万平方米。

（2）空间布局

规划方案从老武汉的城市空间格局中吸取灵感，创造了一个高建筑密度、人行尺度的空间形态，方案强调了行人体验和多样化功能的混合布局，尤其以文化设施和商业步行空间组织慢行交通网络，并和绿化空间相结合，融入解放公园的绿化环境中。

（3）生态与环境建设

规划方案强调了作为武汉市未来绿色低碳开发的标杆性项目的定位，以全面的绿色建筑技术，在空间布局方案中予以了研究：适应武汉市气候特点组织风道以形成总体路网格局，引导夏季自然通风；通过能耗模拟以形成最佳化的建筑群体布局；通过柱廊、建筑退后和骑楼等设计手法，营造夏季的自然遮阴效果；通过绿色建筑和屋顶公园，降低城市热岛效应，形成良好微气候环境等。

（二）归元片地区旧城更新与城市设计概念设计

1. 项目背景

为了加快武汉市国家中心城市的建设，落实市领导提出的“要保护好、利用好、开发好归元禅宗文化”的指示精神，进一步做大归元寺宗教文化品牌，彰显旧城历史文化特色，提升武汉城市功能和文化品位，2013年，汉阳区政府与武汉市国土资源和规划局共同启动了《归元片地区旧城更新与城市设计》的编制工作。

为高起点、高水平开展规划编制工作，武汉市国土资源和规划局在国内外30余家知名设计机构中精心挑选，最终选定了台湾李祖原设计事务所与武汉市规划研究院组成联合设计团队共同编制。规划范围北至京广铁路，南至拦江路，西至铁路支线，东至长江，规划面积2.60平方公里，2013年11月，该项目完成编制工作。

2. 规划构思与项目定位

归元寺地区深厚的佛教文化优势是该项目最大的潜力优势，如何把历史遗存和文化内涵挖掘出来，进行弘扬和创新，并重构组织到新的城市空间中，进而转化为具有核心竞争力的产业优势，是该项目的规划构思关键。

本次规划的核心理念为：依托佛教文化内涵，通过产业形态的物化，将文化产品进行整合，发挥归元寺作为佛教文化枢纽的集聚、扩散作用，结合城市的统一规划，使之成为武汉市集宗教文化、创意产业、旅游观光为一体的中央文化区。

3. 规划结构与主要特色

归元寺地区作为武汉的历史文化街区，自身有着长期以来演化而成的空间结构，归元寺地区作为汉阳的起源之地，奠定了今日汉阳旧城的基本格局。规划结合城市历史街巷肌理和广场、里坊等虚体空间，以历史建筑、佛塔、佛像等实体元素为依托，形成了“一核、五轴、三片区、三塔、八广场”的城市空间发展构架。

其中，“一核”为以“归元寺”为核心的重点发展区域；“五轴”为西大街—显正街历史主轴、归元寺路绿色生态发展轴、鹦鹉大道城市发展轴、城巷路发展轴、和睦巷发展轴；“三片区”为历史风貌片区、现代服务业片区和现代商住片区；“三塔”为观音像、汉阳之心、长江之心3个标志性建筑；“八广场”为西大街—显正街主轴周边的各类型广场。

在具体的操作管理和运营上，改变传统的项目运营机制，引入产业策划、规划设计、招商引资的一体化设计模式，成为该项目的一大创新和亮点。

（三）中美国际大都会项目（三维）城市设计

1. 项目背景

三维数字模型及信息平台是武汉市国土资源

和规划局近年来在规划管理中辅助项目审批应用的重要内容之一。中美国际大都会项目是2012年9月武汉市在美国芝加哥市举办大型高端经贸洽谈会现场签约的重大招商项目并已列为江岸区2013年的重大商业项目。

2. 建设目标

中美国际大都会项目（三维）城市设计的工作目标：运用三维数字平台辅助中美国际大都会项目建筑方案审查工作，结合项目方案与市民之家周边现状的协调统一，落实项目区域内城市设计的管控要求及市局提出的三维辅助审批要求，完成项目规划方案审批。

3. 主要内容

（1）勘察项目区域位置及周边项目情况

中美国际大都会项目用地位于江岸区塔子湖组团东北角，市民之家地块以西，项目地块北临三环线，东接城市快速路武汉大道，项目规划范围16.60公顷，用地范围内主要为平整场地和洼地，金桥大道、三金潭立交、三环线快速交通体系已建成正常通车，金桥大道北向车流左转下穿匝道已建成，周边其他道路现处于施工中。目前，市民之家已建成使用，晋合世家居住小区二期工程基本完成，长江传媒大厦基坑工程已完成，一批已审批规划项目正在逐一实施。

（2）核查城市设计管控要求

中美国际大都会项目用地区域涉及《武汉市民之家周边地区城市设计及环境整治规划》，通过运用三维数字平台落实城市设计管控要求。

①落实城市设计视线分析要求

市民之家作为区域标志性建筑物，应尽可能保障通过该区域的车行视线不被新建建筑遮挡，其中东西向主要视线通廊为三环线双向车行视线通廊，南北向主要视线通廊为金桥大道车行视线通廊。

②落实城市设计控制要求

禁止建设区范围是结合规划用地与区域城市设计总体控制要求划定的区域，该区域内不得新建地面建构筑物；高层建设区指位于重要视线通

恒大名都

廊范围内的区域，地块内建筑高度不应超过市民之家主体建筑高度（即不大于45米）。建筑主体部分宜使用浅、灰、蓝色系，不应使用红色系。裙房部分宜采用暖色调，应避免使用红色系；一般控制区内新建建筑需满足地块规划设计条件。建筑色彩不受限制。

四、交通规划

(一)武汉市城市轨道交通近期建设规划(2014—2020年)

1. 规划背景

2009年，在第一轮轨道交通建设规划基础上，武汉市编制完成了《武汉市城市轨道交通近期建设规划（2010—2017年)》，并于2011年1月31日获国家发改委正式批准（发改基础〔2011〕179号)。根据建设规划安排，武汉市将在2010—2017年间建设完成轨道1号线、2号线、4号线、3号线、6号线、7号线和8号线一期工程，线路总长度215.30公里，总投资1182亿元（不含已运营的轨道1号线一期10.20公里投资)。

目前，第一轮建设规划确定的3条线路、72公里轨道交通网络已经全部建成运营，日客流100万—120万人次，在城市中的功能和作用日益凸显，起到了良好的示范作用。第二轮轨道交通建设规划批复的7条线路中，3号线一期、4号线二期已经按照国家要求全面开工；6号线一期站点已经全面开工。8号线一期工程可行性研究于2013年4月获国家批复， 7号线一期工程可行性研究报告于2013年8月27日获国家批复，初步设计均已获批，目前部分站点已开工；1、2号线延长线的工作正在积极推进之中。

根据上一轮轨道交通建设规划和执行情况，考虑到城市经济社会发展高于上一轮建设规划预期水平，为落实城市总体规划，围绕建设国家中心城市和国际化大都市的伟大目标，提升武汉枢纽地位，全面构建“1+6”城市发展新格局，打造“国家综合交通枢纽试点城市”和“公交都市”，有必要加快轨道交通建设步伐，确保“中部崛起”战略的实施和国家中心城市建设。

2. 主要内容

(1) 轨道交通规划背景

通过对城市经济社会发展状况、城市总体规划及相关规划、城市近期建设规划及重点建设区域、城市交通现状及发展规划、城市远景发展规划等相关现状及规划背景的分析，总结上两轮轨道交通建设规划的执行情况，并从经济社会发展水平、国家中心城市建设、城市综合枢纽地位等方面对上两轮建设规划进行评价，分析与本轮建设规划的关系。即随着城市空间结构进一步拓展及城市交通迅猛发展，适应国家建设国家中心城市发展战略要求，迫切需要编制新一轮建设规划。两轮建设规划都是在武汉市经济社会发展需要下，结合当时的实际情况编制的，是城市不同发展阶段的体现，上轮建设规划是本轮规划的基础，本轮规划是上轮规划的延续、发展和补充。

(2) 轨道交通建设规划的必要性

本轮建设规划的必要性主要体现在5个方面：一是推进国家中心城市建设，打造全国性综合交通枢纽的需要；二是落实城市总体规划，支撑“1+6”城市发展格局的需要；三是加快城市重点功能区建设的需要；四是推进“两型社会”和“公交都市”建设的需要；五是实施“三镇三城”战略，完善轨道交通骨架网络的需要。

(3) 轨道交通线网规划

回顾了武汉市轨道交通线网规划历程，分析了城市圈城际轨道交通线网规划和总规版城市远景轨道交通线网规划，根据武汉建设国家中心城市的伟大目标，以及基于2049城市远景发展战略，武汉市启动了新一轮轨道交通线网规划修编，通过开展规模匡算、客流走廊分析、国铁利用、快线运营实施规划、公交一体化等专题研究，充分借鉴国内外轨道交通发展经验，在维持原线网方案总体架构稳定的基础上，确定武汉市远景轨道交通线网结构为“环线+快线”，市域快线编织结构外围，设置环线，实现了环线与快线之间的良好布局。环线串接多中心和对外枢纽，疏导核心区客流，强化主城功能和三镇沟通；市域快线引导新城发展方向。远景年市域轨道线网方案总长1045公里，站点624座，线路数为25条，其中环线长55公里。其中主城区范围内线网规模533公里，站点365座。

（4）近期轨道交通建设规划方案

按照城市客流需求和经济能力，确定本次建设规划在上一轮建设规划总长215.30公里（上司、地方铁路批复实际长度217.90公里）的轨道网基础上，新增2号线南延及北延、4号线向西延伸两站两区间衔接机场和大型铁路枢纽；新增轴向放射线11号线东段（29号线）、11号线西段（24号线）、1号线西延两站两区间、21号线、7号线南段（27号线），加快六大新城组群建设，贯彻“1+6”城市空间发展战略；主城中心区内建设轨道5号线、8号线二期和11号线东段（武昌站至流芳站段），完善轨道骨架网络，支撑“两江四岸”重点发展区建设；到2020年形成总规模391.40公里的轨道交通网络体系，其中新增线路长度173.50公里。

（5）轨道交通建设实施规划

本次轨道交通建设规划方案包括6条线路和4条延伸线，共173.50公里，结合上两轮已批复建设规划，建设规划期内需建成313公里轨道交通线网，平均每年约建成28.50公里。

轨道交通2号线北延长15公里，设站5座，计划2014年开工，2018年建成通车；轨道5号线由武汉火车站至青菱止，全长31.90公里，设站27座，计划于2016年内开工，争取2020年建成通车；轨道7号线南段（27号线）由野芷湖至纸坊新城，线路长14.20公里，设站6座，计划2015年开工，2019年建成通车；8号线二期由梨园至野芷湖，线路长16.70公里，设站12座，计划于2017年开工建设，2020年建成；轨道11号线东段由武昌火车站至左岭，线路长32.10公里，

恒大名都

设站13座，计划2014年开工，争取2019年建成通车；轨道11号线西段（24号线）由红马嘴经新汉阳火车站至蔡甸，线路长14.10公里，设站8座，计划2016年开工，2019年建成通车；轨道21号线由后湖大道至阳逻，线路长33.70公里，设站15座，计划2014年开工，2018年建成通车；轨道1号线径河延伸线由金山大道至径河，线路长4公里，设站2座，计划2018年开工，2020年建成通车；轨道2号线南延线由流芳至藏龙岛，线路长7.80公里，设站5座，计划2014年开工，2019年建成通车；轨道4号线西延线由黄金口至新汉阳站，线路长4公里，设站2座；计划2015年开工，2017年建成通车。

（6）轨道建设条件分析及环境影响评价

本次建设规划新增轨道交通线路由10条线路构成，总长约为173.50公里。以沿线周边500米半径、完整的街坊作为规划范围，总用地规模为316.11平方公里；城市建设用地面积为228.46平方公里，占总用地面积的72.27%。其中，居住用地面积为57.92平方公里，占城市建设用地面积的25.35%；公共管理与公共服务用地面积为29.74平方公里，占城市建设用地面积的13.02%；商业服务业设施用地面积17.68平方公里，占城市建设用地面积的7.74%。其中位于现状道路、广场、机场和铁路站场用地内的长59.03公里（占总规模34.36%），位于规划道路（含拟扩建道路）红线内的长84.18公里（占总规模49.14%），穿越水域范围的长5.31公里（占总规模3.10%），穿越地块的长22.78公里（占总规模13.40%）。

本次建设规划的实施对优化武汉市城市布局结构、节约资源和减少污染物排放、改善城市人居环境以及推动城市“公交优先”战略实施等方面具有积极的促进作用。规划实施过程中主要产生噪声、振动、生态、水环境和电磁影响，在落实环境影响报告书及批复意见提出的各项环保措施后，规划实施对环境的不利影响可以得到有效控制和缓解。从环境保护角度，本轮建设规划可行。

（7）投资估算及资金筹措

本轮建设规划2014—2020年新增建设总规模173.50公里，总投资为1148.90亿元，新增线路平均每公里造价6.60亿元（含新城区高架线路）。若含第二轮轨道交通建设规划，总投资为2175.70亿元，平均每公里造价6.95亿元；其中上轮已批复线路139.50公里，总投资1026.80亿元。

根据国务院规定要求，结合武汉市轨道建设项目实际情况，武汉市轨道交通建设项目资本金比例安排如下：轨道交通1号线西延、2号线延伸、4号线二期资本金比例为42%；轨道交通3号线、6号线、7号线、8号线资本金比例为35%；本次新增线路资本金比例为40%。共计需投入资本金711.60亿元（其中，本次新增项目建设资本金459.60亿元），资本金比例平均为38.40%，其余61.60%的建设资金（共计1142.70亿元）将主要通过申请银行贷款解决。

（8）经济社会评价

城市轨道交通系统能够将城市的经济效益、社会效益和生态效益有机统一起来，是具有巨大国民经济和社会效益的现代化城市交通工具。大运量、快速、高效、环保的轨道交通系统是城市交通方式的巨大变革，也是城市演进的物质基础。轨道交通项目的实施无论是对武汉市的总体布局、宏观经济的调控，还是对每个市民的生产、生活质量的提高等都将产生积极的影响。武汉市作为湖北省省会城市，近些年来随着经济的快速发展，完善适合武汉发展的轨道交通体系变得尤为重要。评价结果表明：轨道交通建设项目的实施，将带来巨大的外部经济效应。

（二）武汉体育中心枢纽衔接及交通整合规划

1. 项目背景

武汉体育中心位于武汉经济技术开发区，由“一场（体育场）两馆（体育馆、游泳馆）”组成。主场馆最大可容纳6万名观众，是武汉市规模最大的活动场馆，自2002年建成以来不定期举办各种体育赛事、演唱会等大型活动，在改善开发区投资环境、丰富武汉市民文化体育生活方面起到了重要作用。

但体育中心所在的新城中心周边聚集了政务服务中心、万达广场等重要公共服务设施，是开发区对外形象展示的窗口。武汉体育中心举办大型活动时带来大量且具有冲击性的交通需求，使区域未来交通面临严峻考验。随着经过体育中心区域的轨道3、6号线即将通车运营，同时有轨电车也已顺利开工，如何发挥公交优势集散大型活动突发客流，合理组织机动车交通，成为体育中心区域发展的核心问题。

在此背景下，武汉市交通发展战略研究院受武汉经济技术开发区委托开展《武汉体育中心枢纽衔接及交通整合规划》编制工作，重点在于增强体育中心枢纽衔接功能、并对区域交通资源进行整合，营造良好的区域交通环境，增加体育中心活力和吸引力，提升沌口新城中心服务功能。

2. 主要内容

（1）区域交通发展目标分析

在区域发展总目标“打造交通便利、客流集聚、功能完善的活力新城中心”的指导下，围绕武汉体育中心形成“一核双轴三站多区”。

“一核”：依托快速交通走廊、大中运量轨道走廊、常规公交枢纽，形成以政务、体育、商业特色为主的公共服务设施集聚核。

“双轴三站”：充分发挥轨道交通和有轨电车优势，集散客流、疏解交通。

“畅通政务区”：主要设置于东风大道西侧开发区政务中心，交通发展侧重于保障区域交通的顺畅到达，有效实现政务中心主导功能的集聚，提高政务中心的辐射力。

“便捷商业休闲区”：主要设置于万达、体育中心，交通发展应侧重于公交发达，快速便捷，管理智能，实现客流集聚、多元功能的复合。

“宁静交通区”：主要设置于体育中心以南居住区，交通发展侧重于公交畅达、宁静、宜居。

（2）交通发展策略

①优化交通组织，实现外部交通高效可达，内部交通畅通有序；

②科学设计、规划体育中心公交枢纽，与轨道交通、有轨电车高效衔接的多模式，综合开发利用；

③强化“公交+慢行”，衔接公共交通基础设施和城市开放空间，增强区域活力；

④有效组织和引导体育中心突发交通，减少对区域交通的影响，切实保障新城中心各项功能的发挥。

（3）体育中心公交枢纽选址与布局

在武汉市公交枢纽规划中，体育中心公交枢纽站属于城市二级公交枢纽。该枢纽站应具备实现公交换乘、部分公交线路首末站和调度管理的功能。其平面布置应以功能合理分区、人车分流不交叉为基本原则，布置调度管理办公综合楼、停车区、发车区、加气加油区、清洗区等。

依据“交通便利、与客源相协调、与规划相协调”的选址原则，体育中心公交枢纽选址推荐在停车场地块南侧，与有轨电车、轨道交通站点较近，换乘方便；便于体育中心大型活动客流集散。同时，在满足公交枢纽基本功能的前提下，公交枢纽采用地面、地下相结合方式，交通、商业多功能方向发展，为区域发展集聚客流。

（4）枢纽衔接规划

①合理布局公交枢纽，弥补公交盲区，强化多方式交通衔接，构建一体化公交体系。

②形成轨道交通、有轨电车、常规公交三级客运体系。

③将体育中心北站地下通道延伸至政务中心有轨电车站点，建设车城北路—体育路人行天桥，贯彻“人车分离、以人为本”的服务理念，构建“公交+慢行”交通体系，高效衔接主要交通集散点、公共交通基础设施和城市开放空间，增强区域活力。

④结合轨道交通站点，布局出租车停靠点、公共自行车停靠点、自行车停车位，形成多方式

交通接驳体系。

（5）区域交通组织优化

体育中心区域交通组织优化应以“可持续、协调、服务”为理念，不仅达到大型体育场馆集散交通“安全、有序、快速”的要求，还应尽量减少对区域日常交通流的干扰。交通组织优化策略如下：

①交通管控与方便出行并重，降低突发交通对日常出行的干扰；

②采取时空分离措施实现人车分离，降低交通流的相互干扰；

③发挥和强化公共交通在大型集散交通组织上的优势。

机动车交通组织方案：划分不同层次的交通管控区域，通过对不同区域采取特定的交通管控措施，保障大型活动各类人员的顺利集疏散。其中，核心区：体育中心内部，除内部人员、VIP车辆进入外，采取封闭交通措施；管控区：体育中心周边集散主要道路，允许有通行证车辆、公交车及出租车进入；引导区：区域主要集散道路；管控区与日常交通的过渡连接，采取引导措施，减少无关车辆通行。

（6）停车资源整合

为便于管理，机动车停车场单独设置在体育中心东侧，通过二层平台与场馆直接连接。同时在停车场中间设置了专门的人行通道，实现人车分离。为避免资源浪费，建议体育中心东侧停车场配建机动车停车位3600个，可满足一般活动停车需求。建立区域智能停车诱导系统，在即将进入区域和到达停车库的道路上设置电子停车诱导信息牌，将万达地下停车场、体育中心停车场和政务中心停车场整合，形成区域停车位的一体化应用，缓解大型活动停车难题。

（7）相关保障措施

在体育中心场馆内外设置目的地明确、导向完善的引导标志，提高客流有序疏散效率。

恒大名都

散场时，为避免大量乘客滞留地铁口，地铁口前利用人行道和绿化场地设置缓冲区域，采取站外限流措施，采用隔离栅增加乘客迂回绕行进站距离。

大型活动散场前，轨道交通3、6号线提前储备车辆，散场后加大发车密度。

（三）武胜路公交枢纽站综合开发交通规划咨询

1. 项目背景

武胜路交通综合体项目位于城市一环线西侧，北临京汉大道及轨道交通1号线，东临武胜路，具有十分优越的交通区位条件，但同时也面临着交通拥堵带来的巨大交通压力。作为武汉市第一个公交枢纽土地复合开发项目，武汉市国土资源和规划局从2010年开始就该枢纽站用地规划、交通规划、开发模式进行专题研究，并通过市政府审查。2013年，随着城市建设发展，项目周边主要市政工程项目正陆续实施，同时长江大道改造工程将拓宽项目区域原道路红线10—25米，进一步提升区域南北向道路容量，为项目开发提供更加良好的交通条件。鉴于以上区域交通条件改变，武汉市交通发展战略研究院适时开展了新一轮武胜路公交枢纽地块交通规划论证工作。

2. 功能定位与规划目标

（1）功能定位

武胜路公交枢纽位于城市中心区，接驳轨道1号线、衔接过江客流，具有两种以上的换乘方式，具备区域通达性强、换乘客流集中等特征，在公交专项规划中属于城市二级公交枢纽，起到锚固客运网络构架的作用。一是突出和满足过江常规公交换乘枢纽及公交首末站功能；二是实现与轨道交通1号线的接驳换乘功能，规划接驳公交线路。

（2）规划目标

整合资源，完善配套，实现武胜路公交枢纽站一体化换乘目标。结合轨道，优化公交，打造畅通有序的城市交通环境。集约利用城市土地资源，通过复合开发提高土地利用价值，为枢纽建设提供资金保障。

3. 咨询结论

（1）公交枢纽规模

调整枢纽功能，强化公交枢纽换乘功能，保留部分夜间停车功能(按进场线路配车10%考虑)，弱化维修保养功能，外迁加油站、整流站，集团内部辅业办公与上盖开发统一考虑。武胜路公交枢纽站面积需求为3.50万—4万平方米。

（2）物业开发规模

项目采取街坊整体规划分期开发原则，经交通容量测算，确保公交枢纽站规模4万平方米，在规划交通改善措施得以落实的前提下，街坊其他物业开发规模可按21.70万平方米控制，街坊容积率不大于6.15。其中一期公交枢纽地块用地面积3.06万平方米，合理开发规模17.90万平方米。

（3）外部交通改善措施

①区域重大交通配套：尽快实施长江大道拓宽改造工程、解放大道综合整治工程、月湖桥—宝丰北路—常青路快速化改造工程。

②项目周边道路配套：结合二期地块开发，按规划形成集贤二路和集贤横路，红线宽度15—20米。结合近期武胜枢纽街坊、长江大道储备地块和武胜人信汇项目陆续开发，按照区域统筹考虑原则，建议对“一张图”控制公共通道调整线位提高微循环道路连通性、控制宽度从10米提高至15米，提高其交通疏解能力。

③衔接交通改善：设置公交专用信号灯优先公交车辆“左进左出”枢纽，设置建筑与轨道站点二层连廊，营造良好的轨道、公交换乘环境，加强项目地块与区域交通系统的衔接转换功能。

（4）内部交通改善措施

①建筑人行连廊：在地上二层设置人行连廊联系二期地块办公建筑和一期地块公交枢纽，营造良好的公共交通出行环境。

②街坊停车共享：根据武汉市停车配建指标，初步测算整体街坊以合理的开发规模21.70万平

方米建设，需配建停车位 1834 个。其中一期公交枢纽地块配建停车位 1264 个，地下停车面积约 4.50 万平方米，根据基底面积约 1.60 万平方米，测算需要设置地下三层停车。街坊区域一期、二期地块地下车库联合建设，有效共享车库出入口和泊位资源。一期地块建设需分别在地下一、二、三层各预留 1 条与二期地块衔接机动车通道，宽度不小于 7 米。

③车库出入口设置：采取一期、二期地块地下车库联合建设模式，结合社会车辆交通组织在集贤横路、集贤二路和京汉大道上设置 4 处地下车库出入口，满足规范要求。

五、专项规划及研究

（一）武汉现代新城近期建设实施规划纲要

1. 规划背景

当前，武汉城市发展处于由中心城区集中发展向区域城乡统筹协调发展的历史转型期，新城建设已经成为武汉城市发展重点。在此时期，市委、市人大、市政府作出“以新城建设推进武汉市新型城镇化、工业化”的重要决策，要求“每个新城区明确一个中心，集中力量做好一个中等城市规模的‘卫星城’”，引导武汉市新城集约有序建设。2012 年 5 月，武汉市国土资源和规划局组织市规划研究院编制完成《武汉现代新城近期建设实施规划纲要》，作为各区新城集约有序建设的纲领性规划指引。

2. 规划目标

规划作为各区新城近期规划建设的纲领性文件，重点突出“两个明确和两个构建”：一是明确各区近期新城集中建设区范围，引导新城集中建设；二是明确各区新城中心范围，促进新城中心功能集聚建设；三是构建各区产业、中心、居住、生态等功能区格局体系，以重点功能区建设促进产城融合发展；四是构建大运量交通走廊、市政基础设施等支撑体系，为新城建设提供基础支撑。规划提出用 3—5 年时间，在各区集中打造规模在

恒大名都

50—60 平方公里的“六有”新城，即：有“工业倍增”发展区、有功能完善的新城中心、有高效的交通、有舒适的配套住区、有健全的基础设施、有优越的生态游憩体系。

3. 主要内容

（1）回顾新城建设发展历程，比对国际新城经验，明晰武汉市“现代新城”概念与要求

规划全面回顾了武汉市新城建设发展历史，深入剖析了当前武汉新城建设的总体情况和存在的主要问题，同时，通过对巴黎、伦敦等国内外特大城市四代新城建设历程、建设模式、功能构成、空间布局等经验的总结和相关理论研究，具体阐述“现代新城”规划理念的内涵和要求，明晰武汉市基于“独立成市”理念的现代新城概念。

（2）针对新城建设存在的问题，提出五大实施策略

一是明确各区近期集中建设区范围，引导新城集聚发展；二是各区推进不低于 20 平方公里的工业园区建设，引导工业园区化、规模化发展；三是合理确定 4—5 平方公里的新城中心区，大力推进新城中心建设，强化产城融合发展；四是建成“一轨双枢纽、两快两主干”的新城综合交通走廊，凸显 TOD 模式引领作用；五是以 5—10 平方公里的郊野公园建设为抓手，挖掘生态人文资源特色，打造生态宜居新城。

（3）明确各区近期集中建设区范围，引导新城集约有序发展

结合新城组群控规导则的编制，基于 GIS 相关要素评价，合理确定各区现代新城优先集中建设区的范围。按照中等城市规模，划定各区新城近期集中建设区界线，全面构建完善的新城功能格局体系。在此相对集中的区域范围内，从用地指标、建设资金、重大项目等均集中投放，逐步形成美丽新城整体面貌。

（4）明晰各区现代新城功能区格局，以“两区一园”重点功能区引领新城建设

以“工业倍增”发展区、新城中心区、郊野生态公园等“两区一园”作为各区现代新城重点功能区，以此为抓手，按照功能区推进、项目化实施理念，发挥重点功能区的聚集效应，形成建设合力，统筹土地储备供应、城市投融资、城市道路交通、市政基础设施等各类建设计划，支撑新城重大设施项目的建设。在此基础上，制定各区新城建设规划指引，并提出配套实施政策建议。

（二）武汉市主城区老旧住宅区物业服务改善实施规划（2013—2020 年）

1. 项目背景

根据国务院加快棚户区改造和湖北省关于开展旧住宅区综合整治的有关文件精神，按照武汉市委、市政府关于加强社区建设、建立老旧住宅区物业服务长效机制的要求，为了规范和引领老旧住宅区物业服务工作，进一步改善老旧住宅区居住环境，2013 年 3 月起，由武汉市住房保障和房屋管理局牵头组织，武汉市国土资源和规划局配合开展了《武汉市主城区老旧住宅区物业服务改善实施规划（2013—2020 年）》的编制工作。

2. 规划目标

以党的十八大精神为指导，深入践行党的群众路线，围绕全面建成小康社会、建设幸福城市的总体目标，按照“以建促管、以管谋建”的工作思路，将老旧住宅区物业服务与创建幸福社区、推动城市建设和创新社会管理紧密衔接，分步实施整治改造，因地制宜改善物业服务，建立健全老旧住宅区长效管理机制。

至 2020 年，形成以“社区牵头+居民交费+政府补贴”为主要特点的社区化准物业管理模式，老旧住宅区享受广覆盖、保基本、低收费、有补贴的基本物业服务，建设管理有序、服务完善、环境优美、文明和谐的新型社区。

3. 主要内容

（1）现状调研

本次规划对武汉市主城区范围内 2643 个老旧住宅区展开了全面的调查摸底工作，涉及住宅总建筑面积约 8180 万平方米，人口约 325 万人，全

面掌握了主城区老旧住宅区的总体规模、硬件设施条件和物业服务现状等情况。结合普查数据和调研分析，目前武汉市老旧住宅区主要存在硬件基础薄弱、物业服务标准较低和物业服务后劲不足三大问题。

（2）总体布局

与武汉市“三旧”改造规划和武汉市棚户区改造专项规划紧密衔接，根据拆迁计划、住宅区规模和基础设施情况，将武汉市2643个老旧住宅区分为三类，规划“过渡型、基本型、提升型”3种改造、改善模式，对应实施不同内容、标准的整治改造和服务改善。为准确估算规划实施所需资金，选取“基本型”、“提升型”各一个小区进行规划试点，分类测算资金。

（3）分类改造

①过渡型针对纳入“三旧”（2013—2014年）拆迁计划的176个老旧住宅区，开展以涉及居住安全项目为主要内容，以“多修少换”为原则，以消除安全隐患为目标的整治改造工作。推行以“保安居”为目标的物业服务。

②基本型针对纳入“三旧”（2015—2020年）拆迁计划的772个老旧住宅区，开展以涉及居住安全、居住需求项目为主要内容，以经济实用为原则，以消除安全隐患、满足生活需求为目标的整治改造工作。推行以“保康居”为目标的物业服务。

③提升型针对未纳入“三旧” 拆迁计划的1695个老旧住宅区，开展以涉及居住安全、居住需求和居住品质项目为主要内容，以长效运行为原则，以消除安全隐患、满足生活需求、提升居住品质为目标的整治改造工作。推行以“保宜居”为目标的物业服务。推动具备条件的社区实施拆除小围墙、新建大院落的“拆墙并院、围墙并院”工作，实现规模效应，提升为专业化物业服务。

（4）资金测算

老旧住宅区物业服务改善资金主要由整治改造经费和日常管理经费两部分组成。根据老旧住宅区面积、人口、基础设施情况，参照试点片的

恒大名都

数据，采取定性与定量分析结合的方法，剖析验证 3 种模式整治改造和物业服务改善成本，对整体经费进行测算。

（三）建设大道（新华路—二七路）金融产业带发展规划

1. 规划背景

建设国家中心城市是武汉市政府工作目标和未来工作的中心任务。为促进武汉市国家中心城市地位的回归，根据《武汉市金融集聚区空间布局规划》要求，江岸区政府拟抢抓建设大道金融产业东扩的历史机遇，对区内资源充分整合，加强规划引导，突出金融功能建设，不断优化城市空间布局，着力将建设大道沿线打造成为中部金融高地，作为江岸区打造现代服务业强区的重要抓手，并列入 2012 年度《江岸区政府工作报告》。

规划工作范围为建设大道（新华路—二七路段）向两侧各拓展 1—2 个街坊，规划用地 7.04 平方公里。

2. 规划目标

（1）目标定位

规划以提高城市产业运行效率和生态环境质量为目标，提出 Eco-Cycle 生态循环的空间规划理念，立足将建设大道金融产业带打造成为华中地区的金融增长极和国家级金融中心的核心产业集聚地，从功能优化、用地控制、空间引导和配套支撑 4 个方面提出规划策略，以规划先行，项目化引导的方式，塑造建设大道金融能量塔。

（2）规划亮点

①多学科交融，多维度研究特大城市金融产业发展态势。基于武汉市特殊历史时期的发展需求，规划综合运用经济学、系统学、运筹学等学科知识，从多视角对武汉市金融产业格局进行了深度、全面的梳理，明确了金融产业特性，明晰了金融空间层级，对武汉市金融产业空间布局进行了重新判断和优化，在此基础上综合确定规划区的金融产业定位、业态选择、功能配比、布局

武汉美术馆

结构和规模要求，有效指导了规划区的金融产业空间布局。

②生态先行，融合生态循环体系的城市规划理念。将生态自然循环引入城市的运行关联中，提出“Eco-Cycle”生态循环的空间规划理念，力求打造高效的城市运转系统和高质量的城市循环系统，构建低能耗、高效率的城市空间模式，为城市良性发展提供范式。一方面，规划采用绿化指标双重控制（绿化率+绿地率），有效应对规划区内绿化空间较为紧张的现实情况；另一方面在设计中对新建建筑（群）提出底层架空和对景廊道的双重预控要求，建立街区风道体系，有效降低城市热岛效应，构建风、光、水、绿四位一体的生态化街区。

③突破传统，创新多维用地与功能复合模式。采用多维复合的理念，突破传统的用地功能混合，引入时间维度和共享复合等多重路径，通过土地使用整体平台，产生集聚效应及叠加效应，形成价值链网络，构建全新的内部价值让渡系统，促进规划区土地价值和综合效率最大化。

3. 主要内容

（1）多维度开展产业研究，结合城市产业发展导向，明确区内金融产业定位及发展要求

规划立足宏观视野，借鉴国内外金融集聚区建设经验，充分挖掘规划区内产业发展的差异化竞争资源，分析新形势下武汉市及江岸区现代服务业总体发展要求，在此基础上，多角度对比分析区内金融产业的现状与趋势，判断地位与规模，研究结构与构成，提出产业定位与目标，全面指导区内金融功能建设。

（2）以产业研究为基础，构筑产业循环链，促使功能优化提升

一是促进金融产业链的建立和形成具有集聚效应的功能集群布局模式；二是分片区对产业功能合理配比，促进效益最大化；三是功能布局强调功能融合，打造互为价值链的高度集约式城市综合体，减少能耗。

（3）对应产业功能布局优化城市空间格局，梳理区域空间脉络

通过用地结构的引导促进金融产业用地合理集聚，提出“双心联动，两区横跨东西，四核共驱，五轴贯通气脉”的结构体系，着重打造新华路—香港路和黄浦大街两大金融服务核，通过双核心产业功能结构带动建设大道沿线金融产业整体发展。同时，强调对用地的混合利用和对生态环境的控制，引入“四维混合、精明增长”的土地混合使用理念和“绿化率+绿地率”的双重指标体系，提高土地利用效率和提升环境质量。

（4）基于空间发展结构，引导空间形态的构建

结合区域景观要素，构建清晰的城市意象，规划形成“四轴三心、五廊四园”的总体景观结构，在此基础上对天际线、地标系统、空间界面、景观廊道、建筑高度、建设强度、文化属性等方面进行控制，优化街区生态和景观形象，建立街区风道体系，增强吸引力和归属感。

（5）加强基础设施配建与提升，支撑金融功能区建设

将金融集聚区的功能建设与市政基础设施建设紧密关联，一是以公共交通为导向，充分发挥轨道交通疏解作用；二是优化区域路网布局，完善区域静态交通系统；三是强化市政基础设施建设，强力支撑建设大道金融产业功能的集聚。

（6）将产业功能建设项目化，具体指导实施建设

突出可实施性的规划指引，以建设 8 个核心金融功能集聚片区为重点，针对性提出金融建设实施项目库，引导金融功能高效集聚。项目设置充分考虑现有基础条件，明确建设重点和控制要点，利于启动和实施。

（四）农业生态区“五线”划定规划研究

1. 研究背景

农业生态区是武汉市都市发展区外的区域，面积约 5233 平方公里，是山体资源和水体资源最集中的区域。为进一步深化落实城市总体规划，

强化对全市域的规划管理，保护农业生态区珍贵的山水文化资源，特开展农业生态区“五线”划定研究。

本次的研究范围为《武汉市城市总体规划(2010—2020年)》确定的主城区及六大新城组群以外的非建区域，为农业生态区的非建范围，含东西湖、汉南、蔡甸、江夏、黄陂、新洲6个新城区位于六大新城组群以外的部分区域，面积约4463平方公里。

2. 主要内容

(1) 对比都市发展区“五线”特点，对农业生态区“五线”保护现状和面临的主要问题进行分析，确定农业生态区“五线”划定的内容

都市发展区为城镇功能集聚区，区内道路交通、基础设施分布密集且体系完善，对区内山体、水体等稀缺自然资源的保护大多结合主动性的建设与利用进行，区内对“五线”的管控实际上采取了“保建结合，协同作用”的思路。农业生态区人类活动以农业生产为主导，城镇规模不大，人口集聚度不高，人为活动对自然环境的干预较小，除区域性道路交通、基础设施外，区内道路交通、基础设施缺乏系统性的规划，用地较少，对城市整体功能影响较小；区内山体、水体面积大，分布集中，多保持其原生状态，对城市整体生态系统发挥着难以替代的作用。农业生态区内“五线”管控应采取“保护为主、建设为辅”的思路，重点划定绿线、水体控制线（蓝线），保护区域生态系统功能，红线、黄线重点划定对城市发展全局有影响的区域性道路与基础设施，保障城市基础设施的正常、高效运转，保证城市经济、社会健康发展。

(2) 对比研究武汉都市发展区“五线”划定成果，制定武汉市农业生态区“五线”划定指引，明确“五线”划定内容、深度和标准，为全面铺开各乡镇“五线”划定工作奠定基础

农业生态区红线、黄线和紫线划定内容和划定方法与都市发展区一致，农业生态区绿线和水体控制线（蓝线）划定内容更为宽泛，划定方法更多元化。

水体控制线（蓝线）：农业生态区除河流、湖泊、水库等大型水体外，将生态敏感区周边水体和具有调蓄功能的较大面积坑塘水面也纳入水体控制线（蓝线）划定内容。大型坑塘水面的划定主要参照第二次土地调查中坑塘水面用地，综合考虑常水位线划定。

绿线：农业生态区重点划定山体水体保护绿地（生态公园保护区）和防护绿地两大类绿线。其中防护绿地与都市发展区划定方法一致。农业生态区的生态公园保护区的划定并未就某一个坡度和高度作为所有山体绿线划定的唯一标准，而是根据不同地域的地势特点，结合山体与人类的活动关系和试点乡镇的划定情况制定不同标准：山体划定标准为对木兰山等海拔较高、面积较大的大型山脉，划定标准以25度坡度为主，结合高程点150米划定。其他地域划定标准为坡度大于16度的山体，结合高程点80米划定；山体保护区划定标准为对木兰山等海拔较高、面积较大的大型山脉，可将坡度为16度至25度，或高程为80米至150米之间区域划为山体保护区。

(3) 参照“五线”划定指引，对试点乡镇“五线”进行了划定探索

临近都市发展区和外围乡镇分别选取2个具有代表性和典型性山水资源的乡镇（江夏区郑店街和黄陂区木兰乡），按照上述“五线”控制要素、控制方式和控制要求对“五线”进行划定。

(4) 针对武汉市农业生态区“五线”的特点，构建“五线”保护和利用的体系

制定《武汉市农业生态区“五线”划定指引(试行)》，在征求相关部门意见后，已下发至规划编制单位，为全面开展农业生态区“五线”划定工作，实现武汉市域范围内的规划“一张图”管理提供了技术依据。

第五节 城 市 建 设

一、城市基础设施建设

2013年，在融资形势严峻的条件下，武汉城市建设投资仍然保持了增长势头，城市基础设施建设投资完成1380亿元，增长20%，其中城建固定资产投资完成734.21亿元，增长11.22%。新开工建设11个城建重大项目，建设力度再创新高，并有5项工程实现竣工，进一步增强了城市功能。

轨道交通大规模建设。6号线、1号线汉口北延长线、机场线、7号线、8号线等5条线实现新开工，为每年建成一条轨道交通线奠定了坚实基础。4号线一期实现通车试运营，使武汉轨道交通正式迈入网络时代。3号线一期、4号线二期正在抓紧建设。截至2013年底，全市轨道交通运营里程达到73.38公里，在建里程达到132.65公里。

路网建设全面提速。二环线武昌段、汉阳段建设和三环线北段、西段改造等6项快速路网工程实现新开工。鹦鹉洲长江大桥主桥工程完成钢梁合龙。同时，重视民生项目建设，实施“点亮老社区”行动，为全市432个开放型无物业管理的社区安装路灯5398盏，解决了一批“有路无灯”的问题，让居民普遍受益。建成微循环道路54条、慢行交通系统80公里，方便了市民出行。

二、新型城镇化建设

2013年，武汉市积极推进城乡统筹和新型城镇化体制创新，首次组织编制完成把6个新城区作为一个整体的《武汉市新城区城镇体系规划》成果，同时督促6个新城区编制完成《区域城镇体系规划》成果。组织完成了《武汉市新城区城镇化综合评价指标体系研究》，涵盖经济发展、社会结构、城市建设、人口素质、生活质量、环境资源和社会公正等7个方面，提出了一套对武汉市新城区城镇化发展水平综合评价的指标体系。

全力推进重点中心镇、特色镇、“四化同步”示范片和22个革命老区基础设施建设，成功创建45个省级“宜居村庄”。安排村镇建设市级补助资金3亿元，实施村镇建设计划项目341个，完成投资19.80亿元，直接带动6个新城区全年完成市政基础设施建设投资100亿元以上。

三、建筑业和工程设计产业发展

2013年，武汉市工程建设管理水平明显提升。以全市治庸问责“十个突出问题”承诺整改为契机，深入开展“工程建设管理大提升”活动，进一步加强了工程质量、安全生产和文明施工管理，并按照“发现早、查处快、整改好”的要求，建立健全了加强工程建设领域规范管理的长效机制。1项工程（黄浦大街—金桥大道快速通道）获鲁班奖、2项工程获全国市政金杯示范工程。认真吸取“9·13”事故教训，深入开展安全管理大提升行动，全年共发生安全生产责任事故8起，死亡10人，均控制在市政府下达的指标范围内，没有发生较大以上安全事故。

绿色建筑覆盖面进一步扩大。全年新增绿色建筑试点示范工程面积274.17万平方米。2个项目分别获得2013年度全国绿色建筑创新奖一、二等奖，4个项目被确立为第三批“全国建筑业绿色施工示范工程”。截至2013年底，全市通过国标绿色建筑标识认证项目总数达47个，位居全国第6位。

工程设计产业加速发展。加快推进产业园区的建设，成立了设计产业投资公司，启动了东湖设计城建设。按照全市现代服务业升级计划的总体要求，组织完成了《武汉打造工程设计之都实施方案》及其配套政策。2013年全行业实现营业收入近800亿元，新增创新型企业50家，11家企业进入全国工程设计60强。

第二章　土　地　资　源

第一节　土　地　征　收

2013 年，武汉市中心城区已核发房屋拆迁许可证的在拆项目 100 项，在拆户数约 24927 户，在拆房屋建筑面积约 357.50 万平方米。截至 12 月，全市共作出房屋征收决定 62 个，拟征收总户数 24572 户，拟征收总建筑面积 260.20 万平方米。按工程类和旧城改建类分类统计，工程类项目 26 个，旧城改建类项目 36 个；按区域分类统计，江岸区 13 个、江汉区 7 个、硚口区 6 个、汉阳区 10 个、武昌区 4 个、洪山区 8 个、青山区 10 个、东西湖区 4 个。全年全市国有土地上房屋征收拆迁实际动迁总户数 29802 户，实际动迁总建筑面积 302.65 万平方米。其中，房屋拆迁实际动迁户数 12233 户，实际动迁建筑面积 131.80 万平方米；房屋征收实际动迁户数 17569 户，实际动迁建筑面积 170.85 万平方米。武汉市 2013 年国有土地上房屋征收决定情况见表 2-1-1，武汉市 2013 年中心城区核发征收土地公告项目见表 2-1-2，武汉市 2013 年中心城区核发征地安置补偿方案公告项目见表 2-1-3，武汉市 2013 年中心城区核发建设用地批准书项目见表 2-1-4。

表 2-1-1　　武汉市 2013 年国有土地上房屋征收决定情况统计表

区　域	项目数（个）	户数（户）	建筑面积（万平方米）
江岸区	13	8636	71.83
江汉区	7	1216	13.12
硚口区	6	4040	40.41
汉阳区	10	4828	52.23
武昌区	4	1159	13.92
洪山区	8	2015	34.90
青山区	10	2532	25.40
东西湖区	4	146	8.34
合　计	62	24572	260.15

注：本表数据由武汉市国土资源和规划局提供。

表 2-1-2　　武汉市 2013 年中心城区核发征收土地公告项目一览表

序号	用　途	征收单位	地　址	面积（公顷）
1	商业、市政设施、道路用地	武汉市土地整理储备中心 武汉化学工业区分中心	洪山区花山镇何董村	10.97
2	科研、商业、办公、市政设施、道路用地	武汉市土地整理储备中心 武汉化学工业区分中心	洪山区花山镇后山村	25.09
3	科研、道路用地	武汉市土地整理储备中心 武汉化学工业区分中心	洪山区花山镇何董村	21.52
4	科研、商业、道路用地	武汉市土地整理储备中心 武汉化学工业区分中心	洪山区花山镇后山村	5.14
5	科研、道路用地	武汉市土地整理储备中心 武汉化学工业区分中心	洪山区花山镇清潭村	31.12
6	居住、中小学、绿化、规划道路用地	武汉市土地整理储备中心	江岸区谌家矶街先锋村	3.63
7	公共设施用地	武汉市民政局	洪山区青菱街建阳村	6.70
8	居住、公共设施用地	东湖生态旅游风景区土地储备中心	东湖风景区（洪山部分） 洪山街桥梁村	23.83
9	绿化用地	东湖生态旅游风景区土地储备中心	东湖风景区九峰街滨湖村	2.41
10	绿化用地	东湖生态旅游风景区土地储备中心	东湖风景区九峰街滨湖村	4.99
11	绿化用地	东湖生态旅游风景区土地储备中心	东湖风景区九峰街滨湖村	1.37
12	绿化用地	东湖生态旅游风景区土地储备中心	东湖风景区和平街先锋村	0.57
13	绿化、市政设施用地	东湖生态旅游风景区土地储备中心	东湖风景区和平街先锋村	14.49
14	绿化用地	东湖生态旅游风景区土地储备中心	东湖风景区九峰街鼓架村	17.65
15	绿化用地	东湖生态旅游风景区土地储备中心	东湖风景区九峰街鼓架村	5.09
16	市政设施、绿化用地	东湖生态旅游风景区土地储备中心	东湖风景区九峰街建强村	3.72
17	居住用地	东湖生态旅游风景区土地储备中心	东湖风景区洪山街桥梁村	2.55
18	道路、绿化用地	武汉化工新城建设开发投资有限公司	洪山区建设街向家尾村 武汉市国营青山良种场	5.11
19	道路用地	武汉化工新城建设开发投资有限公司	洪山区建设街群联村、群力村，花山镇联丰村	26.88
20	交通运输、绿化用地	武汉化工新城建设开发投资有限公司	洪山区建设街黎明村、群联村、四新村、向家尾村 湖北省拆船轧钢厂	51.74
21	居住、道路、绿化用地	武汉市土地整理储备中心武汉新区分中心	汉阳区武汉市良种场	16.21
22	居住、公共设施、绿化用地	武汉市土地整理储备中心武汉新区分中心	汉阳区江堤街红卫村	41.62
23	居住、绿化、道路用地	武汉市土地整理储备中心武汉新区分中心	汉阳区永丰街汉城村	23.92
24	居住、文化娱乐、市政公用设施、绿化、道路用地	武汉市土地整理储备中心武汉新区分中心	汉阳区武汉市良种场	28.59

续表：

序号	用　　途	征　收　单　位	地　　址	面积（公顷）
25	居住、绿化、公共设施、道路、外事、水域用地	武汉市土地整理储备中心武汉新区分中心	汉阳区江堤街丰收村、渔业村，永丰街汉城村	7.45
26	居住、文化娱乐、商业、道路、绿化用地	武汉市土地整理储备中心武汉新区分中心	汉阳区永丰街汉城村 武汉市良种场	25.45
27	居住、绿化、公共设施、道路用地	武汉市土地整理储备中心武汉新区分中心	汉阳区江堤街太山村、武汉市良种场、武汉市太子湖实业公司	21.80
28	工业用地	武汉市土地整理储备中心	洪山区青菱街红霞村	12.01
29	工业、道路、绿化用地	青山区土地整理储备事务中心	青山区白玉山街火官庙村、五一村	18.02
30	服务业、旅游度假用地	青山区土地整理储备事务中心	青山区武东街五星村	5.44
31	商服、住宅用地	武汉市土地整理储备中心城市建设分中心	洪山区和平街北洋桥村、厂前村	11.22
32	工业、绿化用地	青山区土地整理储备事务中心	青山区白玉山街努力村	0.72
33	工业、公共设施、道路、绿化用地	武汉市土地整理储备中心	洪山区和平街武丰村	15.29
34	道路、市政设施、绿化用地	武汉市土地整理储备中心	洪山区青菱街光霞村	2.64
35	特殊用地	中国人民武装警察部队武汉指挥学院	洪山区洪山街板桥村	2.24
36	居住、道路、排水走廊、绿化用地	武汉市土地整理储备中心	洪山区和平街和平村	5.75
37	商业、市政公用设施、道路、绿化用地	武汉市土地整理储备中心	洪山区青菱街建和村	24.28
38	商业、道路、绿化用地	武汉市土地整理储备中心	洪山区青菱街建和村	5.60
39	居住用地	武汉市土地整理储备中心	汉阳区永丰街铁桥村	5.39
40	居住、市政、绿化、道路用地	武汉市土地整理储备中心	汉阳区永丰街米粮村	12.03
41	铁路用地	沪汉蓉铁路湖北责任有限公司	硚口区长丰街舵落口村、额头湾村、东风村、长丰村	7.46
42	居住、市政设施、绿化、水域用地	武汉市土地整理储备中心	洪山区南湖渔场	10.67
43	道路广场用地	武昌区城建局	武昌区水果湖街姚家岭村	2.30
44	居住、城市道路、绿化用地	武汉市土地整理储备中心	洪山区张家湾街光霞村	4.05
45	住宅用地	武汉市土地整理储备中心	洪山区张家湾街光霞村	14.69
46	居住用地	武汉市土地整理储备中心	洪山区和平街武丰村	2.56
47	绿化用地	武汉市园林局	洪山区张家湾街长江村	5.90
48	居住、商业、教育、市政设施、道路、绿化用地	武汉市土地整理储备中心	江岸区后湖街红桥村	24.06
49	居住用地	武汉市土地整理储备中心	洪山区洪山街卓刀泉村	4.56

续表：

序号	用　　途	征 收 单 位	地　　址	面积（公顷）
50	绿化、居住、道路用地	武汉市土地整理储备中心	洪山区南湖渔场	5.27
51	居住、公共设施、工业、教育、轨道交通、道路、市政设施、绿化用地	武汉市土地整理储备中心	江岸区后湖街塔子湖村、跃进村	21.11
52	居住、商业、医疗卫生、市政、教育科研、道路、绿化用地	武汉市人民政府（武汉市土地整理储备中心）	洪山区洪山街卓刀泉村	18.72
53	商业、道路用地	武汉市土地整理储备中心武汉新区分中心	汉阳区江堤街太山寺村	0.25
54	居住、道路、商业、教育、医卫慈善、绿化用地	武汉市人民政府（武汉市土地整理储备中心）	江岸区后湖街十大家村	31.87
55	工业、绿化用地	武汉市人民政府（武汉市土地整理储备中心）	江岸区后湖街十大家村	0.17
56	道路、居住、市政设施用地	武汉市人民政府（武汉市土地整理储备中心）	江岸区后湖街十大家村	0.18
57	教育科研、居住、绿化、道路用地、市政设施、铁路用地	武汉市土地整理储备中心城市发展分中心	江岸区后湖街黑泥湖村	18.39
58	居住、绿化用地	东湖生态旅游风景区东湖村村民委员会	东湖风景区东湖村	4.22
59	居住、教育科研、绿化、规划道路用地	武汉市土地整理储备中心	洪山区洪山街板桥村	31.63
60	绿化、道路用地	武汉市土地整理储备中心	汉阳区永丰街汉江村	0.40
61	道路、绿化用地	武汉市土地整理储备中心	汉阳区永丰街五里墩村	0.05
62	居住、道路、绿化用地	武汉市人民政府（武汉市土地整理储备中心）	江岸区谌家矶街朱家河村	6.36
63	居住、道路用地	武汉市人民政府（武汉市土地整理储备中心）	江岸区谌家矶街朱家河村	4.05
64	居住、教育科研、规划道路用地	武汉市人民政府（武汉市土地整理储备中心）	江岸区谌家矶街朱家河村	4.46
65	公共设施、绿化、道路用地	武汉市人民政府（武汉市土地整理储备中心）	江岸区谌家矶街朱家河村、先锋村	3.55
66	居住、绿化、道路用地	武汉市人民政府（武汉市土地整理储备中心）	江岸区谌家矶街先锋村、朱家河村	0.69
67	居住、绿化、道路用地	武汉市人民政府（武汉市土地整理储备中心）	江岸区谌家矶街朱家河村、先锋村	6.14
68	居住用地	武汉市兴华房地产开发有限公司	汉阳区江堤街邓甲村	0.17
69	绿化用地	武汉市土地整理储备中心	洪山区洪山街双建村	2.10
70	绿化用地	武汉市土地整理储备中心	洪山区洪山街双建村	0.68
71	水域用地	武汉市土地整理储备中心	洪山区洪山街双建村	2.53
72	绿化用地	武汉市土地整理储备中心	洪山区洪山街双建村	4.13
73	绿化用地	武汉市土地整理储备中心	洪山区洪山街双建村	7.24
74	绿化、水域用地	武汉市土地整理储备中心	洪山区洪山街双建村	13.46

续表：

序号	用　　途	征　收　单　位	地　　址	面积（公顷）
75	居住、商业、绿化用地	武汉市土地整理储备中心	洪山区洪山街双建村	7.73
76	绿化用地	武汉市土地整理储备中心	洪山区洪山街双建村	1.67
77	商服用地	江岸区后湖街塔子湖村村民委员会	江岸区后湖街塔子湖村	3.95
78	住宅用地	江岸区后湖街塔子湖村村民委员会	江岸区后湖街塔子湖村	6.25
79	道路用地	汉阳区城建局	汉阳区永丰街董家店村、什湖农场、黄金口村、米粮村	8.81
80	道路用地	汉阳区城建局	汉阳区江堤街邓甲村	0.12
81	绿化用地	武汉市人民政府（武汉市土地整理储备中心）	江岸区后湖街永红村	0.92
82	铁路、市政设施、道路、绿化用地	武汉市土地整理储备中心	硚口区长丰街东风村	33.37
83	其他商服用地（公共设施营业网点用地、加油站）	武汉市土地整理储备中心	汉阳区江堤街武汉市太子湖实业公司	0.27
84	交通运输用地	武汉市城市建设投资开发集团有限公司	汉阳区江堤街界牌村、前进村	2.30
85	工业用地	武汉市人民政府（武汉市土地整理储备中心）	江岸区后湖街幸福村	2.05
86	工业、公共停车场、加油站用地	武汉市人民政府（武汉市土地整理储备中心）	江岸区后湖街幸福村	2.67
87	公共设施用地	武汉市人民政府（武汉市土地整理储备中心）	江岸区后湖街幸福村	1.64
88	市政公用设施用地	湖北省电力公司武汉供电公司	江岸区后湖街胜华村、石桥村	0.80
89	工业、绿化、道路用地	武汉市人民政府（武汉市土地整理储备中心）	江岸区谌家矶街平安铺村	2.45
90	居住、工业、绿化、道路用地	武汉市人民政府（武汉市土地整理储备中心）	江岸区后湖街丹水池村	13.77
91	居住、绿化、市政设施、规划道路用地	武汉市人民政府（武汉市土地整理储备中心城市发展分中心）	江岸区后湖街十大家村	3.04
92	公共设施、住宅、道路用地	武汉市人民政府（武汉市土地整理储备中心）	江岸区后湖街黄浦村	2.53
93	市政设施用地	武汉凤凰绿色贸易有限公司	青山区白玉山街红胜村	1.57
94	工业用地	汉阳区土地储备事务中心	汉阳区永丰街四台村、黄金口村	0.08
95	居住、绿化用地	武汉市人民政府（武汉市土地整理储备中心）	江岸区后湖街塔子湖村	0.28
96	居住、商业、绿化用地	武汉市人民政府（武汉市土地整理储备中心）	江岸区后湖街幸福村	17.42
97	居住、商业、市政设施用地	武汉市人民政府（武汉市土地整理储备中心）	江岸区后湖街幸福村	30.82
98	绿化用地	武汉城市建设投资开发集团有限公司	硚口区长丰街建荣村、常码头村	22.36
99	居住、商业、道路、绿化用地	武汉市土地整理储备中心	硚口区长丰街红星村、罗家墩村	0.61

续表：

序号	用　途	征 收 单 位	地　址	面积（公顷）
100	绿化用地	武汉市人民政府（武汉市土地整理储备中心）	江岸区后湖街岱山村	13.94
101	市政设施用地	武汉地铁集团有限公司	汉阳区永丰街四台村、董家店村、快活岭村	18.90
102	道路用地	汉阳区城建局	汉阳区永丰街黄金口村、四台村	4.05
103	道路用地	汉阳区城建局	汉阳区武汉市国营汉阳渔场、永丰街十里铺村	1.61
104	居住、工业、中小学、绿化、道路用地	武汉市人民政府（武汉市土地整理储备中心）	洪山区青菱街红霞村	19.62
105	绿化用地	武汉市人民政府（武汉市土地整理储备中心）	洪山区青菱街红霞村	0.32
106	商业、教育科研、道路、绿化用地	武汉市人民政府（武汉市土地整理储备中心）	洪山区青菱街红霞村	2.52
107	道路用地	武汉阳逻经济开发区建设开发有限公司	江岸区谌家矶街先锋村、平安铺村、朱家河村	10.87
108	绿化、公共设施、道路用地	武汉市土地整理储备中心	硚口区长丰街舵落口村	1.22
109	铁路设施用地	武汉市城市建设投资开发集团有限公司	江岸区后湖街二七村、永红村、黑泥湖村	1.19
110	道路用地	武汉市城市建设投资开发集团有限公司	东湖风景区武汉市马鞍山苗圃、武汉市园林场、武汉市马鞍山森林公园	1.21
111	道路用地	武汉市城市建设投资开发集团有限公司	洪山区洪山街东湖村	0.94
112	居住、教育科研、商业用地	武汉市人民政府（武汉市土地整理储备中心）	洪山区洪山街洪山村	0.28
113	居住、绿化用地	武汉市人民政府（武汉市土地整理储备中心）	洪山区洪山街李桥村、渔牧三场	15.34
114	居住、绿化、市政、道路用地	武汉市土地整理储备中心	汉阳区永丰街米粮村	12.47
115	道路用地	武汉市土地整理储备中心	硚口区长丰街养殖场	0.28
116	住宅、道路用地	武汉市人民政府（武汉市土地整理储备中心）	武昌区水果湖街余家湖村	0.99
117	居住、绿化、道路用地	武汉市土地整理储备中心	江岸区谌家矶街先锋村	4.45
118	居住、绿化、规划道路用地	武汉市土地整理储备中心	江岸区谌家矶街先锋村、朱家河村	1.95
119	商业、道路、绿化用地	武汉市人民政府（武汉市土地整理储备中心）	洪山区青菱街长征村、武汉市蔬菜科学研究所	0.77
120	工业、绿化用地	武汉市人民政府（青山区土地整理储备事务中心）	青山区武东街武东村	5.05
121	工业用地	武汉市人民政府（青山区土地整理储备事务中心）	青山区白玉山街火官庙村	4.56
122	工业用地	武汉市人民政府（青山区土地整理储备事务中心）	青山区白玉山街五一村、火官庙村	2.11
123	工业、绿化、道路用地	武汉市人民政府（青山区土地整理储备事务中心）	青山区白玉山街火官庙村	10.08
124	体育、规划道路用地	武汉市土地整理储备中心	江岸区谌家矶街朱家河村	0.25

续表:

序号	用　　途	征 收 单 位	地　　址	面积（公顷）
125	居住、绿化、规划道路用地	武汉市土地整理储备中心	江岸区谌家矶街先锋村、朱家河村	0.37
126	规划道路用地	武汉市土地整理储备中心	江岸区谌家矶街新建村	0.03
127	居住、绿化、道路用地	武汉市土地整理储备中心	江岸区谌家矶街先锋村、朱家河村	1.89
128	商业、金融、公园绿化、规划道路用地	武汉市土地整理储备中心	江岸区谌家矶街朱家河村	2.34
129	商业、金融、绿化、规划道路用地	武汉市土地整理储备中心	江岸区谌家矶街朱家河村	4.16
130	居住、商业、绿化、规划道路用地	武汉市土地整理储备中心	江岸区谌家矶街先锋村、朱家河村	9.97
131	道路用地	武汉市土地整理储备中心	江岸区谌家矶街先锋村	0.37
132	居住用地	武汉市土地整理储备中心	江岸区谌家矶街朱家河村	1.42
133	居住、道路用地	武汉市土地整理储备中心	江岸区谌家矶街朱家河村	5.42
134	居住、绿化、规划道路用地	武汉市土地整理储备中心	江岸区谌家矶街先锋村、朱家河村	1.80
135	商业、道路用地	武汉市土地整理储备中心	江岸区谌家矶街朱家河村	1.64
136	居住、绿化、规划道路用地	武汉市土地整理储备中心	江岸区谌家矶街先锋村	4.29
137	居住、道路用地	武汉市土地整理储备中心	江岸区谌家矶街朱家河村	0.15
138	居住、科教、公共交通、道路用地	武汉市土地整理储备中心	江岸区谌家矶街朱家河村、新建村	11.00
139	居住、道路用地	武汉市土地整理储备中心	江岸区谌家矶街朱家河村	0.10
140	道路用地	武汉市人民政府（武汉市土地整理储备中心）	洪山区青菱街长征村	5.70
141	铁路用地	武汉化工新城建设开发投资有限公司	洪山区花山镇联丰村，建设街群利村、群联村、向家尾村，武汉化工新城建设开发投资有限公司、武汉市洪山区水务局北湖泵站、武汉市交通委员会、武汉市民政局、中国石化股份有限公司湖北省分公司	14.04
142	居住用地	武汉钱塘房地产开发有限公司	汉阳区江堤街向阳村、江堤村	1.83
143	居住用地	武汉钱塘房地产开发有限公司	汉阳区江堤街向阳村	5.42
144	住宅用地	武汉市李桥渔场	洪山区李桥渔场	1.34
145	工业用地	武汉市人民政府（青山区土地整理储备事务中心）	青山区白玉山街五一村、火官庙村	10.26
146	工业、绿化、规划道路用地	武汉市人民政府（青山区土地整理储备事务中心）	青山区白玉山街火官庙村	3.24
147	工业、绿化用地	武汉市人民政府（青山区土地整理储备事务中心）	青山区武东街武东村	4.74
148	工业用地	中国石油化工股份有限公司武汉分公司	洪山区花山镇联丰村，建设街群利村、群联村、向家尾村	7.91
149	工业用地	中国石油化工股份有限公司武汉分公司	洪山区建设街崇阳村、高潮村、胡教村、建设村、前丰村、四新村、五一村、新集村，武汉化工新城建设开发投资有限公司	15.45

续表：

序号	用　　途	征　收　单　位	地　　址	面积（公顷）
150	居住、教育科研、道路、绿化用地	武汉市人民政府（武汉市土地整理储备中心）	洪山区洪山街洪山村	0.42
151	居住、道路用地	武汉市人民政府（武汉市土地整理储备中心）	洪山区洪山街洪山村	0.05
152	住宅（还建）用地	江岸区后湖街新春村村民委员会	江岸区后湖街新春村	5.47
153	居住用地	东湖生态旅游风景区滨湖村村民委员会	东湖风景区九峰街滨湖村	4.26
154	居住用地	武汉市人民政府（洪山区土地整理储备中心）	洪山区青菱街建阳村	15.34
155	居住用地	武汉市人民政府（洪山区土地整理储备中心）	洪山区青菱街建阳村	8.05
156	工业、道路、绿化用地	汉阳区土地储备事务中心	汉阳区永丰街宝丰农场、董家店村、快活岭村、三眼桥村、徐湾村	16.91
157	工业、绿化、道路用地	汉阳区土地储备事务中心	汉阳区永丰街四台村、快活岭村	24.93
158	工业、道路、绿化用地	汉阳区土地储备事务中心	汉阳区永丰街董家店村、快活岭村	15.33
159	工业、行政办公、道路、绿化用地	汉阳区土地储备事务中心	汉阳区永丰街董家店村、快活岭村、三眼桥村、徐湾村	12.88
160	居住、商业、教育、文体娱乐、道路、绿化用地	汉阳区土地储备事务中心	汉阳区永丰街董家店村、三眼桥村	13.63
161	居住、道路、绿化用地	汉阳区土地储备事务中心	汉阳区永丰街董家店村	15.68
162	居住、商服、市政设施、道路、公共设施、绿化用地	武汉市土地整理储备中心	硚口区长丰街长丰村	13.59
163	工业、绿化、道路用地	汉阳区土地储备事务中心	汉阳区永丰街四台村、快活岭村、董家店村、徐湾村、宝丰农场	21.83
164	居住、商服、公共设施、道路、绿化用地	武汉市土地整理储备中心	硚口区长丰街长丰村	40.73
165	住宅、绿化、道路用地	武汉市国营汉口渔场	武汉市国营汉口渔场	3.66
166	道路用地	武汉洪山城市建设投资有限公司	洪山区青菱街建阳村、西湾村	4.26
167	道路用地	武汉洪山城市建设投资有限公司	洪山区青菱街花园村、建群村、建阳村	2.11
168	道路用地	武汉洪山城市建设投资有限公司	洪山区青菱街花园村、建阳村	0.22
169	道路用地	武汉洪山城市建设投资有限公司	洪山区青菱街建和村	0.99
170	居住、教育科研、绿化用地	武汉土地整理储备中心武汉新区分中心	汉阳区永丰街汉城村	6.21
171	医卫慈善、公园与绿化用地	武汉土地整理储备中心武汉新区分中心	汉阳区永丰街汉城村	11.87
172	住宅、绿化用地	武汉市人民政府（江岸区土地整理储备中心）	江岸区后湖街丹水池村	2.35
173	居住用地	武汉市九峰农林渔牧场	东湖风景区九峰街建强村	1.61
174	居住用地	东湖生态旅游风景区建强村村民委员会	东湖风景区九峰街建强村	1.59

续表：

序号	用　　途	征　收　单　位	地　　址	面积（公顷）
175	居住用地	东湖生态旅游风景区建强村村民委员会	东湖风景区九峰街建强村	0.61
176	绿化、市政设施用地	武汉市人民政府（东湖生态旅游风景区土地储备中心）	东湖风景区九峰街建强村	4.88
177	居住、市政设施用地	武汉市人民政府（东湖生态旅游风景区土地储备中心）	东湖风景区洪山街桥梁村	7.82
178	绿化用地	武汉市人民政府（东湖生态旅游风景区土地储备中心）	东湖风景区洪山街桥梁村	5.02
179	水域用地	武汉市人民政府（东湖生态旅游风景区土地储备中心）	东湖风景区和平街湖光村	2.53
180	绿化用地	武汉市人民政府（东湖生态旅游风景区土地储备中心）	东湖风景区九峰街鼓架村	1.46
181	绿化用地	武汉市人民政府（东湖生态旅游风景区土地储备中心）	东湖风景区九峰街鼓架村	14.71
182	绿化用地	武汉市人民政府（东湖生态旅游风景区土地储备中心）	东湖风景区九峰街滨湖村	6.06
183	绿化用地	武汉市人民政府（东湖生态旅游风景区土地储备中心）	东湖风景区九峰街滨湖村	4.57
184	商住、道路用地	武汉市人民政府（武汉市土地整理储备中心）	江汉区长青街航侧村	0.79
185	居住用地	东湖生态旅游风景区滨湖村村民委员会	东湖风景区九峰街滨湖村	0.86
186	居住用地	武汉市土地整理储备中心	江汉区唐家墩村、航侧村	2.46
187	交通运输用地	武汉市交通委员会	江岸区谌家矶街平安铺村	4.79
188	道路用地	武汉市人民政府（武汉市土地整理储备中心）	江汉区唐家墩街唐家墩村	0.39
189	居住、道路用地	武汉市人民政府（武汉市土地整理储备中心）	江汉区唐家墩街鲩子湖村	0.03
190	工业、道路、绿化用地	武汉市人民政府（洪山区土地整理储备中心）	洪山区李桥渔场	27.13
191	居住用地	武汉市人民政府（武汉市土地整理储备中心）	汉阳区江堤街邓甲村、江堤村	0.54
192	工业、绿化用地	武汉市人民政府（江岸区土地整理储备中心）	江岸区后湖街幸福村	7.92
193	工业用地	武汉市人民政府（江岸区土地整理储备中心）	江岸区后湖街幸福村	3.40
194	工业、绿化用地	武汉市人民政府（江岸区土地整理储备中心）	江岸区后湖街幸福村	9.07
195	道路、教育、公共设施、市政设施、绿化用地	武汉市人民政府（武汉市土地整理储备中心）	洪山区和平街和平村	28.60
196	居住、商业、公共设施、医疗卫生、体育、道路、绿化用地	武汉市人民政府（武汉市土地整理储备中心）	洪山区青菱街光霞村	29.18
197	绿化用地	武汉市人民政府（武汉市土地整理储备中心）	汉阳区永丰街汉江村	29.66
198	居住、道路用地	武汉市人民政府（武汉市土地整理储备中心）	汉阳区永丰街汉江村	0.64
199	交通运输用地	武汉地铁集团有限公司	东湖风景区洪山街东湖村、和平街龚家岭村	13.19

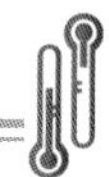

续表：

序号	用　途	征 收 单 位	地　址	面积（公顷）
200	市政设施、绿化、道路用地	武汉市人民政府（武汉市土地整理储备中心）	硚口区长丰街东风村	1.51
201	公共设施、绿化、道路用地	武汉市人民政府（武汉市土地整理储备中心）	江岸区谌家矶街朱家河村	2.01
202	居住用地	武汉市人民政府（武汉市土地整理储备中心）	硚口区长丰街长丰村	6.22
203	居住、工业、铁路、市政设施、公共设施、道路、绿化用地	武汉市人民政府（武汉市土地整理储备中心）	硚口区长丰街长丰村	31.44
204	居住用地	东湖生态旅游风景区滨湖村村民委员会	东湖风景区九峰街滨湖村	2.80
205	绿化、市政设施用地	东湖生态旅游风景区土地储备中心	东湖风景区和平街先锋村	0.88
206	绿化、市政设施用地	东湖生态旅游风景区土地储备中心	东湖风景区和平街先锋村	14.12
207	工业、绿化、道路用地	武汉市人民政府（东湖生态旅游风景区土地储备中心）	东湖风景区九峰街龚家岭村	30.89
208	工业、绿化、道路用地	武汉市人民政府（东湖生态旅游风景区土地储备中心）	东湖风景区九峰街龚家岭村	40.38
209	绿化用地	东湖生态旅游风景区土地储备中心	洪山区和平街龚家岭村	1.30
210	商业服务业设施用地	武汉市人民政府(武昌区土地整理储备事务中心)	武昌区中南街向阳村	0.66
211	商业服务业设施用地	武汉市人民政府(武昌区土地整理储备事务中心)	武昌区中南街向阳村	1.30
212	居住用地	武汉市人民政府(武昌区土地整理储备事务中心)	武昌区中南街向阳村	0.19
213	居住用地	武汉市人民政府(武昌区土地整理储备事务中心)	武昌区中南街向阳村	2.58
214	居住用地	武汉市人民政府(武昌区土地整理储备事务中心)	武昌区中南街向阳村	1.40
215	教育科研、行政办公、市政设施、医院、居住、水域、铁路、道路用地	武汉市人民政府(武昌区土地整理储备事务中心)	武昌区中南村向阳村	0.93
216	住宅用地	汉阳经济开发区汉城村村民委员会	汉阳区永丰街汉城村	2.11
217	居住、道路用地	武汉市人民政府（武汉市土地整理储备中心）	江岸区后湖街花桥村、跃进村	0.52
218	工业用地	武汉帅伦纸业有限公司	江岸区后湖街幸福村	9.27
219	居住用地	东湖生态旅游风景区磨山村村民委员会	东湖风景区洪山街磨山村	3.66
220	道路、公共设施、绿化用地	武汉市土地整理储备中心	江岸区谌家矶街朱家河村、先锋村	0.73
221	公共设施、绿化、道路用地	武汉市人民政府（武汉市土地整理储备中心）	江岸区谌家矶街朱家河村、先锋村	2.05
222	道路用地	洪山区城建局	洪山区和平街武丰村	0.97
223	居住、商业、教育科研、道路、绿化用地	武汉市人民政府（武汉市土地整理储备中心）	汉阳区永丰街十里铺村	2.42
224	居住、工业、道路、绿化用地	武汉市人民政府（江岸区土地整理储备中心）	江岸区后湖街红桥村	3.19

续表：

序号	用　途	征 收 单 位	地　址	面积（公顷）
225	居住用地	武汉市人民政府（武汉市土地整理储备中心城市发展分中心）	江岸区后湖街淌湖村	0.10
226	居住、道路用地	武汉市人民政府（武汉市土地整理储备中心城市发展分中心）	江岸区后湖街淌湖村	0.26
227	商住用地	武汉市人民政府（江汉区土地整理储备事务中心）	江汉区常青街航侧村	0.69
228	居住、道路用地	武汉市人民政府（武汉市土地整理储备中心城市发展分中心）	江岸区后湖街永红村	0.04
229	医卫慈善、市政设施、道路、绿化用地	武汉市人民政府（武汉市土地整理储备中心）	洪山区和平街武丰村	9.68
230	工业、道路用地	武汉市人民政府（洪山区土地整理储备中心）	洪山区青菱街横堤村	25.60
231	工业、道路用地	武汉市人民政府（洪山区土地整理储备中心）	洪山区青菱街横堤村	19.62
232	工业、绿化、道路、市政用地	武汉市人民政府（洪山区土地整理储备中心）	洪山区青菱街横堤村	19.63
233	工业、绿化、道路用地	武汉市人民政府（洪山区土地整理储备中心）	洪山区青菱街横堤村	4.84
234	工业、绿化、道路用地	武汉市人民政府（洪山区土地整理储备中心）	洪山区青菱街横堤村	10.14
235	工业、道路用地	武汉市人民政府（洪山区土地整理储备中心）	洪山区青菱街横堤村	18.26
236	工业用地	武汉市人民政府（洪山区土地整理储备中心）	洪山区青菱街建群村	11.14
237	工业用地	武汉市人民政府（洪山区土地整理储备中心）	洪山区青菱街建群村	0.30
238	教育科研、绿化、道路用地	武汉市人民政府（武汉市土地整理储备中心）	洪山区洪山街先建村	1.32
239	居住用地	武汉市人民政府（武汉市土地整理储备中心）	洪山区和平街和平村	2.23
240	公共设施用地	武汉市人民政府（武汉市土地整理储备中心）	洪山区和平街白马洲村、北洋桥村、和平村、四渔场	4.80
241	商业、公共设施、市政设施、绿化、道路用地	武汉市土地整理储备中心	洪山区和平街北洋桥村	5.50
242	公共设施用地	武汉市人民政府（武汉市土地整理储备中心）	武汉市东湖风景区管理局（二苗圃）	1.02
243	市政设施、道路、绿化用地	武汉市人民政府（武汉市土地整理储备中心）	汉阳区永丰街黄金口村	6.33
244	居住、道路用地	武汉市土地整理储备中心	洪山区和平街北洋桥村	0.94
245	居住、绿化用地	武汉市土地整理储备中心	洪山区和平街北洋桥村	1.31
246	道路用地	武汉市城市建设投资开发集团有限公司	洪山区洪山街南湖村、幸福村、湖北省农业科学院产蚕桑试验站、武汉市南湖渔场	6.34
247	商业、金融用地	武汉市人民政府（武汉市土地整理储备中心武汉新区分中心）	汉阳区江堤街红卫村、向阳村	1.82
248	道路用地	武汉市土地整理储备中心	武汉市东湖风景区管理局（二苗圃）	0.20
249	教育科研用地	中国地质大学（武汉）	东湖风景区洪山街磨山村	1.56
250	居住、绿化、道路用地	武汉市人民政府（武汉市土地整理储备中心）	洪山区和平街和平村、北洋桥村	14.12
251	居住、道路、绿化、环卫用地	武汉市人民政府（武汉市土地整理储备中心）	硚口区长丰街永利村	0.91

注：本表数据由武汉市国土资源和规划局提供。

表 2-1-3　　武汉市 2013 年中心城区核发征地安置补偿方案公告项目一览表

序号	用　　途	征　收　单　位	地　　址	面积（公顷）
1	科研、商业、办公、市政设施、道路用地	武汉市土地整理储备中心武汉化学工业区分中心	洪山区花山镇后山村	25.09
2	科研、商业、道路用地	武汉市土地整理储备中心武汉化学工业区分中心	洪山区花山镇后山村	5.14
3	科研、道路用地	武汉市土地整理储备中心武汉化学工业区分中心	洪山区花山镇清潭村	31.12
4	商业、市政设施、道路用地	武汉市土地整理储备中心武汉化学工业区分中心	洪山区花山镇何董村	10.97
5	科研、道路用地	武汉市土地整理储备中心武汉化学工业区分中心	洪山区花山镇何董村	21.52
6	居住、商业、金融、绿化、市政设施用地	武汉星科房地产开发有限公司	江岸区后湖街跃进村	0.80
7	居住、商业、金融、绿化、市政设施用地	武汉跃进集团有限公司	江岸区后湖街跃进村	3.01
8	居住、商业、公共服务设施、绿化、市政用地	武汉市土地整理储备中心	江岸区后湖街永红村	0.20
9	居住、商业、公共服务设施、绿化、市政用地	武汉市土地整理储备中心	江岸区后湖街淌湖村	0.15
10	居住、商业、公共服务设施、绿化、市政、中小学用地	武汉市土地整理储备中心	江岸区后湖街二七村	10.03
11	居住、商业、公共服务设施、绿化、市政、中小学用地	武汉市土地整理储备中心	江岸区后湖街永红村	0.22
12	居住、商业、公共服务设施、绿化、市政、中小学用地	武汉市土地整理储备中心	江岸区后湖街淌湖村	0.05
13	居住、商业、公共服务设施、绿化、市政用地	武汉市土地整理储备中心	江岸区后湖街二七村、淌湖村、永红村	7.50
14	居住、商业、道路用地	武汉市人民政府（武汉市土地整理储备中心）	洪山区和平街徐东村	6.32
15	道路、市政设施用地	武汉市人民政府（武汉市土地整理储备中心）	洪山区和平街徐东村	0.09
16	商业用地	湖北长虹红旗实业发展有限公司	洪山区洪山街红旗村	2.21
17	工业、居住、道路、绿化用地	青山区土地整理储备事务中心	青山区武东街武东村、贾岭村	19.60
18	住宅用地	武汉市人民政府（武汉市土地整理储备中心城市发展分中心）	武昌区水果湖街余家湖村	2.47
19	公共基础设施用地	武汉市水务集团有限公司	洪山区青菱街长江村	5.52
20	居住、道路用地	武汉市土地整理储备中心	江汉区唐家墩街鲩子湖村	0.11
21	居住、道路用地	武汉万科鲩子湖房地产有限公司	江汉区唐家墩街鲩子湖村	0.19
22	公共基础设施用地	武汉市水务集团有限公司	洪山区青菱街建和村	1.60
23	工业用地	武汉市土地整理储备中心武汉化学工业区分中心	洪山区建设街工业港村、建设村	2.53
24	居住用地	洪山区和平街和平村村民委员会	洪山区和平街武丰村、和平村	6.11
25	工业、商服、住宅、公共管理与公共服务用地	洪山区和平街和平村村民委员会	洪山区和平街和平村、武丰村	0.34
26	商业、城市道路、市政设施、绿化、铁路用地	武汉市江宏实业有限责任公司	洪山区洪山街井冈村	1.01

续表：

序号	用　　途	征　收　单　位	地　　址	面积（公顷）
27	居住、城市道路、绿化用地	仙桃天下地产开发有限公司	洪山区洪山街洪山村	0.72
28	居住、商业、绿化用地	武汉中民置业有限公司	硚口区长丰街长青村	1.24
29	工业、商服、住宅、公共管理与公共服务用地	武汉福星惠誉欢乐谷有限公司	洪山区和平街和平村五丰村	2.48
30	住宅用地	武汉福星惠誉欢乐谷有限公司	洪山区和平街和平村	8.34
31	中小学、市政设施、道路、绿化用地	武汉福星惠誉欢乐谷有限公司	洪山区和平街武丰村、和平村	0.34
32	商业用地	武汉福星惠誉欢乐谷有限公司	洪山区和平街武丰村、和平村	3.294
33	居住用地	武汉福星惠誉欢乐谷有限公司	洪山区和平街武丰村、和平村	1.53
34	居住用地	武汉市土地整理储备中心	汉阳区江堤街江堤村、向阳村	1.69
35	市政公用设施用地	湖北国通能源发展有限公司	汉阳区江堤街新新村	0.05
36	居住、商业、绿化、市政设施用地	武汉市土地整理储备中心	江岸区后湖街跃进村	3.26
37	居住、商业、绿化、市政设施用地	武汉市土地整理储备中心	江岸区后湖街跃进村	1.24
38	绿化用地	武汉市土地整理储备中心	江岸区后湖街跃进村	0.67
39	居住、商业、道路用地	武汉市土地整理储备中心	江岸区后湖街跃进村	3.11
40	居住、商业、金融、绿化、市政设施用地	武汉市土地整理储备中心	江岸区后湖街跃进村	8.69
41	绿化用地	武汉市土地整理储备中心	江岸区后湖街跃进村	0.08
42	居住、城市道路、绿化用地	武汉三鸿实业有限责任公司	洪山区洪山街洪山村	6.07
43	居住、商业、金融用地	武汉长征集团有限公司	洪山区张家湾街长征村（原青菱街长征村）	0.73
44	居住、商业、文化娱乐、绿化、市政设施、中小学、道路广场用地	武汉市土地整理储备中心	汉阳区江堤街邓甲村	10.98
45	商服用地	湖北徐东集团股份有限公司	洪山区和平街徐东村	0.16
46	商业、金融用地	湖北长虹红旗实业发展有限公司	洪山区洪山街红旗村	7.12
47	居住用地	武汉丽郡置业发展有限公司	洪山区青菱街园艺村	0.31
48	居住用地	洪山区和平街武丰村村民委员会	洪山区和平街武丰村	4.14
49	居住、市政设施、公共停车场、绿地、道路用地	武汉市土地整理储备中心	江岸区后湖街新湖村	9.23
50	居住用地	武汉市土地整理储备中心	江岸区后湖街新湖村	0.15
51	居住用地	名流置业武汉有限公司	汉阳区江堤街向阳村、红卫村	11.16
52	教育用地	江岸区教育局	江岸区塔子湖街塔子湖村	1.41
53	道路、水域、绿化用地	武汉丽郡置业发展有限公司	洪山区青菱街园艺村	3.19

续表：

序号	用　　途	征　收　单　位	地　　址	面积（公顷）
54	居住、道路、绿化用地	武汉丽郡置业发展有限公司	洪山区青菱街园艺村	0.04
55	市政设施、绿化用地	武汉市土地整理储备中心	江岸区后湖街三金潭村	0.45
56	市政设施用地	武汉市土地整理储备中心	江岸区后湖街三金潭村	2.34
57	居住、城市道路、绿化用地	武汉市土地整理储备中心	洪山区洪山街洪山村	16.33
58	住宅用地	武汉市土地整理储备中心	洪山区青菱街红旗村、烽火村、毛坦村、光霞村、长征村	6.89
59	住宅用地	湖北长虹红旗实业发展有限公司	洪山区青菱街红旗村、烽火村、毛坦村、光霞村、长征村	3.90
60	居住、公共设施、绿地、道路、广场、市政公用设施、水域和其他用地	武汉世纪龙阳置业有限公司	汉阳区永丰街龙阳村	5.34
61	工业、绿化用地	武汉市土地整理储备中心武汉化学工业区分中心	洪山区化工区八吉府街群联村	16.25
62	工业、绿化用地	武汉市土地整理储备中心武汉化学工业区分中心	洪山区化工区八吉府街群联村	10.03
63	居住、商业、公共服务设施、绿化、市政、中小学控制用地	武汉市土地整理储备中心	江岸区后湖街永红村	7.02
64	公共设施用地	武汉市民政局	洪山区青菱街建阳村	6.70
65	居住、公共设施、绿地、道路、广场、市政公用设施、水域和其他用地	武汉龙阳科技产业集团有限公司	汉阳区永丰街龙阳村	1.42
66	居住、商业、市政设施、中小学、道路、绿化用地	武汉市土地整理储备中心	江岸区后湖街石桥村、胜华村	1.73
67	公用设施用地	武汉市土地整理储备中心	江岸区后湖街石桥村	6.07
68	住宅、商业用地	武汉市土地整理储备中心	江岸区后湖街石桥村	16.58
69	居住、道路、绿化用地	武汉市土地整理储备中心武汉新区分中心	汉阳区武汉市良种场	16.21
70	居住、绿化、道路用地	武汉市土地整理储备中心武汉新区分中心	汉阳区永丰街汉城村	23.92
71	居住、商业用地	武汉中民置业有限公司	硚口区长丰街长青村	1.57
72	居住用地	江岸区谌家矶街平安铺村村民委员会	江岸区谌家矶街平安铺村	0.63
73	居住、文化娱乐、商业、道路、绿化用地	武汉市土地整理储备中心武汉新区分中心	汉阳区永丰街汉城村、武汉市良种场	25.45
74	居住用地	江岸区谌家矶街平安铺村村民委员会	江岸区谌家矶街平安铺村	9.06
75	商业、工业用地	武汉江州鑫源工贸有限公司	洪山区青菱街长江村	9.30
76	居住、商业用地	武汉市土地整理储备中心	江岸区后湖街新春村	2.28
77	道路用地	武汉市土地整理储备中心	江岸区后湖街新春村	0.11
78	商业、金融用地	武汉汉江和阳经贸集团有限公司	汉阳区永丰街汉江村	4.45
79	工业用地	武汉市土地整理储备中心	硚口区长丰街红星村	0.19
80	居住、商业、体育、中小学、轨道控制、市政设施、绿化、规划道路用地	武汉市土地整理储备中心	江岸区塔子湖街塔子湖村	0.17

续表：

序号	用途	征收单位	地址	面积（公顷）
81	居住、商业、体育、中小学、轨道控制、市政设施、绿化、规划道路用地	武汉塔子湖置业有限公司	江岸区塔子湖街塔子湖村	9.21
82	居住、商业、体育、中小学、轨道控制、市政设施、绿化、规划道路用地	武汉塔子湖集团有限公司	江岸区塔子湖街塔子湖村	3.56
83	住宅、绿化用地	武汉市土地整理储备中心	江岸区后湖街十大家村	13.39
84	居住、道路、商业、教育、医卫慈善、绿化用地	武汉市土地整理储备中心	江岸区后湖街十大家村	0
85	工业、绿化用地	武汉市土地整理储备中心	江岸区后湖街十大家村	0.17
86	道路、居住、市政设施用地	武汉市土地整理储备中心	江岸区后湖街十大家村	0.18
87	居住、商业、金融、医疗卫生、社会福利、中小学用地	武汉毛坦集团有限公司	洪山区青菱街毛坦村	23.43
88	居住、城市道路、绿化用地	武汉市土地整理储备中心	洪山区洪山街洪山村	7.38
89	居住、绿化、公共设施、道路广场、市政公用设施用地	武汉龙阳科技产业集团有限公司	汉阳区永丰街龙阳村	3.44
90	居住、绿化、公共设施、道路广场、市政公用设施用地	武汉世纪龙阳置业有限公司	汉阳区永丰街龙阳村	2.67
91	工业用地	青山区土地整理储备事务中心	青山区武东街贾岭村	3.01
92	商业、道路用地	武汉市土地整理储备中心武汉新区分中心	汉阳区江堤街太山寺村	0.25
93	工业、商业用地	武汉市鼎盛园艺有限责任公司	洪山区青菱街园艺村、红霞村	6.62
94	居住、商业、绿化、市政设施用地	武汉市土地整理储备中心	江岸区后湖街跃进村	0.16
95	居住、商业、绿化、市政设施用地	武汉跃进集团有限公司	江岸区后湖街跃进村	0.31
96	居住、商业、金融、绿化、市政设施用地	武汉市土地整理储备中心	江岸区后湖街跃进村	0.14
97	居住、商业、金融、绿化、市政设施用地	武汉跃进集团有限公司	江岸区后湖街跃进村	0.41
98	居住、商业、绿化、市政设施用地	武汉跃进集团有限公司	江岸区后湖街跃进村	0.02
99	中小学、城市道路、绿化、山体绿化、菜地用地	武汉市土地整理储备中心	洪山区洪山街洪山村	4.27
100	居住用地	东湖生态旅游风景区新武东村村民委员会	东湖风景区新武东村	1.88
101	商业、道路、市政设施、绿化用地	武汉市土地整理储备中心	洪山区洪山街洪山村	3.58
102	住宅、商业、市政公用设施、绿化、道路广场用地	武汉三角集团股份有限公司	洪山区和平街三角路村、团结村	0.24
103	道路、绿化、市政设施用地		硚口区长丰街长青村	0.23
104	居住、商业、金融、绿化用地	武汉市土地整理储备中心武汉新区分中心	汉阳区江堤街渔业村、红卫村、太山寺村	40.78
105	规划道路用地	武汉市土地整理储备中心	武昌区和平街余家头村	0.15
106	商业、金融用地	武汉市土地整理储备中心	武昌区和平街余家头村	0.30
107	绿化、市政设施用地	武汉市土地整理储备中心	武昌区和平街余家头村	3.43

续表：

序号	用 途	征 收 单 位	地 址	面积（公顷）
108	住宅用地	武汉市土地整理储备中心	武昌区和平街余家头村	1.65
109	住宅用地	武汉奥山世纪房地产开发有限公司	武昌区和平街余家头村	0.18
110	市政、绿化、公共服务设施用地	洪山区洪山街社区卫生服务中心	洪山区洪山街南湖村、红旗村	0.21
111	市政设施、绿化用地	武汉市土地整理储备中心	江岸区后湖街新春村	2
112	住宅用地	武汉市土地整理储备中心城市发展分中心	江岸区后湖街新春村	9.60
113	居住、商业用地	武汉市土地整理储备中心	江岸区后湖街新春村	2.20
114	居住、商业用地	武汉市土地整理储备中心	江岸区后湖街新春村	2.20
115	居住（含中小学）、商业、市政公共设施、绿化、道路广场用地	武汉合富联营置业发展有限公司	武昌区中南路街姚家岭村	0.35
116	居住（含中小学）、商业、市政公共设施、绿化、道路广场用地	武汉星星集团有限责任公司	武昌区中南路街姚家岭村	0.52
117	住宅用地	武汉市土地整理储备中心	江岸区后湖街跃进村、塔子湖村	1.86
118	居住、商业、绿化、市政设施用地	武汉市土地整理储备中心	江岸区后湖街跃进村	0.33
119	居住、公共设施、工业、教育、轨道交通、道路、市政设施、绿化用地	武汉市土地整理储备中心	江岸区后湖街跃进村	20.64
120	商业用地	武汉万科鲩子湖房地产有限公司	江汉区唐家墩街鲩子湖村	0.05
121	居住用地	武汉市兴华房地产开发有限公司	汉阳区江堤街邓甲村	0.17
122	科研设计用地、住宅用地	武汉星星集团有限责任公司	武昌区中南街姚家岭村	2.12
123	居住、市场用地	武汉华鼎创投置业开发有限公司	硚口区长丰街汉西村	1.80
124	居住、绿化、公共设施、道路用地	武汉市土地整理储备中心武汉新区分中心	汉阳区江堤街太山寺村、武汉市良种场、武汉市太子湖实业公司	21.80
125	居住、公共设施、绿化用地	武汉市土地整理储备中心武汉新区分中心	汉阳区江堤街红卫村	41.62
126	居住、绿化、公共交通用地	武汉华鼎创投置业开发有限公司	硚口区长丰街汉西村	6.63
127	居住、商业、市政设施、中小学、道路、绿化用地	武汉泽健实业有限公司	江岸区后湖街石桥村	2.46
128	住宅、商业用地	武汉泽健实业有限公司	江岸区后湖街石桥村	6.12
129	居住用地	武汉华鼎创投置业开发有限公司	硚口区长丰街汉西村	1.80
130	居住、绿化、道路用地	武汉华鼎创投置业开发有限公司	硚口区长丰街汉西村	0.43
131	商服、交通运输用地	武汉华鼎创投置业开发有限公司	硚口区长丰街汉西村	2.77
132	居住、城市道路、绿化用地	武汉骏业幸福集团有限公司	洪山区洪山街洪山村	0.18
133	工业、绿化用地	青山区土地整理储备事务中心	青山区武东街武东村	5.05
134	居住、商业、医疗卫生、市政、教育科研、道路、绿化用地	武汉市人民政府（武汉市土地整理储备中心）	洪山区洪山街卓刀泉村	0.19

续表：

序号	用　　途	征 收 单 位	地　　址	面积（公顷）
135	交通设施用地	武汉地铁集团有限公司	洪山区洪山街卓刀泉村	0.25
136	居住、商业、金融、小学用地	武汉磨山经贸集团有限公司	汉阳区永丰街磨山村	5.12
137	住宅用地	武汉市人民政府（武汉市土地整理储备中心）	洪山区青菱街长江村	0.16
138	居住、商服用地	武汉磨山经贸集团有限公司	汉阳区永丰街磨山村	1.72
139	商服用地	武汉铁机集团有限公司	洪山区和平街铁机村	6.14
140	市政道路用地	武汉地产开发投资集团有限公司	洪山区青菱街长征村	0.34
141	居住、绿化用地	武汉融侨置业有限公司	武昌区杨园街柴林头村	16.98
142	居住、商业、中小学、绿化、市政设施、道路用地	武汉市土地整理储备中心	武昌区杨园街柴林头村	9.59
143	居住、商业、绿化用地	武汉柴林集团有限责任公司	武昌区杨园街柴林头村	9.57
144	居住、绿化用地	武汉柴林集团有限责任公司	武昌区杨园街柴林头村	0.78
145	绿化用地	武汉市土地整理储备中心	江岸区后湖街永红村	0.92
146	居住、商业、绿化用地	武汉市土地整理储备中心	武昌区杨园街柴林头村	0.32
147	居住、绿化用地	武汉市土地整理储备中心	武昌区杨园街柴林头村	0.41
148	住宅用地	江岸区塔子湖街塔子湖村村民委员会	江岸区塔子湖街塔子湖村	5.79
149	商服用地	江岸区塔子湖街塔子湖村村民委员会	江岸区塔子湖街塔子湖村	3.95
150	居住、绿化用地	武汉市土地整理储备中心	江岸区塔子湖街塔子湖村	0.28
151	商业、居住、道路、绿化用地	武汉华鼎创投置业开发有限公司	硚口区长丰街汉西村	0.05
152	商业、居住用地	武汉奥山世纪房地产开发有限公司	武昌区和平街余家头村	1.60
153	商业、居住用地	武汉市土地整理储备中心	武昌区和平街余家头村	11.51
154	商业、居住用地	武汉市土地整理储备中心	武昌区和平街余家头村	8
155	教育科研、绿化用地	武汉市土地整理储备中心	洪山区洪山街双建村	1.52
156	教育科研、绿化用地	武汉嘉乐业房地产开发有限公司	洪山区洪山街双建村	8.54
157	商业用地	武汉市洪山区南湖实业总公司	洪山区洪山街南湖村	1.49
158	工业用地	中得建设集团有限公司	洪山区青菱街长征村	0.04
159	教育科研、绿化用地	武汉市双建经贸有限责任公司	洪山区洪山街双建村	0.76
160	教育科研、绿化用地	武汉市双建经贸有限责任公司	洪山区洪山街双建村	2.65
161	工业用地	江岸区塔子湖街塔子湖村村民委员会	江岸区塔子湖街塔子湖村	11.18

续表：

序号	用　途	征 收 单 位	地　址	面积（公顷）
162	教育科研、绿化用地	武汉市土地整理储备中心	洪山区洪山街双建村	1.90
163	居住、规划道路、绿化用地	武汉市土地整理储备中心	江汉区汉兴街姑嫂树村	0.50
164	居住、中小学、商业、规划道路、绿化、高压走廊控制用地	武汉市土地整理储备中心	江汉区姑嫂树村	1.74
165	住宅用地	武汉市李桥渔场	洪山区李桥渔场	1.34
166	居住、道路用地	武汉福星惠誉置业有限公司	武昌区徐家棚街三角路村、水果湖街余家湖村	0.08
167	居住用地	武汉福星惠誉置业有限公司	武昌区徐家棚街三角路村	1.50
168	教育科研、绿化用地	武汉市双建经贸有限责任公司	洪山区洪山街双建村	0.01
169	绿化用地	武汉市双建经贸有限责任公司	洪山区洪山街双建村	1.67
170	绿化用地	武汉市土地整理储备中心	洪山区洪山街双建村	2.10
171	绿化用地	武汉市土地整理储备中心	洪山区洪山街双建村	0.68
172	水域用地	武汉市土地整理储备中心	洪山区洪山街双建村	2.53
173	绿化用地	武汉市土地整理储备中心	洪山区洪山街双建村	4.13
174	居住、科研教育、市政设施、道路、绿化用地	硚口区土地储备事务中心	硚口区长丰街红星村	0.73
175	商业、道路、绿化用地	武汉市土地整理储备中心	洪山区青菱街长征村、武汉市蔬菜科学研究所	0.77
176	居住、中小学、绿化用地	武汉市双建经贸有限责任公司	洪山区洪山街双建村	0.70
177	居住、中小学、绿化用地	武汉市双建经贸有限责任公司	洪山区洪山街双建村	2.14
178	居住、中小学、绿化用地	武汉市双建经贸有限责任公司	洪山区洪山街双建村	5.45
179	居住、中小学、绿化用地	武汉楚天都市置业有限公司	洪山区洪山街双建村	13.28
180	居住、中小学、绿化用地	武汉市土地整理储备中心	洪山区洪山街双建村	3.53
181	管道运输用地	中国石油化工股份有限公司天然气分公司	洪山区化工区建设街四新村	0.98
182	居住、商业、绿化用地	武汉市土地整理储备中心	江岸区后湖街幸福村	17.42
183	居住、商业、市政设施用地	武汉市土地整理储备中心	江岸区后湖街幸福村	30.82
184	居住、中小学、绿化用地	武汉市双建经贸有限责任公司	洪山区洪山街双建村	0.16
185	居住、中小学、绿化用地	武汉市土地整理储备中心	洪山区洪山街双建村	0.29
186	道路用地	武汉楚天都市置业有限公司	洪山区洪山街双建村	0.48
187	道路用地	武汉市土地整理储备中心	洪山区洪山街双建村	14.34
188	居住、绿化用地	武汉市土地整理储备中心（武汉虹玉置业有限公司）	洪山区洪山街李桥村、渔牧三场	15.34

续表：

序号	用　途	征 收 单 位	地　址	面积（公顷）
189	绿化用地	武汉市土地整理储备中心	洪山区洪山街双建村	3.22
190	绿化用地	武汉市土地整理储备中心	洪山区洪山街双建村	7.24
191	居住、商业、市政、中小学控制、医疗卫生、绿化用地	武汉市土地整理储备中心	江岸区后湖街连城村	34.57
192	居住、商业、公共服务设施、绿化、市政、中小学控制用地	武汉市土地整理储备中心	江岸区后湖街连城村	2.58
193	住宅用地	武汉市土地整理储备中心城市发展分中心	江岸区后湖街新春村	0.55
194	交通运输用地	武汉地产开发投资集团有限公司	江岸区后湖街新春村	1.05
195	交通运输用地	武汉地产开发投资集团有限公司	江岸区后湖街新春村	0.69
196	市政、道路、绿化、中小学用地	武汉汉江和阳经贸集团有限公司	汉阳区永丰街燎原村	0.08
197	道路用地	武汉市土地整理储备中心	江岸区后湖街新春村	0.37
198	道路用地	武汉地产开发投资集团有限公司	江岸区后湖街新春村	0.61
199	道路用地	武汉地产开发投资集团有限公司	江岸区后湖街新春村	0.66
200	道路、绿化用地	武汉汉江和阳经贸集团有限公司	汉阳区永丰街汉江村	0.97
201	居住、商业、金融、小学用地	武汉祥泰源置业有限公司	汉阳区永丰街磨山村	5.60
202	居住、商服用地	武汉祥泰源置业有限公司	汉阳区永丰街磨山村	0.77
203	社会停车场、高压走廊、绿化、水域用地	武汉祥泰源置业有限公司	汉阳区永丰街磨山村	0.89
204	绿化、水域用地	武汉市土地整理储备中心	洪山区洪山街双建村	13.46
205	居住、商业、绿化用地	武汉市双建经贸有限责任公司	洪山区洪山街双建村	1.39
206	道路广场用地	武汉新区建设开发投资有限公司	汉阳区永丰街汉城村、武汉市良种场	9.09
207	居住、商业、绿化用地	武汉市土地整理储备中心	洪山区洪山街双建村	1.49
208	住宅用地	武汉机场综合发展总公司	洪山区和平街铁机村、武丰村	2.58
209	公共管理与公共服务用地	武汉市人民政府（武汉市土地整理储备中心）	洪山区洪山街红旗村	23.58
210	教育、市政、绿化、铁路控制用地	武汉市土地整理储备中心	洪山区洪山街红旗村	15.57
211	工业用地	武汉市土地整理储备中心	硚口区长丰街长丰村	11.25
212	居住、商业、绿化用地	武汉市土地整理储备中心	硚口区长丰街长青村	0.58
213	居住、商业、道路用地	武汉市土地整理储备中心	江岸区后湖街跃进村	3.20
214	居住、商业、教育、市政设施、道路、绿化用地	武汉红桥实业发展有限公司	江岸区后湖街红桥村	6.25
215	商业、居住、绿化、道路、中小学用地	武汉昇祥房地产开发有限公司	江岸区后湖街花桥村、幸福村、竹叶山村	1.44

续表：

序号	用 途	征 收 单 位	地 址	面积（公顷）
216	商业、居住、绿化、道路、中小学用地	武汉市土地整理储备中心	江岸区后湖街花桥村、幸福村、竹叶山村	0.12
217	居住、商业、绿化用地	武汉市土地整理储备中心	江岸区后湖街幸福村	0.80
218	公共设施、住宅、道路用地	武汉市土地整理储备中心	江岸区后湖街黄埔村	2.47
219	居住、商业、绿化用地	武汉楚天都市置业有限公司	洪山区洪山街双建村	4.85
220	商服、交通运输用地	武汉市土地整理储备中心	硚口区长丰街长青村	1.29
221	工业、绿化用地	青山区土地整理储备事务中心	青山区武东街武东村	4.74
222	住宅用地	武汉市土地整理储备中心城市发展分中心	江岸区后湖街新春村	2.12
223	居住、商业、办公、工业、港口、铁路、绿化用地	湖北福星惠誉汉阳房地产有限公司	汉阳区江堤街鹦鹉村	0.09
224	居住、中小学、商业、规划道路、绿化、高压走廊控制用地	武汉市土地整理储备中心	江汉区汉兴街姑嫂树村	2.31
225	居住、中小学、商业、规划道路、绿化、高压走廊控制用地	武汉市土地整理储备中心	江汉区汉兴街姑嫂树村	4.05
226	居住、公用设施、绿化、市政设施、中小学控制用地	武汉卧龙墨水湖置业有限公司	汉阳区江堤街渔业村、红卫村	0.36
227	居住、公用设施用地	武汉卧龙墨水湖置业有限公司	汉阳区江堤街红卫村、渔业村	7.97
228	居住、公共设施、绿化、市政设施、中小学、道路广场用地	武汉卧龙墨水湖置业有限公司	汉阳区江堤街渔业村、红卫村	7.08
229	工业用地	中国石油化工股份有限公司武汉分公司	洪山区建设街崇阳村、高潮村、胡教村、建设村、前丰村、四新村、五一村、新集村	15.45
230	工业用地	中国石油化工股份有限公司武汉分公司	洪山区花山镇联丰村、建设街群利村、群联村、向家尾村	7.70
231	居住、商业、道路、绿化用地	武汉侯驾庙工贸集团有限公司	洪山区和平街武丰村	4.90
232	居住、商业、道路、绿化用地	武汉市地安君泰房地产开发有限公司	洪山区和平街武丰村	8.81
233	居住、商业、办公、文化娱乐、道路用地	武汉市地安君泰房地产开发有限公司	洪山区和平街武丰村	11.04
234	工业、公共设施、道路、绿化用地	武汉市地安君泰房地产开发有限公司	洪山区和平街武丰村	0.35
235	居住、市政设施、道路用地	武汉市地安君泰房地产开发有限公司	洪山区和平街武丰村	2.82
236	居住、市政设施、道路用地	武汉侯驾庙工贸集团有限公司	洪山区和平街武丰村	8.17
237	道路、绿化、市政设施用地	武汉市土地整理储备中心	硚口区长丰街长青村	2
238	居住、商业用地	武汉市土地整理储备中心	硚口区长丰街长青村	0.70
239	居住、工业、中小学、绿化、道路用地	武汉君茂投资置业有限公司	洪山区青菱街红霞村	4.25
240	商业、工业、市政设施（排水）用地	武汉君茂投资置业有限公司	洪山区青菱街红霞村	12.63
241	市场用地	硚口区土地储备事务中心	硚口区长丰街汉西村	0.53
242	公共管理与公共服务用地	武汉市人民政府（武汉市土地整理储备中心）	洪山区洪山街红旗村	3.36

续表：

序号	用　　途	征 收 单 位	地　　址	面积（公顷）
243	居住、绿化用地	湖北长虹红旗实业发展有限公司	洪山区洪山街红旗村	0.86
244	教育、市政、绿化、铁路控制用地	武汉虹丽置业管理有限公司	洪山区洪山街红旗村	2.22
245	公共管理与公共服务用地	武汉虹丽置业管理有限公司	洪山区洪山街红旗村	0.82
246	公共设施用地	武汉市土地整理储备中心	汉阳区永丰街龙阳村	10.68
247	居住、绿化、公共设施、道路广场、市政公用设施用地	湖北人信房地产开发有限公司	汉阳区永丰街龙阳村	5.54
248	居住、公共设施、绿化、道路、广场、市政公用设施、水域和其他用地	湖北人信房地产开发有限公司	汉阳区永丰街龙阳村	1.73
249	住宅用地	汉阳经济开发区汉城村村民委员会	汉阳区永丰街汉城村	3.68
250	土地储备用地	武汉市土地整理储备中心城市发展分中心	江岸区后湖街岱山村	12.82
251	居住用地	武汉市土地整理储备中心	洪山区青菱街长征村	4.01
252	住宅用地	武汉市人民政府（武汉市土地储备整理中心）	洪山区青菱街长江村	1.37
253	商服、住宅用地	武汉新城土地整理储备中心	洪山区和平街北洋桥村、厂前村	11.22
254	居住、工业、中小学、绿化、道路用地	武汉佳颂房地产有限公司	洪山区青菱街红霞村	4.66
255	住宅、商业用地	武汉市土地整理储备中心	江岸区后湖街石桥村	1.36
256	住宅、商业用地	武汉美联地产有限公司	江岸区后湖街石桥村	0.54
257	居住用地	武汉钱塘房地产开发有限公司	汉阳区江堤街向阳村、江堤村	1.71
258	居住用地	武汉钱塘房地产开发有限公司	汉阳区江堤街向阳村	5.42
259	绿化、市政控制、公共服务设施用地	武汉三鸿实业有限责任公司	洪山区洪山街南湖村	3.79
260	居住用地	武汉市土地整理储备中心	洪山区青菱街红霞村	0.10
261	绿化用地	武汉市人民政府（武汉市土地整理储备中心）	洪山区青菱街红霞村	0.32
262	居住用地	洪山区青菱街红霞村村民委员会	洪山区青菱街红霞村	16.82
263	工业、道路、绿化用地	武汉市人民政府（洪山区土地整理储备中心）	洪山区李桥渔场	20.75
264	工业、道路、绿化用地	武汉市人民政府（洪山区土地整理储备中心）	洪山区李桥渔场	6.38
265	居住、教育科研、商业用地	武汉市土地整理储备中心	洪山区洪山街洪山村	0.28

续表：

序号	用　　途	征　收　单　位	地　　址	面积（公顷）
266	居住、教育科研、道路、绿化用地	武汉市土地整理储备中心	洪山区洪山街洪山村	0.42
267	居住、道路用地	武汉市土地整理储备中心	洪山区洪山街洪山村	0.05
268	住宅、绿化用地	武汉市土地整理储备中心	江岸区后湖街丹水池村	2.35
269	绿化、公共设施用地	武汉市土地整理储备中心	洪山区和平街白马洲村	16.18
270	体育用地	武汉市土地整理储备中心	洪山区和平街东方红村、五渔场	6.50
271	住宅、绿化、道路用地	武汉市国营汉口渔场	江岸区国营汉口渔场	3.72
272	道路用地	武汉市土地整理储备中心	洪山区张家湾街长征村	5.70
273	公共建筑、绿化、道路、村民产业用地	武汉市土地整理储备中心	洪山区和平街北洋桥村、四渔场、白马洲村	33.80
274	商业、市政设施用地	武汉市土地整理储备中心	洪山区和平街白马洲村、北洋桥村	10.80
275	商业、居住、市政设施用地	武汉市土地整理储备中心	洪山区和平街北洋桥村、四渔场	10.34
276	居住、商业、文化娱乐、中小学、绿化、市政设施、社会停车场库、道路用地	湖北十里投资发展股份有限公司	汉阳区永丰街十里铺村	3.40
277	道路用地	武汉市城市建设投资开发集团有限公司	江汉区唐家墩街唐家墩村	1.82
278	道路用地	武汉市城市建设投资开发集团有限公司	江汉区唐家墩街唐家墩村	0.10
279	道路用地	武汉市城市建设投资开发集团有限公司	江汉区汉兴街贺家墩村	0.05
280	道路用地	武汉市城市建设投资开发集团有限公司	江汉区汉兴街贺家墩村	0.93
281	道路用地	武汉市城市建设投资开发集团有限公司	江汉区唐家墩街唐家墩村	0.73
282	中小学、绿化用地	湖北十里投资发展股份有限公司	汉阳区永丰街十里铺村	0.02
283	其他商服用地（公共设施营业网点用地、加油站）	武汉市土地整理储备中心	汉阳区江堤街武汉市太子湖实业公司	0.27
284	居住、商业、金融用地	武汉万科金色广场物业发展有限公司	洪山区青菱街长征村	11.69
285	绿化用地	武汉城市建设投资开发集团有限公司	硚口区长丰街常码头村、建荣村	5.86
286	工业用地	武汉市土地整理储备中心	洪山区青菱街红霞村	12.01
287	居住、商业、绿化、道路用地	武汉市土地整理储备中心	洪山区张家湾街长征村	0.65
288	绿化、道路用地	武汉市土地整理储备中心	洪山区张家湾街红霞村	48.52
289	居住用地	武汉市土地整理储备中心	洪山区和平街和平村	0.16
290	居住用地	洪山区和平街铁机村村民委员会	洪山区和平街铁机村、武丰村、和平村	5.52
291	居住、商业、文化娱乐、中小学、绿化、市政设施、社会停车场库、道路用地	湖北十里投资发展股份有限公司	汉阳区永丰街十里铺村	0.43
292	居住、绿化、公共设施、道路广场、市政公用设施用地	武汉市土地整理储备中心	汉阳区永丰街龙阳村	2.18

续表：

序号	用　途	征收单位	地　址	面积（公顷）
293	商业、金融、工业用地	武汉市人民政府（武汉市土地整理储备中心）	洪山区青菱街长征村	21.22
294	公用设施用地	武汉美联地产有限公司	江岸区后湖街石桥村	5.16
295	住宅、商业用地	武汉丰瑞恒房地产开发有限公司	江岸区后湖街石桥村	2.56
296	居住、商业、市政设施、中小学、道路、绿化用地	武汉美联地产有限公司	江岸区后湖街石桥村	0.81
297	住宅、商业用地	武汉美联地产有限公司	江岸区后湖街石桥村	0.73
298	市政、绿化用地	武汉市人民政府（武汉市土地整理储备中心）	洪山区洪山街红旗村	1.21
299	公用设施用地	武汉美联地产有限公司	江岸区后湖街石桥村	0.39
300	住宅、商业用地	武汉美联地产有限公司	江岸区后湖街石桥村	2.23
301	工业仓储用地	洪山区土地整理储备中心	洪山区青菱街渔业村、青菱村	30.47
302	绿化、市政控制、公共服务设施用地	武汉市土地整理储备中心	洪山区洪山街南湖村	13.41
303	居住用地	武汉市土地整理储备中心	洪山区青菱街红霞村	16.25
304	居住、市政设施、中小学、道路、绿化用地	武汉市土地整理储备中心	洪山区青菱街长征村	12.42
305	居住（含中小学）、商业、市政设施、绿化、道路用地	武汉市人民政府（武汉市土地整理储备中心）	洪山区青菱街长征村	18.28
306	商业、金融、工业用地	武汉市土地整理储备中心	洪山区青菱街长征村	8.55
307	高压走廊控制、绿化用地	江岸区土地整理储备中心	江岸区后湖街新荣村	3.46
308	住宅、商业用地	武汉市土地整理储备中心	江岸区后湖街石桥村	2.20
309	住宅、商业用地	武汉市土地整理储备中心	江岸区后湖街石桥村	10.75
310	居住、商业、市政设施、中小学、道路、绿化用地	武汉市土地整理储备中心	江岸区后湖街石桥村	0.06
311	公用设施用地	武汉市土地整理储备中心	江岸区后湖街石桥村	1.35
312	工业用地	江岸区土地整理储备中心	江岸区后湖街丹水池村	1.66
313	工业用地	江岸区土地整理储备中心	江岸区后湖街幸福村	11.60
314	工业用地	江岸区土地整理储备中心	江岸区后湖街幸福村	3.42
315	工业用地	江岸区土地整理储备中心	江岸区后湖街幸福村	2.50
316	工业用地	江岸区土地整理储备中心	江岸区后湖街岱山村	0.13
317	市政公用设施用地	湖北省电力公司武汉供电公司	江岸区后湖街石桥村	0.71
318	市政公用设施用地	湖北省电力公司武汉供电公司	江岸区后湖街胜华村	0.10
319	市政设施用地	武汉凤凰绿色贸易有限公司	青山区白玉山街红胜村	1.57
320	居住、商业、金融用地	武汉佳颂房地产有限公司	洪山区青菱街红霞村	8.31
321	住宅用地	洪山区建设街黎明村	洪山区建设街群力村	9.88
322	工业用地	青山区土地整理储备事务中心	青山区武汉武钢北湖经济开发公司	25.86

注：本表数据由武汉市国土资源和规划局提供。

表 2-1-4 武汉市 2013 年中心城区核发建设用地批准书项目一览表

序号	用途	征收单位	地址	面积（公顷）
1	居住、公共设施、绿地、道路、广场、市政公用设施、水域和其他用地	湖北人信房地产开发有限公司	汉阳区永丰街龙阳村	2.13
2	商业、居住用地	武汉市土地整理储备中心	汉阳区江堤街邓甲村	0.56
3	居住、绿化、公共设施、道路广场、市政公用设施用地	湖北人信房地产开发有限公司	汉阳区永丰街龙阳村	3.51
4	商业、金融用地	武汉市土地整理储备中心	汉阳区永丰街五里墩村	1.63
5	居住、道路广场用地	武汉市土地整理储备中心	洪山区青菱街园艺村	23.76
6	商服、交通运输用地	武汉市土地整理储备中心	硚口区长丰街长青村	2.67
7	绿化、道路、市政公用设施用地	武汉市土地整理储备中心	汉阳区永丰街五里墩村	7.62
8	市政设施、中小学、道路用地	武汉市土地整理储备中心	汉阳区江堤街邓甲村	2.23
9	市政公共设施用地	湖北国通能源发展有限公司	洪山区和平街厂前村、白马洲村	2.12
10	住宅、商服、市政公用设施、绿化、道路、医疗卫生用地	武汉市土地整理储备中心	汉阳区永丰街铁桥村	1.88
11	市政设施、道路、绿化用地	武汉三角集团股份有限公司	洪山区洪山街余家湖村、和平街三角路村	0.71
12	居住、商业、市政公用设施、绿化、道路广场用地	武汉三角集团股份有限公司	洪山区和平街三角路村	1.44
13	住宅用地	武汉绿景苑置业有限公司	洪山区和平街铁机村、武丰村	0.67
14	住宅用地	武汉市土地整理储备中心城市发展分中心	武昌区水果湖街余家湖村	2.47
15	工业、道路广场用地	洪山区土地整理储备中心	洪山区青菱街花园村、建群村、建阳村	11.27
16	公共管理与公共服务用地	武汉市土地整理储备中心城市发展分中心	武昌区水果湖街余家湖村	0.30
17	工业、道路用地	武汉市人民政府（洪山区土地整理储备中心）	洪山区青菱街建群村、建和村、花园村	21.19
18	商业用地	武汉福星惠誉欢乐谷有限公司	洪山区和平街和平村	3.29
19	居住用地	武汉福星惠誉欢乐谷有限公司	洪山区和平街和平村	8.34
20	居住用地	武汉福星惠誉欢乐谷有限公司	洪山区和平街和平村	1.53
21	公园、市政设施、道路、绿化用地	武汉福星惠誉欢乐谷有限公司	洪山区和平街和平村	0.34
22	工业、商服、住宅、公共管理和公共服务用地	武汉福星惠誉欢乐谷有限公司	洪山区和平街和平村	2.48
23	工业、对外交通用地	武汉市土地整理储备中心武汉化学工业区分中心	洪山区化工新区建设街群联村	25.43
24	工业用地	武汉市土地整理储备中心武汉化学工业区分中心	洪山区化工新区建设街群联村	25.34
25	仓储、市政公用设施用地	武汉市土地整理储备中心武汉化学工业区分中心	洪山区化工新区建设街群利村	21.74
26	工业用地	武汉市土地整理储备中心武汉化学工业区分中心	洪山区化工新区建设街群联村	15.67
27	工业、绿化用地	武汉市土地整理储备中心武汉化学工业区分中心	洪山区化工新区建设街群联村	14.65

续表：

序号	用　　途	征　收　单　位	地　　址	面积（公顷）
28	居住、城市道路、绿化用地	仙桃天下地产开发有限公司	洪山区洪山街洪山村	0.50
29	居住用地	武汉中胜工贸有限公司	江岸区后湖街中胜村	0.90
30	居住用地	武汉中胜工贸有限公司	江岸区后湖街中胜村	0.65
31	居住、商业、金融、绿化、市政设施用地	武汉跃进集团有限公司	江岸区后湖街跃进村	3.01
32	住宅、商业、绿化、市政、中小学控制用地	武汉中胜工贸有限公司	江岸区后湖街中胜村	0.86
33	市政公用设施用地	湖北国通能源发展有限公司	汉阳区江堤街新新村	0.05
34	商业、城市道路、市政设施、绿化、铁路用地	武汉市江宏实业有限责任公司	洪山区洪山街井冈村	1.01
35	居住用地	武汉市鼎盛园艺有限责任公司	洪山区青菱街园艺村	1.60
36	公共建筑、绿化、道路、村民产业用地	洪山区和平街白马洲村村民委员会	洪山区和平街北洋桥村、四渔场、白马洲村	3.11
37	居住用地	洪山区和平街白马洲村村民委员会	洪山区和平街白马洲村	4.78
38	居住、商业用地	湖北十里投资发展股份有限公司	汉阳区永丰街十里铺村、龙阳村	3.12
39	居住用地	武汉市土地整理储备中心	汉阳区江堤街向阳村、红卫村	2.43
40	居住、商业用地	湖北十里投资发展股份有限公司	汉阳区永丰街十里铺村、龙阳村	5
41	居住、商业、绿化、市政中小学控制用地	武汉市土地整理储备中心	江岸区后湖街中胜村	0.10
42	居住、商业、绿化、市政中小学控制用地	武汉市土地整理储备中心	江岸区后湖街中胜村	1.08
43	居住、商业、绿化、市政中小学控制用地	武汉市土地整理储备中心	江岸区后湖街中胜村	0.06
44	居住、商业、绿化、市政中小学控制用地	武汉市土地整理储备中心	江岸区后湖街中胜村	0.48
45	居住、商业、绿化、市政中小学控制用地	武汉市土地整理储备中心	江岸区后湖街中胜村	0.24
46	绿化、市政用地	武汉市土地整理储备中心	江汉区唐家墩街鲩子湖村	0.13
47	商业用地	武汉万科鲩子湖房地产有限公司	江汉区唐家墩街鲩子湖村	0.08
48	绿化、市政用地	武汉万科鲩子湖房地产有限公司	江汉区唐家墩街鲩子湖村	0.52
49	居住用地	武汉万科鲩子湖房地产有限公司	江汉区唐家墩街鲩子湖村	0.48
50	居住、商业、绿化、市政、中小学控制用地	武汉中胜村城中村改造工程建设有限公司	江岸区后湖街中胜村	0.38
51	居住、商业、绿化、市政、中小学控制用地	武汉中胜村城中村改造工程建设有限公司	江岸区后湖街中胜村	0.62
52	居住、绿化、商业、市政、中小学控制用地	武汉中胜村城中村改造工程建设有限公司	江岸区后湖街中胜村	0.97
53	居住、商业、市政设施、中小学、道路、绿化用地	武汉石桥集团有限责任公司	江岸区后湖街石桥村	0.34
54	住宅、商业用地	武汉石桥集团有限责任公司	江岸区后湖街石桥村	9.70
55	居住用地	名流置业武汉有限公司	汉阳区江堤街向阳村、红卫村	11.16

续表:

序号	用　途	征 收 单 位	地　址	面积（公顷）
56	居住、行政办公、文化娱乐、公共绿化用地	武汉市土地整理储备中心武汉新区分中心	汉阳区江堤街太山寺村	3.29
57	居住、市政、绿化用地	武汉市马湖商贸有限责任公司	洪山区洪山街马湖村	1.28
58	居住、市政、绿化用地	武汉市马湖商贸有限责任公司	洪山区洪山街马湖村	1.28
59	工业用地	中国石油化工股份有限公司武汉分公司	洪山区化工新区建设街向家尾村、三渔场	15
60	居住用地	武汉市土地整理储备中心	洪山区和平街铁机村、徐东村	4.78
61	居住、公共设施、绿化、道路、广场、市政公用设施、水域和其他用地	武汉龙阳科技产业集团有限公司	汉阳区永丰街龙阳村	6.85
62	居住、商业、公共服务设施、绿化、市政、中小学控制用地	武汉胜华实业有限公司	江岸区后湖街胜华村	0.03
63	居住、商业、公共服务设施、绿化、市政、中小学控制用地	武汉胜华实业有限公司	江岸区后湖街胜华村	0.05
64	居住、商业、公共服务设施、绿化、市政、中小学控制用地	武汉胜华实业有限公司	江岸区后湖街胜华村	0.02
65	居住、商业、公共服务设施、绿化、市政、中小学控制用地	武汉胜华实业有限公司	江岸区后湖街胜华村	0.95
66	居住、商业、公共服务设施、绿化、市政、中小学控制用地	武汉胜华实业有限公司	江岸区后湖街胜华村	2.45
67	居住、商业、公共服务设施、绿化、市政、中小学控制用地	武汉胜华实业有限公司	江岸区后湖街胜华村	0.67
68	住宅用地	武汉绿景苑置业有限公司	洪山区和平街铁机村、武丰村	4.87
69	工业用地	武汉市土地整理储备中心	硚口区长丰街红星村	0.19
70	居住、城市道路、绿化用地	武汉香华林商业发展有限公司	洪山区洪山街洪山村	3.13
71	居住、城市道路、绿化用地	武汉香华林商业发展有限公司	洪山区洪山街洪山村	2.30
72	建设用地	武汉市土地整理储备中心	江岸区后湖街石桥村	4.01
73	开发用地	武汉三元房地产开发有限公司	江岸区后湖街石桥村	5.58
74	道路、水域、绿化用地	武汉丽郡置业发展有限公司	洪山区青菱街园艺村	3.19
75	居住、道路、绿化用地	武汉丽郡置业发展有限公司	洪山区青菱街园艺村	0.04
76	居住用地	武汉丽郡置业发展有限公司	洪山区青菱街园艺村	0.31
77	居住用地	武汉联投万科房地产有限公司	江汉区唐家墩街唐家墩村	4.24
78	居住用地	武汉市土地整理储备中心	江汉区唐家墩街唐家墩村	0.69
79	中小学、市政设施、绿化、道路用地	武汉市土地整理储备中心	江汉区唐家墩街唐家墩村	1.24
80	中小学、市政设施、绿化、道路用地	武汉市土地整理储备中心	江汉区唐家墩街唐家墩村	0.47
81	居住、商业、公共服务设施、绿化、市政、中小学控制用地	武汉二七实业有限公司	江岸区后湖街淌湖村	0.002
82	居住、商业、公共服务设施、绿化、市政、中小学控制用地	武汉二七实业有限公司	江岸区后湖街二七村	2.72
83	居住、商业用地	武汉市土地整理储备中心	江岸区后湖街新春村	2.28

续表：

序号	用　　途	征 收 单 位	地　　址	面积（公顷）
84	道路用地	武汉市土地整理储备中心	江岸区后湖街新春村	0.11
85	住宅用地	武汉机场综合发展总公司	洪山区和平街铁机村、武丰村	10.73
86	居住、商业、公共服务设施、绿化、市政用地	武汉二七实业有限公司	江岸区后湖街二七村	0.11
87	居住、铁路控制用地	武汉市土地整理储备中心	江岸区后湖街胜华村	0.05
88	居住、商业、公共服务设施、绿化、市政、中小学控制用地	武汉市土地整理储备中心	江岸区后湖街胜华村	2.93
89	居住、商业用地	武汉市土地整理储备中心	江岸区后湖街胜华村	0.03
90	居住、商业、绿化、市政设施用地	武汉市土地整理储备中心	江岸区后湖街跃进村	1.24
91	开发用地	武汉星科房地产开发有限公司	江岸区后湖街跃进村	0.80
92	居住、商业、金融、绿化、市政设施用地	武汉星科房地产开发有限公司	江岸区后湖街跃进村	0.41
93	居住、商业、公共服务设施、绿化、市政、中小学控制用地	武汉市土地整理储备中心	江岸区后湖街胜华村	1.90
94	居住、商业、道路用地	武汉星科房地产开发有限公司	江岸区后湖街跃进村	9.64
95	居住、商业、道路用地	武汉市土地整理储备中心	江岸区后湖街跃进村	3.11
96	储备用地	武汉市土地整理储备中心	江岸区后湖街跃进村	0.67
97	绿化用地	武汉市土地整理储备中心	江岸区后湖街跃进村	0.08
98	居住、商业、金融、绿化、市政设施用地	武汉市土地整理储备中心	江岸区后湖街跃进村	8.69
99	居住、商业、绿化、市政设施用地	武汉市土地整理储备中心	江岸区后湖街跃进村	3.26
100	住宅用地	武汉星科房地产开发有限公司	江岸区后湖街跃进村	0.18
101	住宅用地	武汉市土地整理储备中心城市发展分中心	江岸区后湖街新春村	9.60
102	开发用地	武汉星科房地产开发有限公司	江岸区后湖街跃进村	0.18
103	工业、市政公用设施、绿化用地	武汉市土地整理储备中心武汉化学工业分中心	洪山区化工新区建设街群联村	16.09
104	居住、商业金融业、绿化用地	武汉市土地整理储备中心武汉新区分中心	汉阳区江堤街渔业村、红卫村、太山寺村	40.78
105	商业、道路用地	武汉市土地整理储备中心武汉新区分中心	汉阳区江堤街太山寺村	0.25
106	居住、文化娱乐、商业、道路、绿化用地	武汉市土地整理储备中心武汉新区分中心	汉阳区永丰街汉城村、武汉市良种场	25.45
107	住宅、文体用地	武汉奥山世纪房地产开发有限公司	武昌区和平街余家头村	1.71
108	居住、商业、金融用地	武汉万科金色城市物业发展有限公司	洪山区张家湾街长征村（原青菱街长征村）	7.74
109	市政公用设施用地	武汉市青山区水务局	洪山区建设街胡教村、火官村	1.83
110	居住（含中小学）、商业、市政公共设施、绿化、道路广场用地	武汉合富联银置业发展有限公司	武昌区中南路街姚家岭村	0.35
111	居住、商业、市政公共设施、道路用地	武汉合富联银置业发展有限公司	武昌区中南路街姚家岭村	4.76

续表：

序号	用　　途	征　收　单　位	地　　址	面积（公顷）
112	居住、商业、市政公用设施、绿化、道路广场用地	武汉合富联银置业发展有限公司	武昌区中南街姚家岭村	1.73
113	居住、商业、市政公用设施、绿化、道路广场用地	武汉合富联银置业发展有限公司	武昌区中南街姚家岭村	0.13
114	居住、商业、市政公用设施、绿化、道路广场用地	武汉合富联银置业发展有限公司	武昌区中南街姚家岭村	1.73
115	居住、商业、市政公用设施、绿化、道路广场用地	武汉合富联银置业发展有限公司	武昌区中南街姚家岭村	5.80
116	商业用地	武汉万科鲩子湖房地产有限公司	江汉区唐家墩街鲩子湖村	0.05
117	居住、商业、市政公共设施、道路用地	武汉合富联银置业发展有限公司	武昌区中南街姚家岭村	3.55
118	居住、商业、市政公共设施、道路用地	武汉合富联银置业发展有限公司	武昌区中南街姚家岭村	0.52
119	居住、商业、市政公共设施、道路用地	武汉星星集团有限责任公司	武昌区中南街姚家岭村	0.23
120	居住、商业、市政公共设施、道路用地	武汉星星集团有限责任公司	武昌区中南街姚家岭村	1.62
121	居住、商业、市政公共设施、绿化、道路用地	武汉星星集团有限责任公司	武昌区中南街姚家岭村	0.30
122	居住、商业、金融用地	武汉长征集团有限公司	洪山区张家湾街长征村（原青菱街长征村）	0.73
123	居住、绿化用地	武汉市土地整理储备中心	洪山区青菱街长江村	0.17
124	居住、绿化、道路用地	武汉市土地整理储备中心武汉新区分中心	汉阳区永丰街汉城村	23.92
125	居住、道路、绿化用地	武汉市土地整理储备中心武汉新区分中心	汉阳区武汉市良种场	16.21
126	居住用地	东湖生态旅游风景区新武东村村民委员会	东湖风景区新武东村	1.88
127	市政设施、道路、绿化用地	武汉市土地整理储备中心	洪山区青菱街长江村	0.16
128	居住用地	武汉毛坦集团有限公司	洪山区青菱街毛坦村、光霞村、武汉青菱渔场	6.82
129	商业、道路、绿化用地	武汉市土地整理储备中心	洪山区青菱街长征村、武汉市蔬菜科学研究所	0.76
130	工业用地	中得建设集团有限公司	洪山区青菱街长征村	0.04
131	住宅用地	武汉市土地整理储备中心	洪山区青菱街红旗村、烽火村、毛坦村、光霞村、长征村	6.89
132	住宅、商业用地	武汉泽健实业有限公司	江岸区后湖街石桥村	6.12
133	住宅、商业用地	武汉市土地整理储备中心	江岸区后湖街石桥村	2.25
134	居住、商业、市政设施、中小学、道路、绿化用地	武汉市土地整理储备中心	江岸区后湖街石桥村、胜华村	1.61
135	居住、商业、市政设施、中小学、道路、绿化用地	武汉泽健实业有限公司	江岸区后湖街石桥村	2.46
136	居住、城市道路、绿化用地	武汉三鸿实业有限责任公司	洪山区洪山街洪山村	0.59
137	居住、城市道路、绿化用地	武汉三鸿实业有限责任公司	洪山区洪山街洪山村	2.30
138	居住、城市道路、绿化用地	中建三局房地产开发有限公司	洪山区洪山街洪山村	0.64
139	居住、城市道路、绿化用地	武汉三鸿实业有限责任公司	洪山区洪山街洪山村	0.16

续表：

序号	用　　途	征　收　单　位	地　　址	面积（公顷）
140	居住、城市道路、绿化用地	中建三局房地产开发有限公司	洪山区洪山街洪山村	5.10
141	居住用地	洪山区和平街武丰村村民委员会	洪山区和平街武丰村	4.14
142	工业、绿化用地	武汉市土地整理储备中心武汉化学工业分中心	洪山区化工新区八吉府街群联村	10.03
143	工业、绿化用地	武汉市土地整理储备中心武汉化学工业分中心	洪山区化工新区八吉府街群联村	16.25
144	公共基础设施用地	武汉市水务集团有限公司	洪山区青菱街建和村	1.60
145	公共基础设施用地	武汉市水务集团有限公司	洪山区青菱街长江村	5.52
146	住宅用地	武汉市李桥渔场	洪山区李桥渔场	1.34
147	居住、商业、医疗卫生、市政、教育科研、道路、绿化用地	武汉卓刀泉集团有限公司	洪山区洪山街卓刀泉村	0.19
148	居住、商业、公共服务设施、绿化、市政、中小学控制用地	武汉凯通思房地产开发有限公司	江岸区后湖街胜华村	0.46
149	居住、商业、公共服务设施、绿化、市政、中小学控制用地	武汉凯通思房地产开发有限公司	江岸区后湖街胜华村	0.70
150	居住、商业、公共服务设施、绿化、市政、中小学控制用地	武汉凯通思房地产开发有限公司	江岸区后湖街胜华村	1.25
151	居住、商业、公共服务设施、绿化、市政、中小学控制用地	武汉凯通思房地产开发有限公司	江岸区后湖街胜华村	0.82
152	居住、铁路控制用地	武汉凯通思房地产开发有限公司	江岸区后湖街胜华村	0.01
153	居住用地	武汉市兴华房地产开发有限公司	汉阳区江堤街邓甲村	0.17
154	居住、城市道路、绿化用地	武汉骏业幸福集团有限公司	洪山区洪山街洪山村	0.18
155	居住、商业、市政公用设施、绿化、道路广场用地	湖北保利普提金置业有限公司	洪山区和平街铁机村	8.31
156	居住用地	武汉市土地整理储备中心	江岸区后湖街新荣村	3.13
157	居住用地	武汉市欣荣实业有限公司	江岸区后湖街十大家村	1.03
158	居住、绿化、公共设施、道路用地	武汉市土地整理储备中心武汉新区分中心	汉阳区江堤街太山寺村、武汉市良种场、武汉市太子湖实业公司	21.80
159	居住、公共设施、绿化用地		汉阳区江堤街红卫村	41.62
160	居住、绿化用地	武汉虹玉置业有限公司	洪山区洪山街李桥村、渔牧三场	15.34
161	住宅、商业、市政公用设施、绿化、道路广场用地	武汉三角集团股份有限公司	洪山区和平街三角路村、团结村	2.03
162	居住用地	武汉市欣荣实业有限公司	江岸区后湖街新荣村、十大家村	1.46
163	居住、城市道路、绿化用地	武汉三鸿实业有限责任公司	洪山区洪山街洪山村	0.19
164	居住、城市道路、绿化用地	湖北诚功房地产开发有限公司	洪山区洪山街洪山村	1.14
165	居住、城市道路、绿化用地	武汉市土地整理储备中心	洪山区洪山街洪山村	0.85
166	居住、城市道路、绿化用地	武汉三鸿实业有限责任公司	洪山区洪山街洪山村	0.91
167	居住、城市道路、绿化用地	湖北诚功房地产开发有限公司	洪山区洪山街洪山村	2.07

续表：

序号	用　　途	征 收 单 位	地　　址	面积（公顷）
168	居住、商服用地	武汉磨山经贸集团有限公司	汉阳区永丰街磨山村	1.72
169	居住、商服用地	武汉祥泰源置业有限公司	汉阳区永丰街磨山村	0.77
170	居住、商业、金融、小学用地	武汉祥泰源置业有限公司	汉阳区永丰街磨山村	5.60
171	社会停车场、高压走廊、绿化、水域用地	武汉祥泰源置业有限公司	汉阳区永丰街磨山村	0.89
172	居住用地	武汉市土地整理储备中心	汉阳区江堤街江堤村、向阳村	1.69
173	居住、科研教育、市政设施、道路、绿化用地	硚口区土地储备事务中心	硚口区长丰街红星村	0.73
174	居住、商业用地	武汉中大十里房地产开发有限公司	汉阳区永丰街十里铺村、龙阳村	8
175	居住、商业用地	武汉中大十里房地产开发有限公司	汉阳区永丰街十里铺村、龙阳村	0.46
176	工业用地	武汉市土地整理储备中心武汉化学工业区分中心	洪山区建设街工业港村、建设村	2.53
177	居住、商业用地	武汉中大十里房地产开发有限公司	汉阳区永丰街十里铺村	0.23
178	居住、工业、中小学、绿化、道路用地	武汉君茂投资置业有限公司	洪山区青菱街红霞村	4.25
179	商业、工业、市政设施（排水）用地	武汉君茂投资置业有限公司	洪山区青菱街红霞村	12.63
180	居住、商业、金融、规划控制用地	武汉市土地整理储备中心	洪山区洪山街东亭村	0.26
181	居住、道路用地	武汉万科鲩子湖房地产有限公司	江汉区唐家墩街鲩子湖村	0.19
182	居住、道路用地	武汉市土地整理储备中心	江汉区唐家墩街鲩子湖村	0.11
183	市政、道路、绿化、居住用地	武汉市土地整理储备中心	汉阳区江堤街江堤村	16.22
184	公共设施用地	武汉市民政局	洪山区青菱街建阳村	6.70
185	居住用地	武汉塔子湖置业有限公司	江岸区后湖街跃进村、塔子湖村	1.48
186	绿化用地	武汉市土地整理储备中心	江岸区后湖街塔子湖村、跃进村	0.37
187	居住、商业、绿化、市政设施用地	武汉塔子湖集团有限公司	江岸区后湖街跃进村	0.33
188	居住、商业、体育、中小学、轨道控制、市政设施、绿化、规划道路用地	武汉市土地整理储备中心	江岸区后湖街塔子湖村	0.18
189	居住、商业、体育、中小学、轨道控制、市政设施、绿化、规划道路用地	武汉塔子湖集团有限公司	江岸区后湖街塔子湖村	0.67
190	工业、绿化用地	青山区土地整理储备事务中心	青山区武东街武东村	4.74
191	工业、绿化用地	青山区土地整理储备事务中心	青山区武东街武东村	5.05
192	居住、公用设施、绿化、市政设施、中小学控制、道路广场用地	武汉卧龙墨水湖置业有限公司	汉阳区江堤街红卫村、渔业村	7.97
193	居住、公用设施、绿化、市政设施、中小学控制用地	武汉卧龙墨水湖置业有限公司	汉阳区江堤街渔业村、红卫村	0.36
194	居住、绿化、公共设施用地	武汉卧龙墨水湖置业有限公司	汉阳区江堤街渔业村、红卫村	7.08
195	居住、市场用地	武汉华鼎创投置业开发有限公司	硚口区长丰街汉西村	0.24

续表：

序号	用　　途	征　收　单　位	地　　址	面积（公顷）
196	商业、居住、道路、绿化用地	武汉华鼎创投置业开发有限公司	硚口区长丰街汉西村	0.03
197	商服、交通运输用地	武汉华鼎创投置业开发有限公司	硚口区长丰街汉西村	2.77
198	居住用地	武汉市七一中学	江岸区后湖街中胜村	0.43
199	商服、住宅用地	武汉新城土地整理储备中心	洪山区和平街北洋桥村、厂前村	11.22
200	市政、体育、绿化用地	武汉市马湖商贸有限责任公司	洪山区洪山街马湖村	0.39
201	商业、工业、城市道路、绿化用地	武汉市马湖商贸有限责任公司	洪山区洪山街马湖村	0.91
202	商业、工业、城市道路、绿化用地	武汉市马湖商贸有限责任公司	洪山区洪山街马湖村	0.16
203	土地统征用地	武汉市泰宇商贸有限公司	硚口区长丰街农利村	2.10
204	住宅、商业用地	武汉美联地产有限公司	江岸区后湖街石桥村	0.54
205	居住、商业、市政公共设施、道路用地	武汉合富联银置业发展有限公司	武昌区中南街姚家岭村	0.15
206	居住、商业、市政公用设施、绿化、道路广场用地	武汉合富联银置业发展有限公司	武昌区中南街姚家岭村	0.91
207	科技设计、住宅用地	武汉星星集团有限责任公司	武昌区中南街姚家岭村	2.12
208	居住、商业、市政公共设施、道路用地	武汉星星集团有限责任公司	武昌区中南街姚家岭村	2.22
209	居住、商业、市政公用设施、绿化、道路广场用地	武汉新城土地整理储备中心	洪山区和平街铁机村	4.06
210	居住、公共设施用地	武汉市地安君泰房地产开发有限公司	洪山区和平街武丰村	2.82
211	居住、公共设施用地	武汉市地安君泰房地产开发有限公司	洪山区和平街武丰村	9.66
212	居住、公共设施用地	武汉市地安君泰房地产开发有限公司	洪山区和平街武丰村	8.76
213	居住、公共设施用地	武汉市地安君泰房地产开发有限公司	洪山区和平街武丰村	0.35
214	公共设施用地	武汉美联地产有限公司	江岸区后湖街石桥村	0.39
215	公共设施用地	武汉美联地产有限公司	江岸区后湖街石桥村	4.40
216	住宅、商业用地	武汉美联地产有限公司	江岸区后湖街石桥村	0.20
217	住宅、商业用地	武汉美联地产有限公司	江岸区后湖街石桥村、中胜村	0.46
218	住宅用地	武汉市土地整理储备中心	江岸区后湖街花桥村、淌湖村	0.97
219	居住、商业、绿化用地	武汉市土地整理储备中心	江岸区后湖街幸福村	0.80
220	绿化、公共设施用地	武汉市土地整理储备中心	洪山区和平街白马洲村	16.18
221	商业、居住、市政设施用地	武汉市土地整理储备中心	洪山区和平街北洋桥村、四渔场	10.34
222	商业、市政设施用地	武汉市土地整理储备中心	洪山区和平街白马洲村、北洋桥村	10.80
223	公共建筑、绿化、道路、村民产业用地	武汉市土地整理储备中心	洪山区和平街北洋桥村、四渔场、白马洲村	33.80
224	工业用地	中国石油化工股份有限公司武汉分公司	洪山区建设街崇阳村、高潮村、胡教村、建设村、前丰村、四新村、五一村、新集村	15.59
225	工业用地	中国石油化工股份有限公司武汉分公司	洪山区花山镇联丰村，建设街群利村、群联村、向家尾村	7.70

注：本表数据由武汉市国土资源和规划局提供。

第二节 土 地 储 备

2013年，武汉市土地整理储备中心投入资金279.69亿元，完成土地储备416公顷，供应储备地块29宗、125公顷，年度土地储备资金投放量、土地出让收入双双首次超百亿元，上缴土地出让收入、土地净收益均创下历史新高；全年完成高产农田建设项目立项8项、7193公顷，验收7项、9860公顷，圆满完成了市国土资源和规划局下达的各项目标任务。

一、土地储备工作

2013年，武汉市土地整理储备中心投入76.38亿元，实施六大片区旧城改造，年度土地储备资金投入量为成立以来最大规模。连续启动江岸二七滨江商务区1—4期房屋征收工作，动拆3312户、39.28万平方米；完成江汉精武路片、硚口汉西建材片，以及洪山东湖新城片一期233公顷、60.80万平方米房屋动拆工作；加快推进青山沿江西片、汉阳大归元片房屋征收前期手续。

2013年，武汉市土地整理储备中心优先服务产业结构调整，先后完成省供销社汉西地块、武汉绒布印染厂、东科水产公司等18宗、118.53公顷土地使用权收回工作。支持企业改组改制，大力推进滨湖电子、南车集团等项目的土地腾退工作。取得先锋、朱家河等村292.36公顷二环线外“城中村”改造项目集体土地征收指标。支持汉阳仙山村实施“城中村”改造。办理27座中石油、中石化加油站储备用地手续。收回二环线内“城中村”改造项目垫付费用0.38亿元，代收代缴报批规费0.72亿元。

二、打包平台统筹管理工作

2013年，武汉市土地整理储备中心积极筹建土地打包管理平台，落实《关于加强土地储备与融资管理的通知》（国土资发〔2012〕162号），草拟了《关于进一步加强全市土地资产经营管理工作的实施意见》，参与草拟了《市土资委办公室实体化运作工作方案》。开展市级土地储备机构向新城区拓展前期研究，完成全市土地储备体制机制研究课题。与地空中心合作建设武汉市土地资产经营监管平台，强化对土地打包平台的信息化管理。协助市局完成化工区分中心北湖组团一期等3项目资金平衡方案审查。试行按季发布全市土地储备运行情况评价报告。采取“统贷分用、市借区还”方式，支持打包平台单位和土地储备分支机构发展。全年累计审查和上报打包平台单位、土地储备分支机构供地项目62宗、323.64公顷。协助办理土地登记、抵押等手续8宗、25.20公顷，抵押金额19.50亿元。

三、供地及招商工作

2013年，武汉市土地整理储备中心完成储备土地供应29宗、125公顷，供地价款总额157.31亿元，供地价款总额、土地收益双双创下历史新高，超额完成市局下达的绩效目标，并首次实现了土地出让收入超百亿元。特别是江汉区精武路地块以90.10亿元的总价、每平方米12601元的楼面地价成交，创下武汉市成交总价、楼面单价新高。

2013年，武汉市土地整理储备中心加大土地招商工作力度，努力提升储备地块价值。充分利用厦门地交会等平台，发布储备地块招商信息。加快片区储备地块内基础设施建设和土地预热，以都市产业公司为业主，投资0.47亿元完成东湖新城范围内北洋桥、蓝天、迎鹤湖等3条道路一期1.40公里主体道路施工，完成明德路0.42公里道路排水工程。主动清理和消化供地遗留问题，支持中心城区实施“工业倍增”计划。划转汉阳黄金口等24.09公顷工业园区用地，支持中心城区区级经济发展。

四、储备地块管理工作

2013年，武汉市土地整理储备中心坚持人防技防相结合，全面做好储备地块资产管护工作。结合“双创”工作，认真开展储备地块土方清运、围墙修缮等专项工作，并针对倾倒渣土等突出问题，在争取市委督查室、市政府重点办支持的同时，首期在18宗储备地块上建设远程同步全景监控管理系统。投入200万元实施朱家河堤岸帅伦南北厂区堤段的汛期除险工程，确保了帅伦南北厂区安全度汛。

2013年，武汉市土地整理储备中心坚持以利用促管护，资产运营取得显著成效。全年实现储备地块临时利用收入957.28万元。按照方式、价格、结果三公开原则，首次通过互联网发布8宗储备地块招租信息和最低租赁价格，并将租赁结果在互联网上进行公示，租赁溢价超过40%。清理消化存量拆迁安置房源，开展项目收支审计和法律诉讼维权，协调收回“汉口中心嘉园”、“美联·公园前”两项目安置房源回购价款3300万元。全年投入资金1.10亿元，治理污染土壤17.54万立方米，累计治理污染土壤31.95万立方米，完成了设计总量的107.60%，基本完成汉阳赫山地块污染土壤综合整治工作。

五、高产农田建设工作

2013年，武汉市高产农田建设管理中心圆满完成东西湖区新沟镇、辛安渡办事处南水北调重大配套工程项目等8项、7193公顷土地整治项目立项，较2012年同期增长34.90%；完成蔡甸区消泗乡基本农田（血防）“兴地灭螺”工程等7项、9860公顷土地整治项目验收，较2012年同期增长43.60%，创历史新高。实施“革命老区三年扶贫行动计划”，完成黄陂区蔡家榨街韩集基本农田、新洲区潘塘街青山土地整治项目立项等前期准备工作。配合开展建设占用耕地占补平衡项目立项20个，预计可新增耕地面积136.29公顷；验收占补平衡项目6个，新增耕地面积65.48公顷。

2013年，武汉市高产农田建设管理中心不断提升土地整治项目建设管理水平，扎实贯彻落实省国土资源厅“两整治一改革”，加强评估机构管理、清理规范经营行为的要求，完成土地整治工作重大项目管理和资金使用监管情况清理上报工作。规范土地整治项目建设管理，充分发挥切块资金使用效益，报请市政府同意出台了《武汉市土地整治项目实施管理暂行办法》《武汉市土地整治项目资金使用管理暂行办法》，并组织开展“两办法”专题培训。支持土地整治资金与各项涉农资金有效整合，统筹全市土地整治项目和蔬菜基地建设，按照“两办法”规定，会同农业、财政管理部门开展土地整治项目立项，优先将土地整治资金用于武汉市蔬菜基地设施建设。

第三章 房 地 产 金 融

第一节 房地产金融市场概况

2013 年 7 月 20 日，中国人民银行决定全面放开金融机构贷款利率管制。一是取消金融机构贷款利率 0.7 倍的下限，由金融机构根据商业原则自主确定贷款利率水平。二是取消票据贴现利率管制，改变贴现利率在再贴现利率基础上加点确定的方式，由金融机构自主确定。三是对农村信用社贷款利率不再设立上限。四是为继续严格执行差别化的住房信贷政策，促进房地产市场健康发展，个人住房贷款利率浮动区间暂不作调整。

截至 2013 年底，武汉市商业银行各项房地产贷款余额为 2837.24 亿元，较年初新增 292.08 亿元。武汉市 2013 年各季度末房地产贷款余额情况见表 3-1-1。

表 3-1-1　　武汉市 2013 年各季度末房地产贷款余额统计表

单位：万元

项　　目	第一季度末	第二季度末	第三季度末	第四季度末
房地产开发贷款	11120122	11275932	11985625	11953414
地产开发贷款	3721058	3542464	3811408	3642654
房产开发贷款	7399064	7733468	8174217	8310760
购房贷款	14924711	15574264	15997005	16418971
企业购房贷款	76793	148553	155180	179352
个人购房贷款	14847918	15425711	15841825	16239619
合　计	26044833	26850196	27982630	28372385

注：本表数据由中国人民银行武汉分行营管部提供。

第二节　房地产贷款

一、房地产开发贷款

截至2013底，武汉市商业银行房地产开发贷款余额为1195.34亿元，较年初新增98.08亿元。其中：地产开发贷款余额364.27亿元，较年初减少15.10亿元；房产开发贷款余额831.08亿元，较年初新增113.18亿元。

（一）地产开发贷款

武汉市2013年各季度地产开发贷款情况见表3-2-1。

表3-2-1　　武汉市2013年各季度地产开发贷款情况统计表

单位：万元

项目		余额	增减额（+、-）		
			比年初	比同期	比上季度末
第一季度	地产开发贷款	3721058	－72548	611510	375412
	其中：政府土地储备机构贷款	3403294	－182414	409546	117617
第二季度	地产开发贷款	3542464	－251143	342798	－178594
	其中：政府土地储备机构贷款	3185895	－399813	99479	－217399
第三季度	地产开发贷款	3811408	17801	454753	268762
	其中：政府土地储备机构贷款	3236459	－349249	－6147	50564
第四季度	地产开发贷款	3642654	－150953	297008	－168754
	其中：政府土地储备机构贷款	3212025	－373683	－73652	－24434

注：本表数据由中国人民银行武汉分行营管部提供。

（二）房产开发贷款

武汉市2013年各季度房产开发贷款情况见表3-2-2。

表3-2-2　　武汉市2013年各季度房产开发贷款情况统计表

单位：万元

项目		余额	增减额（+、-）		
			比年初	比同期	比上季度末
第一季度	住房开发贷款	5623713	368328	887172	422538
	其中：经济适用房开发贷款	2271145	45215	728680	176671
	商业用房开发贷款	1462851	－161546	194781	147458
	其他房产开发贷款	312500	13310	65352	33360
	小计	7399064	220092	1147305	603356

续表：

项目		余额	增减额（+、-）		
			比年初	比同期	比上季度末
第二季度	住房开发贷款	5899744	644359	1146314	276031
	其中：经济适用房开发贷款	2660478	434548	947604	389333
	商业用房开发贷款	1510667	-113729	125045	47816
	其他房产开发贷款	323057	23866	119972	10557
	小计	7733468	554496	1391330	334404
第三季度	住房开发贷款	6259114	1003729	1209543	359370
	其中：经济适用房开发贷款	2788180	562250	809656	127702
	商业用房开发贷款	1553467	-70960	139709	42800
	其他房产开发贷款	361636	62445	153587	38578
	小计	8174217	995244	1502840	440748
第四季度	住房开发贷款	6334094	1078708	1132919	74979
	其中：经济适用房开发贷款	2863644	637714	769170	75464
	商业用房开发贷款	1667426	43030	352033	113959
	其他房产开发贷款	309240	10050	30101	-52395
	小计	8310760	1131788	1515052	136544

注：本表数据由中国人民银行武汉分行营管部提供。

二、购房贷款

截至2013年，武汉市商业银行购房贷款余额为1641.90亿元，较年初新增193.99亿元。其中：企业购房贷款余额17.94亿元，较年初新增3.73亿元；个人购房贷款余额1623.96亿元，较年初新增190.26亿元。

（一）企业购房贷款

武汉市2013年各季度企业购房贷款情况见表3-2-3。

表3-2-3　　武汉市2013年各季度企业购房贷款情况统计表

单位：万元

项目		余额	增减额（+、-）		
			比年初	比同期	比上季度末
第一季度	企业商业用房贷款	76743	-65223	16664	16366
	企业住房贷款	50	-0.48	-4	-1
	小计	76793	-65224	16660	16365
第二季度	企业商业用房贷款	148520	6554	88596	71778
	企业住房贷款	33	-18	-20	-17
	小计	148553	6536	88576	71760
第三季度	企业商业用房贷款	155148	13181	104036	6627
	企业住房贷款	32	-19	-20	-1
	小计	155180	13162	104016	6626
第四季度	企业商业用房贷款	178252	36286	117875	23104
	企业住房贷款	1099	1049	1048	1067
	小计	179351	37335	118923	24171

注：本表数据由中国人民银行武汉分行营管部提供。

（二）个人购房贷款

武汉市2013年各季度个人购房贷款情况见表3-2-4。

表3-2-4　　武汉市2013年各季度个人购房贷款情况统计表

单位：万元

项目		余额	增减额（+、-）		
			比年初	比同期	比上季度末
第一季度	个人商业用房贷款	1799994	63956	453789	143492
	个人住房贷款	13047924	446953	1870567	737230
	新建房贷款	11406416	384370	1639578	639458
	其中：抵押贷款	11397917	379469	1634041	633958
	再交易房贷款	1641508	62583	230989	97773
	小计	14847918	510910	2325356	880722
第二季度	个人商业用房贷款	1879588	143550	437816	79594
	个人住房贷款	13546123	945153	2112931	498199
	新建房贷款	11784011	761965	1788394	377595
	其中：抵押贷款	11659998	641550	1667047	262081
	再交易房贷款	1762112	183187	324537	120604
	小计	15425711	1088703	2550747	577793
第三季度	个人商业用房贷款	1951072	225034	416088	81484
	个人住房贷款	13880754	1279783	194377	334631
	新建房贷款	12076846	1054800	1633094	292835
	其中：抵押贷款	11752310	733862	1312208	92311
	再交易房贷款	1803908	224983	310683	41796
	小计	15841826	1504818	2359865	416115
第四季度	个人商业用房贷款	1992444	256407	335942	31373
	个人住房贷款	14247175	1646204	1936481	366421
	新建房贷款	12395993	1373947	1629035	319147
	其中：抵押贷款	12269617	1251169	1505658	517307
	再交易房贷款	1851182	272257	307447	47274
	小计	16239619	1902611	2272423	397794

注：本表数据由中国人民银行武汉分行营管部提供。

三、公积金个人住房贷款

2013 年，武汉管理中心新增发放公积金个人住房贷款 59222 户，新增发放个人住房公积金贷款 210.10 亿元。历年累计向 33.78 万户职工家庭发放个人住房贷款 806.32 亿元，累计利用住房公积金发放保障性住房建设项目试点贷款 4 亿元，项目贷款余额 2.50 亿元；累计发放贷款总额达到 810.32 亿元，贷款余额为 544.33 亿元。

2013 年，公积金户均贷款 35.48 万元，同比略有增加。截至 2013 年底，公积金个人住房抵押贷款比例（年末住房公积金个人贷款余额/年末住房公积金缴存余额）为 91.87%，高于住建部 50% 的考核指标，同比增长 15.39%；公积金个人住房抵押贷款逾期率（年末住房公积金个人贷款逾期额/年末住房公积金个人贷款金额）为 0.10‰，同比下降 0.02‰，远低于住建部 1.50‰和湖北省住建厅 1‰的考核指标。

武汉市 2009—2013 年住房公积金个人住房抵押贷款发放情况见表 3-2-5；武汉市 2009—2013 年住房公积金个人住房抵押贷款结构情况见表 3-2-6—10，武汉市 2013 年住房公积金个人住房抵押贷款占比构成见图 3-2-1—3。

表 3-2-5　　武汉市 2009—2013 年住房公积金个人住房抵押贷款发放情况统计表

年　度	贷款户数（户）	贷款金额	
		金　额（亿元）	同比增长（%）
2009 年	32601	89.24	205.62
2010 年	30418	84.83	－4.94
2011 年	26619	80.44	－5.18
2012 年	44509	160.05	98.97
2013 年	59222	210.10	31.27

注：本表数据由武汉住房公积金管理中心提供。

表 3-2-6　　武汉市 2009—2013 年住房公积金个人住房抵押贷款结构情况统计表

（按购房面积分）

单位：%

年度＼购房面积	60 平方米以下（含 60 平方米）所占百分比	60—80 平方米（含 80 平方米）所占百分比	80—100 平方米（含 100 平方米）所占百分比	100 平方米以上所占百分比
2009 年	6.99	9.45	39.51	44.05
2010 年	7.50	10.31	39.87	42.32
2011 年	4.99	10.78	47.33	36.90
2012 年	5.17	11.42	50.18	33.23
2013 年	4.17	10.63	46.99	38.21

注：本表数据由武汉住房公积金管理中心提供。

图 3-2-1　　武汉市 2013 年住房公积金个人住房抵押贷款占比构成示意图

（按购房面积分）

单位：%

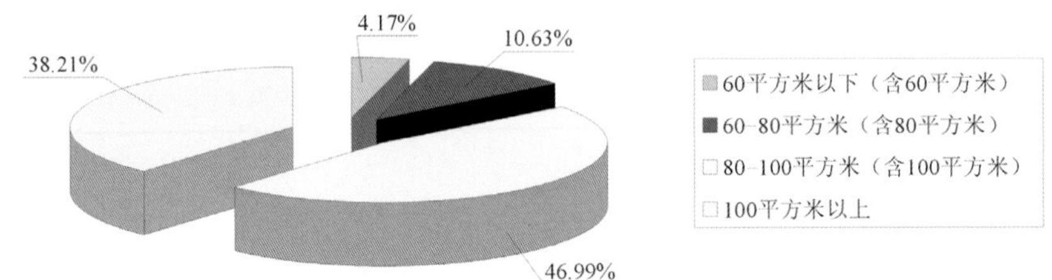

表 3-2-7　　武汉市 2009—2013 年住房公积金个人住房抵押贷款结构情况统计表

（按购房种类分）

单位：%

年度＼购房种类	经济适用房所占百分比	直管公有住房所占百分比	自管公有住房所占百分比	商品房所占百分比	其　他所占百分比
2009 年	4.46	—	—	76.22	19.32
2010 年	8.78	—	—	75.20	16.02
2011 年	2.40	—	—	86.03	11.56
2012 年	1.24	—	—	88.62	10.14
2013 年	3.24	—	—	82.29	14.47

注：本表数据由武汉住房公积金管理中心提供。

表 3-2-8　　武汉市 2009—2013 年住房公积金个人住房抵押贷款结构情况统计表

（按资金用途分）

单位：万元（金额）；%（比例）

年度	资金用途＼抵押贷款	购经济适用房	购商品房	购直管公房	购集资房、单位建房	自建住房	其他	合计
2009 年	金额	15998.72	615205	—	3159	—	103942.30	738305
	比例	2.17	82.95	—	0.41	—	14.47	100
2010 年	金额	34813.54	673144.07	—	740.72	—	114316.80	823015.13
	比例	4.23	81.79	—	0.09	—	13.89	100
2011 年	金额	18552.88	663848.78	—	256.87	—	88986.68	771645.20
	比例	2.40	86.03	—	0.03	—	11.53	100
2012 年	金额	19295.30	1382355.04	—	75.60	—	158147.36	1559873.30
	比例	1.24	88.62	—	0	—	10.14	100
2013 年	金额	68127.00	1728810.00	—	762.41	—	303286.44	2100985.86
	比例	3.24	82.29	—	0.04	—	14.44	100

注：①本表 2009 年数据仅为中心本部数据；2010—2012 年数据包括中心本部、省直分中心、高校分中心、铁路分中心；2013 年数据包括中心本部、省直分中心、高校分中心、铁路分中心、新洲分中心、蔡甸分中心、黄陂分中心、江夏分中心。

②本表数据由武汉住房公积金管理中心提供。

表 3-2-9 武汉市 2009—2013 年住房公积金个人住房抵押贷款结构情况统计表

（按贷款额度分）

单位：%

年度 \ 贷款额度	10 万元以下（含 10 万元）所占百分比	10—20 万元（含 20 万元）所占百分比	20 万元以上所占百分比
2009 年	6.33	29.07	64.60
2010 年	9.21	27.84	62.95
2011 年	1.55	11.64	86.81
2012 年	0.61	5.99	93.40
2013 年	0.54	8.74	90.72

注：本表数据由武汉住房公积金管理中心提供。

图 3-2-2 武汉市 2013 年住房公积金个人住房抵押贷款占比构成示意图

（按贷款额度分）

单位：%

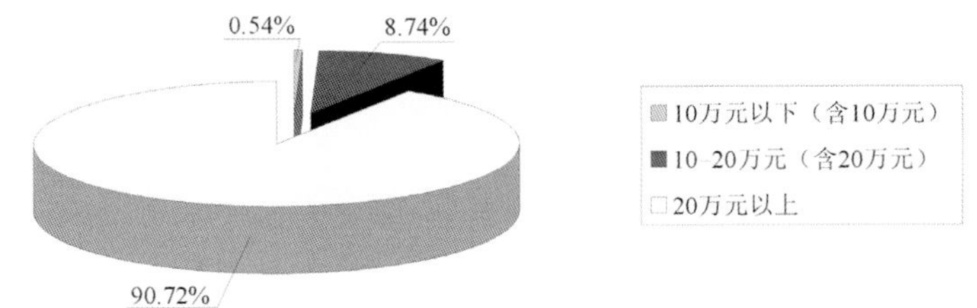

表 3-2-10 武汉市 2009—2013 年住房公积金个人住房抵押贷款结构情况统计表

（按贷款年限分）

单位：%

年度 \ 贷款年限	1—5 年所占百分比	6—10 年所占百分比	11—15 年所占百分比	16—20 年所占百分比	20 年以上所占百分比
2009 年	4.56	17.45	21.57	35.50	21.92
2010 年	3.66	16.87	20.71	32.38	26.38
2011 年	1.14	7.86	11.63	28.40	50.97
2012 年	0.94	5.96	10.16	26.02	56.91
2013 年	1.35	7.84	13.01	29.50	48.31

注：本表数据由武汉住房公积金管理中心提供。

图 3-2-3　　武汉市 2013 年住房公积金个人住房抵押贷款占比构成示意图

（按贷款年限分）

单位：%

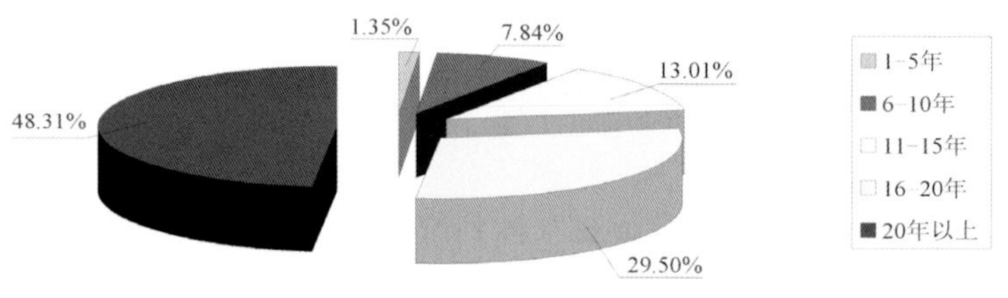

第三节　住房公积金管理

截至 2013 年底，武汉地区住房公积金实际缴存单位数 14662 户，实际缴存人数 159.92 万人；累计归集总额达到 1023.74 亿元，归集余额 589.81 亿元；累计已向 33.78 万户职工家庭发放住房公积金个人贷款总额 806.33 亿元，贷款余额为 544.33 亿元，个贷比例 91.63%，逾期率 0.14‰；累计实现增值收益 42.15 亿元，发放保障房项目贷款总额 4 亿元，累计计提上缴城市廉租住房建设补充资金 21.80 亿元。与全国 15 个副省级城市相比，武汉住房公积金管理中心各项考核指标抢前争先，竞进提质，排名均在前 5 位，其中：住房公积金归集余额排名第 3；个人贷款余额排名第 3，较 2012 年上升一位；个人贷款总额排名第 4；当年实现增值收益排名第 4。

一、强化归集工作

坚持把住房公积金制度向“非公”企业推进作为工作重点。按行业开展梳篦式促缴。主要选择了教育、私民营房企、律师事务所、会计师事务所等中介机构作为促缴重点，采取政策宣传、上门促缴、举报维权、执法告知等措施，落实住房公积金促建促缴工作。同时，强化工作责任制，实行“菜单式促缴”。继续与工商、税务、质监等部门沟通，获取企业设立、纳税等信息，分片包干，责任到人，上门催建催缴，切实维护职工住房公积金合法权益。住房公积金扩面工作正稳步向“非公”企业推进。

二、引导合理住房消费

在坚持实行差别化的公积金贷款政策的同时，从政策公平原则出发，提高了二手房贷款最高限额，调整了个人住房公积金贷款额度确定方式，将贷款额度与职工缴存时间和缴存余额挂钩。合理引导住房消费，重点支持中低收入职工改善性住房需求。对符合贷款条件的缴存职工，“应贷尽贷”，圆其“住房梦”。2013 年发放的住房公积金个人贷款市场份额占到全市个人住房贷款的 40% 以上，其中，首套房贷款占 97%，购房面积在 120 平方米（含）以下的占 80%，有力地支持了中低收入缴存职工刚性基本住房需求。目前，住房公积金贷款已成为武汉市购房职工的首选，公积金贷款支持的购房面积和户数已分别占到全市商品住房销售面积和套数的 30%左右。

三、确保资金保值增值

在当前武汉市公积金个人贷款需求旺盛的前提下，将大量资金转存定期存款势必制约个人贷款业务的发展，为此武汉住房公积金管理中心以盘活存量资金为切入点，锐意创新，引入存款利率市场化的发展观点，推出存款周期短、利率水

平相对较高的议价存款这一新品种，不仅为缴存职工的“应贷尽贷”提供了充足的资金保证，而且提高了资金的收益率，取得了事半功倍的效果。

四、加强和改进服务

2013年，武汉住房公积金管理中心进一步简化了公积金提取和贷款的业务流程，精简异地提取要件，与单位终止劳动关系的外地在汉从业人员提取公积金不再需要提供户口簿；同时，加强网上业务办理平台建设，实现全天候无间断自助式服务，从细节入手提升管理水平。3月1日，在“逐月扣划”还贷的基础上，又推出了贷款职工随意还款的“五不限”规定（即职工还款不受“时间、次数、金额、方式以及地点”限制），此项服务举措极大地方便了缴存职工，赢得了普遍赞誉。4月12日，正式启用全国统一住房公积金服务热线号码12329，提供自助语音服务和人工语音服务，集政策宣传、业务查询、办理指南、咨询投诉、短信发送等功能于一体。7月1日起，免费向缴存职工开通缴存、结息短信告知服务。另外，还在中南地区率先实现了与人民银行征信系统的对接，可适时查询借款人信用记录，提高贷款办理效率。

五、推进信息化建设

继2009年建立业务信息管理平台、实现了“政策标准、操作流程、核算办法、管理模式”四个统一后，2013年，武汉住房公积金管理中心审时度势，完成公积金信息系统架构、网络、硬件支撑、性能等方面的评估，与省住建厅监管系统稳定连接的同时，还实现了与财政、民政、公安部门的连接。同时，配合中心机构调整工作，完成了4个新城区分中心数据移植、系统合并、网络联通等工作。为更好地服务缴存职工，为缴存单位提供实时、快捷的服务，建立了短信系统，向缴存职工发送短信。新增QQ在线远程协助、目前2个QQ群共有缴存单位操作员（群友）1500人，日均答题量50多个。

2013年，武汉住房公积金管理中心档案室收集整理各类档案共计244694份20971盒，均妥善存放。还升级了档案管理软件，大大提高了档案管理水平。

六、加强理论研究和政策宣传

针对当前社会对住房公积金“劫贫济富”的认识误区，武汉住房公积金管理中心提出，住房公积金的本质是服务民生。住房公积金是“蓄水池”，缴交人数越多，就有越多人享受公积金制度实惠，才能更好地服务民生。强调住房公积金缴存应区别情况“限高保低”，财政供养人员要严格“限高”，企业人员超过限额部分缴纳个人所得税后应允许缴交。高收入者的参加正好增加了住房公积金“水池”的“蓄积量”，为中低收入者使用公积金贷款解决住房问题增加资金来源。通过电视、网站、微博、报刊等媒体全方位宣传公积金政策，引导广大民众全面、正确理解住房公积金的作用，为住房公积金制度改革蓄积正能量。

七、实现“四统一”管理

按照国务院《条例》和住建部、省、市有关文件精神，继2007年、2009年武汉地区的铁路、省直、高校住房公积金管理机构移交武汉市属地化管理后，经过艰苦努力，新洲、蔡甸、黄陂、江夏4个新城区政府分别于2—5月与武汉住房公积金管理中心签订了武汉住房公积金管理机构移交协议，市本级4个新城区住房公积金管理机构的人、财、物整体移交武汉公积金中心统一管理，并调整为武汉公积金中心下属分中心，新城区与主城区职工在缴存、提取、贷款政策上均执行全市统一标准。至此，武汉市行政区域内所有住房公积金分支机构全部调整到位，武汉地区住房公积金实现了真正意义上的“统一决策、统一管理、统一制度、统一核算”的管理格局。

第四章 房地产政策

2013年，“宏观稳、微观活”成为房地产政策的关键词，全国整体调控基调贯彻始终，不同城市政策导向出现分化。年初，新“国五条”及各地细则出台，继续坚持调控不动摇，“有保有压”方向明确。下半年以来，新一届政府着力建立健全长效机制、维持宏观政策稳定，十八届三中全会将政府工作重心明确为全面深化改革；不动产登记、保障房建设等长效机制工作继续推进，而限购、限贷等调控政策更多交由地方政府决策。不同城市由于市场走势分化，政策取向也各有不同。

第一节 2013年发布的房地产相关法律、法规和政策

一、土地管理

4月23日，国土资源部发布《开展城镇低效用地再开发试点指导意见》（国土资发〔2013〕3号），要求推进城镇低效用地再开发利用，以优化土地利用结构，促进经济发展方式转变。

9月3日，国土资源部印发《关于进一步加快农村地籍调查推进集体土地确权登记发证工作的通知》（国土资发〔2013〕97号），强调要加快农村地籍调查，保障集体土地确权登记发证工作；因地制宜，严格规范，确保农村地籍调查成果质量。

10月8日，国土资源部办公厅印发《关于下放部分建设项目用地预审权限的通知》（国土资厅发〔2013〕44号），要求坚决落实国务院关于取消和下放部分行政审批项目等事项的决定，下放备案类项目用地预审权限，进一步做好零星分散建设项目用地预审工作。

11月22日，国土资源部部长姜大明发文《建立城乡统一的建设用地市场》：学习理解中央关于建立城乡统一的建设用地市场的精神，概括起来主要有三个方面，即扩大权能是基础；征地改革是关键；城乡统一是方向。

二、建设工程

4月3日，住建部、国家工商总局颁布《关于印发〈建设工程施工合同（示范文本）〉的通知》（建市〔2013〕56号），制定了《建设工程施工合同（示范文本）》（GF-2013-0201），该合同自2013年7月1日起执行，原《建设工程施工合同（示范文本）》（GF-1999-0201）同时废止。

4月3日，住建部颁布《关于印发〈“十二五”绿色建筑和绿色生态城区发展规划〉的通知》（建科〔2013〕53号），指出到“十二五”期末绿色建筑和绿色生态城区的基本目标：绿色发展的理念为社会普遍接受，推动绿色建筑和绿色生态城区发展的经济激励机制基本形成，技术标准体系逐步完善，创新研发能力不断提高，产业规模初步形成，示范带动作用明显，基本实现城乡建设模式的科学转型。新建绿色建筑10亿平方米，建

设一批绿色生态城区、绿色农房，引导农村建筑按绿色建筑的原则进行设计和建造。

5 月 29 日，武汉市城建委颁布《关于进一步加强可再生能源建筑规模应用和管理的通知》（武城建〔2013〕139 号），明确全市范围内新建、改建、扩建 18 层及以下住宅（含商住楼）和宾馆、酒店、医院病房大楼、老年人公寓、学生宿舍、托幼建筑、健身洗浴中心、游泳馆（池）等热水需求较大的建筑，应统一同期设计、同步施工、同时投入使用太阳能热水系统。18 层以上居住建筑的上部应统一设计，安装太阳能热水系统，其太阳能热水系统使用比例应达到 30%以上。

8 月 29 日，武汉市城建委颁布《关于印发〈武汉市房屋建筑和市政基础设施工程施工监理招标投标管理办法〉的通知》（武城建规〔2013〕5 号），就房屋建筑和市政基础设施工程施工监理招标投标活动的管理，规范施工监理招标投标行为，维护招标投标活动当事人的合法权益，提高建设工程监理水平等进行了详细规定。

三、财税金融

1 月 5 日，财政部表示，2013 年除了继续提供财政资金支持外，还将通过提供投资补助或贷款贴息、减免相关税收等多项举措，确保当年城镇保障性安居工程任务顺利完成。

2 月 6 日，国务院要求加快健全以税收、社会保障、转移支付为主要手段的再分配调节机制，加快建立综合与分类相结合的个人所得税制度，改革完善房地产税，并且研究在适当时期开征遗产税。

2 月 20 日，时任国务院总理温家宝主持召开国务院常务会议，研究部署继续做好房地产市场调控工作。会议上确定具体政策措施，要求严格实施差别化住房信贷政策，扩大个人住房房产税改革试点范围。

3 月 6 日，证监会强调，推动住房公积金以及基本养老保险基金入市，在现有的存银行和买国债之外扩大投资渠道，稳妥实现保值增值。

3 月 7 日，住建部表示，对个人转让自用 5 年以上，并且是家庭唯一生活用房取得的所得，免征个人所得税。

5 月 7 日，中国人民银行营管部发布二套房贷新政细则，二套房贷首付调至 7 成，贷款利率依然为基准利率的 1.1 倍。

7 月 20 日，中国人民银行决定全面放开金融机构贷款利率管制。一是取消金融机构贷款利率 0.7 倍的下限，由金融机构根据商业原则自主确定贷款利率水平。二是取消票据贴现利率管制，改变贴现利率在再贴现利率基础上加点确定的方式，由金融机构自主确定。三是对农村信用社贷款利率不再设立上限。四是为继续严格执行差别化的住房信贷政策，促进房地产市场健康发展，个人住房贷款利率浮动区间暂不作调整。

9 月 13 日，国务院下发《关于加快发展养老服务业的若干意见》（国发〔2013〕35 号），提出逐步放宽限制，鼓励和支持保险资金投资养老服务领域，开展老年人住房反向抵押养老保险试点。

11 月 5 日，中国人民银行公布第三季度《中国货币政策执行报告》：下阶段重点是创造稳定货币金融环境，促使市场主体形成合理和稳定的预期。要落实好差别化住房信贷政策，支持保障性住房、中小套型普通商品住房建设和居民首套自住普通商品房消费，坚决抑制投机投资性购房需求。

12 月 2 日，财政部、国家税务总局发布《关于棚户区改造有关税收政策的通知》（财税〔2013〕101 号），明确指出“个人首次购买 90 平方米以下改造安置住房，按 1%的税率计征契税；购买超过 90 平方米，但符合普通住房标准的改造安置住房，按法定税率减半计征契税。”“个人因房屋被征收而取得货币补偿并用于购买改造安置住房，或因房屋被征收而进行房屋产权调换并取得改造安置住房，按有关规定减免契税。个人取得的拆迁补偿款按有关规定免征个人所得税。”

四、房屋和住房保障

1月24日，住建部办公厅颁布《关于贯彻实施〈住房保障档案管理办法〉的意见》（建办保〔2013〕4号），要求加强和规范住房保障档案管理工作，加快推进住房保障管理制度建设。

2月20日，国务院提出2013年住房保障和房地产建设的重点工作：楼市调控新“国五条”出台，完善稳定房价工作责任制；严格执行限购、房产税试点扩围；增加用地供应；建成470万套保障房；加强商品房预售管理。

2月26日，国务院办公厅颁布《关于继续做好房地产市场调控工作的通知》（国办发〔2013〕17号），在国办发〔2011〕1号文基础上，进一步完善现行住房限购措施。

3月3日，国务院要求加快保障性安居工程规划建设，全面落实2013年城镇保障性安居工程基本建成470万套、新开工630万套的任务。

3月10日，国务院强调，建立不动产统一登记制度。这样可以更好地落实物权法规定，保障不动产交易安全，有效保护不动产权利人的合法财产权。建立以公民身份证号码和组织机构代码为基础的统一社会信用代码等制度，从制度上加强和创新社会管理，并为预防和惩治腐败夯实基础。

3月17日，住建部表示，各个地方可根据自身情况建设和分配经济适用房，也允许适时取消。

3月20日，武汉市政府办公厅颁布《关于印发武汉市2013年保障性安居工程工作计划的通知》（武政办〔2013〕37号），具体量化了武汉市及其所辖各区2013年度保障性安居工程工作的目标。

3月26日，国务院办公厅发布了包括72项改革方案、提出明确时间表的《关于实施〈国务院机构改革和职能转变方案〉任务分工的通知》（国办发〔2013〕22号），其中规定2014年6月底前出台《不动产统一登记条例》。

3月29日，武汉市政府办公厅颁布《关于公布2013年度武汉市新建商品住房价格控制目标的通知》（武政办〔2013〕43号），决定武汉市2013年度新建商品住房（不含保障性住房）价格控制目标为：新建商品住房价格同比增幅低于人均可支配收入实际增幅。

4月3日，住建部发布《关于做好2013年城镇保障性安居工程工作的通知》（建保〔2013〕52号），要求加快落实2013年城镇保障性安居工程建设任务，积极推进棚户区（危旧房）改造。

5月26日，武汉市政府下发《关于进一步加强和完善保障性住房建设和管理的意见》，明确了到“十二五”期末武汉市保障性住房建设和管理的目标：全市保障性住房覆盖面达到20%左右，基本解决人均住房建筑面积在16平方米以下的城镇低收入住房困难家庭的住房问题，着力解决人均住房建筑面积在16平方米以下的城镇中等偏下收入住房困难家庭及新就业无房职工的住房问题，有条件地将在汉有稳定工作的外来务工人员纳入住房保障范围。

8月28日，受国务院委托，国家发改委主任徐绍史向全国人大常委会报告国民经济和社会发展计划执行情况。徐绍史强调，“目前房价反弹压力较大，下半年将扩大个人住房房产税改革试点范围”。报告中提到，“房价反弹压力较大”属于需要切实采取措施认真解决的问题之一；此外，在保障和改善民生领域，将抓好保障性安居工程建设、管理和分配。

10 月 28 日，住建部颁布《关于加强住房保障廉政风险防控工作的指导意见》（建保〔2013〕153 号），就加强住房保障廉政风险防控工作提出了具体要求。

11 月 18 日，武汉市政府办公厅下发《关于进一步加强房地产市场调控工作的意见》（武政办〔2013〕163 号），强调坚决抑制投资投机性住房需求，切实加强住房用地供应管理，继续加大保障性安居工程建设力度，严格执行差别化的住房信贷政策，努力增加普通商品住房有效供给，全面加强市场监管。

11 月 20 日，国务院总理李克强主持召开国务院常务会议，决定整合不动产登记职责：一是由国土资源部负责指导监督全国土地、房屋、草原、林地、海域等不动产统一登记职责，基本做到登记机构、登记簿册、登记依据和信息平台"四统一"。二是建立不动产登记信息管理基础平台，实现不动产审批、交易和登记信息在有关部门间依法依规互通共享，消除"信息孤岛"。三是推动建立不动产登记信息依法公开查询系统，保证不动产交易安全，保护群众合法权益。

11 月 22 日，国土资源部办公厅、住建部办公厅联合发布《关于坚决遏制违法建设、销售"小产权房"的紧急通知》，要求各级国土资源和住房城乡建设主管部门按照通知要求，对在建、在售的"小产权房"坚决叫停，严肃查处，对顶风违法建设、销售，造成恶劣影响的"小产权房"案件，要公开曝光，挂牌督办，严肃查处，坚决拆除一批，教育一片，发挥警示和震慑作用。要对违法建设、销售的"小产权房"开展一次集中排查摸底，结合实际研究提出分类处理的意见，并将结果报两部。对违规为"小产权房"项目办理建设规划许可、发放施工许可证、发放销售许可证、办理土地登记和房屋所有权登记手续的，要严肃处理，该追究责任的一定要追究责任。对监管不力、失职渎职的，要严厉问责。

11 月 23 日，武汉市房管局印发《关于调整武汉市住房限购政策的通知》（武房发〔2013〕174 号），针对武汉住房限购措施调整问题进行了说明，对于非武汉户籍居民家庭在该市购买住房的，缴纳税收或社保年限从"能提供购房之日前在本市累计缴纳 1 年以上"调整为"能提供购房之日前在本市累计缴纳 2 年以上"。

12 月 6 日，住建部、财政部、国家发改委联合发布《关于公共租赁住房和廉租住房并轨运行的通知》（建保〔2013〕178 号），《通知》提出，从 2014 年起，各地公共租赁住房和廉租住房并轨运行，并轨后统称为公共租赁住房。

12 月 16 日，住建部办公厅颁布《关于保障性住房实施绿色建筑行动的通知》（建办〔2013〕185 号），号召各地本着经济、适用、环保、安全、节约资源的原则，统一规划，精心组织，分步实施。2014 年起，直辖市、计划单列市及省会城市市辖区范围内的保障性住房，同时具备以下条件的，即政府投资、2014 年及以后新立项、集中兴建且规模在 2 万平方米以上、公共租赁住房（含并轨后的廉租住房），应当率先实施绿色建筑行动，至少达到绿色建筑一星级标准。

第二节　2013年发布的房地产相关法律、法规和文件目录

2013年发布的房地产相关法律、法规和文件目录见表4-2-1。

表4-2-1　　2013年发布的房地产相关法律、法规和文件目录

序号	名　称	文　号	发布日期
	土地管理		
1	国土资源部开展城镇低效用地再开发试点指导意见	国土资发〔2013〕3号	2013年4月23日
2	国土资源部关于进一步加快农村地籍调查推进集体土地确权登记发证工作的通知	国土资发〔2013〕97号	2013年9月3日
3	国土资源部办公厅关于下放部分建设项目用地预审权限的通知	国土资厅发〔2013〕44号	2013年10月8日
	建设工程		
4	住房和城乡建设部、国家工商行政管理总局关于印发《建设工程施工合同（示范文本）》的通知	建市〔2013〕56号	2013年4月3日
5	住房和城乡建设部关于印发《“十二五”绿色建筑和绿色生态城区发展规划》的通知	建科〔2013〕53号	2013年4月3日
6	武汉市城乡建设委员会关于进一步加强可再生能源建筑规模应用和管理的通知	武城建〔2013〕139号	2013年5月29日
7	武汉市城乡建设委员会关于印发《武汉市房屋建筑和市政基础设施工程施工监理招标投标管理办法》的通知	武城建规〔2013〕5号	2013年8月29日
	财税金融		
8	国务院关于加快发展养老服务业的若干意见	国发〔2013〕35号	2013年9月13日
9	财政部、国家税务总局关于棚户区改造有关税收政策的通知	财税〔2013〕101号	2013年12月2日
	房屋和住房保障		
10	住房和城乡建设部办公厅关于贯彻实施《住房保障档案管理办法》的意见	建办保〔2013〕4号	2013年1月24日
11	国务院办公厅关于继续做好房地产市场调控工作的通知	国办发〔2013〕17号	2013年2月26日
12	武汉市人民政府办公厅关于印发武汉市2013年保障性安居工程工作计划的通知	武政办〔2013〕37号	2013年3月20日
13	国务院办公厅关于实施《国务院机构改革和职能转变方案》任务分工的通知	国办发〔2013〕22号	2013年3月26日
14	武汉市人民政府办公厅关于公布2013年度武汉市新建商品住房价格控制目标的通知	武政办〔2013〕43号	2013年3月29日
15	住房和城乡建设部关于做好2013年城镇保障性安居工程工作的通知	建保〔2013〕52号	2013年4月3日
16	武汉市人民政府关于进一步加强和完善保障性住房建设和管理的意见		2013年5月26日
17	住房和城乡建设部关于加强住房保障廉政风险防控工作的指导意见	建保〔2013〕153号	2013年10月28日
18	武汉市人民政府办公厅关于进一步加强房地产市场调控工作的意见	武政办〔2013〕163号	2013年11月18日
19	国土资源部办公厅、住房和城乡建设部办公厅关于坚决遏制违法建设、销售“小产权房”的紧急通知		2013年11月22日
20	武汉市住房保障和房屋管理局关于调整武汉市住房限购政策的通知	武房发〔2013〕174号	2013年11月23日
21	住房和城乡建设部、财政部、国家发展和改革委员会关于公共租赁住房和廉租住房并轨运行的通知	建保〔2013〕178号	2013年12月6日
22	住房和城乡建设部办公厅关于保障性住房实施绿色建筑行动的通知	建办〔2013〕185号	2013年12月16日

PART ❷
管理篇

第五章　建筑业管理

第一节　概　述

2013 年，全市建筑业总产值达 4791.80 亿元，完成建筑业增加值 750.85 亿元。全年共扶持 327 家企业向省住建厅申报各项资质，新增建筑业企业 642 家。全市 23 家建筑企业入选武汉市百强企业，14 家建筑企业入选湖北省建筑业 10 强企业和建筑装饰 20 强企业。

2013 年，市城建委积极走访和调研，了解当前企业在经营活动和相关数据上报工作中面临的问题和困难，同时向企业宣传依法上报经营情况统计数据的重要性，提高企业上报统计数据的积极性，建立企业基本情况登记和企业经营情况、企业资质、办事记录等业务信息的季度统计上报制度。

2013 年 5 月中旬，按照省住建厅的统一布置和安排，并结合武汉市对建筑业企业目标管理的有关要求，6 月上旬市城建委完成了 238 家一级以上资质企业资质信息的审查工作，11 月上旬完成全市 3677 家建筑业企业资质信息审核上报。

2013 年，市城建委积极发展建筑智能化、消防设施、建筑装饰装修、建筑幕墙等 4 个设计与施工一体化，以及光电工程、电子工程、电信工程和环保工程等特色专业企业，为其开辟资质申报和审批绿色通道，对 139 家符合资质条件企业予以优先办理。

2013 年，市城建委制定市、区共同开展工作的《2013 年“十个突出问题”承诺整改工作方案》和《规范工程建设管理承诺整改专项方案》，明确市、区两级建设部门的任务和要求。同时，下发《关于开展全市工程建设管理不规范问题整改工作的通知》，部署市、区两级建设部门和工程项目参建单位进行突出问题排查、整改和查处工作。

第二节　建设工程招投标管理

一、概况

2013 年，武汉市依法必须公开招标工程招标率 100%。完成交易项目 4201 项，交易额 1955.75 亿元，项目数和交易额较 2012 年同比分别增长 36.88%和 38.51%，进场应公开招标项目公开招标率 100%。

2013 年，武汉市受理招投标项目投诉办结率 100%。受理各类投诉、申诉、质疑事项 46 件，办结 46 件，投诉办结率为 100%。

二、加大招投标管理

2013 年，武汉市严把招标文件审查备案关，公开招标项目招标文件审查率 100%。建立工程施

工单位项目管理机构组成人员核查程序，审查率100%。试行政府投资非盈利工程项目投标人名录制，协调确定市地产集团作为试点单位，从制度层面形成优秀企业之间健康、有序的良性竞争，保障政府投资工程质量。建立工程项目投标保证金统一收退制度。既杜绝投标保证金收取不规范、返还不及时等问题，又达到约束投标人的投标行为的目的。完善部分现行招投标规范性文件。出台武城建规〔2013〕5号和武城建规〔2013〕1、2、3号等一批规范性文件。转变评委费用支付方式。将评委费用支付方式从原来由招标人直接支付，变为由招投标监管部门向评委支付（招标人预付），减少人为因素干扰的可能。创新信息化管理手段。全面推行电子招投标，无线交易平台为服务对象提供更加实用、便捷的服务。

三、强化招标代理机构管理

2013年，武汉市分别受理招标代理机构资格申报和资格变更申报64家和54家，同比分别增长255.50%和58.80%；受理招标代理项目备案175项，专业类别共计242项；认真开展评标专家公开征选工作，新增专家143人；组织2013年度招标代理机构专项检查，涉及代理机构81家，占全市代理机构的53.64%。

第三节　建设工程市场管理

2013年，武汉市累计检查在建工程1923项（按施工许可证统计），检查项目12218项（次），涉及建设单位1141家，监理单位886家，施工单位1417家，下达各类整改文书1986份，限期整改到位及整改期内的1929项，限期未整改到位的立案查处234起。其中：疑似转包及违法分包现象45起，整改到位45起，其中立案查处22起。项目管理班子人员名单未及时上墙公布的238项，全部整改到位；项目经理未在岗的218项，整改到位198起，其中立案查处31起，不良行为公示214家企业（个人）。

执法监察共受理案件212起，其中移送案件178起，自查案件34起；2013年结案105起，金额累计约357.50万元；不良行为记录与公示172起，移送及自查案件受理率100%，办案率100%。

2013年，文明施工管理工作调整至安全站。上半年文明施工管理工作中，全市纳入文明施工监管的建设工程1847项，中心城区在建项目669项，开发区、新城区在建项目1178项，文明施工开工勘验78项，文明施工现场达标率100%；全市已下达限期整改通知书328份，停工整改通知书23份，实施行政处罚110起，实施不良行为公示5起。中心城区建设工地内防尘措施落实率为97 %，达到工作要求。

第四节　建设工程质量监督

2013年，全市监管工程12379项，面积13818万平方米，总造价2225亿元。在建工程7072项，面积8739万平方米，其中市站在建工程649项，占全市在建工程的9%；面积1530万平方米，占全市在建工程面积的18%。

全市已完工工程2026项，面积1752万平方米，其中市站完工工程131项，占全市完工项目的6%；面积258万平方米，占全市完工面积的15%。

全市竣工验收工程1211项，面积1050万平方米，其中市站竣工验收工程 98 项，占全市竣工验收项目的 8%；面积 154 万平方米，占全市竣工验收面积的 15%。

全市竣工验收备案工程 3530 项，其中市管备案工程 277 项，占全市备案项目的 8%。

全市在建保障性安居工程 534 项，涉及 114 个小区，面积约 782.40 万平方米；已竣工验收备案保障性安居工程 52 项，面积约 61.80 万平方米。

2013 年，创结构优质工程 475 项，面积 807 万平方米；优质工程 287 项，面积 481 万平方米；"黄鹤奖"工程 132 项（其中金奖 13 项，银奖 119 项），"楚天杯"奖工程 38 项，国优工程 3 项，"鲁班奖"工程 4 项。

全年受理质量投诉 306 起（其中保障性安居工程质量投诉 27 起），按照投诉处理程序全部在规定期限内予以处理、回复。

2013 年，全市共下达整改通知单 915 份，局部暂停施工通知单 177 份，进行不良行为记录及公布 22 起，行政处罚 11 起，罚款金额 499.15 万元。

严格查处违反工程建设标准强制性条文的行为，做到有诉必查、违规重罚，查处率 100%。建筑工程质量监督抽查到位率和竣工验收备案审核工作符合率 100%。各类新建公共建筑以及住宅工程竣工验收前无障碍设施专项验收合格率 100%。督促质监机构落实月度检查制度，实现在建保障性安居工程小区月检查覆盖率 100%。建筑工程质量投诉处理、回复率 100%。受理质量投诉均按照投诉处理程序全部在规定期限内予以处理、回复。未发生因工作失误或处置不到位而发生的重复投诉或上访现象。

第五节　市政工程质量监督

2013 年，全市监督机构累计监督市政工程项目 730 项，监督工作量为 697.82 亿元。市管工程 226 项，监督工作量 534.32 亿元。其中道路排水工程 70 项，投资额 31.90 亿元；桥梁工程 47 项，投资额 232.42 亿元；隧道及轨道交通工程 109 项，投资额 270 亿元。累计已完工 106 项，在建 120 项。区管工程 504 项，监督工程量 163.50 亿元。其中道路排水工程 469 项，投资额 119.31 亿元；桥梁工程 31 项，投资额 42.65 亿元；人行通道工程 4 项，投资额 1.54 亿元。受监工程没有发生重大监督执法责任事故，工程竣工验收项目质量合格率 100%。

全年竣工验收工程中属于城市主干道的 6 项，在竣工验收前均开展了无障碍设施专项检查验收，验收率 100%。全年共办理工程竣工验收备案 38 项，备案工作符合率 100%。

第六节　建设工程安全生产管理

2013 年，全市建设工程安全文明施工累计检查巡查在建工程 12986 项次，较 2012 年增长了 15.70%；针对查出的隐患和问题，下达限期整改通知书 2294 份、停工整改通知书 453 份，较 2012 年分别增长了 15.10%和 13.90%。

实施安全生产违法违规行为公示曝光 151 项，较 2012 年增长了 5 倍；立案处罚 622 起，较 2012 年增长了 71.20%；列入全市重点监控企业 16 家，较 2012 年增长了 128.60%；对 65 家企业、18 个项目部、46 名个人实施全市建筑市场不良行为记录与公布实施不良行为记录与公示，分别较 2012 年增长了 182.60%、125%和 24.30%；上报省住建

厅暂扣9家企业的安全生产许可证，较2012年增长了28.60%。

利用三年时间，完成了132家市属一级以上企业、443家施工总承包二、三级企业的安全生产标准化达标考核工作。同时，全市有91个工程项目申报市级安全生产标准化示范工地（“黄鹤杯”），其中41个工程项目申报省级安全生产标准化示范工地（“楚天杯”），分别较2012年增长了30%和7.9%。

2013年，全市“三类人员”轮训35427人次，较2012年增长了近5倍；特种作业人员培训15803人次，较2012年增长了29.40%，从业人员的整体素质有一定的提高。

2013年，全市建设工地共新增围墙（围挡）12万余米，设置便民通道233处，二环线内新开工工程安装自动冲洗设施125台，覆盖施工现场余土39.50万平方米，播撒草籽19000斤，施工扬尘得到有效控制。同时，出台了《市城建委加强雾霾天气应急响应和处置实施方案》。今后，武汉市出现雾霾天气时，全市在建工地将按照市政府的统一要求采取局部停工等措施，尽全力减小对环境的影响。

第七节 建筑工程造价管理

2013年，全市办理建设工程项目施工总承包合同备案共1442项，合同价1275.49亿元。其中房屋建筑工程施工合同备案1259项，合同价1033.32亿元，市政工程施工合同备案183项，合同242.17亿元，报备备案率100%。

全市共完成工程竣工结算备案2778个，建筑面积2846.23万平方米，工程造价463.45亿元。其中市管工程竣工结算备案271个，建筑面积568.92万平方米，工程造价114.2亿元，备案率100%。

每月发布一次建筑市场主要材料价格信息，编辑出版《武汉建设工程价格信息》12期，共发布各类建设工程材料设备市场价格信息52158余项。每季度按时发布一次建设工程平方米造价指数和每百平方米人工、材料、机械消耗指标。发布四大类十一小类工程的平方米造价指数和消耗量指标4期，并同时刊登在《武汉工程造价》杂志和武汉建设信息网上，及时反映了武汉市建筑市场价格水平。每季度测算和发布一次建设工程劳务用工价格信息。全年共收集、测算、发布了4期劳务用工市场价格信息，每期发布100余项建筑工程实物工程量人工成本信息。

第八节 建筑节能和墙材改革

一、概况

2013年，全市新增竣工建筑1651个，建筑面积1758.50万平方米，其中执行65%节能标准的居住建筑1295个，建筑面积1275.70万平方米，执行50%节能标准的公共建筑356个，建筑面积482.80万平方米。建筑节能设计审查备案项目5332个，建筑面积4940.89万平方米，其中执行65%节能标准居住建筑3306个，建筑面积3511.95万平方米，执行50%节能标准公共建筑2026个，建筑面积1428.94万平方米。《武汉城市圈低能耗居住建筑节能设计标准》在全市新建建筑中得到全面执行，设计阶段和竣工验收阶段建筑节能标准执行率均达到100%,。

全市完成绿色建筑示范及获得绿色建筑星级评价标识项目24个，建筑面积274.20万平方米。其中，17个项目获得住建部绿色建筑星级评价标识，建筑面积182.70万平方米；全市新增可再生能源建筑应用项目213个，建筑面积355.40万平方米；确定既有公共建筑节能改造20个项目，共计21万平方米；既有居住建筑节能改造项目4个，建筑面积6690平方米；办理墙体验收项目2757个，建筑面积2164平方米，全部使用新型墙体材料，全市在建工程新型墙材推广应用率达100%；已完成25栋能耗监测平台建设项目。

二、绿色建筑发展

2013年，根据《国务院办公厅关于转发〈发展改革委、住房城乡建设部绿色建筑行动方案〉的通知》（国办发〔2013〕1号）精神，市城建委印发《关于推进绿色建筑发展的实施方案及2013年重点工作》（武城建〔2013〕65号），对武汉市推进绿色建筑的发展和2013年具体工作目标进行全面部署。为完善武汉市绿色建筑设计标准及相关闭合管理制度，组织编制《武汉市绿色建筑基本技术规定》，已通过专家评审。全市绿色建筑创建工作呈现出高起点、高标准的发展态势，武汉建设大厦综合改造工程和武汉光谷生态艺术展示中心两个项目分别获得住建部2013年度全国绿色建筑创新奖一、二等奖。武汉国际博览中心洲际酒店、武汉长江传媒大厦和建行灾备中心等3个建筑施工工程被评为“全国建筑业绿色施工示范工程”。

绿色生态集中示范区建设得到较大发展。武汉未来科技城、武汉花山生态城、武汉四新生态城、武汉王家墩中央商务区积极打造绿色建筑集中示范区；硚口区古田生态滨水新区、光谷伊托邦和汉南欧洲风情小镇为绿色小城镇建设示范区，各区开始统筹规划绿色低碳生态示范区建设。蔡甸区后官湖生态区、武汉国际园林博览园等项目

武汉美术馆

正在积极筹划中。截至 2013 年底，四新生态新城启动区已建成 55 万平方米（其中 2013 年建成 9 万平方米）的绿色二、三星公益性公共建筑，正在施工建设的项目规模为 47 万平方米，后续待建约 98 万平方米。该示范区的建成将成为武汉市三星公共建筑规模最大、数量最为集中、功能最为完善的生态城启动区之一。花山生态新城总体建造目标按照 100%绿色建筑标准建造；100 万平方米通过国家绿色标识项目；100%项目进行能效标识。

三、可再生能源建筑规模应用

2013 年，为进一步推动武汉市可再生能源在建筑中的规模化应用和管理，研究出台《市城建委关于进一步加强可再生能源建筑规模应用和管理的通知》。明确从 7 月 1 日起，全市范围内新建、改建、扩建 18 层及以下住宅（含商住楼）和宾馆、酒店、医院病房大楼、老年人公寓、学生宿舍、托幼建筑、健身洗浴中心、游泳馆（池）等热水需求较大的建筑，应统一同期设计、同步施工、同时投入使用太阳能热水系统。18 层以上居住建筑的上部应统一设计，安装太阳能热水系统，其太阳能热水系统使用比例应达到 30%以上。政府办公建筑、公益性公共建筑和 2 万平方米以上的大型公共建筑应在太阳能热水系统和地源热泵空调系统中选择一种可再生能源建筑应用。该文件的出台和实施，标志武汉市可再生能源在建筑中实现了规模应用。

按照国家可再生能源城市示范总体目标任务，经过近三年的努力，截至 12 月底，共确定 142 个项目成为武汉市可再生能源建筑应用示范项目，总建筑面积 1230 万平方米。已完成 123 个项目的验收，总建筑面积 1047 万平方米，已核拨可再生能源建筑应用补助资金 1.25 亿元。

第九节 散装水泥管理

一、概况

2013 年，全市完成散装水泥供应量 709 万吨，比 2012 年同期增加 46.35 万吨，散装水泥供应率达到 76%；新建农村散装水泥推广使用网点 11 个，累计建立农村散装水泥推广使用网点 121 个。全市年度推广使用散装水泥量达到 1008.5 万吨，实现节能减排综合经济效益达 6.55 亿元。

二、散装水泥宣传工作

2013 年，根据商务部办公厅《关于开展 2013 年全国散装水泥宣传周活动的通知》精神，市城建委制定宣传方案，确定“发展散装水泥，建设美丽家园”宣传主题，召开动员大会，部署了全市散装水泥宣传周活动，于 6 月 15—21 日进行，武汉电视台对宣传周活动进行报道。深入到黄陂等区，对其宣传工作进行具体指导，把宣传周活动内容落实到基层、宣传到施工现场，促进农村推广使用散装水泥；同时各区联系报社、电台，对宣传活动进行重点报道宣传。全市宣传活动共制作宣传展板 80 余块，悬挂宣传标语横幅、条幅 100 余条，接受各项咨询达 800 余人次，发放宣传手册共计 1000 余份。

第十节 商品混凝土管理

2013年，中心城区（含市级开发区）建筑工程预拌混凝土的推广使用量达100%；市政工程预拌混凝土使用量达98%，新城区建筑工程预拌混凝土使用量达97%。截至2013年底，全市预拌混凝土使用量达到4500万吨。

全市建设工程项目预拌砂浆使用覆盖率达70%，市管工程预拌砂浆覆盖率均达到90%，市管应使用的46个工程预拌砂浆平均实际使用量达到70%以上。截至2013年底，全市预拌砂浆使用量达到50万吨。

第十一节 建设工程档案管理

一、档案收集与利用

截至2013年12月中旬，全市共接收竣工项目工程档案102000卷。建设工程竣工项目档案接收进馆率超过95%，大幅完成合格值，超过挑战值。及时深入建设工程项目现场进行跟踪指导，跟踪服务率达到100%；提供档案利用3000人次，共计调卷4274卷，服务满意率达到100%。

二、档案编研

2013年，精心组织完成《武汉湖泊志》的编撰工作。组成工作专班，深入湖泊周边采访、拍摄、收集资料等，为列入保护名录的166个湖泊建立了丰富翔实的信息数据库。5月份在风景如画的后官湖畔举行了《武汉湖泊志》编撰工作启动仪式，先后两次召开专家咨询会，为《武汉湖泊志》编撰工作顺利进行奠定坚实的基础。全书收录了武汉市列入保护名单的166个湖泊，共计38万余字，照片200多张，弥补了武汉湖泊编纂史的空白，全面、系统、真实、客观地记录和展示了武汉最珍贵的自然资源——湖泊，并于年底正式出版。

将《城市视点与印迹》杂志由2012年的季刊改为双月刊出版发行。全年共出版发行6期，杂志始终秉承“承载城市历史记忆、构筑城市建设桥梁”的宗旨，从关注城市历史记忆和重点工程建设，向关注城市生态保护等领域拓展，以城建档案工作者的独特视角，及时传递城市建设和管理工作的正能量，进一步提升了覆盖面和影响力。

顺利完成《武汉高等院校建筑》编撰工作。2013年，为积极响应市委市政府提出的建设“文化五城”的战略部署，市城建档案馆将编研工作的重点确定为武汉地区高等院校的优秀建筑。为此，突破以往做法，使画册不仅全方位展示武汉高校建筑特色，而且还深入挖掘各个高校的历史文化底蕴，让阅读者感到既有观赏性和可读性，还具有文学性和历史性，为“大学之城”的建设作出了积极贡献。

声像档案收集编研工作再上新台阶。积极响应市政府提出的“打造武汉版‘周庄’”的号召，及时启动《大美武汉——魅力村镇》专题片的拍摄工作，共制作完成5集。完成拍摄制作《百年建筑》最后十集。制作完成微电影《江城之爱》，并参加“美丽中国梦”首届微电影大赛，入围前100名。

三、数字化城建档案馆建设

2013年，根据《智慧武汉城建档案馆规划方

案》（2012—2017），全面推进数字城建档案系统建设工作。完成了数字武汉城建档案集成平台和信息共享的中心数据库管理模式建设；完成了城建档案管理与市城建委施工许可证发放信息的对接、意见书发放与市民之家督办系统的对接；完成了档案馆业务、行政管理工作的全过程电子化建设以及领导决策电子信息展示平台建设，夯实了数字城建档案建设基础。

全年完成了对历年电子档案信息近2500万条数据的成功技术转换，保障了武汉城建档案信息现在乃至未来应用的兼容共享；购置了企业版数据库软件，并对核心设备进行了专业技术调整，合理安置系统和数据存储空间，提升了系统运行和数据存储的安全稳定性。

拟定了进一步提升数字城建档案系统建设工作技术方案。在优化信息化管理基础上，转变“人找事”为“事找人”工作模式，提高工作效能；实现电子信息安全可控的远端查询应用，充分提升城建档案为城市建设和为民服务的应用效益。

第十二节　建设工程设计审查

2013年，市城建委对各类检查中存在的问题进行依法处理，查处率100%，做到了有诉必查，违规重罚。全年共检查947个项目，共计下达执法建议书4份，下整改通知书54份，通报建设单位26家，设计单位8家，审查机构2家。全年全市共受理违反施工图审查管理违法违规项目36项，进行技术评价36项（其中市管项目6项，区管项目30项），其中实施行政处罚6项（其中市管项目2件，区管项目4件）。全年对违反施工图审查管理法律规定的2个审查机构、2个设计企业实行重点监控措施，并对纳入监控的对象实行“飞行”检查，共检查项目60个，形成通报4份，发出重点监控通知、检查通知、取消重点监控通知6份。

全年建设工程施工图设计文件审查报备备案率100%，未备案项目督促率100%。全市共审查完成建筑工程施工图1147项，其中市管152项，区管914项，通过审查，查出并纠正违反强条总数197条。审查合格项目中，市管项目完成房屋建筑施工图备案408项（包括2012年未备案项目），区管项目完成房屋建筑施工图备案687项（包括2012年未备案项目）。为加强备案管理，全年向各审查机构下达施工图审查备案督办3次。

全市共审查完成市政工程施工图401项，其中市管项目112项，区管289项。通过审查，查出并纠正违反强条数15条。勘察文件审查合格310项，其中市管项目112项，区管项目198项，通过审查，查出并纠正违反强条数1条。审查合格项目中，全市施工图完成备案151项（其中市管100项），勘察217项（其中市管55项）。全年向各审查机构下达施工图审查备案督办1次。

建设工程施工图设计文件审查完成项目抽查率超过8%。全市共对641个房屋建筑项目，66个市政工程项目进行了施工图审查市场行为检查。全市共检查房屋建筑项目209个（包括42个保障性住房项目），下发执法建议书4份，下达整改通知书45份，形成通报15份；对在建轨道交通和桥梁等市政项目进行了检查，共检查项目31个，下发整改通知书9份，形成通报6份。

全年共办理政协、人大提案2件，共受理各类勘察设计质量投诉38件，回复满意率达100%。完成编制《武汉市实施工程建设标准强制性条文监督管理规定》，5月份由市城建委印发实施。

第六章 房地产市场管理

第一节 房地产开发企业管理

2013年，武汉市严格执行住建部和省市有关房地产开发企业资质管理的规定，结合国家宏观调控的相关要求，依法行政，从源头上规范开发企业的经营行为，提升开发行业整体水平，促进房地产开发市场的良性发展。根据《关于停止房地产开发企业资质年检统一换发新证书的通知》（武房发〔2012〕192号）的规定，从2012年11月1日起至2013年2月28日止，在全市开展一次统一换证工作，资质换证工作本着以促进建立诚信经营，规范有序的房地产市场秩序为目标，以规范房地产开发企业经营行为为重点组织开展。自2012年起，对房地产开发企业资质实施动态管理，在资质证书有效期内不再进行年检，开发企业在证书到期前30日内可申请延续。2013年武汉市共有房地产开发企业一级17家，二级235家，三级409家，四级2家，暂定级1013家。

后湖公租房

第二节 房屋产权管理

2013 年，武汉市房管部门共完成房屋所有权登记发证 440299 万户，登记房屋建筑面积 5844.77 万平方米；完成抵押登记 249803 件，抵押贷款总金额 2854.54 亿元。

一、产权登记发证

2013 年，武汉市房管部门共完成房屋所有权登记发证 440299 万户，登记房屋建筑面积 5844.77 万平方米，发放房屋所有权证 245071 本，共有权证 29589 本，商品房权属证明书 233910 份。武汉市 2013 年房产产权登记发证情况见表 6-2-1。

表 6-2-1　　武汉市 2013 年房产产权登记发证情况统计表

单位：万平方米（面积）

项　目	合计		初始登记		变更登记		转移登记		注销登记		其他登记	
	户	建筑面积	户	建筑面积	户	建筑面积	户	建筑面积	户	建筑面积	户	建筑面积
国有房产（直管产）	462	18.35	49	4.20	35	2.10	295	7.31	49	2.42	34	2.32
国有房产（自管产）	54598	931.13	45033	565.19	2289	101.67	4478	182.29	1236	31.28	1562	50.70
国有房产（军产）	1861	34.56	1485	30.71	289	3.10	7	0.07	0	0	80	0.68
集体所有房产	245	3.21	135	1.37	62	0.88	5	0.05	40	0.59	3	0.32
私有房产	233811	2225.93	5213	62.67	4480	48.21	202141	1923.23	17074	137.13	4903	54.69
私有房产（部分产权）	90	0.59	0	0	8	0.05	0	0	73	0.50	9	0.04
联营企业房产	4	0.43	1	0.40	0	0	2	0.03	1	0.01	0	0
股份制企业房产	84509	1240.71	75555	1020.58	1035	62.91	451	31.02	296	12.71	7172	113.49
港澳台胞房产	3251	63.67	3124	50.37	15	8.71	5	0.11	89	2.75	18	1.73
涉外产	3120	82.89	2967	71.17	38	2.85	25	7.14	76	0.62	14	1.11
其他产	58348	1246.29	55321	1041.90	837	35.33	974	118.63	424	11.26	792	39.17
合计	440299	5844.77	188883	2848.56	9088	265.81	208383	2269.88	19358	199.27	14587	264.25

注：本表数据由武汉市住房保障和房屋管理局提供。

二、抵押登记发证

2013年，武汉市房管部门共完成房屋抵押权登记249803件，抵押面积4930.87万平方米，抵押贷款总金额2854.54亿元。武汉市2013年房产抵押登记发证情况见表6-2-2。

表6-2-2　　武汉市2013年房产抵押登记发证情况统计表

单位：件（件数）；万元（价值）；万平方米（建筑面积）

项目	房地产抵押					其中:住宅				
	件数	套数	建筑面积	权利价值	抵押物价值	件数	套数	建筑面积	权利价值	抵押物价值
存量房产（个人）	95076	97036	1124.85	7220499.67	9197531.15	85659	86311	921.92	5730745.17	6844111.74
存量房产（单位）	3566	12500	713.67	3652410.86	6629324.04	1104	2403	44.07	270796.63	423259.11
在建工程	3347	116941	1662.19	4760466.70	9690897.83	1632	89036	919.01	2931519.86	5959778.58
预售合同（个人）	146865	139834	1409.52	12864849.98	11744809.98	122822	122822	1241.24	6469125.34	10126770.26
预售合同（单位）	293	326	15.53	41079.60	83528.12	27	27	0.21	1219.70	2382.46
小额贷款（单位）	0	0	0	0	0	0	0	0	0	0
小额贷款（个人）	656	655	5.11	6064.50	20902.95	594	596	4.77	5643.50	19237.50
合计	249803	367292	4930.87	28545371.31	37366994.07	211838	301195	3131.22	15409050.20	23375539.65

注：本表数据由武汉市住房保障和房屋管理局提供。

第三节 房屋安全管理

一、房屋安全管理机构

截至 2013 年底，武汉市有市、区两级房屋安全管理机构 17 家，均属全民事业编制，从业人员 150 余人，负责武汉市的房屋安全行政管理工作。武汉市 2013 年房屋安全管理单位名录见表 6-3-1。

表 6-3-1 武汉市 2013 年房屋安全管理单位名录

序号	单 位 名 称	负责人	地 址	电 话
1	武汉市房屋安全鉴定站	漆昌明	建设大道 965 号	82856127
2	江岸区房屋安全鉴定站	牛思敬	二七路 342 号	82836401
3	江汉区房屋安全鉴定站	邱仲生	新华下路 13 号	85762259
4	硚口区房屋安全监督管理站	卓 斌	武胜西街 1 号	83785372
5	武昌区房屋安全鉴定站	周启明	临江大道 59 号	88873411
6	汉阳区房屋安全鉴定站	姜超英	翠微路 1 号	84765465
7	青山区房屋安全鉴定站	李 卫	友谊大道青翠苑特 1 号	50806117
8	洪山区房屋安全鉴定站	刘保华	鲁巷双塘小区 3 号楼	87525430
9	东西湖区房屋安全鉴定站	刘利宏	吴家山东吴大道 117 号	83250881
10	蔡甸区房屋安全鉴定站	李建国	汉阳大街公园新村	84948032
11	江夏区房屋安全鉴定站	张劲涛	纸坊兴新街 52 号	87954556
12	黄陂区房屋安全鉴定站	蔡咏洲	前川街板桥大道 33 号	85931347
13	汉南区房屋安全鉴定站	刘 军	纱帽街汉南大道 324 号	84756662
14	新洲区房屋安全鉴定站	陈晓星	红旗路 1 号（原武装部）	86921401
15	武汉经济技术开发区房产局	杨远中	创业道 1 号	84212016
16	东湖新技术开发区房产局	李 淇	珞喻路 546 号	67880071
17	东湖生态旅游风景区安全处	李 敬	黄鹂路 80 号	86627859

注：本表资料由武汉市住房保障和房屋管理局提供。

二、房屋安全检查

2013 年，武汉市积极督促各区落实房屋安全三项检查制度，在辖区开展房屋安全检查活动，按照“逐栋不漏，真抓实查，建立档案”的要求，重点对大型超市、商场、宾馆、饭店、学校、医院、网吧、影剧院等人员密集的公共场所用房进行检查。全年检查各类房屋 12824 栋，面积 419.04 万平方米，查出有安全隐患的房屋 4375 栋，面积 119.81 万平方米。武汉市 2013 年房屋安全检查情况见表 6-3-2。

表 6-3-2　　　　　　　　武汉市 2013 年房屋安全检查情况统计表

单位：栋（栋数）；平方米（面积）

项目			江岸区局	江汉区局	硚口区局	汉阳区局	武昌区局	洪山区局	青山区局	东西湖区局	汉南区局	黄陂区局	蔡甸区局	江夏区局	新洲区局	合计
按检查房屋产别统计	直管房	栋数	0	506	140	0	120	0	39	0	0	72	0	26	8	911
		面积	0	50979	24732	0	29941	0	35780	0	0	10973	0	5907	507	158819
	自管房	栋数	84	79	486	181	477	177	231	9	0	20	26	73	0	1843
		面积	74233	38040	411773	193130	136432	159466	236566	3120	0	23975	47688	44805	0	1369228
	私产	栋数	105	1128	217	173	564	108	25	5635	79	70	0	180	50	8334
		面积	28685	74778	31164	29666	104734	40318	107607	408100	9865	6300	0	14905	4761	860883
	宗教产	栋数	2	1	1	1	0	0	1	0	0	0	0	2	0	8
		面积	827	2102	590	1222	0	0	2000	0	0	0	0	206	0	6947
	教育用房	栋数	118	6	113	2	44	40	248	34	0	55	1	583	2	1246
		面积	139866	7554	166140	1064	53862	39320	387698	24560	0	55391	3278	557165	1100	1436998
	其他用房	栋数	0	14	162	0	197	0	0	0	0	0	0	0	0	373
		面积	0	48822	103555	0	204790	0	0	0	0	0	0	0	0	357167
按安全状况统计	隐患房	栋数	99	1714	620	260	411	43	237	691	56	32	0	192	20	4375
		面积	15223	166327	195388	159674	189887	31654	264926	59650	6115	27385	0	79446	2407	1198082
	安全房屋	栋数	210	20	604	97	991	282	307	4987	27	185	27	672	40	8449
		面积	228388	55948	542565	65408	339871	207450	504725	376130	4088	69254	50966	543542	3961	2992296
总栋数			309	1734	1224	357	1402	325	544	5678	83	217	27	864	60	12824
总面积			243611	222275	737953	225082	529758	239104	769651	435780	10203	96639	50966	622988	6368	4190379

注：本表数据由武汉市住房保障和房屋管理局提供。

三、房屋安全鉴定

2013 年，在开展房屋安全检查的基础上，组织市、区房屋安全鉴定单位严格按《危险房屋鉴定标准》（JGJ125-99）开展房屋安全鉴定工作，全市共鉴定各类房屋 3323 栋，建筑面积 198.91 万平方米，其中：鉴定公共场所用房 328 栋，建筑面积 69.40 万平方米；教育用房 160 栋，建筑面积 15.63 万平方米。通过鉴定确认危房 2644 栋，建筑面积 93.77 万平方米。武汉市 2013 年房屋安全鉴定情况见表 6-3-3，武汉市 2013 年公共场所房屋安全鉴定情况见表 6-3-4。

表 6-3-3　　武汉市 2013 年房屋安全鉴定情况统计表

单位：栋（栋数）；平方米（面积）

项目			江岸区局	江汉区局	硚口区局	汉阳区局	武昌区局	洪山区局	青山区局	东西湖区局	汉南区局	黄陂区局	蔡甸区局	江夏区局	新洲区局	合计
按鉴定房屋产别统计	直管房	栋数	2	6	1	0	13	0	12	0	0	0	0	0	0	34
		面积	1084	979	304	0	1909	0	5493	0	0	0	0	0	0	9769
	自管房	栋数	118	16	95	109	43	42	220	0	1	31	34	30	0	739
		面积	219731	13872	112937	124822	24991	47150	103994	0	405	66901	16195	55229	0	786227
	私产	栋数	39	38	92	32	54	16	203	57	516	548	51	484	164	2294
		面积	20158	7337	19374	41351	15492	10794	321460	79629	77778	104257	68803	64741	17743	848918
	宗教用房	栋数	2	0	0	0	0	0	0	0	0	1	0	0	0	3
		面积	827	0	0	0	0	0	0	0	0	130	0	0	0	957
	教育用房	栋数	0	3	50	2	40	40	4	4	3	1	10	1	2	160
		面积	0	5111	35345	1064	49233	39320	5581	4573	5264	2164	6850	700	1100	156306
	其他用房	栋数	0	33	4	0	55	0	0	0	0	0	0	0	0	92
		面积	0	79935	8751	0	98227	0	0	0	0	0	0	0	0	186913
按鉴定确认房屋等级统计	A 级	栋数	151	47	76	50	99	76	8	23	72	30	39	59	0	730
		面积	239032	97985	120977	85550	140688	81982	10248	73429	23035	50924	61921	69119	0	1054891
	B 级	栋数	1	0	4	60	16	0	380	0	79	23	5	36	2	606
		面积	94	0	6036	72414	12247	0	413385	0	11101	19655	6948	7047	420	549347
	C 级	栋数	5	9	93	16	40	5	44	63	220	5	17	70	66	653
		面积	2159	5114	41894	5362	19056	9887	11121	10566	35533	6268	9327	11805	8600	176692
	D 级	栋数	4	40	69	17	50	17	7	26	149	524	34	350	98	1385
		面积	515	4135	7804	3911	17861	5395	1774	3733	13777	96605	13653	32699	9823	211685
总栋数			161	96	242	143	205	98	439	61	520	582	95	515	166	3323
总面积			241800	107234	176711	167237	189853	97265	436528	84202	83446	173452	91848	120670	18843	1989090

注：本表数据由武汉市住房保障和房屋管理局提供。

表 6-3-4　　武汉市 2013 年公共场所房屋安全鉴定情况统计表

单位：栋（栋数）；平方米（面积）

项目			江岸区局	江汉区局	硚口区局	汉阳区局	武昌区局	洪山区局	青山区局	东西湖区局	汉南区局	黄陂区局	蔡甸区局	江夏区局	新洲区局	合计
公共娱乐场所	栋数		3	0	0	0	47	14	0	0	0	0	0	0	2	66
	面积		4062	0	0	0	87649	21963	0	0	0	0	0	0	1000	114674
特种行业用房	栋数		61	33	16	15	4	4	3	23	18	30	6	45	4	262
	面积		161905	79935	67577	28233	249	137	4667	73846	12731	50924	32348	64721	2100	579372
经鉴定确认为危房的公共场所	合计	栋数	0	0	0	15	0	0	0	0	3	0	0	0	2	20
		面积	0	0	0	28233	0	0	0	0	1261	0	0	0	1100	30594
	公共娱乐场所	栋数	0	0	0	0	0	0	0	0	0	0	0	0	0	0
		面积	0	0	0	0	0	0	0	0	0	0	0	0	0	0
	特种行业用房	栋数	0	0	0	15	0	0	0	0	3	0	0	0	2	20
		面积	0	0	0	28233	0	0	0	0	1261	0	0	0	1100	30594
总栋数			64	33	16	15	51	18	3	23	18	30	6	45	6	328
总面积			165967	79935	67577	28233	87898	22099	4667	73846	12731	50924	32348	64721	3100	694046

注：本表数据由武汉市住房保障和房屋管理局提供。

四、危险房屋管理

危险房屋管理是房屋安全管理的核心，它是通过危房监控、单栋危房排除、成片危房改造等手段，达到确保不发生责任性塌房伤人事故。

（一）危险房屋监控

截至 2013 年底，全市共有在册危房 3987 栋，建筑面积 136.85 万平方米。各区均建立了区局、社区和产权人的三级管理网路，明确了房屋安全责任人、监控人及其职责，层层签订目标责任状，对辖区在册危房实施了监督管理和动态管理，做到了危房监控率 100%。

（二）危险房屋消除

2013 年，全市采取加固排危、成片改造、单栋撤除等多种形式共消除危房 3566 栋，建筑面积 106.67 万平方米，其中：D 级危房 1320 栋，建筑面积 19.46 万平方米。同时为确保弱势群体房屋居住和使用安全，切实履行政府公共安全职能，对少数特困家庭的在册 D 级危房，采取政府出资的办法消除了危房。武汉市 2013 年危房管理情况见表 6-3-5。

表 6-3-5 武汉市 2013 年危房管理情况统计表

单位：栋（栋数）；平方米（面积）

项目			江岸区局	江汉区局	硚口区局	汉阳区局	武昌区局	洪山区局	青山区局	东西湖区局	汉南区局	黄陂区局	蔡甸区局	江夏区局	新洲区局	合计
经鉴定上年度未排除累计确认为危房	B级	栋数	8	58	15	186	560	0	123	0	7	28	2	0	0	987
		面积	7476	15443	14709	69469	222650	0	203262	0	1046	6046	762	0	0	540863
	C级	栋数	248	194	248	290	517	31	66	186	28	4	5	0	28	1845
		面积	107874	64241	83611	70774	89160	98691	34103	19121	3340	2527	5189	0	4000	582630
	D级	栋数	164	649	117	88	120	32	9	481	5	298	56	1	57	2077
		面积	33642	145580	10058	11575	28094	15313	6344	41671	511	32996	11220	56	6959	344019
经鉴定本年度确认为危房	B级	栋数	1	0	4	60	16	0	380	0	79	23	5	36	2	606
		面积	94	0	6036	72414	12247	0	413385	0	11101	19655	6948	7047	420	549347
	C级	栋数	5	9	93	16	40	5	44	63	220	5	17	70	66	653
		面积	2159	5114	41894	5362	19056	9887	11121	10566	35533	6268	9327	11805	8600	176692
	D级	栋数	4	40	69	17	50	17	7	26	149	524	34	350	98	1385
		面积	515	4135	7804	3911	17861	5395	1774	3733	13777	96605	13653	32699	9823	211685
本年度排除危房	B级	栋数	0	14	10	204	482	0	127	0	81	51	2	35	2	1008
		面积	0	5331	13435	115694	133757	0	205202	0	10849	25701	762	6992	420	518143
	C级	栋数	0	34	109	272	346	14	70	12	242	9	5	33	92	1238
		面积	0	15692	31739	72460	54916	35275	34832	7041	38379	8795	5189	7220	12400	323936
	D级	栋数	54	38	86	30	82	16	11	53	153	321	38	307	131	1320
		面积	5676	11082	4698	5426	24728	5391	4057	8668	14230	61842	5243	28270	15305	194616
经鉴定本年度未排除危房	B级	栋数	9	44	9	42	94	0	376	0	5	0	5	1	0	585
		面积	7570	10112	7310	26189	101140	0	411445	0	1298	0	6948	55	0	572067
	C级	栋数	253	169	232	34	211	22	40	237	6	0	17	37	2	1260
		面积	110033	53663	93766	3676	53300	73303	10392	22646	494	0	9327	4585	200	435386
	D级	栋数	114	651	100	75	88	33	5	454	1	501	52	44	24	2142
		面积	28481	138633	13164	10060	21227	15317	4061	36736	58	67759	19630	4485	1477	361088

注：本表数据由武汉市住房保障和房屋管理局提供。

江岸区局制定了《江岸区 D 级危房管理排危工作方案》，组织永清街等 8 条街道、区安监局、区国资公司召开专题会议，对排危涉及的 104 户家庭，广泛宣传动员，经区城管委联席会议通过，对确定的 8 条街道 24 栋无管理主体 D 级危房采取分批实施的方法，按照“三原”原则进行排危。具体实施过程中，积极深入社区，会同街道与住户面对面做工作，争取居民主动参与，积极配合。

最终确定6条街道14处，建筑面积1650平方米的无管理主体D级危房纳入该次财政补助排危范围，受惠居民42户。预计排危施工资金约251.80万元，个人出资约23.60万元，政府补助228.20万元。目前排危工作已全部完成，四唯街等12处已交付入住。江汉区局依托既有危房图数表一体化地理信息系统的数据，积极行动，将既有危房纳入旧城改造项目中。改造危旧房屋面积约17.90万平方米，截至2013年底，沿江一号旧城改造项目，任务已完成过半；武胜社区旧城改造项目准备启动；地铁6号线旧城改造项目，天门墩社区已经改造完成，六渡桥社区准备启动；青年路周边旧城改造项目已经进入攻坚阶段。硚口区局向区政府积极争取85万元D级危房应急资金用于全区危房应急救援和维修。2012年11月初，汉阳区晴川街江汉桥社区向汉阳区局反映，汉南四村一号房屋年久失修、破损严重，存在安全隐患，汉阳区局鉴定站工作人员及时到达现场进行勘查后，鉴定该房屋为D级危房，需要立即排危重建。但该住户姚慧忠是一名神经病患者，无任何生活来源，全靠政府救济，其母吴太婆苦于家中无建房资金，政府也无专项排危基金，时常落泪。为确保群众生命安全有保障，汉阳区局多次到家中问候，并协调相关部门，寻求解决途径。11月底，区、街道两级民政部门终于同意特批一笔救济款，用于改建房屋，可是离建房预算还有缺口，汉阳区局从应急维修资金渠道补齐缺口，在春节前将该危房改建一新，母子二人在新房里欢欢喜喜度过了春节。2013年3月11日，吴太婆向汉阳区局送来锦旗，上书："共兴建和谐社会，尽职责心系百姓"。武昌区局对全区D级危房进行排查，对排查后的70栋、6779平方米D级危房一栋一栋进行了现场调查了解，并提出了改造意见。出资近200万元，收购了汪泽故居193.68平方米D级危房，并进行排危改造。同时投资1512.71万元，对全区203栋、2.8万平方米直管公房进行排危改造。目前，大部分已按计划进行。

东西湖区局以垦区危房改造为契机，结合当前全区在册危房的情况，制定改造方案，以拆村并点、集中新建的方式，改善全区各农场居民的居住环境，全年共开工垦区危房改造房屋3448套，分配入住3363套，全面完成年初省、市领导下达目标任务。黄陂区局和新洲区局非常重视农村危房改造工作，抽调精兵强将参与该工作，早上提前一个多小时赶到集合点，下乡镇、走村寨，挨家挨户逐一清查、核对、勘查，放弃中午休息，利用周末休息时间，保质保量完成省、市下达的农村危房改造工作任务，受到相关协作部门、街镇、农户等一致好评。

五、恶劣天气危房监管

一是组织开展节前房屋安全巡查督导。春节前，组织9个督导组约50余人次，对全市16个区局、7个区房地产公司对灾害天气的房屋安全管理和春节期间的"禁改限"火灾防范工作进行督导。督导期间共检查小区18个，处置安全隐患12处。春节期间，全市房管系统共出动4190人次，重点对在册危房、敬老院等福利用房和孤寡老人独居的房屋进行安全隐患排查，共检查房屋5200余栋，建筑面积约185万平方米，排查隐患230余起；重大安全隐患全部得到有效处置，全市没有发生责任性塌房伤人事故。

二是组织开展强降雨期间房屋安全检查。7月5—7日，武汉市遭遇当年最强持续降雨，全市普降超过250毫米的大暴雨。按照7月7日上午全市防汛指挥长会议要求，市房管局党组书记、局长何艳立即召开紧急会议，部署调度全系统有效处置强降雨期间的房屋安全隐患和小区物业管理工作。局领导潘臻肇、黄立和邓绪海带领3个督导组分别对全市7个中心城区既有危旧房屋和重点渍水地段附近小区物业管理情况进行现场督导。强降雨期间，全市共出动房屋安全管理人员1964人次，检查房屋2296栋，建筑面积约64.08万平方米，查处安全隐患房屋594栋，排除隐患73起。

六、危旧房屋管理信息化建设

为提高全市房屋安全管理工作的信息化水平，根据2013年初下发的《武汉市中心城区既有危房图、数、表一体化信息系统建设工作实施方案》的要求，在经历了江岸区两年的试点运行后，从2013年3月起，武汉市中心城区既有危房图数表一体化地理信息系统（以下简称系统）建设工作在中心城区全面展开。4月初，组织市房产测绘中心及江汉区、硚口区、武昌区等3区房管部门成立专班，率先在3区启动工作；7月中旬，启动汉阳区、硚口区、洪山区等3区的系统建设工作。多次召开工作推进会，了解工作进展、解决问题、安排下步工作。共完成6个区以社区为单元的房产专用地理信息图的编制，以及69个街道、743个社区和2209栋既有危房基本属性、社会属性的数据采集和空间地理坐标的测绘工作。

根据《武汉市房屋安全管理条例》及市政府常务会议（2013年43号）要求，组织开展既有房屋安全管理基础信息采集工作；为保证房屋安全调查工作的顺利推进，在全面实施房屋安全调查工作前，选取江岸区一元街和汉南区纱帽街进行房屋调查试点；通过系统提取、外业调查、入户调查、数据比对、档案查询方式获取全部“栋”的物理信息及房屋安全管理指标等信息，并录入房屋调查数据库，实现房屋落地归栋。

七、其他管理工作

一是加快立法建设。1998年12月，武汉市人民政府颁发了《武汉市房屋安全管理办法》。该办法的出台，为依法履行安全管理职责提供了明确的政策依据。但随着城市经济的发展和建设的提速，原有的房屋安全管理办法已适应不了管理上的需要。2013年，在市法制办、市人大的领导下，市房管局完成了《武汉市房屋安全管理条例》（以下简称《条例》）的起草，配合市法制办到广州、成都等城市及市内各区调研房屋安全管理工作，参加多场专题座谈会，不断修改完善《武汉市房屋安全管理条例（草案）》。4月23日，《条例（草案）》通过市人大常务会的一审；6月25日，通过市人大常务会的二审；7月30日，通过市人大常务会的审议；9月26日，通过省人大常务会的审议。2014年1月1日，《武汉市房屋安全管理条例》将正式颁布施行。

二是加强房屋安全相关学习宣传。蔡甸区局立足安全，在加强业务管理的同时，充分认识提高队伍自身素质水平在房屋安全管理工作中的重要性，先后组织干部职工学习了《城市危险房屋管理规定》《武汉市房屋安全管理办法》《建筑装饰装修管理规定》《住宅室内装饰装修管理办法》等相关法律法规，努力提高房屋安全管理工作水平。通过学习加强干部职工队伍建设的同时，充分利用板报、标语、墙报、展板、知识竞赛、图片、发放宣传资料等形式进行房屋安全知识的宣传，并结合蔡甸区实际开展了“安全生产宣传咨询日”等活动，发动群众学习相关资料，现场为群众提供房屋安全相关知识的咨询和疑难问题解答，面向基层、面向群众，进一步深入宣传各类房屋安全知识，扎实普及安全生产法律法规，通过多种形式宣传营造安全生产氛围，收到了较好的宣传效果。江夏区局结合工作实际，就即将颁布实施的《武汉市房屋安全管理条例》，组织专业管理人员对《条例》中房屋安全管理条款结合具体工作实践逐条进行分析，及时掌握管理工作新要求，要求管理人员在新的《条例》实施前对照新的《条例》进行理论学习，指导该区房屋安全管理工作新思路，明确管理工作新方向。

三是加强投诉管理。市房管局高度重视对房屋安全投诉事件和突发事件的处理，2013年全市共处理关于房屋安全群众来信、来访、来电件，市（区）长专线、市（区）政府督办件，新闻媒体报道、领导交办件等各类投诉1545起，做到了每起事件都能现场到达率100%，处置回告率100%。

2月12日凌晨，汉阳区十里铺122号房屋发生火灾后，及时指导汉阳区房管局对受灾房屋进行了有效处置。2月18日，有效处置了江汉区香港路荷花苑B栋房屋一楼发生地陷的问题，并提出了处理意见。3月1日，有效处置了江岸区黄孝河路老干局大楼玻璃幕墙坠落的安全事件。4月25日，有效处置了东湖风景区和盛世家小区房屋墙体开裂的问题。5月29日，有效处置了江汉区万松园小区房屋倾斜，梁、墙体开裂的问题。6月8日和6月26日，与城管部门联合执法，有效处置了江岸区航天双城小区R7栋16楼和武昌区中南国际城D座1307室房屋改变用途、装修改造成“胶囊房”的问题。7月12日，投诉人郑先生反映北湖南街32号3单元4楼1-1的业主私自扩大了卫生间的面积，侵占了其他团结户公共空间的利益，导致发生纠纷。江汉区局接到投诉后，积极与北湖街办、区城管局联合执法，通过调解，该业主将卫生间还原，维护了团结户内其他住户的合法权益。江夏区局联合局物业科、房屋租赁管理所联合执法，加强对小区装饰装修产生房屋安全问题投诉的处置，强化物业小区管理单位对物业的监管，切实解决群众的房屋安全困扰。

第四节　国有土地上房屋征收（拆迁）管理

一、概况

2013年，全市中心城区已核发《房屋拆迁许可证》的在拆项目100项，在拆户数约24927户，在拆房屋建筑面积约357.50万平方米。全市共作出房屋征收决定62个，拟征收总户数24572户，拟征收总建筑面积260.20万平方米。按工程类和旧城改建类分类统计，工程类项目26个，旧城改建类项目36个；按区域分类统计，江岸区13个、江汉区7个、硚口区6个、汉阳区10个、武昌区4个、洪山区8个、青山区10个、东西湖区4个。2013年，全市国有土地上房屋征收拆迁实际动迁总户数29802户，实际动迁总建筑面积302.65万平方米。其中，房屋拆迁实际动迁户数12233户，实际动迁建筑面积131.80万平方米；房屋征收实际动迁户数17569户，实际动迁建筑面积170.85万平方米。通过加强房屋拆迁管理，积极推动房屋征收，全市房屋征收拆迁工作平稳有序推进。

二、组织完成房屋征收法律文件汇编

《国有土地上房屋征收与补偿条例》出台后，国家、省、市相继出台了一系列法律法规和规范性文件，武汉市房屋征收工作也逐步全面推进。为使各区房屋征收部门、房屋征收实施单位及其工作人员加深对房屋征收法律政策的理解，熟练掌握房屋征收工作程序，进一步规范征收行为，以适应征收工作新要求，2013年8月，武汉市国土资源和规划局组织人员进行了房屋征收法律文件的汇编工作，系统搜集了与房屋征收有关的法律、行政法规、部门和地方规章、司法解释、规范性文件，并进行了分类整理，经多次征求各区房屋征收部门意见后，同年9月，《国有土地上房屋征收与补偿文件汇编》付印成册，印发至各区房屋征收部门。

三、编写《国有土地上房屋征收与补偿100问》

为帮助各区征收部门、各街道办事处、各征收实施单位房屋征收工作人员及被征收人正确理解房屋征收法律精神，进一步系统全面掌握房屋征收工作要领，明晰房屋征收工作程序和补偿补助政策，从而进一步规范统一房屋征收行为，维护公共利益需要和被征收人合法权益，2013年9

月，武汉市国土资源和规划局开始了《武汉市国有土地上房屋征收与补偿100问》的编撰工作。该书采取一问一答的方式，结合各项法律法规和政策规定，从武汉市房屋征收工作实际出发，对法律条文的理解进行了阐析，对有关程序和补偿政策进行了归纳概括，对实际工作中常遇到的问题进行了明确。

四、协调指导全市房屋征收工作

为进一步规范全市征收行为，加强对全市征收工作的政策指导，解决征收工作遇到的各种问题，武汉市国土资源和规划局积极与各区房屋征收部门保持密切联系，主动协调，及时解决房屋征收工作中遇到的各种问题。在征收过程中，主动深入到具体项目，指导区房屋征收部门合理制定征收补偿方案，规范各区房屋征收工作程序和征收行为，及时解决征收工作中遇到的各种切实问题，有力确保房屋征收工作平稳有序推进。

五、组织开展房屋征收培训和征收上岗考核

2012年12月3日，《武汉市国有土地上房屋征收与补偿实施办法》（以下简称《实施办法》）公布，于2013年1月10日正式实施。为贯彻落实《实施办法》，进一步规范全市房屋征收行为，积极推动全市房屋征收工作，2013年，武汉市国土资源和规划局通过对全市房屋征收工作人员进行政策法规培训和考核发证，全面提高工作人员从业水平，确保房屋征收工作规范有序进行。2013年共核发《房屋征收工作上岗证》1026个。

六、编制2014年度中心城区旧城改建房屋征收计划

2013年9月，武汉市国土资源和规划局对各区房屋征收部门、市直有关单位下发了《关于开展编制我市房屋征收计划的通知》，全面启动了2014年度旧城改建类房屋征收计划申报和编制工作。按照通知要求，各区房屋征收部门、市直有关单位均上报了征收计划。经审查，并与各区人民政府和有关单位沟通，为全面对接“三旧”改造工作要求，保证各区重点功能区建设，有序推进旧城更新，同时做到科学、合理、有序及具有可操作，此次征收计划共拟定了199个征收项目，拟征收户数178249户，房屋建筑面积约1695.85万平方米，用地面积1223.27公顷（18349亩）。其中列入指令性计划项目 44 个，拟征收户数36441户，房屋征收总建筑面积334.15万平方米，征收用地面积289.53公顷（4343亩）。经征求市直相关部门及各区人民政府意见后，已上报武汉市人民政府审定，各区已将征收计划提交区人民代表大会审议通过。征收计划的编制，为各区开展旧城区改建房屋征收工作创造了条件、明确了目标。

七、服务和支持重大项目建设

2013 年，为深入开展党的群众路线实践教育活动，主动增强服务意识和工作效率，武汉市国土资源和规划局对承担的拆迁和征收完毕确认的审批职能，进一步细化了工作流程，进一步压缩了办理时限，并要求审批人员限时完成，以服务重大项目建设和城市建设需要。对市政基础设施、土地储备、经济适用房和危房改造等关系民生的重大项目，建立绿色通道，根据区房屋征收部门或拆迁人申请，积极办理房屋征收（拆迁）完毕验收确认。全年共受理 7 个房屋征收和 76 个房屋拆迁项目的完毕确认申请，均按时办结，有力地支持了轨道交通工程、旧城区改建等重大项目的建设，为推进武汉市城市建设作出了应有的贡献。

武汉市2013年中心城区房屋征收拆迁实际签约情况见表6-4-1；武汉市2013年中心城区房屋征收拆迁实际签约建筑面积比较见图6-4-1。

表 6-4-1　　武汉市 2013 年中心城区房屋征收拆迁实际签约情况统计表

区　域	户数 (户)	建筑面积 (万平方米)
江岸区	6836	60.52
江汉区	2506	29.66
硚口区	6819	54.10
汉阳区	7777	95.27
武昌区	2408	24.56
洪山区	1306	14.45
青山区	1665	11.77
东湖生态旅游风景区	0	0
合　计	29317	290.33

注：本表数据由武汉市国土资源和规划局提供。

图 6-4-1　　武汉市 2013 年中心城区房屋征收拆迁实际签约建筑面积比较示意图

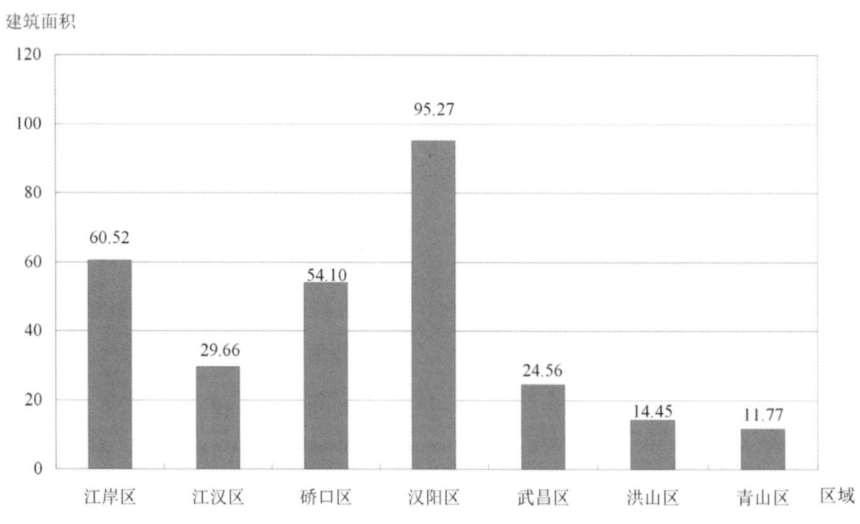

第五节 房屋白蚁防治管理

一、白蚁防治机构

截至2013年底，武汉市有房屋白蚁管理防治单位15家，均属全民事业编制，从业人员170余人，负责全市房屋白蚁预防灭治工作。武汉市2013年房屋白蚁管理防治单位名录见表6-5-1。

表6-5-1　　武汉市2013年房屋白蚁管理防治单位名录

序号	单位名称	负责人	地址	电话
1	武汉市白蚁防治管理办公室	原必荣	建设大道702号	85482317
2	武汉市白蚁防治研究所	原必荣	建设大道702号	85482317
3	武汉市白蚁防治研究所江岸防治站	詹利亚	江岸区中山大道997号	82818146
4	武汉市白蚁防治研究所硚口防治站	吴　勇	硚口区解放大道461号	82613143
5	武汉市白蚁防治研究所武昌防治站	黄义东	武昌区中山路195号	88227167
6	武汉市白蚁防治研究所汉阳防治站	柴卫国	汉阳赫山路昌家湾68号	84878773
7	武汉市白蚁防治研究所东湖防治站	陈晓露	武昌区鲁磨路216号	87786678
8	武汉市白蚁防治科技开发服务公司	陈晓露	江岸区发展大道369号	82804166
9	蔡甸区白蚁防治所	李建国	蔡甸大街163号	84948032
10	江夏区白蚁防治所	张劲涛	江夏区江夏大道189号	87954556
11	黄陂区白蚁防治所	熊　文	板桥大道287号	85914444
12	新洲区白蚁防治所	陈晓星	新洲区邾城街中和里	86921401
13	东西湖区白蚁防治所	张　敏	吴家山吴兴路6号	83250881
14	汉南区白蚁防治管理所	刘　军	汉南大道258号	84755085
15	武汉市白蚁防治研究所武钢白蚁防治站	李　强	青山区友谊大道935号	86805628

注：本表资料由武汉市白蚁防治管理办公室提供。

二、房屋白蚁防治工作

2013年，武汉市白蚁防治工作分为新建房屋白蚁预防和既有房屋白蚁灭治。凡在武汉市新建、改建、扩建的房屋均要进行白蚁预防，白蚁预防费均属行政事业性收费，由武汉市白蚁防治管理办公室负责统一征收，收费上缴市区政府国库。

（一）房屋白蚁危害分布

截至2013年底，据不完全统计，武汉市中心城区蚁害分布1945处，其中，公有房屋蚁害分布1214处，居民私有房屋蚁害分布731处。武汉市新城区蚁害分布150处，其中公有房屋蚁害分布31处，居民私有房屋蚁害119处。武汉市2013年中心城区白蚁灭治公房、私房分布情况见表6-5-2，武汉市2013年新城区白蚁灭治公房、私房分布情况见6-5-3。

表 6-5-2　　武汉市 2013 年中心城区白蚁灭治公房、私房分布情况统计表

单位：处

区 域	公 房	私 房	合 计
江岸区	277	50	327
江汉区	35	3	38
硚口区	30	32	62
汉阳区	271	497	768
武昌区	8	11	19
青山区	5	12	17
洪山区	8	5	13
武汉经济技术开发区	87	121	208
东湖新技术开发区	493	0	493
合 计	1214	731	1945

注：本表资料由武汉市白蚁防治管理办公室提供。

表 6-5-3　　武汉市 2013 年新城区白蚁灭治公房、私房分布情况统计表

单位：处

区 域	公 房	私 房	合 计
东西湖区	0	10	10
蔡甸区	12	14	26
江夏区	5	22	27
新洲区	8	57	65
黄陂区	3	14	17
汉南区	3	2	5
合 计	31	119	150

注：本表资料由武汉市白蚁防治管理办公室提供。

2013 年，武汉市对 772 个已进行新建预防的项目进行了返治处理（998 户），免费为 76 户困难残疾人、低保户家庭进行白蚁杀灭治理处理。

（二）白蚁预防情况

2013 年，武汉市新建、改建、扩建房屋白蚁预防 772 项（含 6 个新城区）；建筑面积 5522 万平方米；预防收费 8710 万元。全市房屋白蚁灭治 1450 户。

2013 年，对全市经白蚁预防处理满五年、十年和十五年的新建、改建、扩建房屋进行复查回访，发现蚁害后严格按照白蚁防治技术操作规范进行免费灭治，中心城区共 424 项工程，新城区 348 项。

（三）行业管理

经过白蚁预防施工处理后，由武汉市白蚁防治管理办公室会同新建房屋项目建设单位共同验收合格后即核发《新建房屋白蚁预防工程合格证书》。2013 年上半年，武汉市发放《新建房屋白蚁预防工程合格证书》585 份（其中中心城区 475 份，新城区 110 份）。

第六节 物业服务管理

一、商品住宅维修资金管理

2013年，武汉市商品住宅维修资金归集17.47亿元（累计交存89.16亿元），390个项目申请了3755.85万元维修资金（累计共有1348个项目申请1.37亿元维修资金），用于共用部位、共用设施设备保修期满后的维修、更新和改造，改善了居住环境，发挥了房屋"养老金"作用。武汉市2013年商品住宅物业维修资金交存标准见表6-6-1。

表6-6-1 武汉市2013年商品住宅维修资金交存标准一览表

<table>
<tr><th colspan="2">交存人</th><th colspan="2">交 存 标 准</th></tr>
<tr><td colspan="2" rowspan="4">开发建设单位</td><td>砖混结构住宅</td><td>10元/平方米</td></tr>
<tr><td>无电梯框架结构住宅</td><td>12元/平方米</td></tr>
<tr><td>有电梯14层以下（含14层）框架结构住宅</td><td>25元/平方米</td></tr>
<tr><td>有电梯15层以上（含15层）框架结构住宅</td><td>30元/平方米</td></tr>
<tr><td rowspan="6">购房人</td><td rowspan="2">2008年11月1日前签订买卖合同的</td><td>住 宅</td><td>购房款的2%</td></tr>
<tr><td>非住宅</td><td>购房款的1%</td></tr>
<tr><td rowspan="4">2008年11月1日后签订买卖合同的</td><td>砖混结构住宅</td><td>49元/平方米</td></tr>
<tr><td>无电梯框架结构住宅</td><td>55元/平方米</td></tr>
<tr><td>有电梯14层以下（含14层）框架结构住宅</td><td>61元/平方米</td></tr>
<tr><td>有电梯15层以上（含15层）框架结构住宅</td><td>73元/平方米</td></tr>
</table>

注：本表资料由武汉市住房保障和房屋管理局提供。

二、业主大会（业主委员会）管理

2013年，全市共有49个住宅小区（大厦）成立了业主大会，选举产生了业主委员会。业主大会制度的建立完善，一方面协调了业主与企业的关系，支持、配合了物业服务企业开展服务；另一方面加强了对物业服务企业提供服务的监督，维护了业主的合法权益，发挥了其自治管理作用。武汉市2013年成立备案的业主大会（业主委员会）名录见表6-6-2。

表 6-6-2　　武汉市 2013 年成立备案的业主大会（业主委员会）名录

序号	业主大会(业主委员会)名称	序号	业主大会(业主委员会)名称
江岸区		26	长江紫都紫薇苑小区
1	利源公寓	27	望山门新都
2	永清路 26 号	28	生物宿舍小区
3	二七人家小区	29	顶秀嘉园
4	高雄小区	30	凯乐花园
5	长江委上滑坡小区	31	电力小区
6	世纪大厦	32	静安上城
7	兵站宿舍	33	万科润园
8	药检所小区	34	临江府
9	星海蓝天	洪山区	
江汉区		35	南湖山庄秀
10	学林华府	36	星桥苑
11	长乐小区	37	开来九州国际
12	东方帝园	38	嘉隆小区
硚口区		39	相国花园
13	天勤花园	青山区	
14	博学仕府	40	青宜居小区
15	东辉花园	41	青扬十街
16	融侨锦城	42	新奥·依江畔园
17	金利屋	武汉经济技术开发区（汉南区）	
18	集贤书香苑	43	中环湖畔臻园小区
19	御景茗苑	44	金桥·太子湖 1 号
汉阳区		东湖新技术开发区	
20	十里华府	45	巴黎豪庭
21	赛博园	46	阳光在线
22	江城国际	东西湖区	
23	南国明珠	47	荣昌花园
武昌区		48	长源假日港湾（底层组团）
24	宏业家园	黄陂区	
25	佳韵小区	49	百秀名居大厦

注：本表资料由武汉市住房保障和房屋管理局提供。

三、物业招投标管理

2013 年，武汉市有 181 个物业项目实施了前期物业管理招投标，通过前期物业管理招投标，一方面大大增强了开发建设单位对物业管理的重视度，促使开发建设单位提高建设质量，加强物业建设和管理的衔接，减少了前期物业管理纠纷；另一方面，通过招投标竞争机制促进了物业服务企业市场意识、竞争意识的建立，全市物业管理水平也得到整体提升，物业管理市场化进程加快。武汉市 2013 年物业管理招投标项目见表 6-6-3。

表 6-6-3　　武汉市 2013 年物业管理招投标项目一览表

单位：万平方米

序号	项目名称	物业类型	建筑面积	招标单位	中标单位
江岸区					
1	百步亭·金桥汇	商住	10.72	武汉统建百步亭联合置业有限公司	武汉百步亭花园物业管理有限公司
2	御华园二期	商住	10.93	武汉银泰嘉园置业有限公司	武汉市嘉邦物业管理有限公司
3	后湖新都（紫御公馆）	商住	4.35	武汉竹叶山集团股份有限公司	武汉新地物业管理有限公司
4	星悦城（一期）	商住	18.44	武汉星科房地产开发有限公司	港联物业（武汉）有限公司
5	富强·天合园	住宅	6.07	武汉建工富强置业有限公司	武汉长富物业管理有限公司
6	紫澄花园	住宅	3.25	武汉中鄂联房地产股份有限公司	武汉靓江物业管理有限公司
7	石桥花园 A 区（一期）	住宅	12.43	武汉石桥集团有限责任公司	武汉庆福物业管理有限公司
8	我的寓所 C 地块（美伦美舍）	住宅	4.60	湖北天伦房地产开发有限公司	武汉天馨物业发展有限公司
9	幸福时代 A5、6	住宅	13.97	武汉统建百步亭联合置业有限公司	武汉百步亭花园物业管理有限公司
10	塔子湖组团J地块一期	住宅	12.52	武汉越秀嘉润房地产开发有限公司	越秀（武汉）物业服务有限公司
11	晋合·金桥世家	住宅	42.70	武汉三鼎地产开发有限公司	晋和物业管理（苏州）有限公司
12	天盛苑(公租房、廉租房)	住宅	5.55	武汉城开房地产开发有限公司	武汉嘉德虹景物业管理有限公司
13	海赋江城二期	住宅	44.51	中国水电建设集团房地产武汉有限公司	北京中水电物业管理有限公司
14	金岛·金桥壹号	商住	5.13	武汉中胜村城中村改造工程建设有限公司	港联物业（武汉）有限公司
15	楚邦·汉界	住宅	7.19	武汉凯通思房地产开发有限公司	武汉亲和物业管理有限公司
江汉区					
16	汉和·蕙苑	商住	4.86	武汉鑫汉和实业发展有限公司	武汉新世纪鸿光物业服务有限公司
17	新龙和苑	住宅	10	武汉新龙房地产开发有限公司	武汉龙源世纪物业服务有限公司
18	花楼街商住项目(武汉江汉区世纪江尚中心)	商住	60	和记黄埔地产（武汉江汉南）有限公司	和记物业服务（深圳）有限公司
19	泛海国际居住区·香海园兰海园	住宅	22.30	武汉中心大厦开发投资有限公司	泛海物业管理武汉有限公司
20	顶琇国际公馆	住宅	7.29	武汉乾敬置业发展有限公司	武汉顶琇物业有限公司
21	万科汉口传奇	住宅	29.27	武汉联投万科房地产有限公司	武汉嘉德虹景物业管理有限公司
22	泛海国际居住区·竹海园	住宅	11.61	泛海城市广场开发投资有限公司	泛海物业管理武汉有限公司

续表：

序号	项目名称	物业类型	建筑面积	招标单位	中标单位
23	都市花园·上园	住宅	4.95	武汉石油集团实友房地产开发有限公司	湖北佳汇物业服务有限公司
			硚　口　区		
24	保利·香槟国际	住宅	20.60	武汉保利金硚房地产开发有限公司	保利（武汉）物业管理有限公司
25	华汉广场	商住	5.18	武汉华嘉投资管理有限公司	武汉顺诚国创物业管理有限公司
26	辛鑫绣城	住宅	7.12	武汉市泰宇商贸有限公司	武汉威震隆昌物业服务有限公司
27	硚口金三角项目B地块	住宅	18.81	武汉越秀地产开发有限公司	武秀（武汉）物业服务有限公司
28	葛洲坝集团“双限双竞房”	住宅	7.35	湖北武汉葛洲坝实业有限公司	湖北武汉葛洲坝物业管理有限公司
29	九立中城长青国际	商住	9.74	武汉长青商贸有限公司	武汉雄鹏飞物业管理有限公司
30	江山如画四期A地块	住宅	10.21	武汉华通置业发展有限公司	武汉市江山如画物业管理有限公司
31	中民·长青里	商住	7.66	武汉中民置业有限公司	武汉建恒物业有限责任公司
			汉　阳　区		
32	黄金口岸（二期）	住宅	14.24	武汉赛博思住宅产业化发展有限公司	武汉天源物业管理有限责任公司
33	月湖琴声	商住	17.80	中维地产武汉有限公司	中维物业武汉有限公司
34	汉阳陶家岭还建小区前期物业服务	住宅	27.80	武汉陶家岭工贸发展有限公司	武汉江南实业集团物业管理有限公司
35	名流公馆NK3、NK4、NK5	商住	20.32	名流置业武汉有限公司	武汉名流幸福物业服务有限公司
36	广电·兰亭时代一期	住宅	12.84	武汉广泓房地产开发有限公司	武汉鑫广电物业管理有限公司
37	观澜国际（三期）	商住	17.50	武汉观澜置业有限公司	武汉观澜物业服务有限公司
38	新建磨山村城中村改造开发E地块（中国铁建·武汉国际城E地块）	商住	29.50	中铁房地产集团武汉有限公司	中铁建（北京）物业管理有限公司
39	汉阳人信汇天悦F地块	商住	23.73	湖北人信房地产开发有限公司	武汉和信物业管理有限公司
40	龙阳1号（二、三、四期）	住宅	29.50	武汉世纪龙阳置业有限公司	港联物业（武汉）有限公司
41	招商公园·1872A地块	住宅	54.54	武汉奥明房地产开发有限公司	武汉招商局物业管理有限公司
42	惠民苑三期	住宅	11.21	武汉市汉阳区住宅开发公司	武汉惠泉物业管理有限公司
43	金地城J5地块	住宅	21.43	武汉金地伟盛房地产开发有限公司	深圳金地物业管理有限公司
44	世茂锦绣长江C3地块	商住	25.51	武汉世茂锦绣长江房地产开发公司	上海世茂南京物业服务有限公司

续表：

序号	项目名称	物业类型	建筑面积	招标单位	中标单位
45	锦绣雅苑	住宅	15	武汉市雅苑房地产开发有限责任公司	武汉雅苑物业管理有限公司
46	琴台馨都	住宅	4.31	武汉铁桥房地产开发有限公司	武汉铁桥物业服务发展有限公司
47	汉阳 1889	住宅	17.50	武汉杰航投资发展有限公司	武汉信德中城物业管理有限公司
48	枫华锦都	商住	15.77	武汉枫星置业开发有限公司	武汉近邻物业管理有限公司
49	华润置地·中央公园三期	住宅	14.18	华润置地（武汉）发展有限公司	华润置地（武汉）物业管理有限公司
50	广电·兰亭时代 K1-2	住宅	19.37	武汉广泓房地产开发有限公司	武汉鑫广电物业管理有限公司
51	墨园（A 区、B 区）	住宅	13.31	湖北中创房地产开发有限公司	湖北新长江物业管理有限公司
52	恒大御景湾	商住	38.98	武汉恒大楚天房地产开发有限公司	金碧物业有限公司
53	东港国际花园	住宅	5.23	武汉东港地产有限公司	武汉精英物业服务有限公司
54	卧龙·墨水湖边	住宅	43.90	武汉卧龙墨水湖置业有限公司	长城物业集团股份有限公司
55	九龙仓·月玺	住宅	15.49	九龙仓（武汉）置业有限公司	武汉时代广场物业管理有限公司
56	国博新城·翘楚居	住宅	22.99	武汉国博文化旅游发展有限公司	武汉桥建物业发展有限公司
57	汉荣苑	商住	13.49	武汉汉阳经济开发区汉城村民委员会	武汉宏波物业管理有限公司
武　昌　区					
58	武汉绿地国际金融城 A03 地块	商住	38.90	武汉绿地滨江置业有限公司	长城物业集团股份有限公司
59	岭地·金居	住宅	5.08	武汉新八建筑集团房地产开发有限公司	武汉华罗利物业管理有限公司
60	中大长江紫都三期B1片	住宅	10.24	武汉市巡司河物业发展有限公司	绿城物业服务集团有限公司
61	武汉航天首府一期	商住	21.89	武汉三江航天投资发展有限公司	武汉三江物业管理有限公司
62	福星惠誉·水岸国际 K3、K4、K5、K6、K11	商住	40.30	武汉福星惠誉置业有限公司	武汉福星惠誉物业服务有限公司
63	东沙公寓	住宅	5.75	武汉城开房地产开发有限公司	武汉梅苑物业管理有限公司
64	联发·九都国际	商住	20.43	联发集团武汉房地产开发有限公司	厦门联发（集团）武汉服务有限公司
65	武汉 1818 中心二期	商住、酒店式公寓	13.69	湖北博瀚置业有限公司	武汉中铁凯博物业管理有限公司
66	百瑞景中央生活区五期	商住	22.09	中铁大桥局集团武汉地产有限公司	武汉万嘉宏泰物业管理有限公司
67	东原锦悦	商住	18.51	武汉东原瑞华房地产开发有限公司	重庆新东原物业管理有限公司
68	福星惠誉·国际城 K3、K4	商住	30.85	湖北福星惠誉洪山房地产有限公司	武汉福星惠誉物业服务有限公司

续表:

序号	项目名称	物业类型	建筑面积	招标单位	中标单位
69	融侨城 K3 地块	住宅	51.89	武汉融侨置业有限公司	福州融侨物业管理有限公司武汉分公司
70	武汉航天首府二期	住宅	13.08	武汉三江航天投资发展有限公司	武汉三江物业管理有限公司
			洪 山 区		
71	未来公馆	商住	4.26	武汉凯越房地产开发有限公司	武汉未来城物业管理有限公司
72	利加华庭	住宅	8.03	武汉利加房地产开发有限公司	武汉利加物业管理有限公司
73	芷岸龙庭	住宅	42.09	湖北广宏置业有限公司	武汉水蓝郡物业管理有限公司
74	城际花园	住宅	14.74	武汉天地源房地产开发有限公司	武汉新盛物业管理有限公司
75	保利·心语(九、十区)	商住	23.92	武汉林海房地产开发有限公司	保利(武汉)物业管理有限公司
76	名都花园南区一期	住宅	28.48	武汉城投房地产开发有限公司	武汉名星物业管理有限责任公司
77	清江锦城 K7 地块	住宅	27.50	武汉清能普提金置业有限公司	湖北清能佳苑物业服务有限公司
78	百胜·青城一品	住宅	7.86	武汉银燕经济发展有限公司	武汉市恒越物业管理有限公司
79	东方·玉龙居	住宅	18.78	武汉市洪山区人民政府和平街东方红村村民委员会	武汉天城居物业管理有限公司
80	东方雅园(三期)	住宅	27.30	武汉统建城市开发有限责任公司	武汉和而贵物业管理有限公司
81	湘龙鑫城二期	住宅	10.98	武汉湘龙华置业有限公司	武汉新盛物业管理有限公司
82	楚天府	商住	18.24	湖北强涛置业有限公司	武汉兴泰安物业管理有限公司
83	华润·紫云府	住宅	13.42	华润置地(武汉)发展有限公司	华润置地(武汉)物业公司
84	万科金色城市	住宅	24.24	武汉万科新里程房地产有限公司	武汉市万科物业服务有限公司
85	泓悦府	住宅	20.47	武汉泓江房屋建设有限公司	武汉祥鼎物业管理有限公司
86	佳兆业·金域天下 C 地块	商住	18.22	武汉市佳兆业投资有限公司	佳兆业物业管理(深圳)有限公司
87	武汉保利城(一期 B、C 区)	商住	26.83	湖北保利普提金置业有限公司	湖北保利物业管理有限公司
88	融科·花满庭	住宅	19.18	武汉市融汇置地房地产开发有限公司	武汉丽岛物业管理有限公司
89	清江锦城 K2 地块	住宅	23.55	武汉清能普提金置业有限公司	湖北清能佳苑物业服务有限公司
90	万象新城小区(三组团)	住宅	5.72	武汉建工富强置业有限公司	武汉富强园晨物业管理服务有限公司
91	武汉保利城(一期 A 区)	住宅	29.98	湖北保利普提金置业有限公司	湖北保利物业管理有限公司
92	复地悦城 K1 地块	商住	25.91	湖北光霞房地产开发有限公司	武汉东湖高地物业管理有限公司

续表：

序号	项目名称	物业类型	建筑面积	招标单位	中标单位
93	万科金色城市K3地块	住宅	28.27	武汉万科金色城市物业发展有限公司	武汉市万科物业服务有限公司
94	洪山村城中村改造开发用地K11地块（林屿岸）	商住	42.57	武汉虹玉置业有限公司	上海世茂南京物业服务有限公司
95	雄楚天地	商住	10.75	武汉三金房地产开发有限公司	港联物业（武汉）有限公司
96	湘龙鑫城三期	住宅	13.37	武汉湘龙华置业有限公司	武汉新盛物业管理有限公司
青　山　区					
97	武东金桂园	住宅	4.41	武汉怡佳房地产开发有限公司	武汉嘉恒物业管理有限公司
98	奥山世纪城K-1-2（澜橼）	住宅	21.00	武汉奥山世纪房地产开发有限公司	武汉福赛德物业管理有限公司
99	大华•铂金郦府	住宅	12.43	武汉大华东兴房地产有限公司	武汉大华物业管理有限公司
100	青康居	住宅	9.07	武汉地产开发投资集团有限公司	嘉信物业管理有限公司
101	中建•开元公馆	住宅	32.70	武汉中建开元地产开发有限公司	武汉中建三局物业管理有限责任公司
东湖生态旅游风景区					
102	纯水岸•东湖二期	住宅	61.22	武汉华侨城实业发展有限公司	深圳市华侨城物业服务有限公司武汉分公司
武汉经济技术开发区					
103	观澜外校城	住宅	10.21	武汉京瀚联创置业有限公司	武汉观澜物业服务有限公司
104	观澜御苑C地块三期	商住	14.73	武汉汉阳造地产开发有限公司	武汉华楚物业服务有限公司
105	金色港湾•双湖泊岸	商住	8.53	武汉新港美高房地产开发有限公司	武汉心港物业服务有限公司
106	观澜太子湖公园	住宅	5.68	武汉锦杭置业有限公司	武汉观澜物业服务有限公司
107	联投•金色港湾	住宅	23.58	武汉新港城建设投资有限公司	武汉心港物业服务有限公司
108	东本双限房一期工程	商住	18.97	武汉车都建设投资有限公司	武汉经开物业管理有限公司
东湖新技术开发区					
109	清水源三、四期	商住	10.60	武汉市江夏区土地综合开发利用总公司	武汉三木物业管理有限公司
110	清江山水3.1期	住宅	8.83	湖北清江置业有限责任公司	湖北清江物业有限责任公司
111	金地•雄楚1号一期	住宅	25.30	武汉市金地房地产开发有限公司	湖北虹景物业管理有限公司
112	长航•蓝晶国际(二期)	住宅	9.63	武汉长航美湾置业有限公司	武汉丽岛物业管理有限公司
113	丽岛•美生	住宅	15.34	武汉美生置业有限公司	武汉丽岛物业管理有限公司

续表：

序号	项目名称	物业类型	建筑面积	招标单位	中标单位
114	吴家湾御院住宅小区	住宅	12.64	湖北治历实业有限责任公司	湖北美佳和谐物业管理有限公司
115	金地·雄楚1号二期	住宅	22.01	武汉金地房地产开发有限公司	湖北虹景物业管理有限公司
116	光谷地产桃花源	住宅	10.00	武汉光谷地产有限公司	武汉居友物业管理有限公司
117	宝业·光谷丽都	商住	12.29	湖北宝业房地产开发有限公司	绍兴市宝业物业管理有限公司湖北分公司
118	名湖豪庭（一期）	住宅	20.51	南源置业（武汉）有限公司	泉州南方物业管理有限公司
119	山河·龙洲城	商住	16.18	武汉新地标房地产开发有限公司	武汉祺浩物业管理有限公司
120	联投·花山郡一期一组团	住宅	16.13	武汉联投生态城房地产有限公司	武汉联投物业有限公司
121	光谷地产·鑫龙湾（一、三期）	商住	12.07	武汉光谷地产有限公司	武汉居友物业服务有限公司
122	碧桂园·生态城二期	商住	60.15	武汉生态城碧桂园投资有限公司	广东碧桂园物业服务有限公司
123	普天物联网创新研发基地（关谷汇金中心一期）	办公、研发	4.46	武汉普天创新物联网科技开发有限公司	武汉锦浩天物业管理有限公司
124	保利·时代（一期）	商住	14.00	武汉保利金谷房地产开发有限公司	保利（武汉）物业管理有限公司
125	新世界恒大华府二期	住宅	2.16	武汉东湖恒大房地产开发有限公司	新世界发展（武汉）物业管理有限公司
126	光谷地产·梅花坞	住宅	12.16	武汉光谷地产有限公司	武汉居友物业服务有限公司
127	万科城花璟苑	商住	17.54	武汉万科城花璟苑房地产有限公司	武汉市万科物业服务有限公司
128	清江山水3.2期	住宅	8.13	湖北清江置业有限责任公司	湖北清江物业有限责任公司
129	武汉光谷朗诗城北区	商住	20.59	武汉朗华置业有限公司	南京朗诗物业管理有限公司
130	金地·格林东郡一期	住宅	9.36	武汉金地普盈置业有限公司	深圳市金地物业管理有限公司
131	光谷8号一期（K25地块）	住宅	7.26	武汉祥福瑞德房地产开发有限公司	武汉兆嘉物业管理有限公司
			东西湖区		
132	常青花园六号小区南区	住宅	25.55	武汉新世界康居发展有限公司	武汉新康物业管理有限公司
133	丰尚时代广场·熙龙湾	住宅	11.30	武汉丰尚高科置业有限公司	深圳市金阳成物业管理有限公司
134	金湖王府	商住	28.50	武汉海螺置业发展有限公司	武汉兴业物业管理有限公司
135	华星·晨龙城C区（C1-C4）	商住	9.98	武汉华星房地产有限公司	武汉美好物业管理有限公司
136	城市空间（龙耀华府）	住宅	9.88	湖北龙耀房地产有限公司	武汉龙耀物业管理有限公司
137	万丰丰泽园	住宅	16.38	武汉万丰房地产开发有限公司	武汉天昌物业管理有限公司

续表：

序号	项目名称	物业类型	建筑面积	招标单位	中标单位
138	丰尚·御龙湾	住宅	16.36	武汉大草原置业有限公司	北京市北宇物业服务公司
139	银湖御品(裕亚银湖城·南苑)	商住	16.13	武汉裕亚物业有限公司	武汉明逸物业服务有限公司
140	海林阳光城一期	商住	13.58	湖北万德利置业有限公司	武汉华海林物业管理有限公司
141	国际丽都(家美天晟阳光城）一期	住宅	11.71	家美天晟武汉置业发展有限公司	武汉盛大物业发展有限公司
142	金盛·国际(金银湖广场二期)	住宅	7.38	武汉昆斯兰置业投资有限公司	武汉金盛阅景物业有限公司
143	汉口印象（A 区）	住宅	10.32	家美天晟武汉置业发展有限公司	武汉美好家时代物业管理有限公司
			汉南区		
144	紫阳·天玺	商住	28.36	武汉紫阳天投资管理有限公司	湖北楚世家物业管理有限公司
			蔡甸区		
145	武汉·中国健康谷(一期)	住宅	10.82	武汉健康谷地产开发有限公司	武汉市万保物业管理有限公司
146	九坤·翰林苑	商住	18.48	武汉九坤置业投资有限公司	武汉博生物业管理有限公司
			江夏区		
147	江南名都	商住	3.75	武汉天元物业发展有限公司	武汉市凯翔物业管理有限公司
148	藏龙·倚湖逸居	住宅	6.96	武汉藏龙集团有限公司	武汉新东原物业管理有限公司
149	二和·光谷道	商住	9.92	武汉风驰置业发展有限公司	武汉精城筑家物业管理有限公司
150	鹏湖湾（一期）	住宅	12.04	武汉伟鹏房地产开发建筑有限公司	武汉国金物业管理有限责任公司
151	联投·荣域	住宅	26.02	武汉联投同城时代置业有限公司	武汉丽岛物业管理有限公司
152	中建·汤逊湖壹号(二期)	住宅	9.45	中建地产（武汉）有限公司	北京中建物业管理有限公司武汉分公司
153	华舟汀岸	住宅	6.84	武汉华舟置业有限公司	武汉华舟汀岸物业管理有限公司
154	侨亚康瑞颐乐园	商住	10.14	武汉侨亚置业集团有限公司	武汉怡心物业服务有限公司
155	丰泽苑三期 A1 区	商住	13.90	武汉东湖科技创业农庄有限公司	武汉海悦珠江物业管理有限公司
156	菩提苑（二期）	住宅	20.76	武汉海兴房地产开发有限公司	武汉赢远资产经营管理有限公司
157	新长江香榭湾	住宅	11.99	武汉新长江世纪地产有限公司	湖北新长江物业管理有限公司
158	联投·广场住宅区	住宅	29.69	武汉联投鼎成置业有限公司	武汉联投泰格物业管理有限公司
159	江南明珠·江夏名苑	商住	6.42	武汉江南实业集团房地产开发有限公司	武汉江景物业管理有限公司

续表：

序号	项目名称	物业类型	建筑面积	招标单位	中标单位
160	联投·龙湾（二期B区）	住宅	22.40	武汉鸿信世纪置业有限公司	武汉联投泰格物业管理有限公司
161	天纵·水晶郦都二期三组团	住宅	17.92	湖北天纵藏龙置业发展有限公司	武汉康城兴业物业管理有限公司
162	龙苑澜岸一期	住宅	18.00	湖北房地产投资集团怡龙苑项目有限公司	湖北宏达物业管理有限公司
163	联发·龙湾（二期）	住宅	26.43	武汉鸿信世纪置业有限公司	武汉联投物业有限公司
164	南车花园	商住	38.60	武汉领军置业有限公司	武汉建苑物业管理有限公司
165	阳光100大湖第	商住	73.84	湖北阳光一百房地产开发有限公司	湖南阳光壹佰物业服务有限责任公司武汉分公司
166	渔人码头一、二、三期及杉荷湾B、C区	商住	21.20	武汉大都天晟置业有限公司	武汉市美好家园物业管理有限责任公司
167	齐心新社区二期住宅及配套	住宅	14.89	武汉市江夏城建投资有限公司	武汉市宜家园物业服务有限公司
			黄　陂　区		
168	黄陂春天	商住	4.28	武汉市黄陂西城房屋开发有限公司	武汉居家空间物业管理有限公司
169	南德·国际城（二期）	商住	13.07	武汉鑫万利置业有限公司	武汉港人物业管理有限公司
170	汉飞·洋房印象	住宅	15.15	汉飞投资控股集团有限公司	武汉恒卓物业管理有限公司
171	星之源·武湖新天地（一期）	住宅	20.50	武汉星之源置业有限公司	武汉星家园物业管理公司
172	航天龙城	住宅	11.56	武汉三江航天盘龙城房地产开发有限公司	武汉三江物业管理有限公司
173	梨韵华府	商住	7.65	武汉锋华秋实房地产开发有限公司	武汉六本物业管理有限公司
174	F学府	住宅	19.32	武汉恒安房地产开发有限公司	榕筑（武汉）物业发展有限公司
175	万基国际广场（一期）	商住	9.05	湖北吉泰置业有限公司	武汉万基物业管理有限公司
176	黄陂人信城一期	住宅	12.95	武汉人信新城房地产开发有限公司	武汉和信物业管理有限公司
177	江尚怡品	住宅	3.41	武汉市鑫鸿湖实业有限公司	武汉怡居物业管理有限公司
			新　洲　区		
178	湖北农机展示中心（平江壹号）	住宅	8.08	湖北心晋置业发展有限公司	武汉佳睦物业服务有限公司
179	御龙新城	商住	8	武汉市长江通讯房地产开发有限公司	武汉美好愿景物业管理有限公司
180	阳光新港	住宅	35.28	武汉常青城市综合开发有限公司	武汉美好愿景物业管理有限公司
181	新澳·城市印象	商住	14.39	武汉新澳房地产开发有限责任公司	武汉新澳物业管理有限公司

注：本表数据由武汉市住房保障和房屋管理局提供。

四、中心城区老旧住宅区物业服务工作

2013年是全市中心城区老旧住宅区社区物业服务纳入城市综合管理考评工作实施的第二年。武汉市房管局在各区政府、区房管局的大力支持下，继续推动老旧住宅区物业服务纳入城管考评工作稳步前进。在保持2012年考评成果的基础上，新增150个社区内实施封闭化物业管理的物业服务区域纳入城市综合管理进行考评，考评的320个社区物业服务区域基本实现“十有”标准。

一年来，武汉市房管局督促纳入城市综合管理考评的社区物业服务区域积极开展环境整治和物业服务必备设施设备完善工作，共计增建和改造非机动车棚417个，增建拦车器117个，标划汽车停车位线、行车线3869条，设置交通标识233个，设立室外晒衣架3430个。全市中心城区老旧住宅区社区物业服务纳入城市综合管理考评机制逐渐完善，考评带来的整治效果给广大居民群众切实带来了实惠和便利。武汉市2013年老旧住宅区物业服务纳入城市综合管理考评社区名单见表6-6-4。

表6-6-4 武汉市2013年老旧住宅区物业服务纳入城市综合管理考评社区名单

序号	市区名称	街道名称	社区数	纳入城管考评社区名称
1	江岸区	大智街	2	先锋社区、保成社区
2		一元街	3	岳飞社区、坤厚社区、天津社区
3		车站街	2	辅仁社区、辅堂社区
4		四唯街	2	六合社区、麟趾社区
5		永清街	2	仁义社区、沈阳社区
6		球场街	1	同庆阁社区
7		西马街	3	熊家台社区、香港社区、光荣坊社区
8		劳动街	3	国信院社区、艺苑社区、长江委社区
9		花桥街	4	科苑社区、望才里社区、蔡家田社区、田园社区
10		台北街	2	宝岛社区、花莲社区
11		二七街	4	雷院社区、二炮社区、上滑社区、罗家庄社区
12		新村街	2	长湖地社区、铁南社区
13		丹水池街	3	丹西社区、丹北社区、江北社区
14	江汉区	民权街	2	积庆社区、民生社区
15		满春街	2	长堤社区、中大社区
16		花水街	1	东民社区
17		前进街	2	永安社区、燕马社区
18		民意街	2	天仁社区、永丰社区

续表：

序号	市区名称	街道名称	社区数	纳入城管考评社区名称
19	江汉区	新华街	1	江北社区
20		万松街	3	青松社区、王家墩社区、航空社区
21		北湖街	2	德望社区、横堤社区
22		唐家墩街	4	汽运社区、马场社区、香江社区、新村社区
23		常青街	2	银河社区、扬子（北片）社区
24		汉兴街	4	和祥里社区、华苑里社区、常四社区、水仙里社区
25	硚口区	易家街	1	工农路社区
26		长丰街	1	正康社区
27		古田街	4	古三社区、古画社区、军院社区、万人社区
28		韩家墩街	4	古四社区、曾家社区、四新社区、公安社区
29		宗关街	1	变电社区
30		汉水桥街	4	海工社区、营南社区、解放社区、皮子街社区
31		宝丰街	2	3506社区、桥北社区
32		荣华街	3	武胜社区、建国社区、集贤里社区
33		汉中街	2	军工社区、尚义社区
34		六角亭街	1	游艺社区
35	汉阳区	晴川街	1	洗马社区
36		建桥街	3	南城社区、古楼社区、莲花湖社区
37		翠微街	2	车站社区、归元社区
38		鹦鹉街	2	桥机社区、自力社区
39		洲头街	1	向阳社区
40		五里墩街	3	五湖里社区、五园里社区、五麒里社区
41		琴断口街	3	百灵社区、桃花岛社区、紫荆花社区
42		江汉二桥街	3	知音东苑社区、水仙里社区、恒富苑社区
43		永丰街	1	汉莎社区

续表：

序号	市区名称	街道名称	社区数	纳入城管考评社区名称
44	武昌区	杨园街	4	四美塘社区、粤汉里社区、建设新村社区、铁机路社区
45		徐家棚街	4	长轮社区、徐东社区、武车四村社区、秦臻路社区
46		积玉桥街	2	新河社区、中山社区
47		中华路街	3	西城壕社区、新华村社区、户部巷社区
48		粮道街	2	昙华林社区、小东门社区
49		黄鹤楼街	2	西厂口社区、彭刘杨路社区
50		紫阳街	3	歌笛湖社区、工程营社区、解放路社区
51		白沙洲街	2	堤东社区、佳韵社区
52		首义路街	2	武南社区、老车站社区
53		中南路街	5	紫阳东路社区、莲溪寺社区、小刘家湾社区、宝通寺社区、石牌岭社区
54		水果湖街	4	放鹰台社区、徐东路社区、姚家岭社区、新建社区
55	洪山区	珞南街	3	元宝林社区、广埠屯社区、方桂园社区
56		关山街	3	关山口社区、汽标社区、湖电社区
57		狮子山街	2	珞狮路社区、通惠社区
58		和平街	1	综合社区
59		卓刀泉街	1	鲁广社区
60		张家湾街	2	张家湾社区、建材社区
61	青山区	白玉山街	1	康乐社区
62		红卫路街	1	聚友社区
63		钢花村街	1	青翠苑社区
64		武东街	2	航舵社区、铸锻社区

注：本表数据由武汉市住房保障和房屋管理局提供。

五、物业服务企业资质管理

2013年，武汉市万科物业服务有限公司、武汉美好物业管理有限公司、武汉同济物业管理有限公司、湖北楚世家物业管理有限公司、新世界发展（武汉）物业管理有限公司、武汉百步亭花园物业管理有限公司、保利（武汉）物业管理有限公司、武汉天宇弘物业管理有限公司、武汉新地物业管理有限公司取得住建部颁发的一级资质证书。武汉和而贵物业管理有限公司等9家物业服务企业取得省住建厅颁发的二级资质证书。全年，武汉市房管局新批准物业服务企业（三级暂定）186家，核定三级企业129家。

第七节　中介服务管理

一、经纪服务企业管理

2013 年，武汉市房管、工商部门依据武汉市实际，联合制定了《2013 年全市房地产经纪市场专项治理检查工作方案》(武房发〔2013〕132 号）文件，在全市全面开展房地产经纪市场专项检查工作，严厉查处市场中存在的违法行为，切实维护消费者合法权益，进一步规范市场秩序，取得了显著成效。

根据文件要求，全市成立由房管、工商部门分管领导任组长的市、区房地产中介市场专项治理工作专班 16 个，对外共设立举报电话 32 部。8 月初开始，各区房管、工商部门根据市局统一安排，结合各区实际制订工作方案，组织辖区内各房地产经纪机构完成学习动员，开展自查工作。据统计，全市通过内网发布或现场发放自查表 1267 份，回收 953 份，回收率为 75.22%。9 月初至 10 月底，市、区 15 个工作专班共抽调 102 人，分别对全市 1297 家从事房地产经纪的经营门店进行全面普查，同时对 27 条重点街道和 112 家有投诉的经纪机构进行了复查。

检查中发现：171 家经纪机构未取得工商营业执照非法从事房地产经纪业务；2 家工商营业执照不规范（无名称)；取得个体工商执照但未在房产管理部门备案的有 86 家；1 家房地产经纪机构擅自制作假备案证；271 家未按规定使用统一格式合同文本；113 家销售现场未公示商品房销售委托书和批准销售商品房的有关证明文件；57 家代理机构存在以诱导、教唆、协助购房人通过伪造证明材料骗取购房资格；21 家机构存在骗取或骗贷住房公积金、规避限贷的行为；有 75 家存在基本备案信息（如办公地点、法人基本信息、注册资本、持证经纪人等）变更不及时现象；347 家门店悬挂不规范收费展板，现场收缴撤除不规范收费展板 37 块；统一规范了 209 家经营门店；查出 85 家中介机构张贴违规房源（合同房）信息或广告，并现场收缴 146 张不实房屋信息；查处低价收进高价租出赚取房屋租金差价的行为 31 起。对上述违规机构各区已现场下发整改通知书 816 份，督办 231 例，办结率 100%；对未备案机构所在区已分别督促机构按要求在 30 日内开始补办房地产经纪机构备案证。

全年通过各类媒体曝光 9 起；行业协会通报批评 3 起；查处超经营范围参与或擅自改变房屋内部结构分割出租，为不符合安全、防灾标准的房屋提供租赁经纪服务行为 21 起。

二、评估机构管理

目前，武汉市共有房地产估价机构 53 家。其中，一级机构 10 家（其中省外一级机构在汉分支机构 3 家)，二级机构 26 家，三级机构 17 家。全市注册房地产估价师约 630 人，其中专职注册房地产估价师约 560 人，行业从业人员千余人。2013 年，全市房地产估价机构共承接评估业务 34430 起，评估总建筑面积约 6130 万平方米，评估收入 1.68 亿元。

2013 年，为了加强房地产估价行业的监管，对机构认真执行不定期考评制度。考评内容主要包括人员管理、机构内部管理、经营业绩和报告质量 4 个方面，并将考评结果作为机构年检、升级的重要依据之一。同时开展了武汉市存量非住宅评税系统的具体开发建设工作。根据国家税务总局、武汉市政府等相关部门的要求，开发了武汉市存量住宅评税系统。至 2013 年底，存量住宅评税系统已上线近 3 年，运行情况良好，在节约征纳成本、增加税收方面起到积极的作用。2014 年市房管局启动了存量非住宅评税系统建设工作，预计 2015 年 1 月 1 日完成全市的上线试运行工作。

PART ③ 开发篇

第七章　房地产开发

第一节　房地产开发概况

2013年，武汉市房屋施工面积为8545.13万平方米，同比增长24.51%；其中，新开工面积为2791.80万平方米，同比增长30.36%。住房施工面积为6225.75万平方米，同比增长22.82%；其中，住房新开工面积为2057.15万平方米，同比增长27.21%，占房屋新开工面积的73.68%；房屋竣工面积为679.31万平方米，同比减少35.43%。其中，住房竣工面积为529.70万平方米，同比减少41.05%，占房屋竣工面积的77.98%。2013年全市人均住房建筑面积达34.75平方米/人，比2012年提高1平方米/人。房地产开发完成投资为1905.60亿元，同比增长21%，占全社会固定资产投资31.70%；其中住房开发投资为1250.78亿元，同比增长26.16%。武汉市2003—2013年房屋开发情况见表7-1-1。

表7-1-1　　武汉市2003—2013年房屋开发情况统计表

单位：万平方米（面积）；亿元（投资额）

年度	房屋施工面积		房屋新开工面积		房屋竣工面积				自年初累计投资额	
	合计	住宅	合计	住宅	合计	住宅	营业用房	办公楼	合计	住宅
2003年	1977.94	1679.66	891.63	797.21	689.45	624.29	34.81	17.14	170.41	140.88
2004年	2438.99	2012.37	1055.22	897.22	702.29	608.91	39.17	25.69	233.30	195.72
2005年	2749.63	2297.96	1195.40	1047.69	816.72	722.25	56.49	28.75	297.99	216.85
2006年	2876.92	2429.16	1074.88	968.06	873.83	774.47	45.06	30.82	366.15	271.80
2007年	3195.41	2659.56	1174.11	1038.12	933.37	811.62	56.76	37.18	459.75	329.54
2008年	3798.10	3222.14	1447.28	1232.98	869.83	768.23	43.93	20.51	570.36	424.97
2009年	4487.38	3580.99	1651.17	1247.61	945.05	824.58	79.24	21.71	778.59	498.04
2010年	5068.42	3811.68	2626.27	1931.53	919.40	733.48	72.93	20.03	1017.40	595.33
2011年	5961.06	4500.77	2097.84	1583.01	1064.06	921.98	69.34	24.05	1274.17	737.31
2012年	6862.97	5068.97	2141.68	1617.07	1052.13	898.57	86.25	17.07	1574.86	991.41
2013年	8545.13	6225.75	2791.80	2057.15	679.31	529.70	63.77	33.42	1905.60	1250.78

注：本表数据来自《武汉统计年鉴》。

第二节 房地产开发投资

一、房地产开发投资分类

2013年，武汉市房地产开发投资总额1905.60亿元，按企业登记注册类型分，武汉市内资企业投资额1755.95亿元，港、澳、台商投资企业投资额104.45亿元，外商投资企业投资额45.20亿元。武汉市2012—2013年房地产开发投资比较情况（按企业登记注册类型分）见表7-2-1。

表7-2-1　　武汉市2012—2013年房地产开发投资比较统计表

（按企业登记注册类型分）

单位：亿元（投资额）；%（增长率）

项　目	2012年	2013年	增长率
内资企业	1410.47	1755.95	24.49
国有企业	164.99	147.19	－10.79
集体企业	17.36	11.34	－34.68
联营企业	0.62	0.84	35.48
有限责任公司	594.30	873.50	46.98
股份有限公司	186.90	213.77	14.38
私营个体企业	376.47	460.73	22.38
其他内资企业	68.27	42.85	－37.23
港、澳、台商投资企业	97.08	104.45	7.59
外商投资企业	67.32	45.20	－32.86

注：本表数据来自《武汉统计年鉴》。

2013年，武汉市建筑工程、安装工程、设备工(器)具购置投资额分别为1186.54亿元、154.17亿元、52.28亿元，其他费用中土地购置费为275.98亿元。武汉市2012—2013年房地产开发投资比较情况（按构成分）见表7-2-2。

表7-2-2　　武汉市2012—2013年房地产开发投资比较统计表

（按构成分）

单位：亿元（投资额）；%（增长率）

项　目	2012年	2013年	增长率
建筑工程	984.99	1186.54	20.46
安装工程	137.04	154.17	12.50
设备工（器）具购置	41.57	52.28	25.76
其他费用	411.26	512.61	24.64
土地购置费	247.40	275.98	11.55

注：本表数据来自《武汉统计年鉴》。

2013 年，武汉市住宅、办公楼、商业营业用房的投资额分别为：1250.78 亿元、123.68 亿元、274.26 亿元。武汉市 2012—2013 年房地产开发投资比较情况（按工程用途分）见表 7-2-3。

表 7-2-3　　武汉市 2012—2013 年房地产开发投资比较统计表

（按工程用途分）

单位：亿元（投资额）；%（增长率）

项　目	2012 年	2013 年	增长率
住宅投资	991.41	1250.78	26.16
别墅、高档公寓	50.12	42.78	－14.64
办公楼	126.47	123.68	－2.21
商业营业用房	201.53	274.26	36.09
其他	255.46	256.88	0.56

注：本表数据来自《武汉统计年鉴》。

二、房地产开发投资经济效益

2013 年，武汉市房地产开发固定资产交付使用率为 22.5%；房屋建筑面积竣工率为 7.9%；平均建设周期为 4.6 年。武汉市 2012—2013 年房地产开发投资经济效益比较情况见表 7-2-4。

表 7-2-4　　武汉市 2012—2013 年房地产开发投资经济效益比较统计表

项　目	2012 年	2013 年
1. 固定资产交付使用率（%）	38.3	22.5
新增固定资产（亿元）	602.63	427.81
投资额（亿元）	1574.86	1905.60
2. 房屋建筑面积竣工率（%）	15.3	7.9
房屋竣工面积（万平方米）	1052.13	679.31
房屋施工面积（万平方米）	6862.97	8545.13
住宅建筑面积竣工率（%）	17.7	8.5
住宅竣工面积（万平方米）	898.57	529.70
住宅施工面积（万平方米）	5068.97	6225.75
3. 建设周期（年）	4.5	4.6
计划总投资额（亿元）	7103.68	8735.22
投资额（亿元）	1574.86	1905.60

注：本表数据来自《武汉统计年鉴》。

2013年，武汉市房屋竣工面积679.31万平方米，竣工房屋价值227.99亿元，其中住宅竣工面积529.70万平方米，价值181.05亿元。武汉市2012—2013年房屋竣工面积及价值比较情况见表7-2-5。

表7-2-5 武汉市2012—2013年房屋竣工面积及价值比较统计表

项 目	房屋竣工面积（万平方米）			竣工房屋价值（亿元）		
	2012年	2013年	增长率（%）	2012年	2013年	增长率（%）
住宅	898.57	529.70	－41.05	352.61	181.05	－48.65
别墅高档公寓	26.12	18.14	－30.55	18.04	18.17	0.72
办公楼	17.07	33.42	95.78	7.37	8.86	20.22
商业营业用房	86.25	63.77	－26.06	52.30	24.95	－52.29
其他	50.23	52.42	4.36	16.93	13.12	－22.50
合 计	1052.13	679.31	－35.43	429.21	227.99	－46.88

注：本表数据来自《武汉统计年鉴》。

三、房地产开发资金来源

2013年，武汉市房地产开发企业实际到位资金合计2945.31亿元，较2012年增长9.80%。全年各项应付款422.37亿元，其中应付工程款200.42亿元，分别较2012年增加53.67%和33.59%。武汉市2012—2013年房地产开发资金来源比较情况见表7-2-6。

表7-2-6 武汉市2012—2013年房地产开发资金来源比较统计表

单位：亿元（资金）；%（增长率）

项 目	2012年	2013年	增长率
本年实际到位资金合计	2682.38	2945.31	9.80
上年末结余资金	483.86	516.46	6.74
本年实际到位资金小计	2198.52	2428.86	10.48
国内贷款	366.46	548.03	49.55
其中：银行贷款	330.54	483.68	46.33
利用外资	1.27	0	－100
其中：外商直接投资	1.22	0	－100
自筹资金	857.24	879.28	2.57
其中：自有资金	338.10	407.38	20.49
其他资金来源	973.56	1001.55	2.88
本年各项应付款合计	274.85	422.37	53.67
其中：工程款	150.03	200.42	33.59

注：本表数据来自《武汉统计年鉴》。

第三节　房地产开发企业开发投资

2013年，武汉市房地产开发企业完成投资达1905.60亿元，其中：一级、二级、三级资质开发企业完成的投资额分别为216.24亿元、479.90亿元、281.61亿元。武汉市2013年房地产开发企业开发投资情况见表7-3-1—7-3-3(各表中总计数含一、二、三级及其他级别资质企业投资数)。

表7-3-1　武汉市2013年房地产开发企业开发投资情况统计表

（按企业资质分）

单位：亿元

指　　标	总计	一级资质企业	二级资质企业	三级资质企业
计划总投资额	8735.22	1199.78	2411.27	1173.98
开始建设至本年底累计完成投资额	5675.96	837.95	1628.00	861.06
本年完成投资额	1905.60	216.24	479.90	281.61

注：本表数据来自《武汉统计年鉴》。

表7-3-2　武汉市2013年房地产开发企业开发投资情况统计表

（按构成分）

单位：亿元

指　　标	总计	一级资质企业	二级资质企业	三级资质企业
建筑工程	1186.54	148.63	328.30	151.51
安装工程	154.17	15.10	38.76	42.05
设备工（器）具购置	52.28	4.93	7.27	13.16
其他费用	512.61	47.58	105.57	74.90
旧建筑物购置费	27.35	0.40	2.22	10.87
土地购置费	275.98	28.40	62.99	32.82

注：本表数据来自《武汉统计年鉴》。

表7-3-3　武汉市2013年房地产开发企业开发投资情况统计表

（按工程用途分）

单位：亿元

指　　标	总计	一级资质企业	二级资质企业	三级资质企业
住　宅	1250.78	137.77	322.76	154.46
90平方米以下住房	390.91	83.43	70.71	45.28
别墅、高档公寓	42.78	2.43	22.59	5.79
办公楼	123.68	9.95	31.06	19.02
商业营业用房	274.26	37.60	63.69	62.93
其　他	256.88	30.91	62.39	45.21

注：本表数据来自《武汉统计年鉴》。

2013年，武汉市房地产开发企业完成房屋施工面积8545.13万平方米，其中：一级、二级、三级资质开发企业分别完成947.79万平方米、2193.47万平方米、1487.36万平方米。全市完成房屋竣工面积679.31万平方米，其中：一级、二级、三级资质开发企业分别完成89.16万平方米、174.60万平方米、114.62万平方米。武汉市2013年房地产开发企业开发情况见表7-3-4（总计数含一、二、三级及其他级别资质企业完成的相关数据）。

表7-3-4　　武汉市2013年房地产开发企业开发情况统计表

单位：万平方米（面积）；亿元（资产）

指　　标	总计	一级资质企业	二级资质企业	三级资质企业
本年新增固定资产	427.81	45.92	76.64	149.72
待开发土地面积	560.66	30.13	57.27	48.89
本年购置土地面积	502.82	29.93	28.83	32.70
房屋施工面积	8545.13	947.79	2193.47	1487.36
住宅施工面积	6225.75	768.84	1553.25	1040.06
90平方米以下住房施工面积	1877.67	376.19	431.01	212.48
别墅、高档公寓施工面积	207.52	14.02	56.47	50.81
办公楼施工面积	396.01	39.24	118.95	49.57
商业营业用房施工面积	926.79	81.20	280.96	283.58
其他房屋施工面积	996.53	58.51	240.31	114.15
本年新开工面积	2791.80	165.12	609.42	434.40
本年新开工住宅面积	2057.15	128.05	459.93	310.84
本年新开工90平方米以下住房面积	458.96	24.68	57.49	65.36
本年新开工别墅、高档公寓面积	45.68	0.66	14.02	2.43
本年新开工办公楼面积	135.58	18.74	32.46	21.84
本年新开工商业营业用房面积	270.91	3.06	69.98	57.65
本年新开工其他房屋面积	328.15	15.26	47.06	44.07
房屋竣工面积	679.31	89.16	174.60	114.62
住宅竣工面积	529.70	51.87	135.26	89.69
90平方米以下住房竣工面积	120.83	27.05	43.38	13.54
别墅、高档公寓竣工面积	18.14	0	12.82	5.31
办公楼竣工面积	33.42	12.50	10.30	4.14
商业营业用房竣工面积	63.77	16.12	20.27	11.24
其他房屋竣工面积	52.42	8.67	8.77	9.55

注：本表数据来自《武汉统计年鉴》。

第四节　房地产开发工程造价

武汉市 2013 年典型建筑工程情况见表 7-4-1—7-4-7。

表 7-4-1　　　　武汉市 2013 年典型建筑工程概况一览表

层　数	结构	建筑面积（平方米）	基　础	主　　体
6 层以下住宅楼	砖混	＜3000	桩承台	多孔砖墙体材料，现浇构造柱、矩形柱、梁、平板、预应力钢筋混凝土空心板，水泥砂浆楼地面，卷材防水屋面，木门、塑钢窗，天棚及内粉为混合砂浆，外墙涂料
7—8 层住宅楼	框架	3000—6000	桩承台	多孔砖墙体材料，现浇柱、梁、平板、预应力钢筋混凝土空心板，水泥砂浆楼地面，卷材防水屋面，木门、塑钢窗，内粉及天棚水泥砂浆、106 涂料，外墙面砖
9—14 层住宅楼	框剪	6000—10000	桩承台	加气砼砌块墙体材料，钢筋混凝土剪力墙，钢筋混凝土柱、梁、板，水泥砂浆彩釉砖楼地面，英红瓦防水屋面，木门、塑钢门窗，天棚、内粉混合砂浆、涂料，外墙面砖及涂料
15 层以上住宅楼	框剪	＞10000	桩承台 满堂基础	加气砼砌块墙体材料，钢筋混凝土剪力墙，钢筋混凝土柱、梁、板，水泥砂浆楼地面，刚性屋面、水泥珍珠岩保温层，木门、钢门、钢窗，天棚、内粉混合砂浆、106 涂料，外墙贴面砖
6 层以下写字楼	框架	6000—10000	桩承台	加气砼砌块墙体材料，现浇柱、梁、板，水磨石楼地面、局部花岗岩，APP 卷材隔热保温防水屋面，塑钢门窗、玻璃幕墙，混合砂浆粉天棚及内墙，外墙为水泥砂浆及涂料
7—14 层写字楼	框剪	＞10000	桩承台 满堂基础	加气砼砌块墙体材料，钢筋砼剪力墙，现浇柱、梁、板，水泥砂浆楼地面，局部地砖，卷材防水、水泥珍珠岩保温屋面，木门、铝合金门窗，天棚及内粉混合砂浆，乳胶漆、局部吊顶，外墙面砖、局部花岗岩
15 层以上写字楼	框剪	＞10000	桩承台 满堂基础	加气砼砌块墙体材料，钢筋砼剪力墙，现浇柱、梁、板，水泥砂浆、彩釉砖楼地面，现浇水泥珍珠岩保温屋面，木门、铝合金门窗，天棚内粉混合砂浆，外墙涂料及墙面砖、局部花岗岩
小区内中、小学 6 层以下公共综合楼	砖混	3000—6000	不含	加气砼砌块墙体材料，钢筋砼构造柱、梁、平板，预应力钢筋砼空心板，水磨石楼地面，防水砂浆、卷材防水、水泥珍珠岩保温屋面，木门、塑钢窗，天棚及内粉水泥砂浆、106 涂料，外墙涂料
大学 6 层以下公共综合楼	框架	6000—10000	桩承台	加气砼砌块墙体材料，现浇钢筋砼柱、梁 、板，水磨石楼地面、局部花岗岩，APP 卷材隔热保温防水屋面，塑钢门窗，混合砂浆粉天棚及内墙，外墙为水泥砂浆及涂料
7—14 层公共综合楼	框剪	＞10000	桩承台 满堂基础	加气砼砌块墙体材料、钢筋混凝土墙，现浇柱、梁 、板，水泥砂浆、花岗岩、地面砖楼地面，卷材防水、水泥珍珠岩保温屋面，木门、铝合金门、窗，天棚及内墙粉混合砂浆及 106 涂料，局部吊顶，外贴墙面砖、涂料
标准厂房	排架	6000—10000	桩承台	多孔砖墙体材料，预应力柱、梁 、屋架、大型屋面板、空心板，水泥砂浆地面，水泥珍珠岩保温屋面，钢门、钢窗，水泥砂浆及 106 涂料粉内墙和天棚，外粉为水泥砂浆

注：①本表的建筑工程项目范围，不代表所有工程项目，在使用时需根据实际情况进行修正；

②此建筑面积单价仅为参考价格，不作为结算及处理价格纠纷之用；

③本表资料由武汉市工程建设标准定额管理站提供。

表 7-4-2 武汉市 2013 年典型建筑工程每 100 平方米消耗量一览表

层　数	结构	建筑面积（平方米）	工日（日）	钢材（吨）	水泥（吨）	木材（立方米）	砌体（立方米）	中粗砂（立方米）	商品砼（立方米）
6 层以下住宅楼	砖混	＜ 3000	446.08	3.21	5.90	1.56	32.82	21.67	27.67
7—8 层住宅楼	框架	3000—6000	529.69	3.55	6.21	1.53	15.45	16.77	36.50
9—14 层住宅楼	框剪	6000—10000	424.77	4.98	4.96	0.94	15.13	13.82	32.87
15 层以上住宅楼	框剪	＞ 10000	468.20	7.14	4.96	1.29	10.62	16.10	35.14
6 层以下写字楼	框架	6000—10000	506.27	4.96	8.88	1.35	15.24	19.95	32.11
7—14 层写字楼	框剪	＞ 10000	466.86	4.17	4.03	1.58	19.06	12.34	27.55
15 层以上写字楼	框剪	＞ 10000	527.20	7.99	6.65	1.11	20.58	16.50	36.32
小区内中、小学 6 层以下公共综合楼	砖混	3000—6000	428.17	3.59	6.69	1.82	16.83	17.08	25.03
大学 6 层以下公共综合楼	框架	6000—10000	474.99	4.26	12.78	1.29	19.82	19.10	28.20
7—14 层公共综合楼	框剪	＞ 10000	611.02	6.09	6.93	1.71	22.71	17.91	42.49
标准厂房	排架	6000—10000	502.30	4.70	16.94	3.75	3.93	28.98	31.13

注：本表资料由武汉市工程建设标准定额管理站提供。

表 7-4-3 武汉市 2013 年典型建筑工程每万元消耗量一览表

层　数	结构	建筑面积（平方米）	工日（日）	钢材（吨）	水泥（吨）	木材（立方米）	砌体（立方米）	中粗砂（立方米）	商品砼（立方米）
6 层以下住宅楼	砖混	＜ 3000	54.66	0.39	0.87	0.19	4.03	2.65	3.39
7—8 层住宅楼	框架	3000—6000	55.23	0.37	0.62	0.16	1.62	1.76	3.83
9—14 层住宅楼	框剪	6000—10000	42.92	0.50	0.47	0.10	1.53	1.40	3.31
15 层以上住宅楼	框剪	＞ 10000	41.31	0.63	0.43	0.11	0.95	1.42	3.10
6 层以下写字楼	框架	6000—10000	47.64	0.47	0.84	0.13	1.44	1.88	3.02
7—14 层写字楼	框剪	＞ 10000	40.12	0.36	0.35	0.14	1.64	1.06	2.37
15 层以上写字楼	框剪	＞ 10000	42.83	0.62	0.55	0.09	1.69	1.42	2.84
小区内中、小学 6 层以下公共综合楼	砖混	3000—6000	51.58	0.43	0.78	0.22	2.00	2.07	2.99
大学 6 层以下公共综合楼	框架	6000—10000	47.26	0.42	0.89	0.13	1.98	1.91	2.81
7—14 层公共综合楼	框剪	＞ 10000	43.49	0.43	0.49	0.12	1.62	1.28	3.02
标准厂房	排架	6000—10000	41.25	0.38	1.39	0.31	0.32	2.38	2.56

注：本表资料由武汉市工程建设标准定额管理站提供。

表 7-4-4　　武汉市 2013 年典型建筑工程每平方米造价一览表

单位：元/平方米

序号	工程项目		第一季度	第二季度	第三季度	第四季度
1	住宅	6 层以下	737.44—819.37	739.11—821.23	729.48—810.53	735.23—816.93
2		7—8 层	864.22—960.24	864.80—960.89	854.71—949.68	861.11—956.78
3		9—14 层	898.81—998.68	899.02—998.91	886.32—984.80	892.94—992.16
4		15 层以上	1027.50—1141.67	1027.63—1141.81	1012.34—1124.32	1017.23—1130.26
5	办公写字楼	6 层以下	960.79—1067.55	961.67—1068.52	946.87—1052.08	956.37—1062.63
6		7—14 层	1050.93—1167.70	1051.49—1168.32	1040.78—1156.43	1046.09—1162.32
7		15 层以上	1112.69—1236.33	1112.81—1236.45	1096.31—1218.12	1105.37—1228.19
8	公共综合楼	6 层以下中、小学	751.86—835.40	752.40—836.00	741.92—824.36	748.69—831.88
9		6 层以下大学	906.95—1007.72	907.74—1008.59	896.30—995.89	905.31—1005.90
10		7—14 层	1269.31—1410.34	1269.91—1411.01	1254.38—1393.75	1261.79—1401.98
11	标准厂房	单层	1100.03—1222.26	1100.34—1222.60	1082.39—1202.65	1101.06—1223.40

注：本表资料由武汉市工程建设标准定额管理站提供。

武汉 CBD · 泛海城市广场

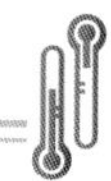

表 7-4-5　　　　武汉市 2013 年典型建筑工程造价指数一览表

单位：点

序号	工程项目		第一季度	第二季度	第三季度	第四季度
1	住宅	6 层以下	132.77	133.07	131.34	132.38
2		7—8 层	132.80	132.89	131.33	132.32
3		9—14 层	130.91	130.94	129.09	130.06
4		15 层以上	134.58	134.60	132.59	133.24
5	办公写字楼	6 层以下	133.63	133.75	131.69	133.01
6		7—14 层	124.93	125.00	123.73	124.36
7		15 层以上	132.19	132.22	130.26	131.35
8	公共综合楼	6 层以下中、小学	133.58	133.68	131.81	133.02
9		6 层以下大学	129.13	129.25	127.62	128.90
10		7—14 层	129.37	129.43	127.84	128.60
11	标准厂房	单层	133.93	133.97	131.78	134.05

注：本表资料由武汉市工程建设标准定额管理站提供。

表 7-4-6　　　　武汉市 2013 年典型建筑工程“三材”指数一览表

单位：点

材料类型	第一季度	第二季度	第三季度	第四季度
钢材	174.06	173.20	165.28	167.30
木材	112.54	112.54	112.54	112.54
水泥	132.19	134.70	115.72	136.02

注：①本表“三材”是指钢材、木材、水泥三种材料；
②本表资料由武汉市工程建设标准定额管理站提供。

表 7-4-7　　　　武汉市 2013 年典型建筑工程成本费用增加值一览表

单位：元/平方米

工程项目		增加值	工程项目	增加值
桩基础	多层	70—110	外墙保温	55—75
	高层	90—130	消防	15—20
一般水电安装	多层住宅	30—35	勘察、设计费用	15—30
	高层住宅	50—60	电梯	40—60

注：①给排水安装工程只包含排水系统和给水户表，供电系统只进分户门；
②本表资料由武汉市工程建设标准定额管理站提供。

第五节　房地产开发税费

武汉市房地产开发企业在房屋开发建设中所涉及的税费包括房地产税种和房地产收费，税费征收阶段分为建设前期费用、建设阶段费用和后期费用。武汉市2013年房地产开发项目税费征收标准见表7-5-1。

表7-5-1　　武汉市2013年房地产开发项目税费征收标准一览表

序号	收费(税)名称	收费(税)单位	收费(税)依据	收费(税)标准及计算方法
一、建设前期费用				
1	耕地开垦费	武汉市国土资源和规划局	《中华人民共和国土地管理法》、《湖北省土地管理实施办法》、鄂政发〔1999〕52号、武价函〔2000〕74号	城区基本农田保护区内耕地3万元/亩，其他耕地1.50万元/亩；新城区基本农田保护区内耕地1.60万元/亩，其他耕地0.80万元/亩
2	征地管理费	武汉市国土资源和规划局	计价格〔2001〕585号 鄂价房地字〔1995〕44号 鄂价房服〔2002〕47号	根据征地规模，按其基数的0.70%—2.50%收取，最高不超过2.80% 征地总费用0.70%—4%
3	房屋拆迁管理费	武汉市国土资源和规划局	国家物价局、财政部〔1993〕价费字13号、武政〔1997〕20号、鄂价房服〔2002〕47号	以城市拆迁规模大小，按照不超过房屋拆迁安置费用的0.20%—0.40%收取，武汉市住宅7元/平方米，非住宅3元/平方米（按建筑面积计算）
4	土地登记费	武汉市国土资源和规划局	计价格〔2001〕1734号、鄂价费字〔1992〕130号、鄂价房服〔2001〕300号、湖北省人民政府令第84号	单位0.07—4万元/宗地，个人13—30元/宗地，证书工本费（个人普通证书5元/证、单位普通证书10元/证、国家特制证书20元/证、三资企业20元/证）
5	水土保持设施补偿费	武汉市水务局	鄂政发〔2000〕28号 武财综〔2000〕559号	按挖掘破坏的地表面积和倾倒土（石渣）实际占地面积，按1.50元/平方米交纳；对破坏其他水土保持工程设施，按其恢复同等标准工程的现行造价计收
6	水土流失防治费	武汉市水务局	鄂政发〔2000〕28号 武财综〔2000〕559号	具有水行政主管部门批准的项目，按批准的方案所列预算费用交纳水土流失防治费；否则，按2元/平方米交纳，待编制完成批准后，按实际费用结算，多退少补
7	城市基础设施配套费	武汉市国土资源和规划局	鄂财综复〔2002〕95号 鄂价费〔2010〕98号 鄂价房服〔2002〕178号 武价房〔2010〕38号	主城区120元/平方米；周边城区60元/平方米
8	土地出让金	武汉市国土资源和规划局代武汉市人民政府收取	武政〔2004〕39号	1. 出让土地为政府储备地块的，公开成交价款与土地储备整理成本之差为该地土地收益； 2. 出让土地为委托交易地块的，如果不改变现状土地使用条件的，按该地块公开成交价款的40%收取；如果改变现状土地使用条件并进行开发建设的按该地块公开成交价款的50%收取

续表：

序号	收费(税)名称	收费(税)单位	收费(税)依据	收费(税)标准及计算方法
9	新增建设用地有偿使用费	武汉市土地交易中心代武汉市人民政府收取	财综字〔1999〕117 号 财综〔2006〕48 号	新增建设用地土地有偿使用费征收标准分为 1—15 个等级，对应的收费标准为：140—10 元/平方米
10	水利建设基金	武汉市土地交易中心代武汉市人民政府收取	湖北省人民政府令第 182 号 国发〔1997〕7 号 武政〔2000〕44 号 《湖北省水利基金征收使用管理办法》	耕地 2000 元/亩，非耕地 1500 元/亩（按新增用地面积计算）
11	新菜地开发建设基金	武汉市国土资源和规划局代武汉市人民政府收取	武政〔1994〕3 号 鄂价费字〔1992〕130 号 武政〔2007〕39 号	中心城区 1.50 万元/亩 新城区 0.70 万元/亩
12	新征拨用地界定勘丈费	武汉市国土资源和规划局	鄂政发〔1998〕60 号 鄂价费字〔1992〕130 号 国测发〔1993〕82 号 国测发〔1994〕3 号	10 亩以下 0.30 元/平方米，10.10—100 亩 0.20 元/平方米，100.10 亩以上 0.10 元/平方米（按用地面积计算）
13	土地证书工本费	武汉市国土资源和规划局	国土籍字〔1990〕第 93 号 武政〔2002〕63 号	土地证书工本费收费标准为：普通证书个人每证 5 元，单位每证 10 元；国家特制证书，单位和个人均为每证 20 元
14	土地复垦费	武汉市国土资源和规划局	湖北省人民政府令第 84 号 《湖北省土地复垦实施办法》 鄂政发〔1999〕52 号 武价函〔2000〕74 号	由用地单位就因挖损、塌陷、压占等造成土地破坏的各类土地按 0.60 万—2.25 万元/公顷缴纳
15	土地闲置费	武汉市国土资源和规划局	《中华人民共和国国土管理法》、《中华人民共和国城市房地产管理办法》、国土资电发〔2007〕36 号、湖北省人民政府令第 84 号、武价函〔2000〕74 号	按取得土地使用权的方式征收土地闲置费 出让方式：按出让金 20%以下征收 划拨方式：按 3—5 元/平方米征收
16	人防易地建设费	武汉市建设工程交易中心代武汉市人民防空办公室收取	鄂价费字〔1996〕304 号 湖北省人民政府令第 115 号 鄂价费〔2004〕206 号	应建而未建或不能建防空地下室的，按项目应建防空地下室的建筑面积和易地建设费标准缴纳建设费用。收费标准：10 层以上、基础埋置深度 3 米以上，按首层面积×人防易地建设纲（武汉市中心城区及东西湖区、武汉经济技术开发区、武汉东湖新技术开发区 1500 元 / 平方米，蔡甸、江夏、黄陂、新洲区城关为 800 元 / 平方米；2000 平方米以上按总建筑面积 4%×1500 元/平方米；拆除原有人防工程的按 1500 元/平方米×拆除原有人防工程建筑面积；9 层（含）以下住宅楼，按首层面积×1200 元/平方米缴纳；廉租房、经济适用房减半收取）

续表：

序号	收费(税)名称	收费(税)单位	收费(税)依据	收费(税)标准及计算方法
17	绿化补偿费	武汉市建设工程交易中心代武汉市园林局收取	湖北省人民政府令第75号 鄂价房地字〔1995〕195号 鄂价费字〔2001〕329号	700元/平方米×按所缺绿地面积缴纳绿化补偿费（按湖北省人民政府令第75号规定的绿化面积标准，未达标的绿化面积）
18	生活垃圾处理费	武汉市自来水公司代武汉市城市管理局收取	鄂价费字〔1992〕232号 武政办〔1995〕268号 武政规〔2011〕7号 鄂价房地字〔2000〕132号	18元/平方米，按建筑面积收取
19	白蚁防治费	武汉市白蚁防治管理办公室	鄂价房服〔2009〕8号 武价房〔2006〕34号 武价房〔2009〕25号	新建、改建、扩建房屋白蚁防治收费按面积计收，收费标准为2元/平方米，室内装饰装修房屋白蚁预防收费按装饰装修建筑面积计收，收费标准为4元/平方米
20	散装水泥专项资金	武汉市建设工程交易中心代武汉市散装水泥办收取（属于政府性基金）	财综字〔2002〕23号 湖北省人民政府令第237号 鄂财综发〔2003〕35号	电厂（站）、水库、堤坝、桥梁、道路、机场、市政建设等工程，按预算水泥使用量每吨预缴3元。水泥制品和预拌混凝土企业，在当年3月前按上年实际使用量3元/吨预缴；按建筑面积计算的建设工程，按1.50元/平方米预缴
21	新型墙体材料专项基金	武汉市建设工程交易中心代武汉市墙改办收取	财综〔2007〕77号 鄂财综规〔2009〕6号 武建〔2009〕119号	武汉市新建、改建、扩建建筑工程按工程概算确定的建筑面积8元/平方米收费；东西湖区、汉南区建筑工程按建筑面积6元/平方米收费
22	商品混凝土保证金	武汉市建设工程交易中心代商砼站收取	商改发〔2003〕341号 武政办〔1997〕73号	框架按10元/平方米×建筑面积，砖混按5元/平方米×建筑面积（使用商品混凝土建设工程经竣工验收后如数退还缴纳的保证金（含利息）
23	建筑意外伤害保险	法定的保险公司	武建安协字〔2001〕第8号	市、区保险办在办理此项工作时，统一使用保险公司的保险单及发票。其收费标准以工程合同造价的大小，分别执行不同费率。即： 工程合同造价M　费率（‰） M≤500万元　2‰—2.50‰ 500万元<M≤1000万元　1.50‰—2‰ 1000万元<M≤10000万元　1.50‰ 10000万元<M　1‰ 工程合同造价为500万元以内的建筑装饰、安装工程、桩基工程的费率均按2‰执行。上年被评为“建筑安全生产先进企业”的单位，在下年度办理意外伤害保险时，收费费率可降低0.20‰，如企业发生重大事故，该项奖励即行终止

续表：

序号	收费(税)名称	收费(税)单位	收费(税)依据	收费(税)标准及计算方法
24	建设交易服务费	武汉市建设工程交易中心	鄂价房地字〔2000〕49号 鄂价房服〔2007〕123号 武价房〔2007〕98号	服务费以招投标中标金额为基数，采取超额定率分档累进计收。具体收费标准如下： 档次 成交额（万元） 累进计费率（‰） （1）100及以下 2 （2）100—500（含500，下同） 1.80 （3）500—1000 1.60 （4）1000—5000 1.40 （5）5000—10000 0.80 （6）10000以上 0.40 经济适用住房建设涉及的招投标交易服务费按经批准的收费标准的70%计收
25	分包工程招投标服务费	武汉市建设工程交易中心	鄂价房服函〔2002〕71号	按中标价的1.80‰收取
26	工程竣工档案整理综合服务费	武汉市建设工程交易中心代武汉市城市建设档案馆收取	鄂价房服〔2004〕286号 武价房字〔2005〕27号	1. 纸质材料每卷（规范标准厚度为1.50cm）80元，其中城市规划、勘测、建设管理、建设科技等方面的档案材料每卷50元； 2. 其他载体材料：缩微、光盘为1500元/单位工程，录像带800元/单位工程，照片300元/单位工程
27	建设施工安全技术服务费	武汉市建设工程交易中心	武价房字〔2002〕112号 武建建管字〔2002〕221号 鄂价房服〔2006〕166号	1. 收费标准：市中心城区（江岸区、江汉区、硚口区、汉阳区、武昌区、青山区、洪山区、武汉经济技术开发区、东湖新技术开发区）按建设工程建安工作量的1.20‰收取；市城郊各区（东西湖区、汉南区、江夏区、蔡甸区、黄陂区、新洲区）按建设工程建安工作量的1.50‰收取。 2. 收费范围：凡新建、改建、扩建的建筑施工工程及市政工程项目，都应收取建设施工安全技术服务费
28	网员信息服务费	武汉市建设工程交易中心	省政府第108号令 武价房〔2007〕98号	网员信息服务费武汉市为每户3000—10000元/年；市、州、直管市为每户2000—6000元/年；县（市）为每户1000—5000元/年。具体收费标准由双方根据服务内容协商确定
29	文明施工技术指导咨询服务费	武汉市建设工程交易中心	鄂价房服函〔2003〕105号 鄂价房服函〔2004〕121号	1. 提供施工现场平面设计，确定施工现场围护方案服务，咨询服务费按工程中标价的0.25‰收取； 2. 根据工程所在位置、地质状况和城市管网情况，提供施工现场设备冲洗及排水管网布置方案服务，咨询服务费按工程中标价的0.25‰收取； 3. 根据工程所在位置，提供确定施工粉尘污染防护、施工噪音防护、施工废弃物焚烧防毒、防害方案服务，咨询服务费按工程中标价的0.20‰收取； 4. 提供施工现场防水专业技术方案服务，咨询服务费按工程中标价的0.10‰收取
30	商品混凝土交易服务费	武汉市建设工程交易中心代商砼站收取	鄂价房地字〔2000〕49号	商品砼交易合同价的1.80‰，交易双方各半

续表：

序号	收费（税）名称	收费（税）单位	收费（税）依据	收费（税）标准及计算方法
31	卷宗档案保管费	武汉市建设工程交易中心代武汉市城市建设档案馆收取	鄂价房服〔2004〕286号 武价房〔2005〕27号	1. 预收标准： 1万平方米以下，每单位工程0.50万元；1万—10万平方米（含）每单位工程1万元；10万平方米以上，每单位工程1.50万元 2. 结算标准： （1）低质材料80元/卷（其中，城市规划、勘测、建设管理、科技等50元/卷） （2）缩微、光盘：1500元/工程 （3）录像带：800元/工程 （4）照片：300元/工程 （5）数字化加工：1元/页（A4幅面）
32	放规划道路红线、坐标费	有相应房地产测绘资质的测绘机构	发改价格〔2004〕3031号 鄂价房服〔2007〕77号	建筑用地拨地定桩测绘收费，按照1816元/件4点收取，每增加一个点加收454元；建筑物放线测绘收费，按照1816元/件收取
33	卫生监督防疫费	武汉市卫生监督所	鄂价费字〔1996〕256号	建筑工程费与安装工程费之和在5万元以下，按造价1%收取；建筑工程费与安装工程费之和在5万—50万元，按造价0.50%收取；建筑工程费与安装工程费之和在50万—1000万元，按造价0.20%收取；建筑工程费与安装工程费之和在1000万—5000万元，按造价0.10%收取；建筑工程费与安装工程费之和在5000万元以上，按造价0.05%收取
34	工程勘察文件审查咨询服务费	有相应资质的建设工程设计技术审查机构	鄂价房服〔2006〕273号 武价房字〔2007〕6号	以工程概（预）算为基数，分档累进计算： 工程概（预）算≤500万元，按0.50‰收取；500＜工程概（预）算≤2000万元，按0.40‰收取；2000＜工程概（预）算≤5000万元，按0.30‰收取；工程概（预）算＞5000万元，按0.20‰收取
35	施工图设计咨询费	有相应资质的建设工程施工图设计咨询机构	鄂价房服〔2006〕273号 武价房字〔2007〕6号	以工程概（预）算为基数，分档累进计算： 工程概（预）算≤500万元，按1.20‰收取；500＜工程概（预）算≤2000万元，按0.90‰收取；2000＜工程概（预）算≤5000万元，按0.70‰收取；工程概（预）算＞5000万元，按0.50‰收取
36	深基坑工程设计专项审查咨询服务费	有相应资质的建设工程设计技术审查机构	鄂价房服〔2002〕216号 武价房字〔2007〕6号	基坑造价≤500万元，按基坑造价的0.70%收取；基坑造价＞500万元，500万元以内按0.70%收取，超过500万元部分按0.30%收取。对经济适用住房项目，施工图设计文件审查咨询服务费基准价按附表标准的50%计收。低于2000元的应按2000元收费
37	建筑工程施工招投标交易服务费	武汉市建设工程交易中心	鄂价房地字〔2000〕49号 鄂价房服〔2007〕123号 武价房〔2007〕98号	服务费以招投标中标金额为基数，采取超额定率分档累进计收。具体收费标准如下： 档次　成交额（万元）　累进计费率（‰） （1）　100及以下　2 （2）　100—500（含500，下同）　1.80 （3）　500—1000　1.60 （4）　1000—5000　1.40 （5）　5000—10000　0.80 （6）　10000以上　0.40 经济适用住房建设涉及的招投标交易服务费按经批准的收费标准的70%计收

续表：

序号	收费(税)名称	收费(税)单位	收费(税)依据	收费(税)标准及计算方法
二、建设阶段费用				
38	建筑工程检验试验费	武汉市质监站	建标〔2003〕206号 鄂建造价〔2004〕10号 鄂建〔1998〕155号	实行定额计价的工程：检验试验费按材料的定额消耗量乘材料单价之和（含未计价材料）的0.20%计取，计入材料费； 实行工程量清单计价的工程：检验试验费按清单项目的材料消耗量乘材料单价之和的0.20%计取，计入综合单价的材料费
39	城镇道路占用挖掘费	武汉市城管局	鄂建〔1996〕324号	200—328元/平方米
40	建设项目环境影响评价费	武汉市环保局	《排污费征收使用管理条例》(中华人民共和国国务院令第369号)、国发〔2007〕15号、武价服字〔2002〕54号、鄂价费〔2003〕275号	噪声超标分贝数分为1—16等级及以上，收费标准根据超标等级为350—11200元/月；污水排污费按排污者排放污染物的种类、数量以污染当量计征，征收标准为0.70元/污染当量（其他具体征收标准见文件）
41	排污收费	武汉市自来水公司	鄂价能交〔2007〕146号 鄂政发〔2007〕21号 鄂价商〔2007〕105号	0.80元/吨
42	绿化临时占道费	武汉市城管局	武价费〔1994〕56号	堆物、堆料、基建施工为0.10—0.20元/平方米·天
三、后期费用				
43	物业管理维修基金	武汉市住房保障和房屋管理局	《武汉市住宅区物业管理条例》、《武汉市住宅共用部位共用设施设备维修基金管理实施办法》、武房物〔2005〕23号、武国土房发〔2009〕241号	1. 砖混结构住宅标准为10元/平方米； 2. 无电梯框架结构住宅标准为12元/平方米； 3. 有电梯14层（含14层）以下框架结构住宅标准为25元/平方米； 4. 有电梯15层（含15层）以上框架结构住宅标准为30元/平方米
44	住宅小区业主委员会用房	小区业主管委会	《武汉市住宅区物业管理条例》(2010年修正版)	按照国家有关居住区规划设计规范的要求无偿配置物业服务用房，如未规定的，则所配服务用房的建筑面积不低于建设工程规划许可证载明的房屋总面积的2‰，并不少于80平方米，业主委员会议事活动用房建筑面积不少于15平方米
45	房产测绘费	有相应房地产测绘资质的测绘机构	鄂价房服〔2007〕77号	住宅每平方米1.36元，经济适用住房按此标准的70%收取；非住宅每平方米2.40元。实行预测和实测的城市，预测和实测的收费标准之和不得超过上述标准，并应由所在地政府价格主管部门合理确定分解办法

续表：

序号	收费(税)名称	收费(税)单位	收费(税)依据	收费(税)标准及计算方法
			四、税金	
46	土地交易契税	武汉市地税局	中华人民共和国国务院令〔1997〕第224号、湖北省人民政府令第190号、湖北省人民政府令第135号、《湖北省契税征收管理实施办法》	应纳税额=计税依据×4%
47	房产税	武汉市地税局	国发〔1998〕90号	依照房产原值一次减除10%—30%后的余值计算缴纳，房产税的税率，依照房产余值计算缴纳的，税率为1.20%；依照房产租金计算缴纳的，税率为12%
48	土地使用税	武汉市地税局	中华人民共和国国务院令第483号、湖北省人民政府令第302号、武政〔2008〕15号	2—20元/平方米·年×实际占用土地面积(以内资企业、外资企业按实际占用的土地面积按年计算)，原对外资企业缴纳的土地使用费停止征收
49	耕地占用税	武汉市地税局	鄂财税发〔2008〕8号 武财税〔2008〕347号	以纳税人实际占用的耕地面积为计税依据，适用税额标准：35—50元/平方米
50	印花税	武汉市建设工程交易中心代武汉市地税局收取	中华人民共和国国务院令第11号、武税发〔1991〕214号、武政办〔2008〕178号	建筑安装工程承包合同的税率甲方0.30‰、乙方0.30‰；土地使用权出让合同、土地使用权转让合同按0.50‰征收印花税；建设工程勘察设计合同5‰、建筑安装工程承包合同3‰
51	企业所得税	武汉市地税局	国税发〔2000〕38号 国税发〔2006〕31号 武地税发〔2007〕17号	企业预售收入先按预计计税毛利率分季(或月)计算出当期毛利额，扣除相关的期间费用、营业税金及附加后再计入当期应纳税所得额，待开发产品结算计税成本后再行调整。(非经济适用房开发项目预计计税毛利率，开发项目位于省、自治区、直辖市和计划单列市人民政府所在地城市城区和郊区的，不得低于20%；经济适用房项目，其预售收入的计税毛利率不得低于3%) 企业预缴所得税=月(季)收入总额×预计利润率×25%
52	车船使用税	武汉市地税局	武政〔1998〕28号	在机动车中，乘人汽车每辆每年税额为60—320元，载货汽车按净吨位每吨每年税额为16—60元，二轮摩托车每辆每年税额是20—60元，三轮摩托车每辆32—80元。非机动车中，人力驾驶的每辆为12—24元，畜力驾驶的每辆4—32元，自行车每辆2—4元
53	土地增值税	武汉市地税局	中华人民共和国国务院令第138号、鄂地税发〔2008〕106号、武地税发〔2008〕94号	从事房地产开发的纳税人按转让土地收入的3%征收；对非房地产开发企业和单位，按转让土地收入2%征收

注：本表资料来源于政府部门相关网站，由编辑部归纳整理，仅供参考，实际收费以政府相关文件规定为准。

第八章 保障性住房建设

第一节 武汉市住房保障概况

2013年，武汉市加快推进保障性住房建设进度，着力解决中低收入家庭住房困难。开工建设各类保障性住房55477套（户），占目标计划的101.62%。其中，新增公共租赁住房13716套，新建廉租住房3028套、经济适用住房6704套、限价商品房8414套，完成城市棚户区改造15000户、垦区棚户区改造8020户、林业棚户区改造595户。基本建成各类保障性住房41951套，占目标计划的103.33%。分配入住各类保障性住房26662套，占目标计划的109.45%。新增发放廉租住房租金补贴2273户，占目标任务的227.30 %，完成保障房年度目标任务。

截至2013年底，武汉市通过经济适用住房累计解决了23.24万户中低收入家庭住房问题；累计对5.93万户低收入家庭实行了廉租住房保障，其中实物配租1.30万余户，累计筹集和新建公共租赁住房6.81万套，建成公共租赁住房2.94万套；累计开工建设限价商品房5.52万套，基本建成0.93万套；征收安置棚户区改造拆迁居民14.82万户。武汉市2013年保障性住房建设完成情况见表8-1-1。

表8-1-1 武汉市2013年保障性住房建设完成情况统计表

单位：套（套数）；万平方米（面积）；万户（人数）

保障住房	开工			竣工	
	套数	面积	占目标任务比重	套数	面积
廉租住房	3028	14.84	151.40	5757	28.78
经济适用房	6704	53.63	124.15	4821	38.57
公共租赁住房	13716	68.58	91.44	10185	50.93
限价商品住房	8414	75.73	56.10	2568	23.04
城市棚户区改造	15000	120.00	174.42	10868	86.94

注：本表数据由武汉市住房保障和房屋管理局提供。

第二节 廉 租 住 房

一、项目建设

2013年，武汉市新开工4个项目，共3028套，计划投资90142万元，已完成投资43409万元。

二、租金补贴

2013年，武汉市中心城区共发放廉租住房租金补贴6245万元。其中上半年对25857户低收入住房困难家庭发放廉租住房租金补贴 3135 万元，下半年对 25750 户低收入住房困难家庭发放 3110 万元。武汉市 2013 年廉租住房租赁补贴发放情况见表 8-2-2。

表 8-2-1　　武汉市 2013 年廉租住房租赁补贴发放情况表

单位：补贴标准（元/人/平方米）；户（户数）；平方米（面积）；元（金额）

区　域	补贴标准（元/人/平方米）	正在实施保障户数		年度计划发放补贴资金	已发放补贴资金
		户数	新增户数		
江岸区	低收入家庭 7 元/人/平方米，低保家庭 10 元/人/平方米	3271	434	7105000	7104789.42
江汉区		8114	402	20840000	20836779.90
硚口区		5538	432	13600000	13602264.96
汉阳区		1357	152	3365000	3364554.48
武昌区		2524	437	6108000	6108192.06
青山区		4404	408	10180000	10176031.14
洪山区		542	0	1260000	1262694.96
新洲区		456	55	1350000	1353722.48
蔡甸区		397	24	1040000	1039167.24
东西湖区		76	6	187000	186616.20
汉南区	低收入家庭 4 元/人/月/平方米，低保家庭 6 元/人/月/平方米	253	2	235000	235238.88
黄陂区		1621	84	2800000	2796934.80
江夏区	低收入家庭 6 元/人/月/平方米，低保家庭 8 元/人/月/平方米	1104	40	2486000	2486127.00
合　计		29657	2476	70556000	70553113.52

注：本表数据由武汉市住房保障和房屋管理局提供。

第三节　公共租赁住房

2013 年，武汉市新开工公租房 13716 套，基本建成 10185 套，在目前基本建成的政府类公租房房源中，中心城区已经配租入住的共有 3044 套。

截至 2013 年底，武汉市建设和筹集各类公租房 68142 套，基本建成（含竣工，下同）29383 套，其中政府类新开工 36573 套（含包租 2399 套），基本建成 9227 套（含包租 899 套）；社会类新开工 31569 套，基本建成 20156 套。其中中心城区开工建设 26868 套，含政府类 22297 套、社会类 4571 套。

武汉市公租房租赁资格申请采取分类审核的方式，截至 2013 年底，全市共发放公共租赁住房

租赁资格证明 8640 户。武汉市中心城区 2013 年公共租赁住房建设情况见表 8-3-1，武汉市中心城区 2013 年公共租赁住房租赁资格证明发放情况见表 8-3-2。

表 8-3-1　　武汉市中心城区 2013 年公共租赁住房情况一览表

单位：套（套数）

	合计		政府类		社会类	
	开工建设	基本建成	开工建设	基本建成	开工建设	基本建成
江岸区	6535	2145	6535	2145	0	0
江汉区	850	350	850	350	0	0
硚口区	4000	1000	4000	1000	0	0
汉阳区	2634	1230	2334	930	300	300
武昌区	1837	337	1500	0	337	337
青山区	6069	834	5235	0	834	834
洪山区	4943	2585	1843	1115	3100	1470
合计	26868	8481	22297	5540	4571	2941

注：本表数据由武汉市住房保障和房屋管理局提供。

表 8-3-2　　武汉市中心城区 2013 年公共租赁住房租赁资格证明发放情况一览表

单位：个（数量）

序号	区域	发放数量
1	江岸区	4848
2	江汉区	460
3	硚口区	1356
4	汉阳区	571
5	武昌区	267
6	青山区	1034
7	洪山区	104
	合　计	8640

注：本表数据由武汉市住房保障和房屋管理局提供。

第四节　经济适用住房

2013 年，武汉市全年开工建设各类经济适用住房 5 个项目，共 6704 套，计划投资 200421 万元，已完成 71318 万元；基本建成 7 个项目，共 4821 套；在目前基本建成的经济适用住房房源中分配入住 9171 套。

2013 年 6 月 3 日，武汉市发布通知，暂停受理经济适用住房购买资格申请，将经济适用住房保障对象纳入公共租赁住房保障范围，并要求各区在一年内解决辖区现有持证家庭的住房困难。

第五节　限价商品住房

2013 年，武汉市共新开工建设限价商品住房项目 14 个，房源 8414 套，主要用于对接安置重点工程被征收户。基本建成项目 4 个，房源 2568 套。分配入住项目 3 个，房源 1307 套。武汉市 2013 年限价商品房建设情况见表 8-5-1。

表 8-5-1　　武汉市 2013 年限价商品房建设一览表

单位：套（套数）；万平方米（面积）；个（个数）

	批准项目			建设情况							
				已交付		基本建成		在建		尚未正式开工	
	个数	面积	套数	个数	套数	个数	套数	个数	套数	个数	套数
限价安置	66	514.24	54693	—	—	—	—	—	—	—	—
政策性	16	264.88	27166	—	—	—	—	—	—	—	—
合计	82	744.32	77942	16	9337	4	2568	36	43340	28	—

注：本表数据由武汉市住房保障和房屋管理局提供。

第六节　棚户区改造

武汉市棚户区改造主要分为三种类型：一是国有工矿棚户区。如毗邻武钢的青山区工人村、青山镇、厂前等区域，因地域相对偏远，低收入困难群体多。二是城中村。随着近几年来武汉市经济社会的快速发展，以前位于城乡结合部的一些村落逐渐成为城市的中心地带，但由于村民建房缺乏统一规划及必要的基础设施，形成了急需改造的城中村。三是城市棚户区。部分旧城区人口密度大、房屋建成年代久、房屋质量差、使用功能不完善、基础设施配套不完善，但因开发难度大，难以平衡，改造进度滞后，形成了亟待改造的城市棚户区。此外，武汉市还有部分垦区和林区存在少量的棚户区，其中城市棚户区的区域范围主要位于城市三环线内的城区范围。

2013 年 8 月，按照中央关于加快推进新一轮棚户区改造工作的相关精神和国务院《关于加快棚户区改造工作的意见》（国发〔2013〕25 号）以及全国棚户区改造电视电话会议要求，武汉市组织开展了棚户区改造调查摸底和规划编制工作。2013—2017 年全市拟改造棚户区总量为 45.58 万户，其中，集中成片城市棚户区 24.82 万户、非集中成片城市棚户区 0.20 万户、城中村 7.30 万户、旧住宅区综合整治 10.05 万户；国有工矿棚户区 0.85 万户；国有垦区危房 2.31 万户；国有林区（场）棚户区 0.06 万户。2013 年度计划改造数量为 2 万户。武汉市 2013 年棚户区改造完成情况见表 8-6-1。

表 8-6-1　　武汉市 2013 年棚户区改造完成情况一览表

类　别	项目个数	目标计划数	实际完成数
城市棚户区	12	4848	15000
国有垦区	18	460	8020
国有林区棚户区	3	1356	595

注：本表数据由武汉市住房保障和房屋管理局提供。

PART ❹ 市场篇

第九章　土　地　交　易

第一节　土地市场成交概况

2013 年，武汉市土地市场累计成交土地 533 宗，土地面积约 2632.36 公顷（合 39485 亩），规划建筑面积约 5585.42 万平方米，成交金额约 739.95 亿元。

中心城区累计成交土地 87 宗，土地面积约 471.70 公顷(合 7075 亩)，规划建筑面积约 1745.79 万平方米，成交金额约 454.08 亿元。新城区、开发区累计成交土地 446 宗，土地面积约 2160.66 公顷（合 32410 亩），规划建筑面积约 3839.63 万平方米，成交金额约 285.87 亿元。武汉市 2013 年土地成交情况见表 9-1-1。

表 9-1-1　　武汉市 2013 年土地成交情况一览表

区　域	土地面积		规划建筑面积		成交金额		宗数（宗）
	公顷	同比增长（%）	万平方米	同比增长（%）	亿元	同比增长（%）	
中心城区	471.70	－34.60	1745.79	－35.30	454.08	－22.80	87
新城区、开发区	2160.66	－18.50	3839.63	－25.50	285.87	－24	446
合　计	2632.36	－22	5585.42	－28.90	739.95	－23.30	533

注：本表数据由武汉市国土资源和规划局提供。

第二节　房地产开发用地成交情况

一、房地产开发用地成交概况

2013 年，武汉市土地市场累计成交房地产开发用地 202 宗，土地面积约 1012.24 公顷（合 15184 亩），规划建筑面积约 2968.82 万平方米，成交金额约 677.94 亿元。

中心城区累计成交房地产开发用地 69 宗，土地面积 349.85 公顷（合 5248 亩），规划建筑面积 1346.41 万平方米，成交金额 446.08 亿元。新城区、开发区累计成交房地产开发用地 133 宗，土地面积 662.39 公顷（合 9936 亩），规划建筑面积 1622.41 万平方米，成交金额 231.86 亿元。武汉市 2013 年房地产开发用地成交情况见表 9-2-1。

表 9-2-1 武汉市 2013 年房地产开发用地成交情况一览表

区域	土地面积		规划建筑面积		成交金额		宗数（宗）
	公顷	同比增长（%）	万平方米	同比增长（%）	亿元	同比增长（%）	
中心城区	349.85	－50.10	1346.41	－49.20	446.08	－23.90	69
新城区、开发区	662.39	－16.30	1622.41	－24.50	231.86	－25.90	133
合计	1012.24	－32.20	2968.82	－38.10	677.94	－24.60	202

注：本表数据由武汉市国土资源和规划局提供。

二、房地产开发用地成交价格情况

武汉市房地产开发用地平均楼面地价 2284 元/平方米，同比增长 21.90%。2013 年以来，武汉市公开出让的多个房地产开发类项目出现竞价企业多、竞价轮数多、溢价率高等特点，全市房地产开发用地平均溢价率约 15.60%，低于全国 19.50% 的平均水平。

中心城区最高楼面地价项目为江汉区精武路项目。2013 年 9 月，经 283 轮竞价，广州城建开发南沙房地产有限公司以 90.10 亿元竞得该地块，楼面地价 12601 元/平方米，溢价率 29%。成交总价高于武汉市 2010 年公开出让的武昌车辆厂地块 53.98 亿元的成交总价，楼面地价高于 2009 年公开出让的吉庆街地块 11104 元/平方米的楼面地价，成交总价和单价创武汉市新高。原因如下：一是区位优势明显，二是项目规划合理，三是项目体量较大，四是市场前景看好。从城市定位来看，精武路项目是武汉市城市价值提升的标志，是成功迈入国家中心城市的重要体现之一。

中心城区成交房地产开发用地平均楼面地价 3313 元/平方米，同比增长 49.80%，增幅较大，主要受“城中村”改造项目“拉低”效应大幅削弱及江汉区精武路项目“拉高”效应的双重影响。在 19 个副省级及以上城市中排名第 12，与往年水平基本持平。

受国家宏观政策稳健执行及市场整体向好影响，中心城区房地产开发用地年度平均竞价率和溢价率齐升，由 2012 年 12.50%和 1.90%升为 27.70%、10%。

新城区、开发区房地产开发用地平均楼面地价 1429 元/平方米，同比降低 1.90%，总体浮动不大，区域间价格呈“高者更高，低者越降”的分化格局。汉南区平均楼面地价 472 元/平方米，同比降低 17.60%；东湖新技术开发区平均楼面地价 2843 元/平方米，同比上涨 34.30%。新城区、开发区住宅楼面地价最高 5229 元/平方米，为东湖新技术开发区银光大道以北的 P（2013）117 号项目。

受武汉市综合配套改革政策利好影响，新城区、开发区区位价值提升，成交房地产开发用地年度平均竞价率和溢价率分别 25.40%和 27.90%，自开年以来竞争态势激烈，竞价、溢价持续上升。

三、房地产开发用地结构分析

1. 规划用途结构

从用途分析，中心城区房地产开发用地仍以商住兼容类为主，约占房地产开发用地成交面积的七成，居住类约占成交面积的两成，商业用地面积约占 6%，各规划用途土地面积占比与 2012 年基本一致。

新城区、开发区以居住用地为主，占新城区、开发区房地产出让面积的一半；商住兼容用地占比 22.10%，商业用地面积同比增加 65.60%，约占三成，黄陂临空经济区数个大型商业项目集中落地，供应商业用地面积 43.14 公顷（合 647 亩），占 2013 年供应的全部商业用地面积的 24%。

其中，中心城区总居住用地面积（纯居住加商住兼容类中居住用地）约153.89公顷，约占中心城区房地产开发用地的44%。新城区、开发区总居住用地面积约423.52公顷，约占新城区、开发区房地产开发用地总面积的65.30%。全市总居住用地共约577.41公顷，约占全市房地产开发用地面积的57%。武汉市2013年各规划用途房地产开发用地成交情况见表9-2-2。

表9-2-2 武汉市2013年各规划用途房地产开发用地成交情况一览表

区 域	用途	土地面积			规划建筑面积		成交金额		宗数（宗）
		公顷	同比增长（%）	所占百分比（%）	万平方米	所占百分比（%）	亿元	所占百分比（%）	
中心城区	居住	73.10	－61.40	20.90	235.10	17.50	59.04	13.20	21
	兼容	255.87	－47.70	73.10	1021.08	75.80	336.38	75.40	36
	商业	20.89	－9.90	6	90.23	6.70	50.66	11.30	12
	合计	349.85	－50.10	100	1346.41	100	446.08	100	69
新城区、开发区	居住	336.44	－23.60	50.80	781.59	48.20	152.52	65.80	59
	兼容	146.33	－39.60	22.10	389.40	24	33.56	14.50	22
	商业	179.62	65.60	27.10	451.42	27.80	45.78	19.70	52
	合计	662.39	－16.20	100	1622.41	100	231.86	100	133

注：本表数据由武汉市国土资源和规划局提供。

2. 项目类型结构

中心城区房地产开发用地仍以“城中村”改造项目为主，土地面积188.36公顷（合2826亩），同比减少约六成，占比由2012年的67.70%降为53.80%；市、区两级储备机构和资金平衡打包项目分别成交31.04公顷、40.10公顷和66.45公顷，总和约占中心城区房地产用地的四成，占比增加近10%，但成交规模同比减少28.70%，其中市储备中心项目同比减少六成，降幅较大。近年来“城中村”改造项目逐步完成，中心城区可储备用地大幅减少，并且随着储备成本逐年上升，潜力储备地区的储备难度越来越大。武汉市中心城区2013年各类型房地产开发用地成交情况见表9-2-3。

表9-2-3 武汉市中心城区2013年各类型房地产开发用地成交情况一览表

项目类型		土地面积			规划建筑面积（万平方米）	成交金额（亿元）	宗数（宗）
		公顷	同比增长（%）	所占百分比（%）			
储备类项目	储备中心	31.04	－50	8.90	128.51	112.32	6
	区级储备	40.10	－22.50	11.50	173.20	68.15	13.50
	打包	66.45	－5.10	19	231.22	89.83	22
	小计	137.59	－26.40	39.30	532.93	270.30	41.50
交易类项目	城中村	188.36	－60	53.80	733.99	148.56	18
	委托交易	23.90	－13.40	6.80	79.50	27.22	9.50
	小计	212.26	－57.80	61.70	813.48	175.78	27.50
合 计		349.85	－49.20	100	1346.41	446.08	69
其中：限价房		39.71	－27.80	11.40	90.85	37.46	14

注：本表数据由武汉市国土资源和规划局提供。

另外，中心城区限价房用地累计成交 39.71 公顷（合 596 亩），可建设限价房 90.85 万平方米，约 10800 套。

新城区、开发区成交房地产开发用地仍以新增储备地为主，新增储备土地面积 463.86 公顷（合 6957 亩），同比减少 22.20%，占七成，表明新城区、开发区仍以外延式增长为主，但增长速度减缓；存量储备土地占 22.30%，同比减少一成；委托交易项目占 7.70%，同比增加 68.50%。武汉市新城区、开发区 2013 年各类型房地产开发用地成交情况见表 9-2-4。

表 9-2-4　　武汉市新城区、开发区 2013 年各类型房地产开发用地成交情况一览表

项目类型		土地面积			规划建筑面积（万平方米）	成交金额（亿元）	宗数（宗）
		公顷	同比增长（%）	所占百分比（%）			
储备类项目	新增地	463.86	－ 22.20	70	1088.90	130.56	96
	存量地	147.54	－ 10	22.30	422.28	74.37	26
	小计	611.41	－ 19.60	92.30	1511.18	204.93	122
委托交易		50.98	68.50	7.70	111.24	26.93	10
合计		662.39	－ 16.20	100	1622.42	231.86	132

注：本表数据由武汉市国土资源和规划局提供。

第三节　工业用地成交情况

2013 年，武汉市土地市场累计成交工业用地 331 宗，土地面积 1620.13 公顷（合 24302 亩），规划建筑面积 2519.10 万平方米，成交金额 62.01 亿元。

其中，新城区、开发区累计成交工业用地 313 宗，土地面积 1498.28 公顷（合 22474 亩），占新城区、开发区年度出让面积的七成；规划建筑面积 2217.22 万平方米，成交金额 54.01 亿元，工业用地每亩单价 24 万元/亩。

中心城区成交工业用地 18 宗，土地面积 121.85 公顷（合 1828 亩），规划建筑面积 301.88 万平方米，成交金额 8 亿元，其中武汉化学工业区共出让 10 宗工业用地，土地面积达 98.80 公顷，占中心城区工业用地的 81.10%。武汉市 2013 年工业用地成交情况见表 9-3-1。

表 9-3-1　　武汉市 2013 年工业用地成交情况一览表

区　域	土地面积		规划建筑面积		成交金额		宗数（宗）
	公顷	同比增长（%）	万平方米	同比增长（%）	亿元	同比增长（%）	
中心城区	121.85	509.20	301.88	503.80	8	299.80	18
新城区、开发区	1498.28	－ 19.50	2217.22	－ 26.10	54.01	－ 14.30	313
合　计	1620.13	－ 13.90	2519.10	－ 17.40	62.01	－ 4.60	331

注：①工业类用地规划建筑面积均按最高容积率计算。
②本表数据由武汉市国土资源和规划局提供。

第四节　武汉市土地市场特征

2013年武汉市土地市场表现活跃，市场需求旺盛，竞价率、溢价率齐升。同时，土地供应结构分配合理，单价稳中有升。主要特征如下：

在土地单价方面，单价涨幅低于全国平均水平，中心城区涨幅明显，新城区、开发区涨跌互现，热点区域涨幅较大。

从全市房地产开发用地分析，平均楼面地价涨幅低于全国平均水平，武汉市调控作用彰显。其中，中心城区涨幅接近2012年单价的五成，但从副省级以上城市排名横向比较来看，中心城区价格上涨符合全国房地产开发类用地单价变化趋势。新城区、开发区楼面地价总体持平。

从区域分布来看，部分区域涨幅较高。随着市民之家落成，地铁2号线、4号线开通，鹦鹉洲长江大桥即将完工等一系列重大市政配套设施的影响，中心城区江岸区后湖片、硚口区古田片、汉阳区四新片，新城区、开发区江夏大学城片、东湖新技术开发区光谷片及武汉经济技术开发区片等，区域楼面地价同比上涨明显。区域楼面地价同比大幅增长意味着武汉市房地产用地由“普涨时代”进入“分化时代”，区域间单价分化明晰，市场走向日趋理性。

在市场竞价方面，中心城区可供项目有限，全面转向卖方市场，竞价日趋激烈。

2013年，全市公开出让土地中，溢价率超50%的项目共19宗，超100%的共9宗，其中位于江夏区大花岭村P（2013）211号地块竞价单位13家，溢价率达266%，溢价率为全年之最。

全市公开成交土地竞价率和溢价率普遍高涨，除经济形势好转等外部因素外，原因有两个：一是中心城区可供土地资源有限，项目来源自“城中村”改造项目基本完成后锐减。中心城区竞价率高，而平均溢价率约为新城区的一半，说明中心城区土地价值与市场预期差别不大，但市场竞争激烈。二是随着武汉市综合配套体系完善升级，受经济政策环境利好影响，区位价值优的新城区、开发区价值凸显，如东湖新技术开发区及黄陂区，溢价率偏高，但其供应计划实施比例均接近或超过100%，证明在市场供应相对充足的前提下，市场对区域土地价值预期也相应提升，标志着武汉市土地市场建设踏上新台阶。

在土地交易方式方面锐意革新，网上挂牌渐成趋势。

按照国土资源部《关于开展国有建设用地使用权网上交易试点工作的意见》（国土发〔2011〕118号）以及市局信息化建设方案等文件要求，武汉市国土资源和规划局于2012年正式开展网上交易系统的建设工作。

为统一全市土地出让平台，市局有计划、分步骤地对新城区、开发区交易分中心开展了一系列调研及系统培训，其中江夏区、汉南区已分别于4月22日、11月5日发布首次网上挂牌出让公告。截至2013年底，江夏区已发布网上挂牌出让公告9批次，成功出让土地36宗，出让总面积约3316.19亩，出让总价格约6.93亿元；汉南区共发布网上挂牌出让公告1批次，成功出让土地2宗，出让总面积约85.15亩，出让总价格约0.15亿元。

第十章 房 屋 交 易

第一节 增 量 房 交 易

一、商品房供应量

2013 年，武汉市商品房新增供应套数为 204534 套，同比增长 7.22%。其中：商品住房新增供应套数为 171821 套，同比增长 15.01%；写字楼新增 10380 套，同比减少 42.31%；其他新增 22333 套，同比减少 4.44%。

武汉市 2013 年各季度商品房新增供应套数见表 10-1-1，武汉市 2013 年各季度商品房新增供应套数比较见图 10-1-1。武汉市 2013 年区域各季度商品住房新增供应套数见表 10-1-2，武汉市 2013 年区域年度商品住房新增供应套数比较见图 10-1-2。

表 10-1-1　　武汉市 2013 年各季度商品房新增供应套数统计表

单位：套

季度＼物业形态	商品住房	写字楼	其　他	合　计
第一季度	14949	953	3324	19226
第二季度	43596	2379	5939	51917
第三季度	49578	1611	7286	58475
第四季度	63698	5437	5784	74919
合　计	171821	10380	22333	204537

注：本表数据由武汉市住房保障和房屋管理局提供。

图 10-1-1　　武汉市 2013 年各季度商品房新增供应套数比较示意图

单位：套

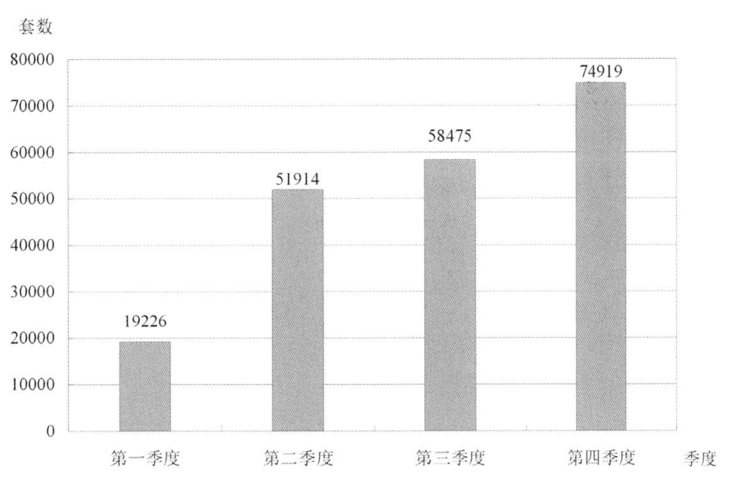

表 10-1-2　　武汉市 2013 年区域各季度商品住房新增供应套数统计表

单位：套

区域＼季度	第一季度	第二季度	第三季度	第四季度	合　计
江岸区	790	1608	2741	4073	9212
江汉区	0	1188	894	3537	5619
硚口区	1194	673	928	1525	4320
汉阳区	1883	6709	9736	7659	25987
武昌区	1365	2568	2518	4846	11297
洪山区	3639	11639	15999	15476	46753
青山区	0	883	254	1854	2991
东西湖区	702	4291	2647	4337	11977
黄陂区	2592	6362	5557	5455	19966
江夏区	1098	4213	3997	6959	16267
蔡甸区	421	2686	1407	4173	8687
新洲区	1005	536	1102	1363	4006
汉南区	260	240	1798	2441	4739
合　计	14949	43596	49578	63698	171821

注：①本表洪山区数据含东湖新技术开发区数据，汉阳区数据含武汉经济技术开发区数据（下同）；
②本表数据由武汉市住房保障和房屋管理局提供。

图 10-1-2　　武汉市 2013 年区域年度商品住房新增供应套数比较示意图

单位：套

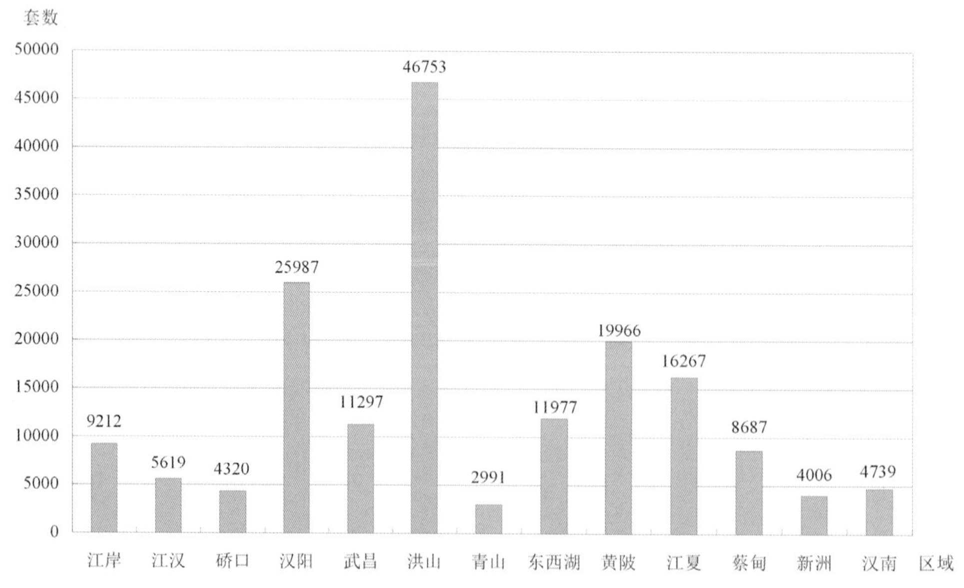

从户型面积来看，新增供应的住房 90—120 平方米供应套数最多，为 67957 套，占总供应套数的 39.55%。武汉市 2013 年区域不同户型面积商品住房新增供应套数见表 10-1-3，武汉市 2013 年区域不同户型面积商品住房新增供应套数构成见图 10-1-3。

表 10-1-3　　武汉市 2013 年区域不同户型面积商品住房新增供应套数统计表

单位：套

区域＼面积	90 平方米以下	90—120 平方米	120—140 平方米	140 平方米以上	合　计
江岸区	3426	3633	1325	828	9212
江汉区	2020	2217	873	509	5619
硚口区	1777	1869	218	456	4320
汉阳区	12304	9740	2451	1492	25987
武昌区	4235	3892	1200	1970	11297
洪山区	19959	15980	8323	2491	46753
青山区	924	1687	315	65	2991
东西湖区	3716	6451	1648	162	11977
黄陂区	7585	9398	2154	829	19966
江夏区	6359	5676	2998	1234	16267
蔡甸区	3084	3871	1378	354	8687
新洲区	1095	1828	923	160	4006
汉南区	1181	1715	1075	768	4739
合　计	67665	67957	24881	11318	171821

注：本表数据由武汉市住房保障和房屋管理局提供。

图 10 1 3　　武汉市 2013 年区域不同户型面积商品住房新增供应套数构成示意图

单位：套

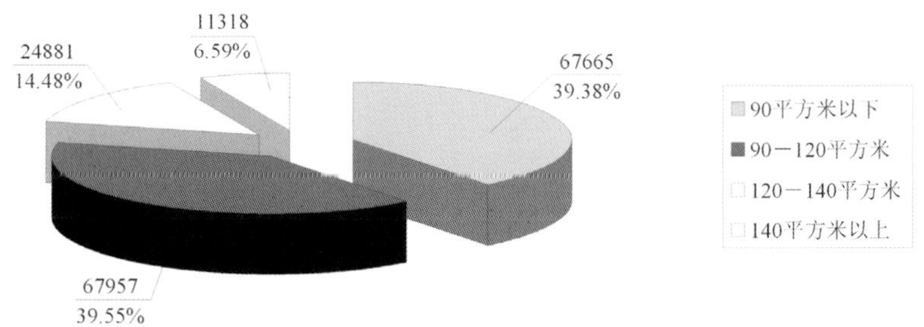

二、商品房销售量

2013 年，全市商品房实际销售面积为 1923.29 万平方米，同比增长 18.50%；成交套数 191153 套，同比增长 16.91%。其中，商品住房销售面积为 1585.01 万平方米，同比增长 19.08%，占商品房总销售面积的 82.41%；成交套数为 159503 套，同比增长 18.19%（以上销售数据来源于武汉市商品房合同备案系统）。武汉市 2012—2013 年商品房、商品住房销售面积、成交套数统计情况见表 10-1-4。

表 10-1-4　　武汉市 2012—2013 年商品房、商品住房销售面积、成交套数统计表

单位：万平方米（面积）；套（套数）

年度＼项目	商品房		商品住房	
	销售面积	成交套数	销售面积	成交套数
2012	1622.98	163508	1331.04	134953
2013	1923.29	191153	1585.01	159503
同比增长（%）	18.50	16.91	19.08	18.19

注：本表数据由武汉市住房保障和房屋管理局提供。

三、商品房待售量

2013 年，武汉市待售商品房面积 676.61 万平方米，其中待售 1—3 年的房屋面积 479.06 万平方米。按商品房属性来分，住宅、办公楼、商业营业用房和其他商品房待售面积分别为 459.11 万平方米、72.33 万平方米、69.68 万平方米、75.48 万平方米。按开发企业的资质等级分，一级、二级、三级房地产开发企业的待售商品房面积分别为 35.27 万平方米、232.69 万平方米、182.54 万平方米。武汉市 2013 年待售商品房面积统计情况见表 10-1-5—10-1-6。

表 10-1-5　　武汉市 2013 年待售商品房面积统计表

（按待售年限分）

单位：万平方米

项　目	待售面积	待售 1—3 年房屋面积
住宅	459.11	327.35
别墅、高档公寓	68.74	38.96
办公楼	72.33	66.29
商业营业用房	69.68	35.62
其他	75.48	49.80
合　计	676.61	479.06

注：本表数据来自《武汉统计年鉴》。

表 10-1-6 武汉市 2013 年待售商品房面积统计表

（按企业资质等级分）

单位：万平方米

项　目	总　计	一级开发企业	二级开发企业	三级开发企业
住宅	459.11	22.06	164.92	103.01
90 平方米以下住房	81.05	5.83	12.43	20.48
别墅、高档公寓	68.74	6.28	37.80	8.23
办公楼	72.33	4.28	7.77	53.76
商业营业用房	69.68	6.00	23.83	16.90
其他	75.48	2.93	36.17	8.87
合　计	676.61	35.27	232.69	182.54

注：①本表数据来自《武汉统计年鉴》；

②总计数据包括一级、二级、三级和其他级别资质开发企业待售商品房数量。

四、商品房销售价格

（一）商品房综合平均价格及价格指数

2013 年，武汉市商品房综合平均价格为 7323.19 元/平方米，同比上涨 5.86%。武汉市 2012—2013 年商品房各季度综合平均价格及价格指数情况见表 10-1-7，武汉市 2012—2013 年商品房各季度综合平均价格变化趋势见图 10-1-4。

表 10-1-7 武汉市 2012—2013 年商品房各季度综合平均价格及价格指数统计表

单位：元/平方米（价格）；点（价格指数）

项　目		第一季度	第二季度	第三季度	第四季度
商品房综合平均价格	2012 年	6838.18	6789.38	6967.87	7074.97
	2013 年	6933.67	7319.73	7492.75	7546.61
	同比增长（%）	1.40	7.81	7.53	6.67
商品房价格指数	2012 年	2385.96	2368.93	2431.21	2467.53
	2013 年	2419.27	2553.97	—	—
	环比增长（2013 年）（%）	− 1.96	5.57	—	—

注：本表数据由武汉市住房保障和房屋管理局提供。

图 10-1-4　　武汉市 2012—2013 年商品房各季度综合平均价格变化趋势图

单位：元/平方米

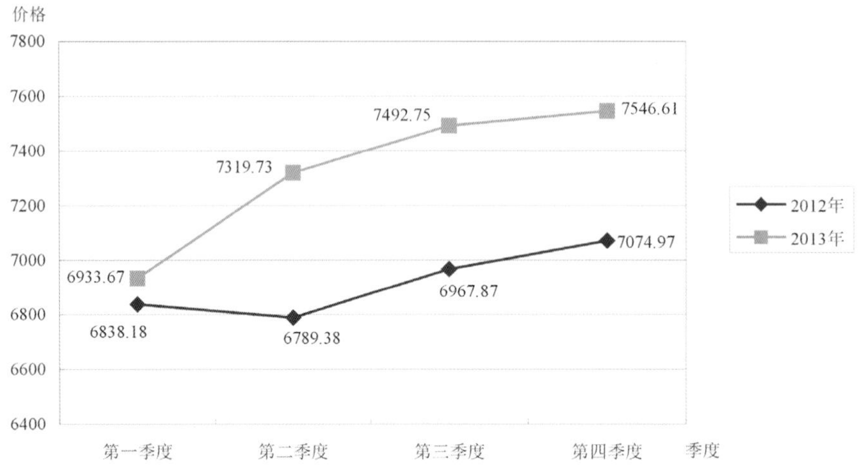

（二）商品住房平均价格及价格指数

1. 概况

2013 年，武汉市商品住房平均价格为 6837.62 元/平方米，同比增长 7.75%。武汉市 2012—2013 年商品住房各季度平均价格及价格指数情况见表 10-1-8，武汉市 2012—2013 年商品住房各季度平均价格变化趋势见图 10-1-5。

表 10-1-8　　武汉市 2012—2013 年商品住房各季度平均价格及价格指数统计表

单位：元/平方米（价格）；点（价格指数）

项　目		第一季度	第二季度	第三季度	第四季度
商品住房平均价格	2012 年	6327.11	6315.88	6337.36	6403.52
	2013 年	6623.02	6761.60	6961.57	7004.28
	同比增长（%）	4.68	7.06	9.85	9.38
商品住房价格指数	2012 年	3265.79	3259.99	3271.08	3305.23
	2013 年	3418.53	3490.06	—	—
	环比增长（2013 年）（%）	3.43	2.09	—	—

注：本表数据由武汉市住房保障和房屋管理局提供。

图 10-1-5　　武汉市 2012—2013 年商品住房各季度平均价格变化趋势图

单位：元/平方米

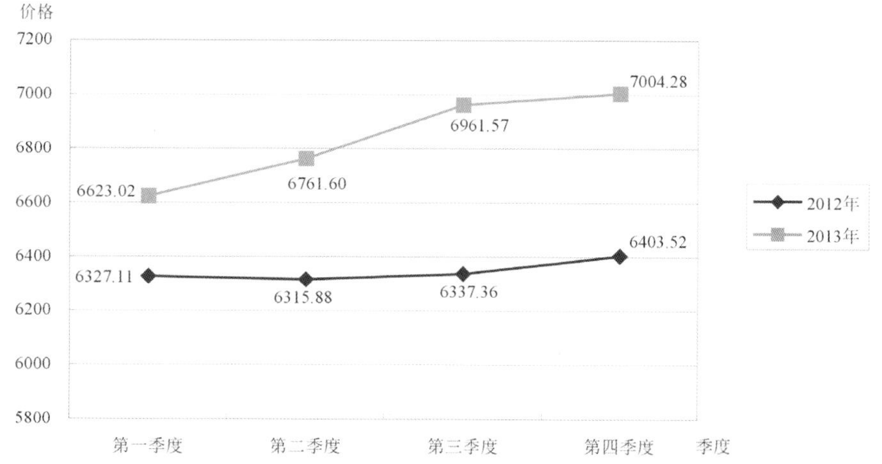

2. 区域商品住房平均价格及价格指数

武汉市 2012—2013 年区域商品住房平均价格情况见表 10-1-9。

表 10-1-9　　武汉市 2012—2013 年区域商品住房平均价格统计表

单位：元/平方米

区　域	2012 年	2013 年	同比增长（%）
江岸区	8464.41	8781.27	3.74
江汉区	8879.99	9475.65	6.71
硚口区	6841.02	8762	28.08
汉阳区	7252.89	7278.69	0.36
武昌区	9283.33	8944.90	− 3.65
洪山区	7189.53	7461.28	3.78
青山区	4917.64	7285.80	48.16
东西湖区	5743.99	6318.52	10
黄陂区	4748.80	4999.76	5.28
江夏区	5062.18	5688.01	12.36
蔡甸区	4398.97	4922.72	11.91
新洲区	3026.92	3288.54	8.64
汉南区	3291.96	3849.72	16.94

注：本表数据由武汉市住房保障和房屋管理局提供。

（1）江岸区

2013 年，江岸区全年商品住房平均价格为 8781.27 元/平方米，2013 年 1—4 季度较 2012 年同比增长分别为－ 5.46%、－ 0.24%、3.43%、19.80%。江岸区 2012—2013 年商品住房平均价格及价格指数情况见表 10-1-10，江岸区 2012—2013 年商品住房平均价格变化趋势见图 10-1-6。

表 10-1-10　　江岸区 2012—2013 年商品住房平均价格及价格指数统计表

单位：元/平方米（价格）；点（价格指数）

季　度	平均价格			价格指数	
	2012 年	2013 年	同比增长（%）	2012 年	2013 年
第一季度	9247.94	8742.84	－ 5.46	3825.20	3616.26
第二季度	8835.33	8814.09	－ 0.24	3654.53	3645.73
第三季度	8122.19	8400.91	3.43	3359.55	—
第四季度	7652.18	9167.25	19.80	3165.14	—

注：本表数据由武汉市住房保障和房屋管理局提供。

图 10-1-6　　江岸区 2012—2013 年商品住房平均价格变化趋势图

单位：元/平方米

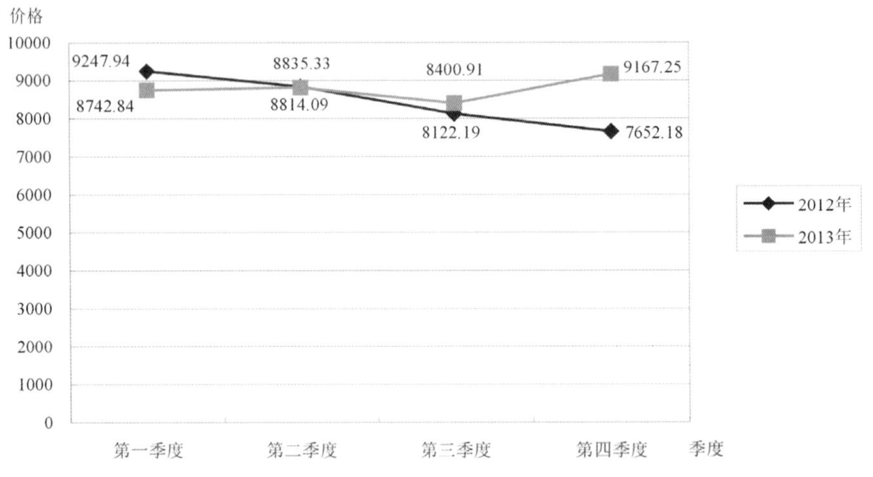

（2）江汉区

2013 年，江汉区全年商品住房平均价格为 9475.65 元/平方米，2013 年 1—4 季度较 2012 年同比增长分别为－ 12.71%、－ 1.94%、16.76%、29.22%。江汉区 2012—2013 年商品住房平均价格及价格指数情况见表 10-1-11，江汉区 2012—2013 年商品住房平均价格变化趋势见图 10-1-7。

表 10-1-11　　江汉区 2012—2013 年商品住房平均价格及价格指数统计表

单位：元/平方米（价格）；点（价格指数）

季　度	平均价格			价格指数	
	2012 年	2013 年	同比增长（%）	2012 年	2013 年
第一季度	9645	8419.40	－12.71	4353.58	3800.36
第二季度	9294.63	9114.48	－1.94	4195.43	4114.11
第三季度	8476.77	9897.53	16.76	3826.26	—
第四季度	8103.56	10471.19	29.22	3657.80	—

注：本表数据由武汉市住房保障和房屋管理局提供。

图 10-1-7　　江汉区 2012—2013 年商品住房平均价格变化趋势图

单位：元/平方米

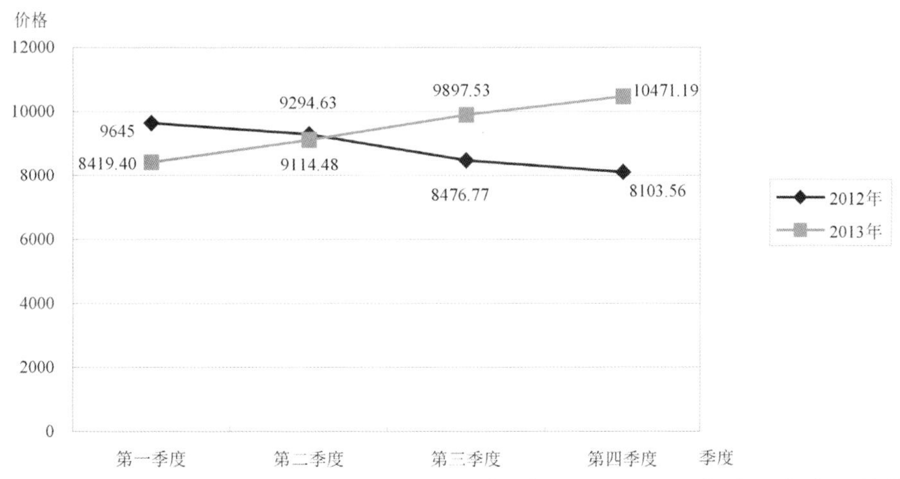

（3）硚口区

2013 年，硚口区全年商品住房平均价格为 8762 元/平方米，2013 年 1—4 季度较 2012 年同比增长分别为 27.18%、42.04%、23.94%、20.41%。硚口区 2012—2013 年商品住房平均价格及价格指数情况见表 10-1-12，硚口区 2012—2013 年商品住房平均价格变化趋势见图 10-1-8。

表 10-1-12　　硚口区 2012　2013 年商品住房平均价格及价格指数统计表

单位：元/平方米（价格）；点（价格指数）

季　度	平均价格			价格指数	
	2012 年	2013 年	同比增长（%）	2012 年	2013 年
第一季度	6438.13	8187.80	27.18	3046.84	3874.87
第二季度	6498.24	9230.14	42.04	3075.29	4368.16
第三季度	7314.16	9065.30	23.94	3461.42	—
第四季度	7113.53	8565.17	20.41	3366.47	—

注：本表数据由武汉市住房保障和房屋管理局提供。

图 10-1-8　　砾口区 2012—2013 年商品住房平均价格变化趋势图

单位：元/平方米

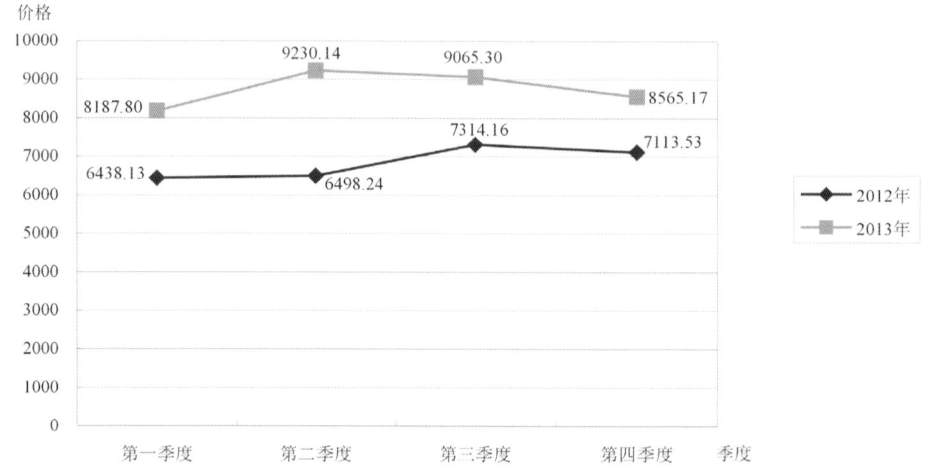

（4）汉阳区

2013 年，汉阳区全年商品住房平均价格为 7278.69 元/平方米，2013 年 1—4 季度较 2012 年同比增长分别为－ 5.37%、0.39%、2.56%、4.07%。汉阳区 2012—2013 年商品住房平均价格及价格指数情况见表 10-1-13，汉阳区 2012—2013 年商品住房平均价格变化趋势见图 10-1-9。

表 10-1-13　　汉阳区 2012—2013 年商品住房平均价格及价格指数统计表

单位：元/平方米（价格）；点（价格指数）

季　度	平均价格			价格指数	
	2012 年	2013 年	同比增长（%）	2012 年	2013 年
第一季度	7448.22	7048.06	－ 5.37	4048.27	3830.77
第二季度	7251.42	7279.85	0.39	3941.30	3956.75
第三季度	7108.07	7289.75	2.56	3963.39	—
第四季度	7203.86	7497.10	4.07	3915.45	—

注：本表数据由武汉市住房保障和房屋管理局提供。

图 10-1-9　　汉阳区 2012—2013 年商品住房平均价格变化趋势图

单位：元/平方米

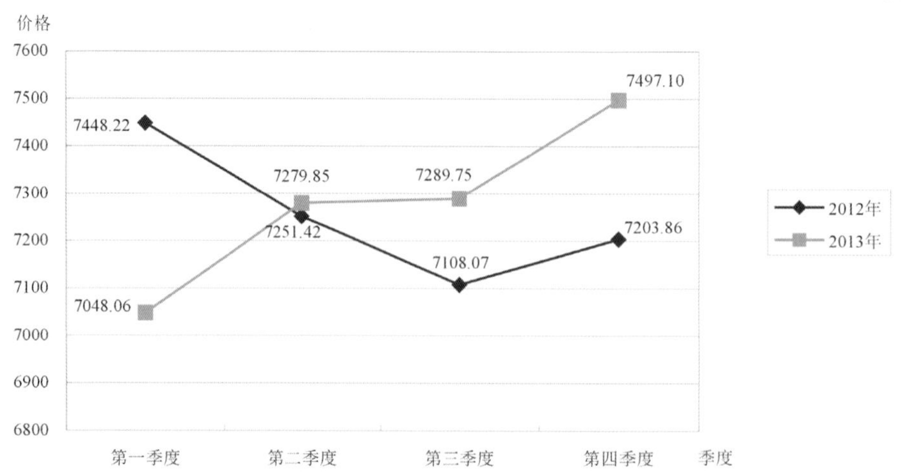

（5）武昌区

2013 年，武昌区全年商品住房平均价格为 8944.90 元/平方米，2013 年 1—4 季度较 2012 年同比增长分别为－20.50%、－13.03%、10.25%、14.31%。武昌区 2012—2013 年商品住房平均价格及价格指数情况见表 10-1-14，武昌区 2012—2013 年商品住房平均价格变化趋势见图 10-1-10。

表 10-1-14　　武昌区 2012—2013 年商品住房平均价格及价格指数统计表

单位：元/平方米（价格）；点（价格指数）

季　度	平均价格			价格指数	
	2012 年	2013 年	同比增长（%）	2012 年	2013 年
第一季度	10477.94	8329.64	－20.50	4561.80	3626.48
第二季度	9773.45	8499.49	－13.03	4255.08	3700.43
第三季度	8568.94	9447.53	10.25	3730.67	—
第四季度	8312.98	9502.94	14.31	3619.23	—

注：本表数据由武汉市住房保障和房屋管理局提供。

图 10-1-10　　武昌区 2012—2013 年商品住房平均价格变化趋势图

单位：元/平方米

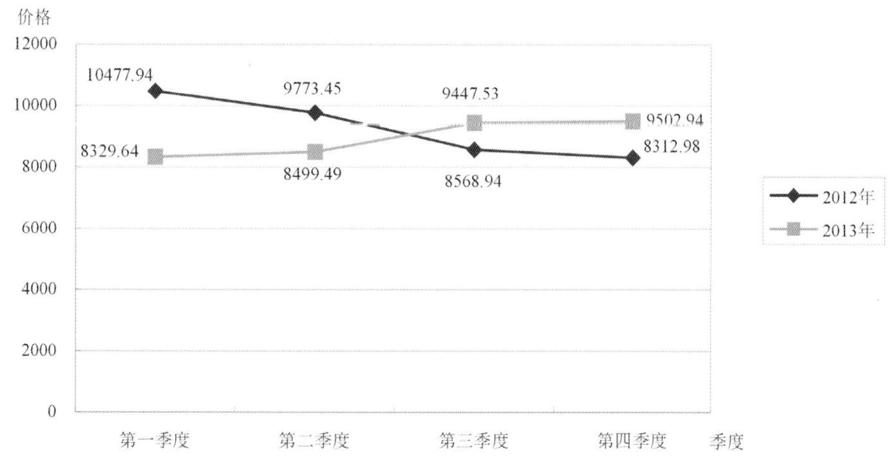

（6）洪山区

2013 年，洪山区全年商品住房平均价格为 7461.28 元/平方米，2013 年 1—4 季度较 2012 年同比增长分别为 3.64%、5.77%、3.67%、2.09%。洪山区 2012—2013 年商品住房平均价格及价格指数情况见表 10-1-15，洪山区 2012—2013 年商品住房平均价格变化趋势见图 10-1-11。

表 10-1-15　　洪山区 2012—2013 年商品住房平均价格及价格指数统计表

单位：元/平方米（价格）；点（价格指数）

季　度	平均价格			价格指数	
	2012 年	2013 年	同比增长(%)	2012 年	2013 年
第一季度	6776.90	7023.88	3.64	4505.79	4670
第二季度	7117.88	7528.91	5.77	4732.50	5005.78
第三季度	7454.08	7727.99	3.67	4956.03	—
第四季度	7409.25	7564.35	2.09	4926.22	—

注：本表数据由武汉市住房保障和房屋管理局提供。

图 10-1-11　　洪山区 2012—2013 年商品住房平均价格变化趋势图

单位：元/平方米

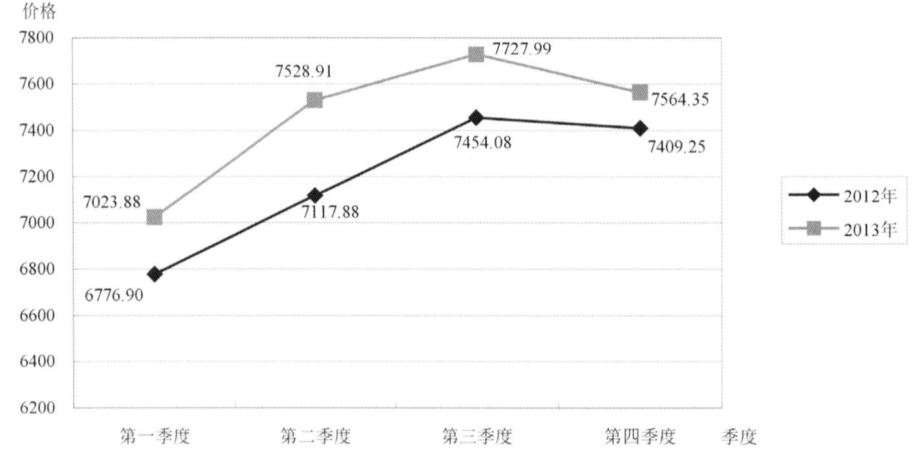

（7）青山区

2013 年，青山区全年商品住房平均价格为 7285.80 元/平方米，2013 年 1—4 季度较 2012 年同比增长分别为 27.60%、49.62%、67.87%、48.64%。青山区 2012—2013 年商品住房平均价格及价格指数情况见表 10-1-16，青山区 2012—2013 年商品住房平均价格变化趋势见图 10-1-12。

表 10-1-16　　青山区 2012—2013 年商品住房平均价格及价格指数统计表

单位：元/平方米（价格）；点（价格指数）

季　度	平均价格			价格指数	
	2012 年	2013 年	同比增长(%)	2012 年	2013 年
第一季度	4878.71	6225.05	27.60	3780.20	4823.39
第二季度	4558.88	6821.02	49.62	3532.38	5285.17
第三季度	4612.68	7743.34	67.87	3574.07	—
第四季度	5620.28	8353.78	48.64	4354.79	—

注：本表数据由武汉市住房保障和房屋管理局提供。

图 10-1-12　　青山区 2012—2013 年商品住房平均价格变化趋势图

单位：元/平方米

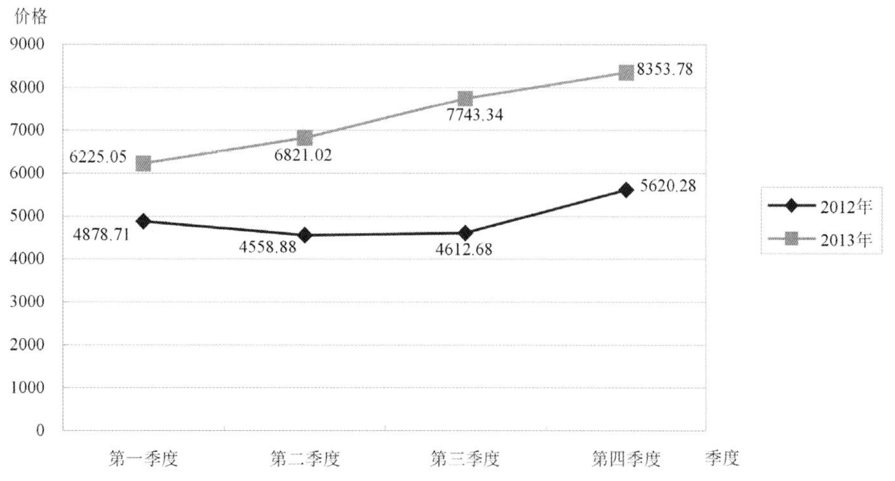

（8）东西湖区

2013 年，东西湖区全年商品住房平均价格为 6318.52 元/平方米，2013 年 1—4 季度较 2012 年同比增长分别为－ 1.01%、8.84%、24.85%、8.83%。东西湖区 2012—2013 年商品住房平均价格及价格指数情况见表 10-1-17，东西湖区 2012—2013 年商品住房平均价格变化趋势见图 10-1-13。

表 10-1-17　　东西湖区 2012—2013 年商品住房平均价格及价格指数统计表

单位：元/平方米（价格）；点（价格指数）

季　度	平均价格			价格指数	
	2012 年	2013 年	同比增长（%）	2012 年	2013 年
第一季度	5859.12	5799.87	－ 1.01	5122.27	5070.47
第二季度	5653.24	6153.21	8.84	4942.28	5379.37
第三季度	5276.81	6588.06	24.85	4613.19	—
第四季度	6186.80	6732.94	8.83	5408.74	—

注：本表数据由武汉市住房保障和房屋管理局提供。

图 10-1-13　　东西湖区 2012—2013 年商品住房平均价格变化趋势图

单位：元/平方米

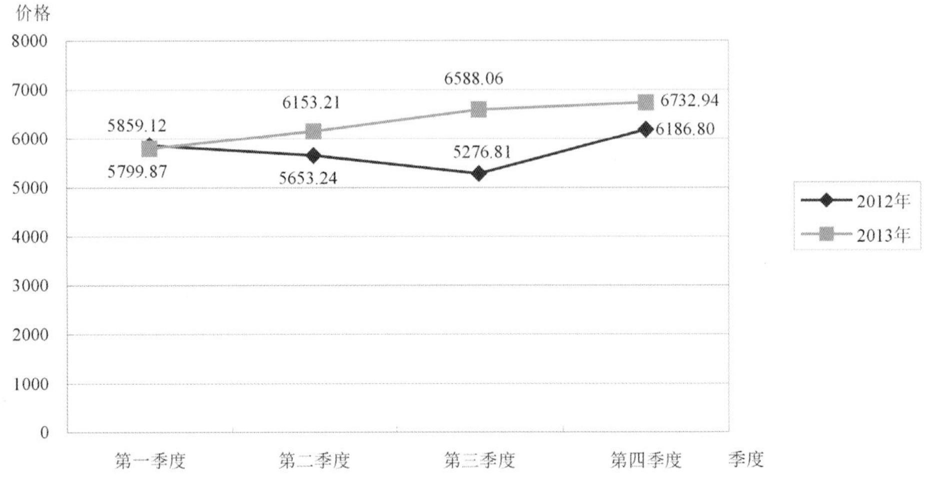

（9）黄陂区

2013 年，黄陂区全年商品住房平均价格为 4999.76 元/平方米，2013 年 1—4 季度较 2012 年同比增长分别为－2.59%、1.98%、11.58%、10.82%。黄陂区 2012—2013 年商品住房平均价格及价格指数情况见表 10-1-18，黄陂区 2012—2013 年商品住房平均价格变化趋势见图 10-1-14。

表 10-1-18　　黄陂区 2012—2013 年商品住房平均价格及价格指数统计表

单位：元/平方米（价格）；点（价格指数）

季　度	平均价格			价格指数	
	2012 年	2013 年	同比增长（%）	2012 年	2013 年
第一季度	4926.72	4798.96	－2.59	1995.06	1943.32
第二季度	4815.33	4910.90	1.98	1949.95	1988.65
第三季度	4575.88	5105.85	11.58	1852.99	—
第四季度	4677.25	5183.34	10.82	1894.04	—

注：本表数据由武汉市住房保障和房屋管理局提供。

图 10-1-14　　黄陂区 2012—2013 年商品住房平均价格变化趋势图

单位：元/平方米

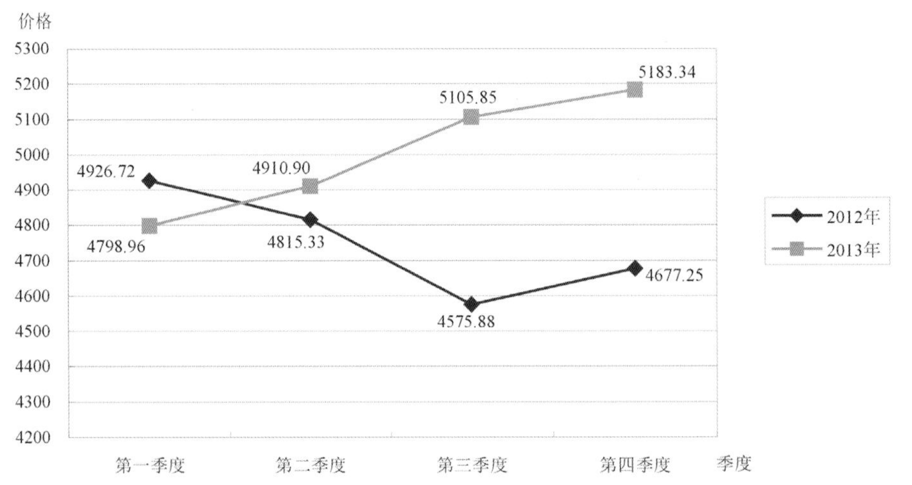

（10）江夏区

2013 年，江夏区全年商品住房平均价格为 5688.01 元/平方米，2013 年 1—4 季度较 2012 年同比增长分别为 8.44%、9.85%、12.54%、18.65%。江夏区 2012—2013 年商品住房平均价格及价格指数情况见表 10-1-19，江夏区 2012—2013 年商品住房平均价格变化趋势见图 10-1-15。

表 10-1-19　　江夏区 2012—2013 年商品住房平均价格及价格指数统计表

单位：元/平方米（价格）；点（价格指数）

季　度	平均价格			价格指数	
	2012 年	2013 年	同比增长（%）	2012 年	2013 年
第一季度	5096.67	5526.58	8.44	1559.78	1691.36
第二季度	5054	5552.03	9.85	1546.72	1699.15
第三季度	5046.31	5679.30	12.54	1544.37	—
第四季度	5051.75	5994.11	18.65	1546.04	—

注：本表数据由武汉市住房保障和房屋管理局提供。

图 10-1-15　　江夏区 2012—2013 年商品住房平均价格变化趋势图

单位：元/平方米

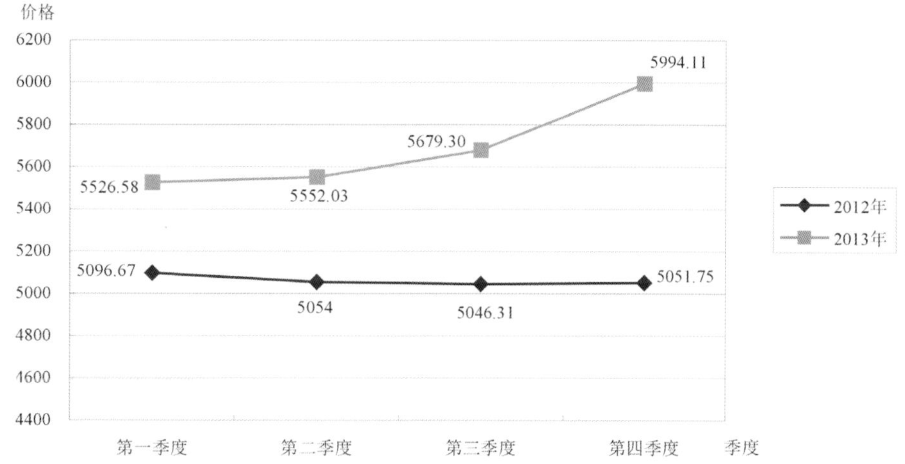

（11）蔡甸区

2013 年，蔡甸区全年商品住房平均价格为 4922.72 元/平方米，2013 年 1—4 季度较 2012 年同比增长分别为 12.29%、13.16%、11.60%、10.62%。蔡甸区 2012—2013 年商品住房平均价格及价格指数情况见表 10-1-20，蔡甸区 2012—2013 年商品住房平均价格变化趋势见图 10 1 16。

表 10-1-20　　蔡甸区 2012—2013 年商品住房平均价格及价格指数统计表

单位：元/平方米（价格）；点（价格指数）

季　度	平均价格			价格指数	
	2012 年	2013 年	同比增长（%）	2012 年	2013 年
第一季度	4420.50	4963.59	12.29	1037.54	1165.01
第二季度	4302.50	4868.86	13.16	1009.84	1142.78
第三季度	4416.01	4928.16	11.60	1036.48	—
第四季度	4456.86	4930.28	10.62	1046.07	—

注：本表数据由武汉市住房保障和房屋管理局提供。

图 10-1-16　　蔡甸区 2012—2013 年商品住房平均价格变化趋势图

单位：元/平方米

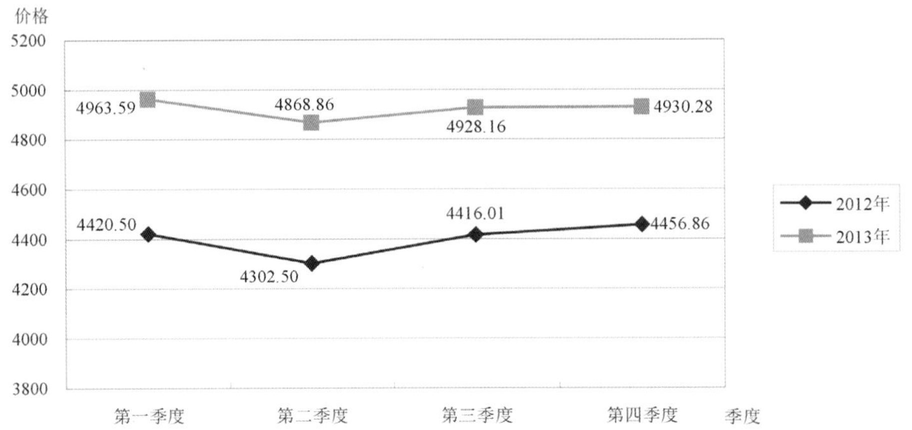

（12）新洲区

2013 年，新洲区全年商品住房平均价格为 3288.54 元/平方米，2013 年 1—4 季度较 2012 年同比增长分别为 6.99%、14.36%、6.91%、6.62%。新洲区 2012—2013 年商品住房平均价格及价格指数情况见表 10-1-21，新洲区 2012—2013 年商品住房平均价格变化趋势见图 10-1-17。

表 10-1-21　　新洲区 2012—2013 年商品住房平均价格及价格指数统计表

单位：元/平方米（价格）；点（价格指数）

季　　度	平均价格			价格指数	
	2012 年	2013 年	同比增长(%)	2012 年	2013 年
第一季度	2993.14	3202.40	6.99	1108.42	1185.92
第二季度	2901.16	3317.80	14.36	1074.36	1228.65
第三季度	3100.61	3315	6.91	1148.22	—
第四季度	3112.76	3318.97	6.62	1152.72	—

注：本表数据由武汉市住房保障和房屋管理局提供。

图 10-1-17　　新洲区 2012—2013 年商品住房平均价格变化趋势图

单位：元/平方米

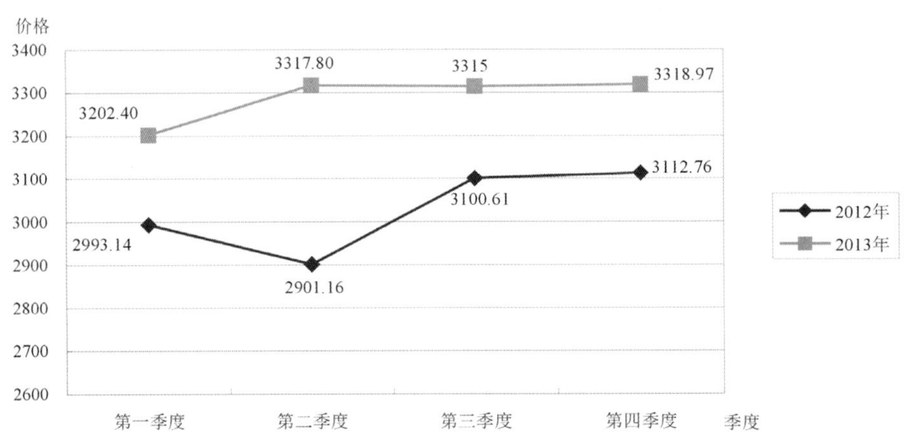

（13）汉南区

2013 年，汉南区全年商品住房平均价格为 3849.72 元/平方米，2013 年 1—4 季度较 2012 年同比增长分别为 16.13%、9.97%、16.59%、24.87%。汉南区 2012—2013 年商品住房平均价格及价格指数情况见表 10-1-22，汉南区 2012—2013 年商品住房平均价格变化趋势见图 10-1-18。

表 10-1-22　　汉南区 2012—2013 年商品住房平均价格及价格指数统计表

单位：元/平方米（价格）；点（价格指数）

季度	平均价格			价格指数	
	2012 年	2013 年	同比增长（%）	2012 年	2013 年
第一季度	3079.17	3575.93	16.13	1081.87	1256.40
第二季度	3359.21	3694.06	9.97	1180.26	1297.90
第三季度	3310.54	3859.74	16.59	1163.16	—
第四季度	3418.90	4269.15	24.87	1201.23	—

注：本表数据由武汉市住房保障和房屋管理局提供。

图 10-1-18　　汉南区 2012—2013 年商品住房平均价格变化趋势图

单位：元/平方米

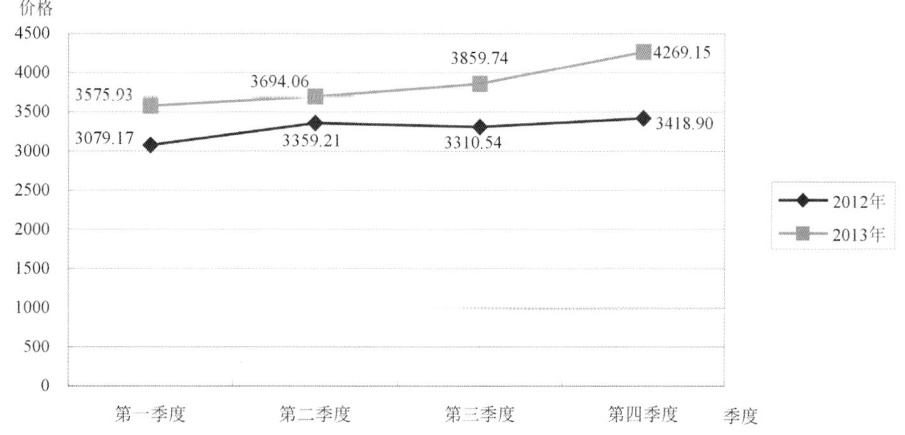

（三）写字楼平均价格及价格指数

2013 年，武汉市写字楼平均价格四个季度分别为：9418.55 元/平方米、9764.96 元/平方米、9958.60 元/平方米、10210.68 平方米，写字楼价格环比分别上涨 3.66%、3.68%、1.98%、2.53%。武汉市 2012—2013 年写字楼平均价格及价格指数情况见表 10-1-23，武汉市 2012—2013 年写字楼平均价格变化趋势见图 10-1-19。

表 10-1-23　　武汉市 2012—2013 年写字楼平均价格及价格指数统计表

单位：元/平方米（价格）；点（价格指数）

项　目		第一季度	第二季度	第三季度	第四季度
写字楼平均价格	2012 年	8086.55	8495.24	8605.67	9085.87
	2013 年	9418.55	9764.96	9958.60	10210.68
	同比增长（%）	16.47	14.95	15.72	12.38
写字楼价格指数	2012 年	2017.74	2119.72	2147.27	2267.09
	2013 年	2350.10	2436.54	—	—
	环比增长（2013 年）（%）	3.66	3.68	—	—

注：本表数据由武汉市住房保障和房屋管理局提供。

图 10-1-19　　武汉市 2012—2013 年写字楼平均价格变化趋势图

单位：元/平方米

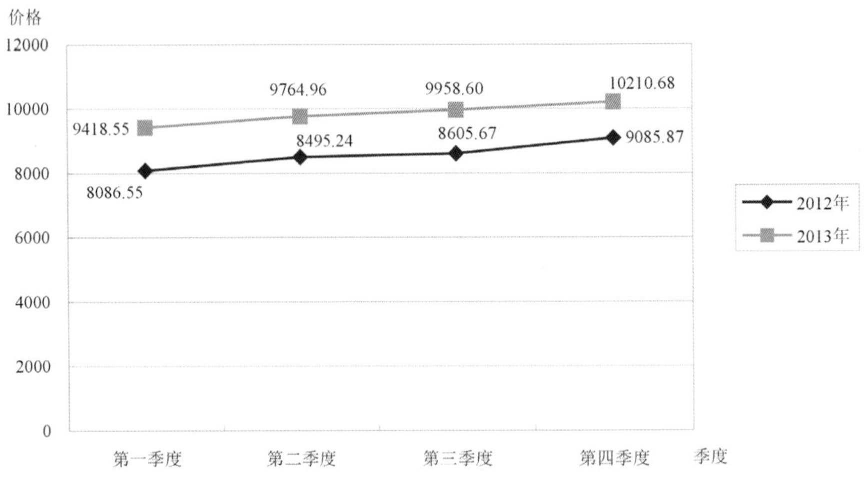

第二节 存量房交易

一、存量住房交易套数

2013年，武汉市存量住房交易套数为55360套。武汉市2013年区域存量住房交易套数见表10-2-1，武汉市2013年区域存量住房交易套数比较见图10-2-1。

表10-2-1　　武汉市2013年区域存量住房交易套数统计表

单位：套

区域＼季度	第一季度	第二季度	第三季度	第四季度	合　计
江岸区	1216	1817	1712	1915	6660
江汉区	1361	1195	1070	1256	4882
硚口区	1163	996	876	924	3959
汉阳区	878	1079	887	1036	3880
武昌区	2253	1797	1476	1837	7363
洪山区	1927	1846	1704	1977	7454
青山区	51	1331	1150	1637	4169
东西湖区	1296	1172	1078	1151	4697
江夏区	850	803	725	718	3096
黄陂区	941	870	734	704	3249
蔡甸区	807	805	624	655	2891
新洲区	781	791	327	353	2252
汉南区	282	201	155	170	808
合计	13806	14703	12518	14333	55360

注：本表数据由武汉市住房保障和房屋管理局提供。

图 10-2-1　　武汉市 2013 年区域存量住房交易套数比较示意图

单位：套

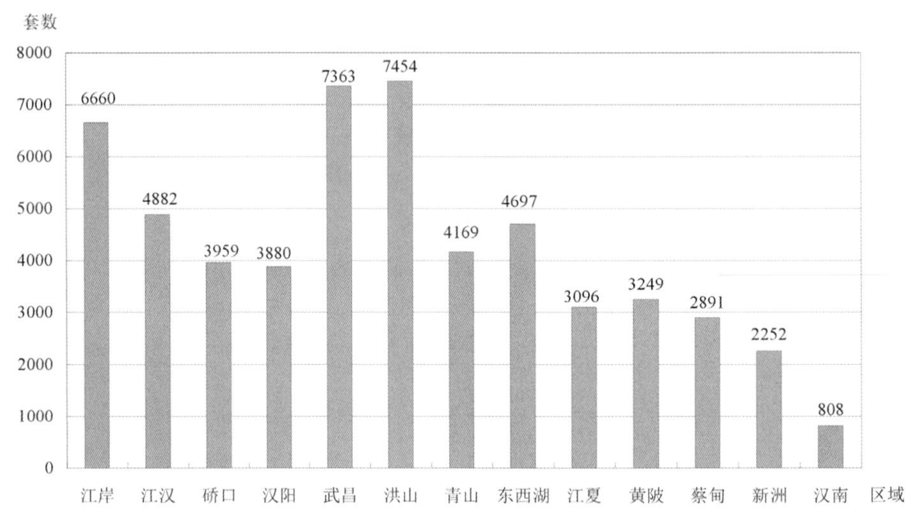

二、存量房交易价格

（一）存量房交易平均价格及价格指数

2013 年，武汉市存量房综合物业平均价格为 5039.93 元/平方米，同比增长 0.58%。武汉市 2012—2013 年存量房交易平均价格及价格指数情况见表 10-2-2，武汉市 2012—2013 年存量房交易平均价格比较见图 10-2-2。

表 10-2-2　　武汉市 2012—2013 年存量房交易平均价格及价格指数统计表

单位：元/平方米（价格）；点（价格指数）

项　　目		第一季度	第二季度	第三季度	第四季度
存量房交易平均价格	2012 年	4980.76	4827.58	5060.45	5175.54
	2013 年	4927.39	4734.73	5021	5476.61
	同比增长（%）	－1.07	－1.92	－0.78	5.82
存量房交易价格指数	2012 年	1917.20	1858.24	1947.88	1992.18
	2013 年	1896.66	1822.50	—	—
	环比增长（2013 年）（%）	－4.79	－3.91	—	—

注：本表数据由武汉市住房保障和房屋管理局提供。

图 10-2-2　　武汉市 2012—2013 年存量房交易平均价格比较示意图

单位：元/平方米

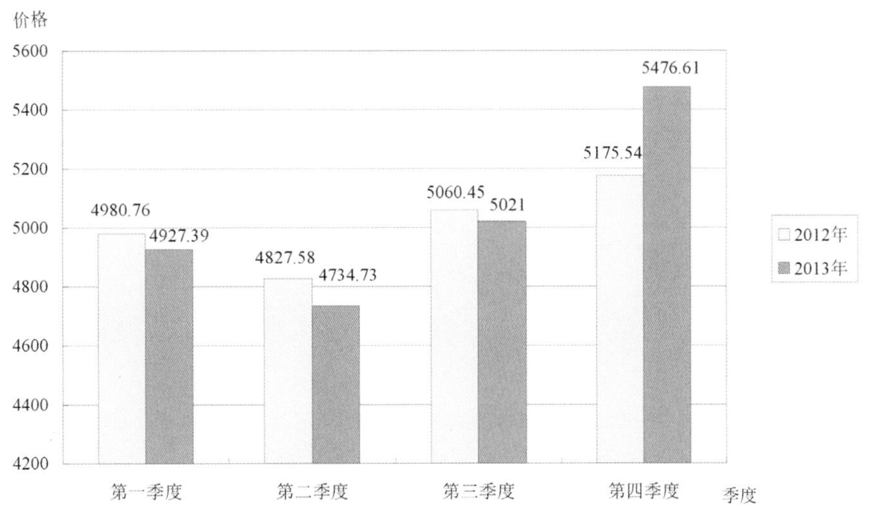

（二）各物业形态存量房平均价格及价格指数

1. 存量住宅

2013 年，武汉市存量住宅平均价格为 4810.31 元/平方米，同比增长 3.66%。武汉市 2012—2013 年存量住宅交易平均价格及价格指数情况见表 10-2-3，武汉市 2012—2013 年存量住宅交易平均价格比较见图 10-2-3。

表 10-2-3　　武汉市 2012—2013 年存量住宅交易平均价格及价格指数统计表

单位：元/平方米（价格）；点（价格指数）

项　目		第一季度	第二季度	第三季度	第四季度
存量住宅物业平均价格	2012 年	4372.03	4491.16	4798.25	4900.09
	2013 年	4598.84	4581	4799.64	5261.77
	同比增长（%）	5.19	2.00	0.03	7.38
存量住宅物业价格指数	2012 年	1846.92	1897.25	2026.98	2070
	2013 年	1942.74	1935.20	—	—
	环比增长（2013 年）（%）	－6.15	－0.39	—	—

注：本表数据由武汉市住房保障和房屋管理局提供。

图 10-2-3　　武汉市 2012—2013 年存量住宅交易平均价格比较示意图

单位：元/平方米

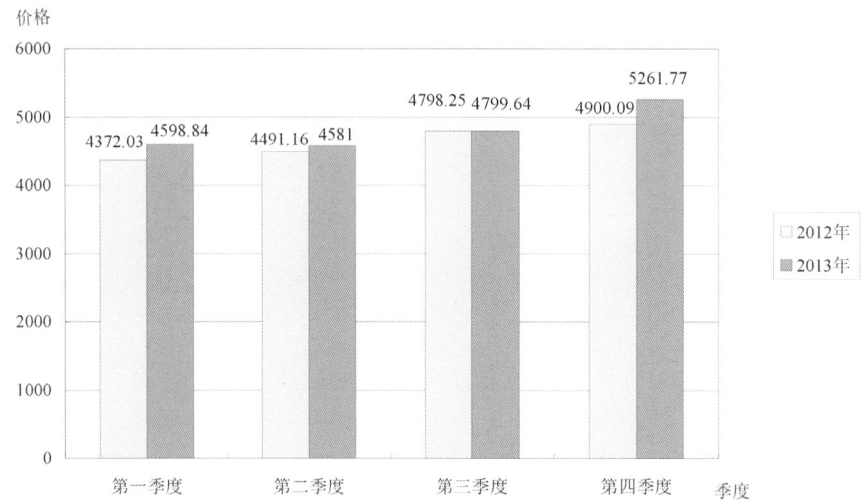

武汉市 2013 年区域各季度存量住宅交易平均价格及价格指数情况见表 10-2-4，武汉市 2013 年区域各季度存量住宅交易平均价格比较见图 10-2-4—10-2-7。

表 10-2-4　　武汉市 2013 年区域各季度存量住宅交易平均价格及价格指数统计表

单位：元/平方米（价格）；点（价格指数）

区域＼季度	第一季度		第二季度		第三季度		第四季度	
	平均价格	价格指数	平均价格	价格指数	平均价格	价格指数	平均价格	价格指数
江岸区	6061.04	2566.83	5609.51	2375.61	5998.31	—	5889.32	—
江汉区	5428.91	2299.08	5471.25	2317.01	5701.68	—	5808.88	—
硚口区	5420.59	2295.48	5115.03	2166.08	5455.83	—	5623.07	—
汉阳区	4836.20	2048.09	5258.44	2226.91	5532.53	—	5287.59	—
武昌区	6254.71	2648.82	5545.79	2348.60	5990.65	—	6264.86	—
洪山区	5950.33	2461.33	6129.97	2535.64	6355.50	—	6711.33	—
青山区	4375.37	1852.94	4699.47	1990.19	5100.18	—	5082.31	—
东西湖区	4679.16	1869.56	4364.49	1743.83	4810.58	—	4947.38	—
江夏区	3724.85	1526.05	3575.51	1464.87	4050.21	—	4443.22	—
黄陂区	2850.12	2120.83	3167.32	2356.86	3502.33	—	3763.57	—
蔡甸区	2444.05	1253.43	2505.57	1284.98	2717.26	—	2606.28	—
新洲区	1102.68	1041.87	944.37	892.29	1051.39	—	1120.14	—
汉南区	1449.44	1324.04	1429.38	1305.72	1566.10	—	1778.07	—

注：本表数据由武汉市住房保障和房屋管理局提供。

图 10-2-4　　武汉市 2013 年区域第一季度存量住宅交易平均价格比较示意图

单位：元/平方米

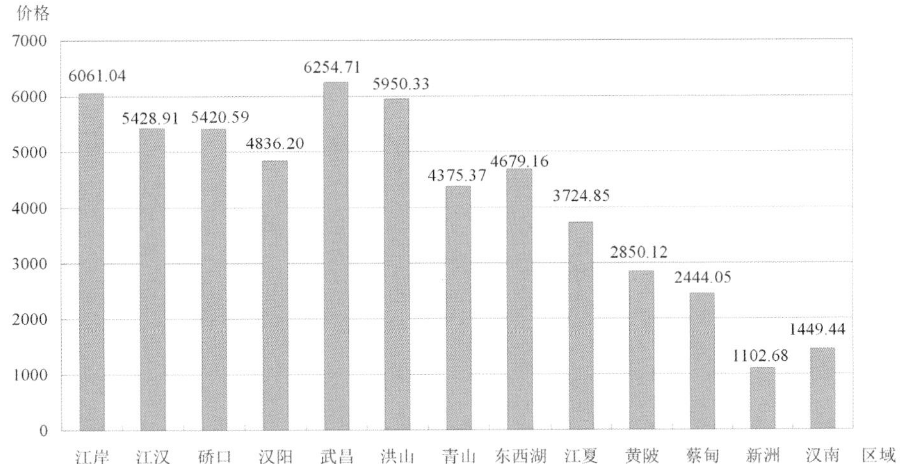

图 10-2-5　　武汉市 2013 年区域第二季度存量住宅交易平均价格比较示意图

单位：元/平方米

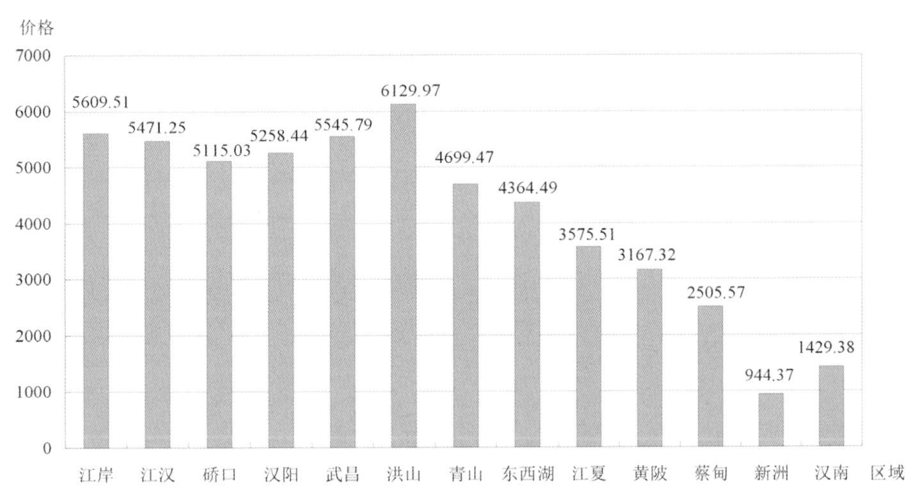

图 10-2-6　　武汉市 2013 年区域第三季度存量住宅交易平均价格比较示意图

单位：元/平方米

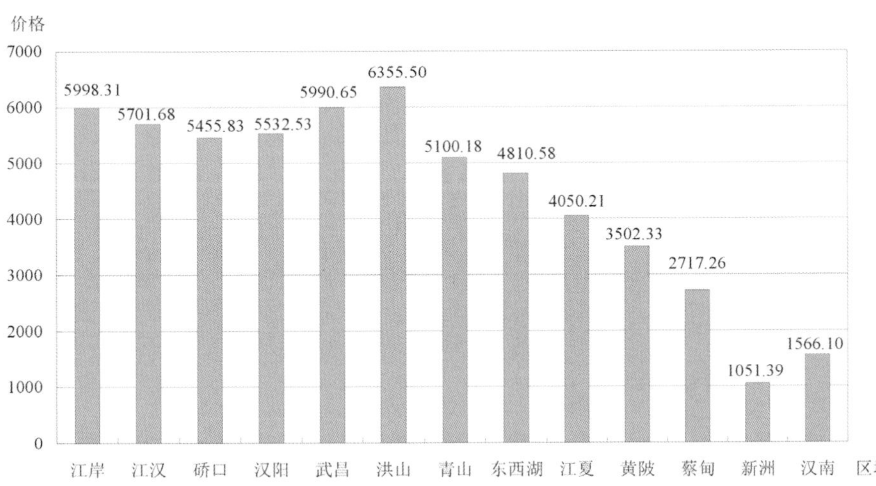

图 10-2-7　　武汉市 2013 年区域第四季度存量住宅交易平均价格比较示意图

单位：元/平方米

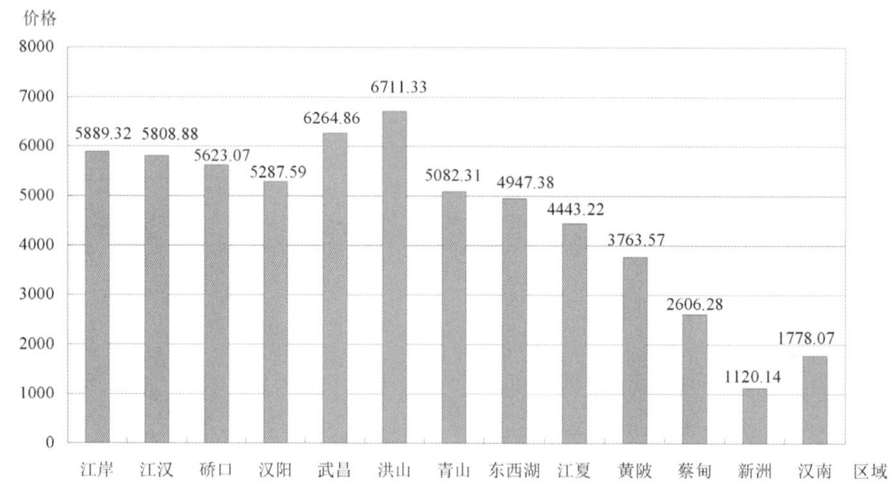

2. 存量营业用房

2013 年，武汉市存量营业用房交易平均价格同比涨幅最大的是第四季度，为 9.54%；第一季度涨幅最低，为－5.98%。武汉市 2012—2013 年存量营业用房交易平均价格及价格指数情况见表 10-2-5，武汉市 2012—2013 年存量营业用房交易平均价格比较见图 10-2-8。

表 10-2-5　　武汉市 2012—2013 年存量营业用房交易平均价格及价格指数统计表

单位：元/平方米（价格）；点（价格指数）

项　目		第一季度	第二季度	第三季度	第四季度
存量营业用房交易平均价格	2012 年	8464.19	8103.51	8799.94	8486.30
	2013 年	7958.05	8256.85	9052.68	9296.13
	同比增长（%）	－5.98	1.89	2.87	9.54
存量营业用房交易价格指数	2012 年	1769.15	1693.76	1839.32	1773.76
	2013 年	1724.83	1789.59	—	—
	环比增长（2013 年）（%）	－2.76	3.75	—	—

注：本表数据由武汉市住房保障和房屋管理局提供。

图 10-2-8　　武汉市 2012—2013 年存量营业用房交易平均价格比较示意图

单位：元/平方米

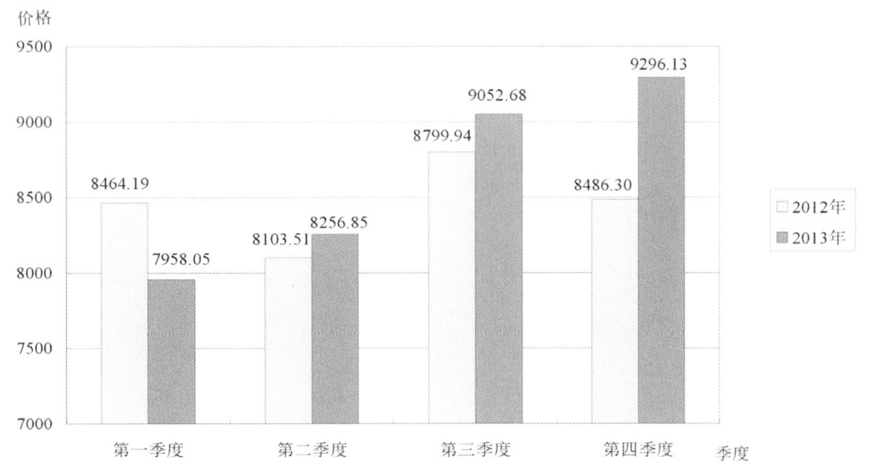

3. 存量写字楼

2013 年，武汉市存量写字楼平均价格同比降幅第一季度最高，为 12.12%，第四季度最低，同比下降 7.13%。武汉市 2012—2013 年存量写字楼交易平均价格及价格指数情况见表 10-2-6，武汉市 2012—2013 年存量写字楼交易平均价格比较见图 10-2-9。

表 10-2-6　　武汉市 2012—2013 年存量写字楼交易平均价格及价格指数统计表

单位：元/平方米（价格）；点（价格指数）

项　目		第一季度	第二季度	第三季度	第四季度
存量写字楼交易平均价格	2012 年	5968.61	5733.83	5582.12	5700.81
	2013 年	5244.96	5246.25	4941.68	5294.62
	同比增长（%）	－ 12.12	－ 8.50	－ 11.47	－ 7.13
存量写字楼交易价格指数	2012 年	1971.35	1893.81	1843.70	1882.90
	2013 年	1696.27	1696.69	—	—
	环比增长（2013 年）（%）	－ 9.91	0.02	—	—

注：本表数据由武汉市住房保障和房屋管理局提供。

图 10-2-9　　武汉市 2012—2013 年存量写字楼交易平均价格比较示意图

单位：元/平方米

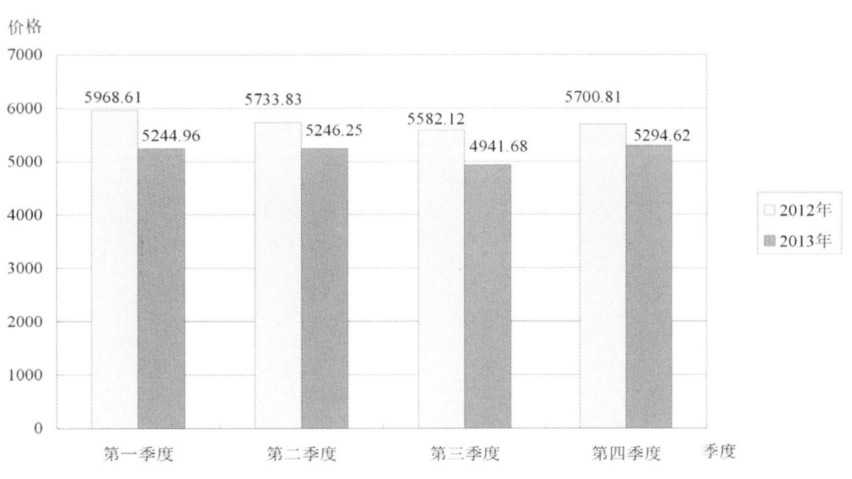

第三节 房地产交易税费

武汉市房地产交易税费包括相关的交易税金和交易费用。交易税金主要有营业税及附加、契税、印花税、土地增值税、个人所得税以及房地产交易土地收益金；武汉市房地产交易费用主要有交易手续费、产权登记费。武汉市房地产交易税费收取具体情况见表10-3-1—10-3-3。

表10-3-1 武汉市房地产交易征税标准一览表

征税项目	计算单位	征收标准	缴交人	批准机关及文号
营业税及附加	审定价	单位转让不动产差额征收营业税及附加5.80%	卖方	财税字〔1999〕210号 财税〔2003〕16号 武政〔2007〕80号 鄂地税发〔2010〕56号 财税〔2011〕12号
	审定价	营业税及附加5.80% 1. 个人将购买不足5年的住房对外销售的，全额征收营业税及附加 2. 个人将购买超过5年（含5年）的非普通住房对外销售的，按照其销售收入减去购买房屋的价款后的差额征收营业税及附加 3. 个人将购买超过5年（含5年）的普通住房对外销售的，免征营业税及附加 4. 无偿赠与配偶、父母、子女、祖父母、外祖父母、孙子女、兄弟姐妹、抚养人、赡养人、法定继承人、遗嘱继承人或者受遗赠人，经减免手续免征营业税及附加 5. 个人对外销售非住宅的，按差额征收营业税及附加 6. 个人自建自用住房，销售时免征营业税及附加	卖方	
契税	审定价	买卖适用税率6%、4%、3%、2%、1.50%、1% 按交易、交换合同签订或公证书明确时点区分 1. 1997年10月1日前为6% 2. 1997年10月1日后为4% 3. 1999年8月1日后个人购买普通住宅为2%，单价在4000元以上的住宅为4% 4. 2004年3月1日开始，由单价在5500元以上、单套总价达70万元的住宅为4% 5. 2008年2月1日至2008年10月31日个人购买不满足以下三个条件的为4%，同时满足三个条件的为2%（建设工程规划许可证时间为时间界定） （1）住宅小区建筑容积率≥1.50（2）单套建筑面积≤140平方米 （3）单价≤5700/平方米且总价≤80万元 6. 2008年11月1日起，个人购买七个中心城区、东湖生态旅游风景区、东湖新技术开发区、武汉经济技术开发区，不满足以下三个条件中任一条件为3%，同时满足以下三个条件为1.50% （1）住宅小区建筑容积率≥1.50（2）单套建筑面积≤140平方米 （3）单价≤7000/平方米且总价≤100万元 7. 2008年11月1日起，个人购买东西湖区、汉南区、蔡甸区、江夏区、黄陂区、新洲区，不满足以下三个条件中的任一条件为3%，同时满足以下三个条件为1.50% （1）住宅小区建筑容积率≥1（2）单套建筑面积≤140平方米 （3）单价≤5700/平方米且总价≤80万元 8. 2008年11月1日起，个人首次购买90平方米以下普通住房为1% 9. 2010年10月1日起，除个人购买普通住房并属家庭唯一住房的，按1.50%征收，个人购买90平方米以下普通住房并属家庭唯一住房的，按1%征收以外，其他类型按原政策执行 10. 单位购买房产及别墅类住宅、非住宅契税一律为4% 11. 个人出售家庭唯一住房后又重新购置住房的，原有住房已缴纳契税可在重新购房应缴纳契税税额中抵减	买方	省政府令190号 财农税字〔1992〕第41号 1997年国务院令第224号 财税字〔1999〕210号 武开管联〔2004〕1号 国税发〔2006〕144号 武国土房发〔2008〕13号 武政办〔2008〕178号 武国土房发〔2008〕482号 国税函〔2009〕603号 财税〔2010〕94号
	审定价	赠与适用税率6%、4%	受赠方	
	双方产价差额部分	交换适用税率6%、4%、3%、1.50%、1%	低价方	

续表：

征税项目	计算单位	征 收 标 准	缴交人	批准机关及文号
印花税（产权与转移出据印花税）	审定价	1. 2008年11月1日前，按0.50‰征收（以商品房、继承形式取得买方缴纳，二手房双方缴纳） 2. 2008年11月1日起，个人购买或转让住宅暂免征收	双方	财税字〔1998〕第255号 武政办〔2008〕178号
	本	5元	买方	
个人所得税	审定价	1. 个人转让住宅采取按20%查账征收或按1%核定征税（对纳税人转让个人自用5年以上，并且是家庭唯一生活用房，取得的个人所得，免征个人所得税） 2. 个人转让非住宅采取按20%查账征收或按3%核定征税 3. 无偿赠与配偶、父母、子女、祖父母、外祖父母、孙子女、兄弟姐妹、抚养人、赡养人、法宝继承人、遗嘱继承人或者受遗赠人，经减免手续，免征个人所得税	卖方	武政办〔2006〕169号 国税函〔2008〕576号 财税〔2009〕78号 国税发〔2009〕121号 武地税发〔2011〕10号
土地增值税	审定价	1. 单位转让普通住宅，预征1.50% 2. 单位转让非普通住宅，预征3% 3. 单位转让非住宅，预征5% 4. 个人转让非住宅，预征5%	卖方	武地税发〔2011〕10号

注：本表资料来源于相关部门网站，由本编辑部归纳整理。

表10-3-2　　武汉市房地产交易土地收益金征收标准一览表

（按用地面积计）

单位：元/平方米

土地等级＼用地类型	商　业	仓　储	工　业	居住及其他
一	240	216	192	176
二	192	176	160	144
三	144	136	128	120
四	120	112	104	96
五	96	88	80	72
六	80	72	64	56
七	64	56	48	40
八	56	48	40	32
九	48	40	32	24

注：①本表数据截止时间为2013年12月31日；

②上述标准依据武政〔1997〕20号文件，已降低20%；

③本表数据由武汉市住房保障和房屋管理局提供。

表 10-3-3　　　　武汉市房地产交易收费标准一览表

收费项目	计算单位	征收标准	缴交人	批准机关及文号
交易手续费	建筑面积	1. 商品住宅：3 元/平方米（其中经济适用住房、限价商品住房减半）	卖方	武价房字〔2002〕74 号 鄂价房服〔2002〕77 号 武房市〔2004〕99 号 武政办〔2008〕178 号 武国土房发〔2008〕488 号 发改价格〔2011〕534 号
		2. 二手住宅：5 元/平方米（除 2008 年 11 月 1 日起，个人首次购买 90 平方米及以下普通住房承受方暂时减半征收以外）	双方各半	
		3. 二手非住宅：11 元/平方米	双方各半	
		4. 新建非住宅：11 元/平方米	卖方	
		5. 赠与、离婚住宅 2.50 元/平方米（继承、夫妻间赠与、遗赠免收手续费）	承受方	
		6. 赠与、继承、离婚、遗赠非住宅：5.50 元/平方米	承受方	
	户	房改：60 元/套（其中经济适用住宅 40 元/套）	买方	
产权登记费	套	1. 住宅：80 元/套 2. 非住宅：550 元/套 3. 证书工本费：10 元 4. 经济适用房登记、坐落、权利人名称变更登记减半收取	登记方	鄂价房服〔2008〕109 号 武价房〔2008〕87 号 发改价格〔2008〕924 号
	户	5. 房改：60 元/套		
商品住宅专项维修资金	建筑面积	1. 砖混结构：10 元/平方米 2. 无电梯框架结构：12 元/平方米 3. 有电梯 14 层以下框架结构：25 元/平方米 4. 有电梯 15 层以上框架结构：30 元/平方米	卖方	武房物〔2006〕16 号 武国土房发〔2009〕241 号
	购房款或建筑面积	5. 住宅：2% 6. 住宅小区或商住楼中非住宅：1%（1999 年 1 月 1 日签订合同和房屋竣工的） 7. 砖混结构住宅：49 元/平方米 8. 无电梯框架结构住宅：55 元/平方米 9. 有电梯 14 层以下（含 14 层）框架结构住宅：61 元/平方米 10. 有电梯 15 层以上（含 15 层）框架结构住宅：73 元/平方米（2008 年 11 月 1 日起签订合同的）	买方	武房物〔2002〕84 号 武国土房发〔2008〕477 号

注：本表资料来源于相关部门网站，由本编辑部归纳整理。

PART ⑤ 企业篇

第十一章　房地产开发企业

第一节　房地产开发企业名录

2013 年，武汉市共有内、外资房地产开发企业 1676 家。其中，一级 17 家，二级 235 家，三级 409 家，四级 2 家，暂定级 1013 家。武汉市 2013 年房地产开发企业名录见表 11-1-1。

表 11-1-1　　武汉市 2013 年房地产开发企业名录

序号	企业名称	法定代表人	序号	企业名称	法定代表人
一级			19	武汉市春江房地产开发有限责任公司	沈建文
1	武汉南国置业股份有限公司	许晓明			
2	武汉新地置业发展有限公司	刘　创	20	武汉市长江房地产综合开发总公司	袁知庆
3	武汉统建城市开发有限责任公司	明　伟	21	湖北福星惠誉置业有限公司	谭少群
4	武汉建工富强置业有限公司	张汉培	22	武汉海螺置业发展有限公司	曹国华
5	武汉城开房地产开发有限公司	方延清	23	武汉江南实业集团房地产开发有限公司	刘　彬
6	武汉市房地产开发公司	朱建军	24	武汉普提金地产置业有限公司	李朝阳
7	武汉安居工程发展有限公司	茅永红	25	武汉明邦房地产有限公司	刘　敏
8	武汉地产控股有限公司	彭　浩	26	武汉鸿亚假日置业有限公司	肖新富
9	福星惠誉房地产有限公司	谭少群	27	武汉世界贸易大厦有限公司	杨先强
10	武汉新世界康居发展有限公司	胡承启	28	武汉弘福置业有限公司	王晓光
11	武汉市桥房集团有限责任公司	陈玉琳	29	武汉市万科房地产有限公司	李　东
12	武汉钢铁集团房地产开发有限责任公司	陈昌明	30	正安实业（武汉）有限公司	喻惠平
13	武汉世贸锦绣长江房地产开发有限公司	许世坛	31	湖北鑫东房地产开发有限公司	陈　锋
14	中冶置业武汉有限公司	冯纯年	32	武汉铁路房地产总公司	张生学
15	保利（武汉）房地产开发有限公司	杨小虎	33	湖北建源房地产开发有限责任公司	陈建敏
16	武汉光谷联合集团公司	黄立平	34	武汉华氏地产集团发展有限公司	李文华
17	武汉佳海地产股份有限公司	袁　化	35	武汉城建发展集团有限公司	付学栋
二级			36	太平洋世纪实业（武汉）有限公司	骆惠强
18	武汉懿德龙置业有限公司	蔡银城	37	武汉泰源房地产建筑开发有限公司	姚汉明

续表：

序号	企 业 名 称	法定代表人	序号	企 业 名 称	法定代表人
38	中铁大桥局集团武汉地产有限公司	王永胜	71	武汉联峰房地产开发有限公司	肖 敏
39	武汉新鸿基地产有限公司	唐靖凯	72	湖北新凯房地产开发有限公司	高洪涛
40	武汉市南湖房地产开发有限公司	胡松成	73	美加置业（武汉）有限公司	李慈雄
41	武汉市丰隆建筑房地产开发有限公司	朱佳宁	74	武汉第六建工集团有限公司	吴绪明
42	湖北中核置业有限公司	肖运龙	75	武汉藏龙集团有限公司	钱圣国
43	武汉市雅苑房地产开发有限责任公司	周民华	76	武汉延铭房地产开发有限公司	吴友华
44	武汉市金发置业有限责任公司	范金山	77	武汉波涛置业发展有限公司	王全禄
45	武汉三金房地产开发有限公司	杨思明	78	武汉光大房地产开发有限公司	黄发祥
46	武汉新城国际博览中心有限公司	李 兵	79	武汉地产集团伟业地产有限公司	程重辉
47	武汉市金地房地产开发有限公司	王天龙	80	武汉宏大置业发展有限公司	王 锐
48	武汉市江夏亚太房地产开发有限公司	关雨斌	81	武汉市天行健房地产开发有限责任公司	李世国
49	武汉美联地产有限公司	吴文刚	82	武汉天下置业集团有限公司	徐家宝
50	武汉新四维机械制造有限公司	罗祥富	83	武汉汉口北信和农贸市场有限公司	郑应存
51	武汉汉口北商贸市场投资有限公司	李 斌	84	武汉维佳置业有限责任公司	张金安
52	武汉市东交房地产开发有限公司	徐铁明	85	武汉市百富勤置业有限公司	张 胜
53	武汉市江夏城建投资有限公司	黄文超	86	武汉中润房地产开发有限公司	余金桥
54	武汉兆麟房地产开发有限公司	魏育明	87	武汉伟佳房地产开发有限公司	李保琪
55	武汉新城置业发展有限公司	丁 俊	88	武汉榕源房地产开发有限公司	杨家银
56	武汉汉口北现代工业园开发有限公司	周春荣	89	武汉新汉发展有限公司	胡维杰
57	武汉众和置业有限公司	梁 雯	90	武汉美好愿景房地产开发有限公司	欧阳忠凯
58	武汉广电房地产开发有限公司	胡春芳	91	武汉新阳光房地产开发有限公司	柯 翔
59	武汉华顶包装印务工业园置业有限公司	陈 琦	92	金地集团武汉房地产开发有限公司	严家荣
60	武汉利源房地产综合开发有限公司	杨景丽	93	武汉鼎鑫置业有限公司	王凤华
61	武汉市洪荣房地产开发有限公司	余 威	94	武汉当代科技产业集团股份有限公司	周汉生
62	武汉新鸿发房地产开发有限公司	何秀发	95	武汉当代物业发展有限公司	刘德敏
63	九坤房地产集团有限公司	许记坤	96	武汉圆和圆集团有限公司	王藻超
64	武汉华力置业有限公司	洪昌龙	97	武汉新恒基置业有限公司	张永杰
65	大华集团（武汉）房地产有限公司	金建明	98	融科智地（武汉）有限公司	陈国栋
66	武汉市巡司河物业发展有限公司	汤建良	99	武汉海山房地产开发有限公司	严邦山
67	武汉市汉阳区住宅开发公司	姜志权	100	武汉中恒新科技产业集团有限公司	李中秋
68	武汉瑞安天地房地产发展有限公司	张 斌	101	武汉坚实置业集团有限公司	林茂坚
69	武汉九运实业有限公司	陈浩文	102	武汉君悦房地产开发有限公司	汪建强
70	湖北中信鑫鑫置业开发有限公司	金响林	103	武汉融侨房地产开发有限公司	林文镜

续表：

序号	企 业 名 称	法定代表人	序号	企 业 名 称	法定代表人
104	武汉博大房地产开发有限责任公司	潘新成	137	武汉浩汉房地产开发有限公司	曾 伟
105	武汉昌盛实业有限公司	程建设	138	武汉伟鹏房地产开发建筑有限公司	喻 鹏
106	武汉湘隆房地产开发有限公司	程连英	139	武汉新龙达置业有限公司	邓志刚
107	武汉东湖高新集团股份有限公司	喻中权	140	武汉均瑶房地产开发有限公司	王均豪
108	武汉市洪顺房地产开发有限公司	程冬生	141	湖北常宏置业有限公司	王新年
109	汉飞投资控股集团有限公司	周拥军	142	新亿胜（武汉）置业发展有限公司	谢冠荣
110	武汉港昌房地产开发有限公司	李仁彪	143	武汉欣隆房地产开发有限公司	余宝珍
111	武汉三江航天房地产开发有限公司	邹禧祥	144	武汉凌伟房地产开发有限公司	潘正林
112	湖北省禾正行投资有限公司	李玉英	145	湖北鑫阳光建设集团有限公司	夏天星
113	武汉锦湖置业有限公司	张江华	146	武汉汉阳造地产开发有限公司	何仁池
114	华润置地（武汉）发展有限公司	王 印	147	武汉市江汉区房地产公司	夏 震
115	武汉华工景程科技发展有限公司	方开平	148	武汉宝安房地产开发有限公司	龚玉亮
116	武汉海兴房地产开发有限公司	胡会才	149	武汉舵落口物流有限公司	盖志新
117	武汉新能置业有限公司	叶长春	150	武汉石油集团实友房地产开发有限责任公司	刘全望
118	华润置地（武汉）实业有限公司	王 印	151	武汉华星房地产有限公司	冯金友
119	新港房地产开发（武汉）有限公司	陆宝华	152	武汉常阳（集团）有限责任公司	周 兵
120	武汉大桥实业集团有限公司	郑小华	153	武汉常青城市综合开发有限公司	易发贵
121	武汉市金山房地产有限公司	管富春	154	武汉市中联房地产开发有限公司	唐冠颐
122	武汉泓江房屋建设有限公司	蔡 鉴	155	武汉鄂汉房地产开发有限公司	王俊伟
123	武汉隆盛房地产开发有限公司	卓孝清	156	武汉广厦房地产开发有限公司	施玉龙
124	湖北富丽园集团有限公司	关雨斌	157	武汉市军山开发建设有限公司	朱红砖
125	武汉泰祥房地产开发有限公司	夏忠祥	158	耀江神马实业（武汉）有限公司	王彩萍
126	武汉龙泰置业有限公司	许春建	159	武汉名流地产有限公司	汤国强
127	武汉城投房地产开发有限公司	蒲晓燕	160	湖北绥安房地产开发有限责任公司	熊 杰
128	湖北鸿洋达置业有限公司	徐国洋	161	武汉招银物业有限公司	谭 波
129	武汉中和置业有限公司	徐南先	162	武汉房地产开发集团股份有限公司	刘武民
130	武汉崇文置业发展有限公司	彭盛国	163	新世界发展（武汉）有限公司	范佐国
131	武汉南国商业发展有限公司	谭永忠	164	武汉市住宅开发公司	高国跃
132	武汉市碧桂园房地产开发有限公司	杨文杰	165	武汉广顺集团股份有限公司	杜绍义
133	武汉市黎明房地产开发有限责任公司	程建华	166	武汉世纪万通房地产开发有限公司	郭倩华
134	武汉市汉口北华中？俱之都投资有限公司	童晓华	167	武汉傅友房地产开发有限公司	付存友
135	纵横（武汉）盘龙城置业有限公司	杨孝梁	168	武汉新八建筑集团房地产开发有限公司	靖德元
136	武汉阳逻经济开发区建设开发有限公司	李小平	169	武汉发总实业有限公司	杨振中

续表：

序号	企 业 名 称	法定代表人	序号	企 业 名 称	法定代表人
170	武汉星辰房地产开发有限公司	刘少华	203	武汉市江岸区房地产公司	曾宪明
171	武汉顺民房地产开发有限责任公司	李炳军	204	汉正街控股集团公司	胡承启
172	湖北新海盛顿置业有限公司	喻红桥	205	武汉鸿翔地产集团有限公司	钱树雄
173	武汉道博物业发展有限公司	杨 进	206	武汉徐东房地产开发有限公司	陈乐铸
174	武汉石桥集团房地产开发有限公司	张芳姿	207	武汉经开建设工程发展有限公司	蔡伟平
175	武汉圣诚房地产开发有限公司	崔汉明	208	武汉鸿信世纪置业有限公司	鲁 楠
176	沿海绿色家园发展（武汉）有限公司	李 霆	209	武汉宏宇实业集团有限责任公司	王道友
177	武汉杰宝房地产开发有限公司	丁勇浩	210	武汉市锦城房地产开发股份有限公司	李照明
178	武汉小屏房地产开发有限公司	王小屏	211	武汉明鸿经济发展有限公司	张挺锋
179	湖北东亚实业有限公司	毛振亚	212	武汉市锦之源房地产开发有限公司	王则先
180	武汉东湖科技创业农庄有限公司	李雄斌	213	绿地地产集团武汉置业有限公司	李 明
181	武汉东光房地产开发有限公司	张 伟	214	武汉恒基投资有限公司	徐康宁
182	武汉祥盛地产集团有限公司	吕卫兵	215	武汉长航三鼎置业有限公司	朱 宁
183	武汉机场综合发展总公司	龚有华	216	武汉绿地滨江置业有限公司	李 明
184	武汉市铸久置业有限公司	彭 斌	217	武汉汇丰投资有限公司	杨宣东
185	武汉百强房地产开发有限公司	杜百平	218	武汉华侨城实业发展有限公司	姚军
186	武汉裕亚置业集团有限公司	李 俊	219	武汉华通置业发展有限公司	张德华
187	武汉地安置业有限责任公司	童铁平	220	武汉竹叶山集团股份有限公司	陈志福
188	武汉良源房地产开发有限公司	林志勇	221	武汉市汉江经济发展有限公司	聂正勇
189	武汉市佳阳商贸发展有限公司	陶建珍	222	武汉市时代天宇置业有限公司	翟 波
190	凯恩斯国际置业（武汉）有限公司	陈新林	223	湖北祥和建设集团房地产开发有限公司	刘 松
191	武汉市兴华房地产开发有限公司	鲁琼兰	224	武汉银泰嘉园置业有限公司	高国华
192	湖北南德经济发展集团有限公司	周 军	225	武汉二七实业有限公司	吴继光
193	武汉市劳业瑞星房地产开发有限公司	张 华	226	惠誉房地产有限公司	喻红桥
194	武汉东合置业有限公司	周 鲲	227	中国水电建设集团房地产武汉有限公司	吴咸发
195	武汉银湖科技发展有限公司	张 景	228	武汉普提金幸福建设开发有限公司	徐志启
196	武汉市城市建设投资开发集团有限公司	雷德超	229	武汉爱佳置业有限责任公司	宋学珍
197	水务地产湖北集团有限公司	费现武	230	湖北恒强投资集团有限公司	钱树清
198	武汉桥建集团有限公司	陈春保	231	武汉虹景房地产开发有限公司	黄招华
199	武汉天道置业有限公司	刘建明	232	武汉星科房地产开发有限公司	卢义明
200	武汉海润房地产开发有限公司	陈力中	233	湖北楚天房地产开发有限责任公司	张勤耘
201	武汉长江经济联合发展股份有限公司	谢 毅	234	武汉市鸣辰房地产开发有限责任公司	王春才
202	武汉世茂锦绣长江房地产开发有限公司	许世坛	235	武汉中央商务区投资控股集团有限公司	陈跃庆

续表：

序号	企业名称	法定代表人	序号	企业名称	法定代表人
236	武汉统建百步亭联合置业有限公司	王继兵	268	武汉德得房地产开发有限公司	王梅林
237	湖北国创房地产开发有限公司	高庆寿	269	武汉新十建筑集团房地产开发有限公司	彭玉齐
238	武汉市金碧绿洲房地产开发有限公司	洪昌龙	270	武汉新国电投资发展有限公司	刘　森
239	武汉钢铁集团房地产开发有限责任公司	关少波	271	武汉三和广宇房地产开发集团有限公司	闵　畅
240	武汉百步亭联合置业有限公司	王　波	272	武汉武重房地产开发有限公司	朱传德
241	佳兆业地产（武汉）有限公司	郭平洪	273	武汉中江房地产开发有限公司	王　海
242	武汉十里新航置业有限公司	陈尚华	274	武汉波鹰房地产开发有限公司	姚贤波
243	武汉市九全嘉置业有限公司	任全兵	275	武汉优景房地产开发有限责任公司	张联雄
244	武汉山水美城置业有限公司	王　迅	276	武汉城投房产集团有限公司	高红旗
245	武汉新区建设开发投资有限公司	殷金保	277	武汉中正房地产开发有限公司	肖作毅
246	武汉怡景地产有限公司	袁　游	278	武汉银都房地产开发有限公司	陈　洪
247	武汉盛泰房地产开发有限公司	詹学贵	279	武汉正元置业有限公司	喻明生
248	湖北吉泰置业有限公司	林明强	280	武汉市中大房地产开发有限公司	付汉桥
249	武汉搏胜世纪房地产开发有限公司	骆训坤	281	湖北领汇投资有限公司	王藻超
250	武汉同鑫房地产开发有限公司	张四华	282	武汉强华房地产开发有限公司	周　飚
251	湖北新域置业有限责任公司	张太国	283	武汉华中师大科技园发展有限公司	向三久
252	武汉信禾城建发展有限公司	何小勇	284	武汉华港房地产开发有限公司	陈锦涛
三　级			285	武汉吴家山市场物业管理有限责任公司	黄利军
253	武汉瑞丰置业有限责任公司	吴　峰	286	武汉建丰房地产开发有限公司	龚静蓉
254	武汉市天朗置业有限公司	王木甫	287	武汉市鑫荣物资贸易有限公司	刘耀祖
255	武汉三禾房地产开发有限公司	丁国庆	288	万家福房地产开发建筑(武汉)有限公司	李锦屏
256	武汉市新苑房地产开发有限责任公司	陈义顺	289	武汉万科天诚房地产有限公司	张　旭
257	武汉鄂发房地产开发有限公司	陶宏国	290	武汉市铭源投资有限公司	朱劲松
258	湖北鄂发置业有限公司	陶宏国	291	武汉国浩置业有限公司	张　旭
259	湖北信联实业发展有限公司	陈永泉	292	湖北香利资产管理有限公司	柳锦强
260	武汉惊石房地产开发有限公司	周德宝	293	湖北世纪泓源置业发展有限责任公司	叶文斌
261	武汉德威置业咨询有限公司	李定国	294	武汉中兴时代房地产开发有限公司	高安保
262	武汉电力房地产开发有限公司	陈本福	295	武汉泰乐宏瑞置业投资有限公司	汪学思
263	武汉鑫联鑫房地产开发有限公司	陈新忠	296	湖北昌友置业股份有限公司	於荣赓
264	武汉铁机中润置业有限公司	张宏伟	297	武汉华恒房地产开发有限公司	李华明
265	武汉市？房集团康城房地产开发有限公司	陈玉琳	298	武汉能达实业发展有限公司	刁　露
266	武汉圆梦圆房地产开发有限公司	王藻超	299	湖北怡富置业有限公司	邹俊峰
267	武汉高科国有控股集团有限公司	赵家新	300	武汉极地海洋世界投资有限公司	曲乃杰

续表：

序号	企 业 名 称	法定代表人	序号	企 业 名 称	法定代表人
301	武汉宏源房地产开发有限公司	杜汉初	334	武汉市鑫元置业发展有限公司	王先元
302	武汉中联三星实业有限公司	彭丽玲	335	武汉建鹏置业股份有限公司	徐晓兵
303	武汉市恒昌实业有限公司	李洪望	336	武汉世林房地产开发有限公司	张世敢
304	武汉市阳逻欣欣经贸有限公司	胡西武	337	武汉道博股份有限公司	陈海淳
305	湖北宏鑫实业有限公司	程重辉	338	武汉市龙腾置业有限公司	黄晓宇
306	武汉江枫置业有限公司	骆运芳	339	武汉宏昌投资有限公司	顿世杰
307	武汉鸿润置业发展有限责任公司	吴礼军	340	武汉九洲置业发展有限公司	陈 渊
308	武汉市高庙房地产开发有限公司	易继群	341	武汉欣诚开置业有限公司	刘 扬
309	湖北电力实业总公司	杨红兵	342	武汉北斗集团有限公司	周垂远
310	武汉万丰房地产开发有限公司	张国喜	343	武汉恒源置业有限公司	赵 琼
311	武汉嘉会房地产开发有限公司	范 毅	344	武汉善昌房地产开发有限公司	黄 健
312	武汉广大房地产开发有限责任公司	李 宏	345	武汉俊和房地产开发有限公司	杜 莉
313	武汉汉盛地产股份有限公司	田 军	346	湖北智创鸿泰投资发展有限公司	夏洪潮
314	武汉一冶新安置业有限公司	何宏峰	347	武汉嘉华房地产开发有限公司	高国跃
315	武汉炯明置业有限公司	张挺锋	348	武汉桦泰生态置业有限公司	林思东
316	武汉剑锋置业集团有限公司	魏剑锋	349	武汉吉龙置业发展有限公司	王志勇
317	武汉康恒房地产开发有限公司	林如族	350	武汉市安居乐园房地产开发有限公司	安继盛
318	武汉市洪山区南湖实业总公司	罗双喜	351	武汉市海星投资集团有限公司	钱有斌
319	湖北天纵藏龙置业发展有限公司	陈安林	352	武汉市蔡甸城建投资开发有限公司	李 新
320	武汉天通实业有限公司	崔洪海	353	联发集团武汉房地产开发有限公司	孙诚华
321	武汉合记置业有限公司	郭广正	354	武汉市蓝焰房地产开发有限公司	杜 勇
322	武汉锦杭置业有限公司	李娅莎	355	武汉德利实业发展有限公司	陈春保
323	武汉天宝置业发展有限公司	张仕文	356	湖北三新置业有限公司	江汉萍
324	武汉九通置业有限公司	陈潜峰	357	武汉广电海格房地产开发有限公司	何志坚
325	武汉三特置业有限公司	刘丹文	358	武汉江花实业开发总公司	吴建国
326	武汉佳鹏置业有限公司	祁晓辉	359	武汉市浙金都房地产开发有限公司	吴忠泉
327	武汉三鼎房地产开发有限公司	高 勇	360	武汉市昌房房地产开发有限责任公司	刘 翔
328	武汉龙基置业有限公司	匡翠平	361	武汉凌云共富科技投资有限公司	卢 照
329	武汉东勤置业有限公司	程 峰	362	武汉市京楚置业有限公司	黎逢斌
330	武汉光谷广场建设发展有限公司	曾磊光	363	武汉源兴房地产开发有限公司	林兴识
331	武汉鹏程房地产开发有限公司	程 峰	364	武汉通融置业有限公司	曾宪军
332	武汉市绿叶房地产综合开发公司	邓 超	365	武汉台银房地产开发有限公司	余明进
333	武汉市亚洲贸易广场股份有限公司	杨德桥	366	武汉利加房地产开发有限公司	刘怀同

续表：

序号	企 业 名 称	法定代表人	序号	企 业 名 称	法定代表人
367	武汉华创恒兴实业发展有限公司	陈春波	400	武汉神龙置业有限公司	王世保
368	武汉广厦经济发展有限公司	秦迎新	401	湖北汉江潮控股集团有限公司	鲁兴成
369	武汉博学房地产开发有限公司	江哲华	402	武汉江厦房地产有限责任公司	周庆华
370	武汉洪城集团有限公司	贾洪高	403	武汉新天第置业有限公司	黄启琴
371	武汉市振业房地产开发有限公司	周庚章	404	武汉华工大学科技园发展有限公司	周新发
372	湖北国海房地产开发有限公司	张定进	405	武汉威特房地产开发有限公司	张建民
373	武汉阳光广济医药开发有限公司	曾宗义	406	武汉南顺物流有限公司	罗　琴
374	武汉学府房地产有限公司	黄立平	407	武汉华兴住宅发展有限公司	余吉祥
375	武汉华商恒地置业有限公司	李春阳	408	武汉市源信置业有限公司	杨炎平
376	武汉市哥特房地产开发有限公司	王启新	409	湖北辉玲置业有限公司	陈银英
377	人福医药集团股份公司	王学海	410	武汉东龙房地产开发有限公司	李　平
378	湖北福星惠誉洪山房地产有限公司	谭少群	411	武汉龙鼎置业有限公司	李　伟
379	武汉武大科技园有限公司	孙庆桥	412	武汉经开投资有限公司	刘茂华
380	武汉鸣鸿科技发展有限公司	黄立平	413	武汉市万通置业有限公司	刘爱祥
381	武汉市宏业建设工程有限公司	潘怡福	414	武汉市力天阳光置业有限公司	宋敬业
382	湖北百利恒置业有限公司	周先所	415	湖北裕京房地产有限公司	刘佑俊
383	武汉侨亚置业集团有限公司	杨淑芳	416	武汉恒达房屋开发装饰工程有限公司	严长汉
384	武汉中建三局东湖月郡地产有限公司	李成强	417	武汉瑞华置业发展有限公司	杨永席
385	武汉凯立物业有限公司	汪大楷	418	际华三五零六纺织服装有限公司	甄胜裕
386	武汉天久房地产开发有限公司	徐孝武	419	武汉长久房地产开发有限公司	严邦山
387	武汉安胜房地产开发有限公司	万义雄	420	武汉市明强房地产开发有限公司	刘　明
388	武汉盘龙城置业有限公司	陈志坚	421	武汉宏凯房地产开发有限公司	许文超
389	武汉富士新地产有限公司	郑景务	422	武汉佳境房地产开发有限责任公司	周　浩
390	武汉交通发展有限公司	向长海	423	武汉市第三建工集团有限公司	段益华
391	武汉世纪华宇置业有限公司	孙继慧	424	武汉洪发物业发展有限公司	程　剑
392	武汉中大永丰房地产有限公司	汤建良	425	武汉水墨清华置业发展有限公司	陈秋萍
393	武汉中油化工科技贸易有限公司	刘凤兰	426	武汉市亢龙太子酒轩有限责任公司	宋红玉
394	武汉财富兴园置业发展有限公司	易胜兵	427	武汉市金盛泉集团有限公司	肖丽华
395	武汉金地伟盛房地产开发有限公司	严家荣	428	湖北弘毅建设有限公司	吴顺红
396	湖北金燕置业有限公司	何玉堂	429	武汉华微物业发展有限公司	余祝生
397	武汉澳强房地产开发有限公司	严家荣	430	武汉市深业泰然房地产开发有限公司	陈　多
398	武汉光谷农业开发有限责任公司	林如贵	431	武汉太阳物业发展有限公司	陈志祥
399	武汉金地辉煌房地产开发有限公司	陈文斌	432	武汉市东兴房地产开发公司	李敦楚

续表：

序号	企业名称	法定代表人	序号	企业名称	法定代表人
433	武汉市江夏区宏远房地产开发有限公司	卢柳英	466	武汉光谷永利置业有限公司	王长叶
434	武汉市砻坤置业有限公司	刘文清	467	武汉星之源置业有限公司	陈　浩
435	武汉凯通思房地产开发有限公司	虞汉江	468	武汉市金马凯旋家具投资有限公司	童晓华
436	武汉信和置业有限责任公司	金运华	469	武汉天实房地产开发有限公司	毛丽娟
437	武汉三江航天嘉园房地产开发有限公司	严信平	470	武汉宜鑫房地产开发有限公司	梅刚进
438	武汉新鹏莱置业有限公司	官志佑	471	武汉新舟房地产公司	张　立
439	武汉三江东立投资发展有限公司	严信平	472	武汉藏龙房地产开发有限公司	尤　军
440	湖北中天华昌房地产开发有限责任公司	俞政宏	473	武汉玛狮龙置业有限公司	李良才
441	武汉长华置业有限公司	曹贤德	474	武汉飞宏达房地产开发有限公司	朱四连
442	武汉市立信房地产开发有限责任公司	王铁牛	475	武汉中科开物技术有限公司	邱衍军
443	武汉天舜丰隆投资有限公司	张正林	476	武汉中弘置业有限公司	农　辉
444	武汉金阳房地产开发有限公司	詹向阳	477	湖北长盛阳逻工业发展有限公司	范国文
445	武汉外经房地产开发有限公司	黄　筝	478	武汉润龙房地产开发有限公司	张望军
446	武汉兴达房屋开发实业股份有限公司	夏　震	479	武汉光谷电子工业园有限公司	许志成
447	武汉迪泽房地产开发有限公司	吴少平	480	武汉创佳置业有限公司	蔡志刚
448	武汉雨泽房地产开发有限公司	周燕明	481	武汉锦华安泰实业有限公司	俞良安
449	武汉柴盛科技发展有限公司	刘　煜	482	武汉市科达房地产开发有限公司	李国斌
450	武汉市江夏区城乡规划建设开发工程公司	夏和平	483	武汉市弘鑫房地产发展有限责任公司	邓世鸿
			484	武汉华昊农产品股份有限公司	秦汉桥
451	武汉锦之星置业发展有限公司	王藻超	485	湖北妙尚实业集团有限公司	吴建妙
452	武汉鑫龙物业发展有限公司	卢仁顺	486	武汉信诚达科技有限公司	阮　春
453	武汉宏博恒业房地产开发有限公司	程贵洲	487	武汉市长江公路桥拆迁还建开发公司	郑小华
454	武汉景区房地产开发有限公司	江家泽			
455	华润置地（武汉）有限公司	王　印	488	武汉中民置业有限公司	曾小华
456	武汉市江夏城建房地产开发有限公司	魏学智	489	武汉龙达房地产开发有限公司	颜金田
457	武汉市阳逻高潮经济开发总公司	陶宏军	490	武汉市华轻房地产综合开发公司	胡国强
458	武汉市龙王庙实业有限公司	张大全	491	武汉市国营汉口渔场	刘　智
459	武汉百兴置业有限公司	陈士平	492	武汉城成置业有限公司	张　军
460	武汉市戎和房屋开发有限责任公司	黄旺喜	493	武汉双龙堂房地产发展有限公司	王汉祥
461	武汉市后湖发展区物业有限公司	毛丽娟	494	湖北高农置业有限公司	李红卫
462	武汉宏昱达房地产开发有限公司	曾　峰	495	武汉商贸国有控股集团有限公司	陈建华
463	武汉钰福置业有限公司	肖新华	496	武汉玉龙置业有限责任公司	汤建设
464	武汉大洲置业有限公司	徐友明	497	武汉晟凯置业有限公司	廖　军
465	武汉置乐物业发展有限公司	汪建强	498	湖北德裕置业有限公司	陈　浩

续表：

序号	企业名称	法定代表人	序号	企业名称	法定代表人
499	武汉银海置业有限公司	曾文涛	532	武汉市精华科贸有限公司	杨元军
500	利大房地产开发建设(武汉)有限公司	张宏豪	533	武汉祥生房地产开发有限公司	陈国祥
501	武汉龙兴置业发展有限公司	李晓龙	534	武汉市广鹤房地产开发有限公司	陈少荣
502	武汉天下城市置业发展有限公司	郭十伟	535	武汉市添地集团有限公司	田　地
503	武汉华鑫汇通金属实业有限公司	冯博宇	536	武汉市长江通讯房地产开发有限公司	徐宝卫
504	武汉市洪华房地产开发有限公司	王倩倩	537	武汉世纪龙源房地产开发有限公司	黄新启
505	湖北金丰房地产开发有限公司	李国庭	538	武汉天佳大自然环保科技发展有限责任公司	刘昌达
506	武汉滨江房地产开发有限公司	马小军	539	武汉房开天勤置业有限公司	张俊涛
507	武汉建银房地产开发有限责任公司	陈　泓	540	武汉国信房地产发展有限公司	郑明高
508	武汉海鸥房地产开发有限公司	王海川	541	湖北升辉房地产有限责任公司	邱军辉
509	武汉世澳房地产开发有限公司	李绪辉	542	湖北贝林房地产开发有限公司	王梅林
510	武汉万统置业有限公司	陈　伟	543	武汉市大江房地产开发公司	谢新格
511	武汉市联享物业发展有限公司	杨世享	544	武汉源洋锦绣置业有限公司	陈惠装
512	武汉思哲投资有限公司	王建强	545	武汉市江夏区房地产综合开发总公司	徐家和
513	武汉跻巍房地产开发有限公司	张建武	546	新六建设集团腾成有限公司	王二龙
514	武汉湘龙华置业有限公司	刘　曦	547	武汉川业世纪房地产开发有限公司	李少明
515	武汉万佳房地产开发有限公司	鲁恩宏	548	武汉文腾集团房地产开发有限公司	张新文
516	武汉市黄陂区建园经济发展有限公司	王春元	549	武汉裕亚物业有限公司	李　俊
517	武汉市蔡甸区武银联房地产开发公司	叶方成	550	武汉龙发房地产开发有限公司	张梓斌
518	武汉鑫聚置业有限公司	李回生	551	武汉光谷建设投资有限公司	黄　峰
519	武汉市西岸置业有限公司	刘贤志	552	武汉市三虎房地产开发有限责任公司	涂少彪
520	武汉市齐联房地产开发有限公司	吴国庆	553	武汉顺天泰集团股份有限公司	邵光顺
521	武汉市蔡甸区房地产公司	高选桥	554	武汉盛世传地产有限公司	伍世伟
522	丝宝房地产开发（武汉）有限公司	梁亮胜	555	武汉赛博思住宅产业化发展有限公司	蔡玉春
523	武汉祥鑫房地产有限公司	程新才	556	武汉龙阳科技产业集团有限公司	李之惠
524	武汉盘龙城生态科技园有限公司	唐新胜	557	武汉富豪房地产开发有限公司	郑毛娣
525	武汉市蔡甸建筑开发集团房地产开发有限公司	黄连堂	558	武汉铁桥房地产开发有限公司	陈仁成
526	武汉华中钢铁交易中心有限公司	王　耿	559	武汉汉武集团有限公司	潘正林
527	武汉市天宏置业有限责任公司	徐志明	560	武汉众联投资有限公司	潘　铁
528	武汉市凌峰置业有限公司	王　林	561	武汉金城房地产开发有限公司	王永金
529	武汉久恒置业集团有限公司	蔡亮华	562	湖北万利房地产开发有限公司	江治华
530	武汉兴桥置业有限公司	夏汉桥	563	武汉华康物业有限公司	王　辉
531	武汉阳慷医药有限公司	杨良才	564	武汉华安置业有限公司	曾庆祥

续表：

序号	企 业 名 称	法定代表人	序号	企 业 名 称	法定代表人
565	武汉新兰置业有限公司	杨干武	598	武汉中博置业有限公司	王细南
566	武汉同济知音房地产开发有限公司	汪培华	599	武汉银通新天置业有限公司	李新发
567	武汉华源电力集团有限公司	陈本福	600	武汉南洋金地置业有限公司	郑全胜
568	武汉天地源房地产开发有限公司	易少敌	601	武汉高科农业集团有限公司	娄光新
569	武汉深江物业发展有限公司	邓质方	602	武汉治历置业集团有限公司	朱宏彬
570	武汉市恒胜置业有限公司	蔡颖恒	603	武汉龙潭置业有限责任公司	苏忠永
571	武汉市东晨房地产开发有限公司	翟　毅	604	武汉华汉置业发展有限公司	金光才
572	武汉石桥集团有限责任公司	汤明红	605	武汉祥华房地产开发有限公司	齐春华
573	武汉钱塘房地产开发有限公司	何淑珍	606	武汉欣昌房地产开发有限公司	王法青
574	武汉源生投资开发有限公司	罗良策	607	武汉蓝天房地产开发有限公司	黄明岩
575	武汉市兆丰实业有限公司	柯志军	608	武汉天龙工业发展有限公司	李元喜
576	武汉黄埔房地产开发有限公司	徐林平	609	湖北渝明泽森置业有限公司	周小平
577	武汉汉正街市场股份有限公司	陈玉琳	610	武汉万科新里程房地产有限公司	李　东
578	武汉国测科技股份有限公司	侯铁信	611	武汉东谷房地产开发有限公司	伍　敏
579	武汉鑫源房地产开发有限公司	夏佑民	612	武汉汉正房地产建筑开发有限公司	林志昶
580	武汉王家墩现代城房地产开发有限公司	李　东	613	武汉市泰宇商贸有限公司	胡绪琴
581	湖北中泰投资有限公司	丁秋明	614	武汉市祥浩房地产开发有限公司	杨　攀
582	湖北天纵滨湖置业有限公司	陈安林	615	武汉市永利置业有限公司	张　旭
583	武汉怡佳房地产开发有限公司	汪　峰	616	武汉红与白卫生用品有限公司	易启文
584	武汉汉鹏房地产开发有限公司	李　植	617	武汉新合创投资有限责任公司	王尤武
585	武汉市公交场站综合开发投资公司	陈敢文	618	武汉市国礼房地产开发有限公司	王　瑛
586	武汉市江夏区房地产开发总公司	向国跃	619	武汉川南置业有限公司	杨学超
587	武汉升阳置业发展有限公司	张　鸣	620	武汉华森置业开发有限公司	黄沧海
588	武汉兴长丰房地产开发有限公司	项国华	621	武汉美生置业有限公司	史美煊
589	武汉南国洪广置业发展有限公司	张　军	622	武汉市公交置业有限责任公司	杨明春
590	武汉北都商业有限公司	张　军	623	武汉汉江财富投资管理有限公司	姜玉峰
591	中建地产（武汉）有限公司	陶盛发	624	武汉鑫润置业有限公司	杨利平
592	武汉鑫正达置业有限公司	刘显进	625	武汉鑫斯特农产品有限公司	王新涛
593	武汉经迅置业有限公司	舒庆兵	626	武汉市晴川房地产开发集团有限公司	雷锦利
594	武汉融海房地产开发有限公司	卢义明	627	湖北汇盛科技发展有限公司	黄立平
595	武汉市源福房地产开发有限公司	穆林燕	628	武汉万科万威房地产开发有限公司	张　旭
596	顺联房地产（武汉）开发有限公司	潘伟民	629	新七建设集团武汉房地产开发有限公司	余宝琳
597	武汉市裕升房地产置业有限公司	冯　勇	630	武汉新七德雅实业发展有限公司	潘红兵

续表：

序号	企业名称	法定代表人	序号	企业名称	法定代表人
631	武汉誉景实业发展有限公司	黄文学		暂定	
632	武汉新飞轮房地产开发有限公司	冯　军	664	武汉弘晶天置业有限公司	董　炜
633	武汉龙鑫泉科技发展有限公司	龙　伟	665	武汉市源裕龙房地产开发有限公司	王志菁
634	武汉正宇置业有限公司	肖书正	666	武汉市宁兴置业有限公司	苏　宁
635	武汉关南兆佳科贸有限公司	钱小燕	667	武汉化工新城置业有限公司	谌　勇
636	湖北福星惠誉汉口置业有限公司	谭少群	668	武汉鑫华银房地产开发有限公司	陈义平
637	武汉新纪元物业发展有限公司	冯　黎	669	武汉市都市产业投资发展有限责任公司	肖　辉
638	武汉三元房地产开发有限公司	蔡世其			
639	武汉中城投资有限公司	陈为胜	670	武汉恒丰力达房地产开发有限公司	许广银
640	武汉奥山世纪房地产开发有限公司	邬剑刚	671	湖北名华置业有限公司	黎建文
641	武汉长兴电器发展有限公司	杨须红	672	武汉实事达土石方工程有限公司	刘国平
642	武汉邦华房地产开发有限公司	刘利华	673	武汉市诚合利享置业有限公司	杨元庆
643	天合地产发展有限公司	周伯勤	674	湖北现代同创置业有限公司	游　超
644	武汉振元宜景置业有限公司	杨　磊	675	武汉金地普盈置业有限公司	严家荣
645	武汉万润房地产开发有限公司	胡爱娣	676	武汉朗华置业有限公司	向　炯
646	武汉市开拓经济发展有限责任公司	徐福民	677	武汉筑雅置业有限公司	陈锡通
647	武汉市奔业房屋开发有限公司	金军红	678	武汉普提金楚天房地产开发有限公司	熊振宇
648	武汉佳诚房地产开发有限公司	李贤铭	679	武汉大汉口国际数码城投资发展有限公司	余震辉
649	武汉创富房地产开发有限公司	曲乃杰			
650	武汉江城乐业投资有限公司	何韵铭	680	湖北山水投资集团有限公司	柯　春
651	武汉捌零玖零房地产开发有限公司	卢志高	681	武汉锦源置业有限公司	胡乾珍
652	武汉凯乐宏图房地产有限公司	朱弟雄	682	武汉养正投资有限公司	董　涛
653	武汉市鼎力置业有限公司	姚名荒	683	武汉新居城房地产开发有限公司	程连英
654	时利和房地产开发（武汉）建筑有限公司	张江林	684	武汉中森华永红房地产开发有限公司	胡启明
			685	武汉杰地置业有限公司	刘　勇
655	湖北同联顺实业有限公司	朱俊勇	686	武汉枫星置业开发有限公司	鲁子华
656	武汉优安达科技有限公司	张亚媛	687	武汉东润置业有限公司	邓友娥
657	武汉长安鑫盛投资有限公司	付云斌	688	武汉丰达置业有限公司	陈祖斌
658	湖北宏瑞房地产开发有限公司	孙凤兰	689	武汉大华东兴房地产有限公司	金建明
659	湖北湖畔豪庭房地产开发有限公司	田旭东	690	湖北宜化投资开发有限公司	许本华
660	武汉通汇致远投资有限公司	鲁志胜	691	武汉鑫瑞隆祥置业有限公司	高　敏
661	中维地产武汉有限公司	栗新华	692	武汉保利康桥房地产开发有限公司	杨小虎
	四级		693	武汉壮美置业发展有限公司	毛艳华
662	武汉市蔡甸区同心房地产开发公司	周宏清	694	武汉国创金融服务有限公司	杨　纯
663	武汉市江夏区城市综合开发公司	魏学智	695	湖北心晋置业发展有限公司	徐红俊

续表：

序号	企 业 名 称	法定代表人	序号	企 业 名 称	法定代表人
696	武汉九城置业有限公司	夏春华	729	武汉武久阳光置业有限公司	邱汉武
697	武汉金正茂商务有限公司	陈乐铸	730	武汉力道置业有限公司	严向东
698	东方神马实业（武汉）有限公司	陈婉芬	731	武汉德思远置业有限公司	张昌湘
699	武汉兴强经贸有限公司	章自基	732	湖北总部经济投资有限公司	陈林锋
700	武汉丰尚高科置业有限公司	陈浩桥	733	武汉兴宏业投资有限公司	陈金枝
701	武汉四海通房地产有限公司	李 伟	734	武汉联投佩尔置业有限公司	黄亚凡
702	武汉四台村房地产投资有限公司	文远普	735	武汉光谷软件园有限公司	黄立平
703	武汉市双新房地产开发有限公司	刘金龙	736	武汉市凯尔达置业有限公司	陈本主
704	武汉深喉房地产开发有限公司	董宏宇	737	武汉藏龙酒店投资管理有限公司	刘 燃
705	武汉鸿泰新鼎置业发展有限责任公司	谢 嵩	738	武汉中森华汉城广场投资有限公司	胡启明
706	武汉金成置业有限公司	李时金	739	武汉市鼎顺祥城房地产开发有限公司	李成强
707	丰泰置业有限公司	陈 军	740	武汉市新铁城建筑装饰工程有限公司	陶潇石
708	湖北亿家房地产开发有限公司	阮 辉	741	武汉凯越房地产开发有限公司	郭宏图
709	武汉市嘉裕房地产发展有限公司	李根长	742	武汉春秋山庄休闲发展有限公司	成建设
710	武汉市华盛达房地产开发有限责任公司	唐 军	743	武汉万科金色广场物业发展有限公司	李 东
711	武汉恒大楚天房地产开发有限公司	洪昌龙	744	武汉长江航运中心实业有限公司	李建华
712	湖北福星惠誉汉阳房地产有限公司	谭少群	745	湖北宝德利置业有限公司	涂德桥
713	武汉东方华宇房地产开发有限公司	闵 畅	746	武汉玫瑰天城置业有限公司	段柏齐
714	武汉佩尔科技发展有限公司	董宝珠	747	武汉联投万科生态城房地产有限公司	杨 涛
715	武汉艳华康庄置业有限公司	蔡海玉	748	武汉市兴荣伟业贸易发展有限公司	陈汉昌
716	武汉中央商务区投资开发有限公司	向 宇	749	湖北冠顶置业发展有限公司	周 璇
717	武汉新博达房地产开发有限公司	李向勤	750	武汉龟山旅游开发有限公司	余荣刚
718	武汉勤业房地产开发有限公司	韩加勤	751	湖北天宇润泽房地产开发有限公司	乐 毅
719	武汉新东方房地产开发有限公司	李中秋	752	武汉长江管业有限公司	黄显银
720	武汉福地明珠置业有限公司	林风辉	753	武汉市中南汽车配件配套有限责任公司	郭宏图
721	武汉泓森产业园建设有限公司	刘 军	754	武汉市海燕汽车贸易有限公司	杨东强
722	武汉余不漏建筑有限公司	余常瑜	755	武汉安达物业发展有限公司	胡传银
723	武汉永瑞置业有限公司	章新高	756	湖北新联置业发展有限公司	张友明
724	武汉三江航天投资发展有限公司	严信平	757	武汉市双凤亭建筑安装有限公司	冯纪明
725	湖北红亿顺德置业有限公司	王春秀	758	武汉中大十里房地产开发有限公司	汤建良
726	武汉嘉园置业有限公司	王良财	759	武汉香华林商业发展有限公司	陈乐生
727	武汉市永辉置业有限公司	何华明	760	武汉木兰茶乡旅游开发股份有限公司	叶福林
728	湖北鼎达房地产开发有限公司	邱 峰	761	湖北国泰农业装备发展有限公司	胡颜良

续表：

序号	企 业 名 称	法定代表人	序号	企 业 名 称	法定代表人
762	武汉万江置业有限公司	黄光庭	795	武汉正兴房地产开发有限公司	刘光礼
763	武汉千里驰置业有限公司	叶新铭	796	武汉兆嘉乐业房地产开发有限公司	付 刚
764	武汉市青山区城市开发投资有限公司	柳 滨	797	武汉鑫青龙置业有限公司	肖廷华
765	武汉万科青安居房地产有限公司	张 旭	798	武汉恒盛和房地产开发有限公司	雷红军
766	武汉域高置业有限公司	李上仪	799	武汉宏程银湖科技发展有限公司	张 景
767	武汉阳光嘉业房地产开发有限公司	付 刚	800	湖北春晖恒顺实业有限公司	刘诗辉
768	武汉市龙衡投资置业有限公司	胡啟兵	801	武汉罗德斌汉经贸有限公司	彭秀香
769	武汉爱帝针纺实业有限公司	胡爱娣	802	武汉兴业联置业有限公司	严征涛
770	武汉经济技术开发区华茂经济发展有限公司	罗德华	803	武汉瑞祺置业有限公司	陈 武
771	湖北铉龙城置业有限公司	陈建宏	804	新世界置业（武汉）有限公司	范佐国
772	武汉中浩宇建设有限公司	杜卫红	805	武汉新鹏置业有限公司	范佐国
773	湖北省科技投资集团有限公司	但长春	806	武汉美佳房地产开发有限公司	刘胜鸣
774	武汉市高盛置业有限公司	高致春	807	武汉宝吉物业管理有限公司	王世敏
775	中铁十一局集团武汉房地产开发有限公司	代 峪	808	武汉万达东湖置业有限公司	丁本锡
776	武汉联投生态城房地产有限公司	喻中权	809	武汉新尚房地产开发有限公司	周静莲
777	武汉龙阳投资发展有限公司	李之惠	810	武汉裕嘉建筑房地产开发有限公司	陈秋平
778	湖北惠风房地产有限公司	张 秋	812	武汉武昌万达广场投资有限公司	丁本锡
779	武汉荆博雄琦置业有限公司	查文俊	812	武汉中佳置业有限公司	董 蓉
780	武汉兆城置业有限责任公司	陈艳丽	813	武汉鑫源投资集团有限公司	李俊东
781	武汉博鑫置业有限公司	孙礼斌	814	武汉信泰置业有限公司	田世杰
782	中海兴业武汉房地产有限公司	欧阳国欣	815	武汉市大泽兴盛置业有限公司	杨 军
783	武汉御中置业发展有限公司	王全禄	816	武汉同药药业有限公司	李国清
784	武汉永同昌电子科技园有限责任公司	刘 燃	817	武汉晟枫实业有限公司	邓 勇
785	武汉新辉达置业有限公司	吴艳兵	818	武汉怡和房地产综合开发有限公司	王 冰
786	武汉市鑫富林置业有限公司	程海兵	819	武汉欧亚达家具街有限责任公司	徐良喜
787	武汉天意泉庄置业发展有限公司	方建洪	820	武汉文腾集团志成置业有限公司	彭 丹
788	武汉原鼎房地产开发有限公司	戴啟元	821	武汉金鸿科技产业有限公司	何齐勇
789	武汉合嘉置业有限公司	芦 俊	822	武汉鹏博房地产开发有限公司	舒望芳
790	武汉九洲宝塔实业发展有限公司	梅刚明	823	武汉市阳明置业有限公司	陈 敏
791	武汉圣特立房地产开发有限公司	赵素燕	824	武汉盛康投资有限公司	周桂林
792	武汉运通置业有限公司	陈祥勇	825	湖北金天达置业有限公司	张永斌
793	武汉市正源房地产开发有限公司	邱国民	826	武汉市三新置业发展有限公司	张建新
794	武汉天溢置业有限公司	龚有华	827	武汉正同药业有限公司	陈义军

续表：

序号	企 业 名 称	法定代表人	序号	企 业 名 称	法定代表人
828	武汉新长江东沙地产开发有限公司	杨 军	861	武汉龙城宇腾置业发展有限公司	刘毅全
829	武汉九坤博成房地产有限公司	许记坤	862	湖北凌瑞新空间置业有限公司	王发传
830	武汉市阳逻振兴废旧资源开发有限公司	张金波	863	武汉市桂邑地产开发有限公司	钟伟强
831	武汉友芝友置业发展有限公司	袁 谦	864	武汉保利华置业有限公司	陈 丹
832	武汉鑫海林房地产开发有限公司	彭 静	865	武汉金盛源投资管理有限公司	黎治国
833	开源建设集团有限公司	彭双才	866	武汉中弘航侧房地产开发有限公司	黄文胜
834	武汉新工置业有限公司	陈珍贵	867	武汉超胜房地产开发有限公司	韩 超
835	武汉永丰行投资控股集团有限公司	汪亚炜	868	武汉万盛世纪房地产开发有限公司	徐 丽
836	武汉市国发展投资有限公司	赵 李	869	武汉锦和房地产开发有限公司	戴金桃
837	武汉升达房地产开发有限公司	汪云林	870	武汉软件新城发展有限公司	高 炜
838	湖北万德利置业有限公司	张 俊	871	湖北康和置业有限公司	许运莲
839	武汉清能意盛置业有限公司	于福生	872	武汉纺大泰辰置业有限公司	方 瑞
840	武汉远景置业有限公司	杨东强	873	武汉强胜强房地产开发有限责任公司	帅志刚
841	武汉市江堤房地产开发公司	鲍 锋	874	武汉建兴工程建设管理有限公司	林 驰
842	武汉广源恒远房地产开发有限公司	张运毫	875	武汉中至翰阳房地产开发有限公司	胡汉桥
843	武汉中心大厦开发投资有限公司	陈贤胜	876	武汉联投同城时代置业有限公司	姚培林
844	武汉九坤置业投资有限公司	吴剑峰	877	武汉博大天诚置业有限公司	潘新成
845	武汉市鄂金源房地产开发有限公司	康汉毛	878	武汉豪颖置业有限公司	张喜娥
846	武汉鸿经伟置业发展有限公司	李小运	879	武汉东原瑞华房地产开发有限公司	杨永席
847	武汉有成实业发展有限公司	计佑铭	880	武汉东帝王子酒店管理有限公司	魏清鹏
848	招商局地产（武汉）有限公司	朱文凯	881	武汉立松投资有限公司	张立清
849	武汉致盛集团有限公司	邓 伟	882	湖北逸泽实业有限公司	管嘉琦
850	武汉中昶置业有限公司	王发传	883	武汉伟峰房地产有限公司	邵家财
851	武汉金鹤力房地产开发有限公司	彭鹤鸣	884	湖北华亚投资有限公司	毛振东
852	湖北辉煌摩尔城投资开发管理有限公司	马 明	885	和记黄埔地产(武汉江汉北)有限公司	周伟淦
853	武汉健康谷福泰房地产有限公司	林冰珏	886	武汉城投停车场投资建设管理有限公司	孙晓波
854	武汉盛裕房地产开发有限责任公司	张红卫	887	武汉深汉置业有限公司	张 隽
855	武汉市天福置业有限公司	黄朝啟	888	湖北省荣新仁邦置业有限公司	马华东
856	武汉市汉乐房地产开发有限公司	肖冬平	889	武汉市森达鑫建设发展有限公司	吴 尧
857	武汉健康谷侨成房地产有限公司	肖 苹	890	武汉黄达房地产开发有限公司	黄林元
858	武汉健康谷地产开发有限公司	吴锡琛	891	武汉森海投资有限公司	朱森林
859	武汉大地林肯置业发展有限公司	卓培新	892	武汉中建经贸发展有限责任公司	张 灿
860	新生活置业武汉有限公司	杨小青	893	武汉清能普提金置业有限公司	蒋光红

续表：

序号	企业名称	法定代表人	序号	企业名称	法定代表人
894	武汉佳联房地产开发有限公司	朱建军	927	武汉万安置业有限公司	朱佳宁
895	武汉三特索道集团股份有限公司	齐　民	928	武汉桥建房地产开发有限公司	郑小华
896	湖北诚功房地产开发有限公司	黄大发	929	武汉昌盛物业房地产开发有限责任公司	罗德华
897	武汉市民意实业股份有限公司	刘忠群	930	湖北寅武置业有限公司	高天龙
898	武汉新宇明冠房地产开发有限公司	石　琨	931	中铁房地产集团武汉有限公司	戴定财
899	中交地产武汉开发有限公司	王子文	932	湖北卓尔生态工业城建设有限公司	段　岩
900	武汉车都建设投资有限公司	张德华	933	武汉正阳昌荣房地产开发有限公司	赵建华
901	湖北云鹤房地产开发有限公司	吴奇宝	934	武汉蓝空房地产开发有限公司	熊志强
902	武汉安顺缘置业有限公司	方炳秀	935	湖北金地丰利置业有限公司	黄全华
903	武汉银海合盛置业有限公司	王　琪	936	武汉同泰置业有限责任公司	陈素青
904	武汉市鑫盛泰昌房地产有限公司	张卫华	937	武汉市洪山区江宏房地产开发公司	黄大庆
905	武汉林宇房地产开发有限公司	杨小虎	938	湖北新亿置业有限公司	左三化
906	湖北聚盛置业有限公司	徐　涛	939	武汉市黄陂区供销社联合总公司	王　俊
907	武汉市明天经济发展有限公司	张　璀	940	武汉市天道隆发房地产开发有限公司	高庆寿
908	武汉中建开元地产开发有限公司	王洪涛	941	湖北阳港投资有限公司	林治国
909	武汉华鼎创投置业开发有限公司	鲁琼兰	942	武汉舜安碧水健身有限公司	王木柱
910	武汉市百豪阳光房地产开发有限公司	刘金元	943	武汉港湾房地产开发公司	周　璋
911	湖北天吉金源房地产开发有限责任公司	袁　锋	944	武汉市黄浦科技园黄浦科技发展有限公司	张　璀
912	湖北嘉恒投资有限公司	李华明			
913	天下城建湖北投资管理有限公司	陈潜峰	945	武汉巍华置业有限公司	朱华龙
914	湖北念民置业有限公司	徐继刚	946	武汉十五冶置业有限公司	谢宇洲
915	武汉长飞置业有限公司	严本书	947	武汉盛之源置业有限公司	陈秋萍
916	武汉华天润置业有限公司	漆莉萍	948	武汉广电新城房地产开发有限公司	胡春芳
917	武汉长航美湾置业有限公司	朱　宁	949	武汉龙洲置业有限公司	胡明荣
918	和记黄埔地产（武汉蔡甸）有限公司	周伟淦	950	武汉新城宏盛置业有限公司	王振华
919	武汉国瑞投资有限公司	陈德劲	951	武汉光谷生物产业基地建设投资有限公司	喻艳飞
920	武汉海天实业集团有限公司	谭树人			
921	武汉竹叶山房地产开发有限公司	陈志福	952	新八建设集团有限公司	刘先成
922	武汉全能通科技发展有限公司	邱丽丽	953	武汉碧桂园联发投资有限公司	钱乐刚
923	武汉源源鑫印刷包装有限公司	施雄群	954	武汉市林旺科技发展有限公司	李国清
924	武汉中至投资有限公司	胡汉桥	955	武汉昊岳置业有限公司	王　焱
925	武汉福兴达投资开发有限公司	徐志启	956	武汉俊杰置业有限公司	严建峰
926	湖北好利达置业有限公司	黄　忠	957	武汉鑫邦诚置业投资管理有限公司	李军建

续表：

序号	企 业 名 称	法定代表人	序号	企 业 名 称	法定代表人
958	武汉澳兴置业有限公司	汪宏伟	991	武汉常盛兴建设投资有限公司	汪春喜
959	武汉新地标房地产开发有限公司	徐友明	992	武汉新港城建设投资有限公司	陆宝华
960	武汉联发鑫源置业有限公司	倪汉宇	993	武汉庭缘房地产开发有限公司	张汉珍
961	武汉市阳逻汇丰经贸有限公司	周进文	994	武汉二十一世纪置业发展有限公司	孙广龙
962	武汉经开万达广场投资有限公司	丁本锡	995	武汉东湖高新区大学科技园有限公司	张志勇
963	武汉富山物业发展有限公司	王汉民	996	百谷王武汉置业有限责任公司	王 亮
964	湖北明阳宜居房地产开发有限公司	李 健	997	武汉仁安置业有限公司	何道军
965	湖北华夏军安置业有限公司	徐建斌	998	武汉市航侧实业有限责任公司	詹必华
966	武汉博天置业有限公司	李志旭	999	武汉市星光奥泰置业发展有限公司	左少平
967	武汉市大有牧业发展有限公司	王治军	1000	武汉市大好河山房地产开发有限公司	郭方彬
968	武汉泰和化工有限公司	王金和	1001	武汉君茂投资置业有限公司	强 珺
969	武汉鸿厦假日置业有限公司	肖新富	1002	武汉海航蓝海临空产业发展有限公司	胡 泊
970	中国五环工程有限公司	程腊春	1003	湖北奥和地产有限公司	李胜阶
971	武汉方顺置业发展有限责任公司	邓 勇	1004	武汉鼎力实业开发有限公司	谭 涛
972	家美天晟集团有限公司	钟仪阳	1005	武汉市健强科技有限公司	张昌湘
973	武汉海恒企业投资发展有限公司	马艺林	1006	武汉佳颂房地产有限公司	沈 静
974	武汉利勇酒店管理有限公司	梅乾飞	1007	武汉达富房地产开发有限公司	翁天飘
975	武汉星海园生态景观工程有限公司	吴永海	1008	武汉联众房地产开发有限公司	邱演发
976	武汉天星地下空间投资有限公司	熊震中	1009	武汉圣洁卫生用品有限公司	巫宝磷
977	武汉常福星城置业发展有限公司	李三春	1010	武汉市洪吕城市建设投资有限公司	钟 磊
978	武汉舜民住房发展有限责任公司	廖 勇	1011	武汉栗庙凤凰置业有限公司	徐炳南
979	武汉市华远房地产开发有限公司	严竹勇	1012	湖北酩芯投资发展有限公司	孙酩芯
980	武汉博大鑫城置业有限公司	潘新成	1013	武汉晶振林置业有限公司	林 虎
981	武汉旭博置业有限公司	刘义芳	1014	武汉中体投资管理有限公司	刘清孝
982	湖北皓皓富亿实业有限公司	许光富	1015	武汉市东光经济发展有限公司	陈 谦
983	武汉安腾投资集团有限公司	罗 然	1016	武汉鑫齐进环保材料有限公司	丁慧琴
984	武汉物泰商业经营管理有限公司	周成刚	1017	武汉市黄鹤楼科技园有限公司	张 放
985	武汉东海置业有限公司	王 勇	1018	武汉翰璟置业投资有限公司	程 龙
986	武汉辉阳置业有限公司	刘 巍	1019	湖北盛吉利房地产开发有限公司	沈继秋
987	武汉欣博恒房地产开发有限公司	李 明	1020	武汉丽郡置业发展有限公司	陶玉刚
988	武汉嘉铭鑫置业有限公司	陶利华	1021	武汉中胜村城中村改造工程建设有限公司	施景洪
989	武汉志友房地产开发有限公司	汪 祁	1022	武汉明伟宏置业有限公司	刘宗坤
990	武汉广信联置业有限公司	姚敞怀	1023	武汉银地置业有限公司	许元武

续表：

序号	企 业 名 称	法定代表人
1024	武汉昱玺置业发展有限公司	程建设
1025	湖北新华房泰房地产开发有限公司	汪晓波
1026	武汉集强置业有限公司	陈锦斌
1027	武汉鹰迪置业有限公司	王双红
1028	武汉卿正置业有限公司	程汉卿
1029	武汉盛世洪兴房地产开发有限公司	彭三洪
1030	武汉科源置业有限公司	刘菊阳
1031	武汉怡居置业有限公司	涂松柏
1032	武汉恒业联置业有限公司	裴笑筝
1033	武汉鑫汉和实业发展有限公司	夏耀辉
1034	武汉宏泽房地产开发有限公司	程泽贵
1035	武汉新港美高房地产开发有限公司	陆宝华
1036	武汉德成投资有限公司	钱国顶
1037	武汉大草原置业有限公司	陈 晖
1038	武汉三镇南门房地产开发有限公司	陈之胜
1039	武汉振达置业有限公司	邵四佬
1040	武汉市银丰龙腾房地产开发有限公司	魏家银
1041	武汉坤泽房地产有限公司	罗利方
1042	武汉人信新城房地产开发有限公司	李晓明
1043	武汉龙泰物业装饰工程有限公司	毛 骏
1044	武汉立城建设发展有限公司	杨 枫
1045	武汉二七城中村综合改造建设工程有限公司	吴继光
1046	武汉市联泰房地产开发有限公司	黄建勲
1047	湖北铁投利和置业有限责任公司	江 斌
1048	航天时代置业发展（武汉）有限公司	宋树清
1049	武汉地铁集团有限公司	刘玉华
1050	武汉万全置业有限公司	张新国
1051	武汉汉江宏升置业有限公司	时毅军
1052	武汉深瑞置业有限公司	郑 伟
1053	武汉蔡甸建设开发有限公司	胡金安
1054	武汉鑫太阳科技有限公司	陈志明
1055	新华光硅晶显示科技武汉有限公司	王道友
1056	武汉云雾山中青房地产开发有限公司	王启新
1057	武汉市金银潭置业有限公司	欧阳忠凯
1058	湖北中基世纪置业有限公司	綦朝兵
1059	武汉金龙湖农业生态植物有限公司	刘义芳
1060	武汉市振泰新房地产开发有限公司	万振宇
1061	湖北炎楚实业有限公司	陈 刚
1062	湖北鑫盛易居置业有限公司	陈荣华
1063	武汉市鹏信城市建设工程有限公司	黄运勤
1064	湖北浩远高新科技有限公司	刘汉平
1065	武汉三鼎地产开发有限公司	陈祖新
1066	武汉市幸福实业有限公司	徐志启
1067	武汉蔡甸文化产业投资发展有限公司	范茂胜
1068	南源置业（武汉）有限公司	徐凯祥
1069	武汉市城乡统筹示范区投资开发有限公司	赵 晶
1070	武汉杰翔置业有限公司	张良杰
1071	湖北昌锐房地产开发有限公司	徐合善
1072	武汉青澳置业有限公司	陈荣岁
1073	武汉中孚工业有限公司	余元宝
1074	武汉市明峰建设工程有限公司	周 峰
1075	武汉烽火家美房地产开发有限公司	孙荣跃
1076	国电长源汉川第一发电有限公司	江 军
1077	武汉烽火民盛房地产开发有限公司	蔡卫东
1078	武汉华天置业有限责任公司	张晟鸿
1079	武汉青和城置业有限公司	戴啟元
1080	嘉辉物业发展（武汉）有限公司	陈永忠
1081	武汉景顺置业有限公司	王智勇
1082	武汉万坤置业有限公司	杨 冰
1083	湖北瑞狮置业有限公司	胡 军
1084	武汉维视德新技术产业发展有限公司	王安华
1085	绿地控股集团武汉汉南置业有限公司	李 明
1086	武汉明捷房地产开发有限公司	朱文凯
1087	武汉金泰合成材料有限责任公司	杨明利
1088	武汉人先房地产开发有限公司	刘仁珍
1089	武汉银湖金泉科技开发有限公司	张 景

续表:

序号	企业名称	法定代表人	序号	企业名称	法定代表人
1090	武汉华诚全友置业有限公司	郭显恩	1123	武汉万悦城房地产开发有限公司	李东
1091	武汉中地大科技园有限公司	王洪涛	1124	武汉理工大科技园股份有限公司	陈文
1092	武汉金润置业有限公司	曹永胜	1125	武汉鸿兴置业有限公司	林春保
1093	武汉洪投新创项目管理有限公司	刘旭	1126	武汉德宁府房地产开发有限公司	高声赋
1094	武汉信诚同创置业有限公司	张春燕	1127	武汉卓尔陆港中心投资有限公司	傅高潮
1095	武汉市天泰置业有限公司	郭广正	1128	湖北上坤投资发展有限公司	魏俊
1096	武汉市星城房地产开发公司	刘峰	1129	湖北福星惠誉江北置业有限公司	谭少群
1097	武汉团结激光股份有限公司	陈海兵	1130	武汉大鹏实业有限公司	喻萍
1098	武汉世纪泓博房地产开发有限公司	李瞻	1131	武汉华远科技发展有限公司	贾宏志
1099	武汉永和置业发展有限公司	叶永才	1132	武汉汉江潮旅游产品有限公司	胡建军
1100	武汉金岛地产发展有限公司	程伊文	1133	武汉市大美置业有限公司	吴灵芝
1101	武汉新建总建设集团房地产开发有限公司	韩少波	1134	湖北嘉和时代置业有限公司	卫才学
1102	武汉市金诺房地产开发有限公司	梁力子	1135	武汉泽健实业有限公司	周平
1103	武汉卧龙墨水湖置业有限公司	王彩萍	1136	武汉市东泰投资发展有限公司	向平
1104	武汉市翔和润建置业有限公司	王君华	1137	湖北汉钢实业有限公司	沈栋
1105	武汉国君青松工贸有限公司	章姣生	1138	湖北恒隆房地产开发有限公司	梁焕添
1106	武汉汇新房地产开发有限公司	徐利华	1139	武汉惠川房地产开发有限公司	李卫
1107	武汉格瑞金都房地产开发有限公司	李志强	1140	湖北天地汇物流发展有限公司	周业文
1108	武汉市武物储运有限公司	高洪旭	1141	武汉光谷节能科技园有限公司	黄立平
1109	武汉昱峡工贸有限公司	邓德山	1142	武汉誉天东方置地有限公司	李中秋
1110	武汉升祥房地产开发有限公司	余甜	1143	武汉金融港开发有限公司	黄立平
1111	湖北省天昊建设工程有限公司	罗建波	1144	武汉众信置业有限责任公司	刘红昀
1112	湖北融石投资有限公司	林志勇	1145	武汉华虹置业有限公司	肖跃民
1113	武汉绿园经济发展有限公司	李国珍	1146	武汉明依房地产开发有限公司	付淳
1114	武汉新得房地产开发有限公司	朱文凯	1147	武汉誉天兴业置地有限公司	李中秋
1115	武汉金联盛房地产开发有限公司	郭俊杰	1148	武汉三和工程置业有限公司	张真顺
1116	武汉市地安君泰房地产开发有限公司	严家荣	1149	湖北景香洋房地产开发有限公司	徐香峰
1117	武汉银兆置业投资发展有限公司	戴雷	1150	武汉银久科技发展有限公司	张景
1118	湖北正福投资开发有限公司	丁冬	1151	湖北恒昭投资有限责任公司	易黎明
1119	武汉时代创嘉科技发展有限公司	张贵元	1152	武汉博创房地产开发有限公司	肖文波
1120	武汉恒融置业有限公司	汪志刚	1153	武汉辉煌置业有限责任公司	郭振军
1121	武汉泓远泰房地产有限公司	裴春生	1154	武汉博大置业发展有限公司	潘博
1122	武汉公民酒店发展有限公司	陈小平	1155	武汉金岛物业发展有限公司	艾威

续表：

序号	企 业 名 称	法定代表人	序号	企 业 名 称	法定代表人
1156	武汉名流时代置业有限公司	熊晟楼	1189	金太阳（湖北）房地产开发有限公司	姚培林
1157	武汉市蔡甸区建新房地产开发公司	刘贤木	1190	武汉润诚置业有限公司	曾桂华
1158	武汉市江城物业集团有限公司	胡汉平	1191	武汉长江科技经济开发有限公司	吴才平
1159	武汉园博园置业有限公司	熊晟楼	1192	武汉市恒庆房地产开发有限公司	张学志
1160	武汉泰府置业有限公司	彭善枝	1193	湖北君泰天成房地产开发有限公司	胡志强
1161	武汉海安房地产开发有限公司	朱魏河	1194	湖北双胜房地产开发有限公司	李小兵
1162	武汉兴盛达置业有限公司	熊晟楼	1195	武汉福星惠誉欢乐谷有限公司	谭少群
1163	武汉市鑫鸿湖实业有限公司	祁文杰	1196	武汉南国昌晟商业发展有限责任公司	肖新乔
1164	武汉谦森岛置业有限公司	谌振波	1197	武汉华尔瑞置业股份有限公司	胡启华
1165	武汉上华置业有限公司	谌振波	1198	湖北鑫叶置业有限公司	周　鹏
1166	湖北捷畅房地产开发有限公司	李宝珍	1199	武汉鑫盛房地产开发有限公司	李士和
1167	湖北亚赛投资有限公司	李成强	1200	武汉美博纬业房地产开发有限公司	刘宏廷
1168	武汉市黄陂区华翔制衣有限责任公司	叶小虎	1201	武汉慧联投资有限公司	张亚帅
1169	武汉万华地产开发有限公司	杨　军	1202	武汉华池置业发展有限公司	王连群
1170	武汉市黄陂区天际房地产开发有限公司	刘国武	1203	武汉银洲物业发展有限公司	涂松柏
			1204	武汉市武昌政通实业公司	肖昌斌
1171	武汉兴达联置业有限公司	裴笑筝	1205	武汉中房军安房地产开发有限公司	吴文刚
1172	武汉板桥城改投资有限公司	胡元喜	1206	武汉市昌达房地产开发有限责任公司	汪　翔
1173	武汉鑫龙恒盛房地产有限公司	彭　军	1207	武汉正堂置业有限公司	王开平
1174	武汉宏润信达联合投资有限公司	曹　慧	1208	武汉市志顺房地产开发有限公司	黄木清
1175	武汉恒曦置业有限公司	涂建民	1209	武汉市武昌区房地产公司	邱忠东
1176	武汉江晨房地产开发有限公司	童显发	1210	华人汇和科技园建设有限公司	张夏丽
1177	武汉千宝置业有限公司	胡　斌	1211	湖北广晟达实业有限公司	程　晟
1178	武汉江华房地产开发公司	王全禄	1212	武汉凯德古田商用置业有限公司	Lock Wai Han
1179	湖北同仁蓝莺药业有限公司	汪小林	1213	武汉鸿图置业发展有限公司	柳河根
1180	武汉宏源祥商贸有限公司	秦宏松	1214	武汉侨盛置业有限公司	阮斌武
1181	武汉市亚安房地产开发有限公司	吴炳文	1215	武汉双建科技发展有限公司	张冬生
1182	湖北金华实业有限公司	李锡芝	1216	武汉汇璟房地产开发有限公司	王秀明
1183	武汉卓越房地产开发有限公司	李　华	1217	武汉丽兴地产有限公司	熊福英
1184	武汉朗诗置业有限公司	向　炯	1218	武汉浩欣诚置业有限公司	陈炳浩
1185	武汉市一邦科技有限公司	朱佳宁	1219	武汉汉阳黄金口工业园区祥隆泰达置业投资有限公司	付大力
1186	武汉辉煌置业有限公司	何开日			
1187	武汉洪山城市建设投资有限公司	杨元宏	1220	武汉市中新产业投资发展有限公司	吴从生
1188	武汉朋谊科技有限公司	王　伟	1221	武汉诺衡置业有限公司	张其军

续表：

序号	企 业 名 称	法定代表人	序号	企 业 名 称	法定代表人
1222	武汉轩辕置业发展有限公司	黄 筝	1255	武汉馫髯亟置业有限公司	邓世鸿
1223	武汉圣淘沙集团有限公司	黄大寨	1256	武汉元辰集团股份有限公司	龚申侯
1224	武汉绿源置业有限公司	李治权	1257	澳新实业（武汉）有限公司	张富强
1225	武汉英特宜家置业有限公司	丁 晖	1258	武汉市阳逻安居物业有限公司	刘天宇
1226	武汉中城科源房地产开发有限公司	彭 况	1259	武汉海发实业有限责任公司	殷向阳
1227	庭瑞集团股份有限公司	张 华	1260	武汉市市政工程总公司房产经营开发公司	罗军军
1228	湖北南达房地产开发有限公司	赵大斌	1261	武汉长江国际高尔夫俱乐部有限公司	喻中权
1229	武汉金能房地产开发有限责任公司	徐能洲	1262	武汉旅华联房地产有限公司	董志向
1230	武汉顺风房地产开发有限公司	梅齐桥	1263	武汉市臻美商贸有限公司	刘正军
1231	汉龙实业综合开发（武汉）有限公司	吴梓源	1264	武汉商务置业有限公司	王仲飞
1232	凯信地产武汉有限公司	李新祥	1265	武汉新城华福投资有限公司	万胜华
1233	武汉星曌房地产有限公司	夏 强	1266	湖北佐鑫房地产开发有限公司	张 新
1234	武汉海川置业有限责任公司	杨建桥	1267	武汉盛浩房地产开发有限公司	刘盛奎
1235	武汉光谷建设开发有限公司	黄大寨	1268	武汉巍巍房地产开发有限公司	魏加运
1236	湖北金税置业有限公司	鲁现明	1269	武汉德亿置业有限公司	韩德庆
1237	武汉鑫港房地产开发有限公司	王维中	1270	武汉长凯物业发展有限公司	陈义生
1238	武汉天元物业发展有限公司	陈先足	1271	武汉筑信世纪房地产开发有限公司	董贤咏
1239	武汉市欧亚达房地产开发有限公司	徐良喜	1272	武汉诚尔成投资有限公司	詹学贵
1240	武汉新博泰酒店有限公司	刘 智	1273	湖北金鸿盛置业有限公司	陈燕雄
1241	武汉市福森置业有限公司	王茂祥	1274	中建武汉知音城发展有限公司	陈华元
1242	武汉华运房地产开发有限公司	梅 荣	1275	武汉市胜通房地产开发有限责任公司	童叙轩
1243	武汉市天泽置业有限公司	陈 晓	1276	武汉帝豪房地产开发有限公司	舒先厚
1244	武汉三庆凯文实业发展有限公司	杜 华	1277	武汉航运中心建设发展有限公司	黄宏力
1245	武汉技城置业有限公司	但汉秋	1278	武汉天晖房地产开发有限公司	尤咏杰
1246	湖北省鄂康房地产开发总公司	赵大斌	1279	湖北盘古置业有限公司	丁 键
1247	武汉市君汇房地产开发有限公司	罗良尚	1280	武汉市博瀚科技发展有限公司	宋东明
1248	武汉市汉阳城建综合开发总公司	汪 进	1281	武汉旅联置地股份有限公司	董志向
1249	武汉和平天地置业有限公司	杨金秀	1282	武汉张公山寨置业有限公司	李炳来
1250	武汉市梅兰房地产开发有限公司	梅桂兰	1283	武汉特灵科技有限公司	刘小春
1251	武汉世百实业有限公司	裴春生	1284	武汉市信德置业投资发展有限公司	涂双兵
1252	武汉安信地产有限公司	潘作茂	1285	武汉新区产业投资发展有限公司	李 兵
1253	武汉江都实业发展有限公司	王少华	1286	天下弘盛武汉投资发展有限公司	范茂胜
1254	武汉昆斯兰置业投资有限公司	杭孝敏	1287	武汉新港美德信房地产开发有限公司	陆宝华

续表：

序号	企 业 名 称	法定代表人	序号	企 业 名 称	法定代表人
1288	神州数码（武汉）科技园有限公司	林 杨	1321	武汉普提金香桂地产有限公司	陈 源
1289	武汉爱迪克斯节能技术有限公司	陈凌峰	1322	武汉万世置业有限公司	魏华山
1290	武汉虹玉置业有限公司	谢 琨	1323	武汉汉阳黄金口工业园区投资开发有限公司	石重强
1291	武汉中达房地产开发有限公司	孙荣学	1324	武汉恒金置业有限公司	张金波
1292	武汉光谷微电子股份有限公司	邝远平	1325	武汉农商置业有限公司	余建新
1293	武汉天龙投资集团天龙房地产开发有限公司	王开湖	1326	湖北天惠大成置业有限公司	方春卉
1294	武汉丰瑞恒房地产开发有限公司	俞政宏	1327	武汉嘉乐业房地产开发有限公司	付 刚
1295	武汉润祥置业有限公司	周磊明	1328	湖北汇添地置业发展有限公司	杨小伟
1296	武汉金海马置业有限公司	陈志高	1329	武汉旭程置业有限公司	朱 瑜
1297	武汉市广安置业有限公司	宋志武	1330	武汉正安达兴房地产开发有限公司	林治国
1298	武汉鸿瑞集团有限公司	曾庆喜	1331	武汉洪美房地产开发建筑有限公司	柳家友
1299	湖北长江华盛国际文化发展有限公司	周艺平	1332	武汉冰晶房地产开发有限公司	张化冰
1300	湖北立旺兴房地产开发有限公司	饶 旺	1333	武汉新航盛置业有限公司	吴 斌
1301	武汉普提金之家置业有限公司	戴学银	1334	武汉国基恒达置业有限公司	兰 青
1302	武汉庙山房地产开发有限公司	樊友华	1335	武汉鸿亚投资有限公司	肖新富
1303	湖北千湖房地产开发有限公司	胡胜华	1336	武汉新世纪润丰置业有限公司	李方才
1304	湖北源谊置业发展有限公司	左卓灵	1337	武汉德益天下投资发展有限公司	罗典英
1305	武汉常阳润力房地产开发有限公司	梁 雯	1338	武汉楚天都市置业有限公司	熊振宇
1306	武汉桥成房地产开发有限公司	苏光德	1339	武汉桥兴置业有限公司	李新华
1307	武汉海天龙置业有限公司	吴永海	1340	武汉鑫磊时代置业有限公司	陈习远
1308	武汉长发置地有限责任公司	范新玮	1341	武汉中民投资有限公司	劳志刚
1309	武汉美安储运有限公司	龙国云	1342	武汉三川印务有限公司	李泽川
1310	武汉益康房地产置业有限公司	祝志刚	1343	武汉德银置业有限责任公司	吴新潮
1311	湖北长业地产开发投资有限公司	李玉桃	1344	武汉市轨道交通建设有限公司	刘玉华
1312	武汉东顺房地产开发有限公司	张 军	1345	湖北首地房地产开发有限公司	马学元
1313	武汉市虎踞房地产开发有限公司	乐秀珍	1346	冈部置业（武汉）有限公司	WENNIE BIN CHENG
1314	武汉仲楠源置业有限公司	陈允智	1347	武汉宏城房地产开发有限公司	刘群芳
1315	武汉市蔡甸农产品批发有限责任公司	程 锦	1348	武汉兴益华实业有限公司	夏召友
1316	武汉杰成置业发展有限公司	李 傑	1349	武汉山水星城置业有限责任公司	王 迅
1317	武汉顺欣发置业有限公司	李 波	1350	武汉新泰润置业有限责任公司	朱 建
1318	湖北富鸿鑫置业有限公司	陈丽芳	1351	武汉国通置业有限公司	俞海东
1319	湖北华兴恒置业有限公司	邓泉滋	1352	武汉华敏商城有限公司	孙佩山
1320	湖北房地产投资集团御龙苑项目有限公司	陈骏峰	1353	武汉天之灏房地产开发有限责任公司	周 健

续表：

序号	企 业 名 称	法定代表人	序号	企 业 名 称	法定代表人
1354	武汉金龙日盛实业有限公司	牛月彩	1387	武汉市保障性住房投资建设有限公司	梁 鸣
1355	武汉市畅汇置业有限公司	邓 伟	1388	武汉君起房地产开发有限公司	于 起
1356	湖北大方锦佳置业有限公司	高国锦	1389	武汉华泽科技发展有限公司	姚顺义
1357	武汉方阵置业有限公司	刘 凯	1390	武汉人信置业有限公司	李晓明
1358	武汉西汉城置业有限公司	刘家祥	1391	武汉是方投资管理有限公司	刘英杰
1359	武汉惠强新能源材料科技有限公司	王红兵	1392	武汉京楚万锦房地产开发有限公司	黎 俊
1360	武汉联投时代房地产有限公司	杨 涛	1393	武汉中央商务区资产经营有限公司	向 宇
1361	武汉金饰房地产开发公司	熊钢发	1394	武汉佳业源置业有限公司	刘 曦
1362	武汉市江岸国有资产经营管理有限责任公司	曾宪明	1395	湖北兆太科技发展有限公司	余 娟
1363	武汉杰航投资发展有限公司	刘达财	1396	武汉人和天下房地产投资有限公司	朱 贞
1364	武汉泰通缘置业有限公司	张建国	1397	湖北德荃绿谷产业园开发有限公司	张德芳
1365	武汉聚信置业有限公司	乔世毅	1398	湖北全威房地产开发有限公司	秦 威
1366	湖北达宸房地产开发有限公司	陈险峰	1399	武汉恒野置业有限公司	郧锡华
1367	武汉联投伟盛置业有限公司	何裕潮	1400	武汉人和集团有限公司	王 耿
1368	武汉复江房地产开发有限公司	陈志华	1401	武汉市青莲饮食服务有限公司	曾宪明
1369	武汉泰顺和商业投资发展有限公司	李 勤	1402	华润置地（武汉）开发有限公司	唐 勇
1370	武汉木森科技发展有限公司	李汉明	1403	武汉聚诚合创置业有限公司	汪棠棣
1371	武汉天罡科技发展有限责任公司	肖 亮	1404	武汉兴源房地产开发有限公司	胡建华
1372	武汉西走马岭经贸有限公司	李宏珍	1405	武汉翠影水居置业有限公司	梅世安
1373	农工商房地产集团湖北置业投资有限公司	姚孟林	1406	武汉金力利腾房地产开发有限公司	黄金红
1374	长江润嘉置业（武汉）有限责任公司	汪新宇	1407	武汉东庭置业发展有限公司	胡西伟
1375	武汉海联置业有限公司	肖永进	1408	武汉梦国房地产开发有限公司	周梦君
1376	湖北希望城房地产开发有限公司	罗守贤	1409	湖北顺泰房地产开发有限公司	尹向阳
1377	武汉世纪中和置业有限公司	徐南先	1410	武汉恒银置业发展有限公司	邱文选
1378	湖北白云边置业投资有限公司	李 威	1411	湖北宏美金居置业有限公司	胡金美
1379	武汉鼎顺置业有限公司	许天晓	1412	湖北揽翠科技发展有限公司	杨学萍
1380	湖北中核投资管理有限公司	薛思雄	1413	湖北成润建设集团有限公司	李新洲
1381	武汉新龙投资控股有限公司	余建新	1414	湖北世纪中益仓储服务有限公司	林 泓
1382	武汉聚诚再创置业有限公司	汪棠棣	1415	武汉立德天勤实业投资有限公司	李志刚
1383	武汉市方氏置业有限公司	叶惠芬	1416	武汉华联房地产建筑开发有限责任公司	朱 涛
1384	武汉盛勇明房地产开发有限公司	倪明勇	1417	汉正街控股集团(武汉)地产有限公司	胡承启
1385	武汉市鲁班房地产开发有限责任公司	熊长寿	1418	武汉市隆汇祥置业有限公司	高登飞
1386	武汉锐祥圣地置业有限公司	孙 锐	1419	中铁十八局集团武汉房地产开发有限公司	翟 岩

续表：

序号	企业名称	法定代表人	序号	企业名称	法定代表人
1420	武汉市丰荷山庄房地产开发有限公司	王道友	1453	武汉市金鼎鑫盛市场开发有限公司	陈双清
1421	武汉市海鼎置业有限责任公司	张　胜	1454	武汉鑫东庭置业发展有限公司	李敦楚
1422	武汉市阳逻鸿昌物业发展有限公司	周鸿久	1455	武汉市信桥置业有限公司	喻红桥
1423	武汉银森源置业有限公司	陈汉波	1456	湖北嘉禾投资有限公司	钱俊雄
1424	武汉煜华地产有限公司	曹传来	1457	武汉英德置业有限公司	喻红桥
1425	湖北九洲港置业有限公司	吴学卓	1458	武汉宏德房地产开发有限公司	王公桥
1426	武汉市双发房地产开发有限公司	贺德发	1459	武汉市蓝盾经济发展有限公司	伍　强
1427	武汉辉龙房地产开发有限公司	张　凯	1460	武汉厦华建筑装饰工程有限公司	高国华
1428	武汉虹丽置业管理有限公司	黄　成	1461	湖北中阳建设集团房地产开发有限公司	林清波
1429	武汉工控资源有限公司	王法圣	1462	武汉市新亚置业有限公司	郭桂良
1430	武汉地球空间信息产业投资有限公司	董志发	1463	武汉凌鑫房地产开发有限公司	潘正林
1431	武汉拓坤房地产开发有限公司	谢光春	1464	武汉美凯置业有限公司	程大双
1432	武汉和骏置业有限公司	刘　星	1465	湖北华兴达置业有限公司	张　炎
1433	武汉新龙投资控股集团有限公司	周　斌	1466	湖北长江广电置业有限责任公司	何庆洋
1434	湖北福星惠誉金桥置业有限公司	谭少群	1467	武汉市耀辉房地产开发有限公司	段先辉
1435	武汉上鼎置业有限公司	张惠锋	1468	湖北荣天同成实业发展有限公司	李慧敏
1436	武汉辉宏世纪置业有限公司	夏建军	1469	武汉市嘉鸿房地产开发有限公司	陈江利
1437	武汉康景实业投资有限公司	卢　荣	1470	武汉佳安居置业有限公司	徐　波
1438	武汉当代海洋置业股份有限公司	刘　华	1471	武汉新绿置业有限公司	施文兵
1439	湖北东方星龙房地产置业有限公司	彭　波	1472	武汉经晨房地产开发有限公司	刘三祝
1440	武汉凡华置业有限公司	邹　翔	1473	武汉军盛祥置业有限公司	王　军
1441	武汉化工区城市建设发展有限公司	谌　勇	1474	武汉荣祥物业管理有限公司	杨卓波
1442	湖北中意华商地产有限公司	王彦文	1475	武汉惠誉时代置业有限公司	喻红桥
1443	湖北泰坤伟业房地产开发有限公司	魏格文	1476	武汉中森华置业有限公司	胡启明
1444	武汉福华房地产开发有限公司	萧锦明	1477	武汉金天鸿置业有限公司	陈　红
1445	湖北华滨投资有限公司	王　栋	1478	武汉软景房地产开发有限公司	高　炜
1446	武汉龙河置业有限公司	刘　高	1479	武汉市新久房地产开发有限公司	陈昌虎
1447	武汉振豪科技实业有限公司	傅士峻	1480	武汉兴业安盛置业有限公司	万冬安
1448	武汉群百实业有限公司	许崑泰	1481	武汉春田房地产开发有限公司	高　炜
1449	武汉国光房地产开发有限公司	李国江	1482	武汉保和置业有限公司	谢　嵩
1450	武汉万龙房地产开发有限公司	龙善苗	1483	武汉汽车公园投资管理有限责任公司	缪红政
1451	武汉嘉亿鹏升房地产开发有限公司	刘　朋	1484	武汉江南永利房地产有限公司	刘松林
1452	武汉花桥嘉诚实业有限责任公司	陈义顺	1485	湖北中财鑫业房地产开发有限公司	方　纯

续表：

序号	企 业 名 称	法定代表人	序号	企 业 名 称	法定代表人
1486	武汉德勋恒泰房地产开发有限公司	王祖林	1519	湖北舜禹商贸有限公司	吴 丰
1487	武汉晋合置业有限公司	陈明镜	1520	湖北中建城投置业有限公司	张利逵
1488	武汉交通工程建设投资集团有限公司	毛爱方	1521	武汉天合锦程房地产发展有限公司	沈晓莉
1489	武汉市十大家实业有限公司	程崇华	1522	武汉实华实业有限公司	刘 俊
1490	武汉国泰弘宇置业有限公司	郭 劲	1523	武汉光谷青和城产业发展有限公司	李瑾黎
1491	武汉卓尔悦城投资有限公司	张 玲	1524	武汉绿地美湖置业有限公司	李 明
1492	武汉新海思科技有限公司	李凤莲	1525	武汉新天源置业有限公司	黄开明
1493	武汉盘龙实业有限公司	吴海峰	1526	武汉福星惠誉置业有限公司	谭少群
1494	武汉鼎杰环保电子有限公司	王更田	1527	武汉华氏永利房地产开发有限公司	王汉祥
1495	武汉当代节能置业有限公司	张世红	1528	武汉地产集团光谷房地产开发有限公司	向上升
1496	武汉新港竟成房地产开发有限公司	陆宝华	1529	湖北世纪致远置业发展有限公司	周烈生
1497	武汉欣合润投资有限公司	刘 迪	1530	湖北依曼琪置业有限公司	姬清杰
1498	武汉武激成房地产开发有限公司	武卫明	1531	湖北正华房地产开发有限公司	孙保平
1499	武汉西北湖地产开发有限公司	周洪伟	1532	湖北源中置业有限公司	胡 坤
1500	武汉运源置业有限公司	汪宏伟	1533	武汉世纪龙阳置业有限公司	付敏华
1501	武汉佰钧城软件园发展有限公司	肖作寿	1534	湖北今古传奇产业开发有限公司	刘曦涛
1502	武汉盘龙府河生态发展有限公司	唐新胜	1535	武汉亿利特投资发展有限公司	陈 杰
1503	武汉中核君合置业有限公司	李新华	1536	武汉坤联房地产开发有限公司	邹军生
1504	武汉仙山美景联合置业有限公司	石重强	1537	武汉市东方恒基置业有限公司	曾 飞
1505	武汉鸿鹄实业有限责任公司	张建红	1538	武汉伟业建设集团有限公司	陈秋华
1506	武汉盈合鑫置业有限公司	辛小燕	1539	湖北福星惠誉后湖置业有限公司	谭少群
1507	武汉鼎鼎盛世置业有限公司	杨志稳	1540	湖北福星惠誉三眼桥置业有限公司	谭少群
1508	湖北新干线鸿玺置业有限公司	丁 俊	1541	武汉申智成置业有限公司	李 明
1509	武汉招商地产古田置业有限公司	朱文凯	1542	武汉卓尔城投资发展有限公司	方 黎
1510	武汉万景置业发展有限公司	毛九宏	1543	湖北任远房地产开发有限公司	李元龙
1511	武汉晨立置业发展有限公司	吴 斌	1544	武汉华发中城房地产开发有限公司	阳 静
1512	武汉广坤房地产开发有限公司	胡春芳	1545	武汉德成软件园开发有限公司	徐南先
1513	湖北交投海陆景汉阳置业开发有限公司	陈琳杰	1546	武汉南德城建投资开发有限公司	周 斌
1514	武汉御水华城置业发展有限公司	黄 飞	1547	武汉中民正承工贸有限公司	劳志刚
1515	武汉宝业青城房地产开发有限公司	高 林	1548	武汉安山置业有限公司	徐道荣
1516	武汉文腾集团有限公司	张堤文	1549	武汉青和城华鼎置业有限公司	李瑾黎
1517	武汉紫阳天投资管理有限公司	马 宁	1550	武汉建工项目投资管理有限公司	张汉培
1518	武汉光谷金融港发展有限公司	黄立平	1551	武汉城市圈海吉星农产品物流有限公司	王 骏

续表：

序号	企业名称	法定代表人	序号	企业名称	法定代表人
1552	武汉市碧桂园凤凰酒店有限公司	梁裕尤	1585	武汉世锦置业有限责任公司	吴先锋
1553	湖北铁鹰房地产开发有限公司	胡铁舫	1586	湖北长江伟业房地产开发集团有限公司	唐伟民
1554	武汉天舜天港置业有限公司	饶　彦	1587	武汉地铁地产联合置业有限公司	甄新华
1555	湖北奇祥置业有限责任公司	王国华	1588	武汉北大成商贸有限公司	周金兵
1556	武汉南德置业有限公司	周　斌	1589	武汉汉商人信置业有限公司	张　晴
1557	武汉市武房房屋管家置业有限公司	陈　政	1590	武汉深鸿润文化科技有限公司	胡家兵
1558	国采（武汉）会展投资建设有限公司	王学民	1591	武汉奇灵生物科技有限公司	李桂莲
1559	武汉和璟置业有限公司	廖华勇	1592	武汉市傅友建设集团有限公司	付存友
1560	凯信时代地产武汉有限公司	李新祥	1593	湖北润源房地产开发有限公司	李照明
1561	湖北雄博置业有限公司	邓江柱	1594	武汉雄姿仓储有限公司	蒋红燕
1562	湖北联美房地产开发有限公司	杨生洪	1595	武汉市瑞昌鑫科技发展有限公司	胡建军
1563	武汉道禾房地产开发有限公司	王　栋	1596	武汉车都轨道交通有限公司	马卓军
1564	武汉汉宏科技有限公司	邱汉生	1597	阿尔特武汉汽车技术有限公司	李　锋
1565	武汉绿建节能置业有限公司	倪群亮	1598	武汉天英腾宇投资发展有限公司	彭　娟
1566	武汉风正房地产开发有限公司	冯坤鹏	1599	武汉田子民族文化村游乐有限公司	赵作斌
1567	武汉中城悦城房地产开发有限公司	彭　况	1600	武汉远鑫置业有限公司	王福顺
1568	武汉路泽置业有限公司	刘　雯	1601	武汉彩云理想置业有限公司	李　创
1569	武汉中建三局龙城房地产开发有限公司	代智华	1602	武汉核建房地产开发有限公司	铁大维
1570	武汉汉桓置业有限公司	杨　泉	1602	和谐新农村建设集团有限公司	卢洪华
1571	湖北祥利置业投资有限公司	李成义	1604	武汉汉正常青地产有限公司	胡承启
1572	武汉祥隆盛实业有限公司	余爱君	1605	湖北楚源泉旅游生态农业投资开发有限公司	王保卫
1573	武汉金马奔腾投资有限公司	刘红斌	1606	武汉惠誉华天置业有限公司	喻小平
1574	湖北福星惠誉学府置业有限公司	谭少群	1607	武汉超平经贸有限公司	陈　超
1575	湖北天创汇金房地产开发有限公司	朱成煜	1608	湖北现代城建投资集团有限公司	游守本
1576	武汉市锦天同心实业发展有限公司	陶惠明	1609	武汉永建成置业有限公司	夏建国
1577	武汉 TCL 置地投资有限公司	潘　军	1610	武汉万轩置业有限公司	邹传林
1578	武汉盛世问津置业有限公司	余来斌	1611	武汉奇一科技有限公司	龚志勇
1579	武汉地产开发投资集团有限公司	梁　鸣	1612	武汉人信汇置业有限公司	李晓明
1580	湖北南美生态置业有限公司	胡圣明	1613	武汉东辉房地产开发有限公司	陈煜彬
1581	武汉市巨泓房地产开发有限公司	向继红	1614	武汉利好房地产开发有限公司	杨建国
1582	武汉美好锦程置业有限公司	汤国强	1615	武汉荣力汽车贸易发展有限公司	邵新南
1583	武汉阳逻水乡度假村管理有限公司	周　芳	1616	湖北金利达房地产开发有限公司	丁　涛
1584	武汉新兴纸业包装制品有限公司	孟继周	1617	武汉恒安投资有限公司	张丽华

续表：

序号	企业名称	法定代表人	序号	企业名称	法定代表人
1618	湖北广为泰实业有限公司	何宏锋	1648	武汉瑞源地产开发有限公司	江　鹏
1619	武汉市海伦堡房地产开发有限公司	汪宏伟	1649	武汉塔子湖置业有限公司	程伊文
1620	湖北波罗金环保科技有限公司	胡　焱	1650	武汉新城创置置业有限公司	王振华
1621	武汉蓝色宝岛置业有限公司	陈宏斌	1651	武汉嬉空间古田艺术中心管理有限公司	姜华哲
1622	武汉市辛安渡市政有限责任公司	李敦来			
1623	武汉五盛置业有限公司	汪　均	1652	湖北新龙科技发展有限公司	杨四知
1624	武汉刚勇房地产开发有限公司	陈建设	1653	武汉霞光花木城生态开发有限公司	陈国栋
1625	武汉国益通置业有限公司	张　忠	1654	武汉瀚诚置业有限公司	章文军
1626	武汉庙山投资集团有限公司	樊友华	1655	武汉广申房地产开发有限公司	胡春芳
1627	武汉丰泰伟业房地产开发有限公司	陈　军	1656	武汉宏盛鑫置业有限公司	毛九宏
1628	湖北维景置业有限公司	徐礼中	1657	武汉金源世界房屋建筑开发有限公司	林兴识
1629	武汉永盛和置业有限公司	欧　攀	1658	武汉中圣置业有限公司	张　平
1630	武汉豪骏置业有限公司	邵四佬	1659	武汉兴诺展置业有限公司	芦兰容
1631	武汉合富高科实业有限公司	贺新盛	1660	武汉光谷中心城建设投资有限公司	王晓东
1632	武汉东荣铭睿置业有限公司	钱　敬	1661	武汉天马物业发展有限公司	孙想珍
1633	武汉奥鑫置业有限责任公司	黄炳林	1662	武汉楚王苑旅游开发投资有限公司	王先发
1634	武汉宏图盛世置业有限公司	盛洪涛	1663	武汉盛港房地产开发有限公司	李于穗
1635	武汉天丰逸房地产开发有限公司	杨　忠	1664	尚居地产有限公司	孟　云
1636	武汉子衡房地产开发有限公司	周国庆	1665	武汉金明杰地产有限责任公司	胡　霞
1637	武汉晨鸣万兴置业有限公司	王　淳	1666	武汉市龙伟达房地产开发有限公司	江鹏胜
1638	湖北明志伟业房地产开发有限公司	李会明	1667	湖北广发高晟置业有限公司	徐　晶
1639	武汉珈伟光伏照明有限公司	丁孔奇	1668	武汉华耀房地产开发有限公司	阳　静
1640	武汉运鑫房地产开发有限公司	余行运	1669	湖北淮辰置业有限公司	吕　磊
1641	武汉奥山东高置业有限公司	蒲　素	1670	华润置地（武汉）开发有限公司	唐　勇
1642	武汉联洪置业有限公司	曾　义	1671	武汉美丰采房地产有限公司	唐　勇
1643	武汉东立置业发展有限公司	陈一青	1672	武汉鑫东辉房地产开发有限公司	何志坚
1644	武汉荆博奕置业发展有限公司	陈波平	1673	武汉竹叶山中环商贸城有限公司	陈志福
1645	武汉紫轩房地产开发有限公司	万由宝	1674	武汉大源新市镇投资有限公司	鲁建国
1646	湖北鑫佳源置业有限公司	魏　刚	1675	武汉海智房地产开发有限公司	盛中华
1647	武汉中骏汽车部件有限责任公司	钟仪阳	1676	武汉华鄂地产有限责任公司	吴缘钧

注：本表资料由武汉市住房保障和房屋管理局提供。

第二节　武汉2013年房地产开发企业20强

2013年，在武汉房地产开发企业综合实力20强企业评选中，荣登榜首的是福星惠誉房地产有限公司，这也是该公司连续六届蝉联第一。保利（武汉）房地产开发有限公司、武汉万达东湖置业有限公司分别夺得二、三甲。武汉2013年房地产开发企业综合实力20强名单见表11-2-1。

表11-2-1　　武汉2013年房地产开发企业综合实力20强名单

排名	企业名称
1	福星惠誉房地产有限公司
2	保利（武汉）房地产开发有限公司
3	武汉万达东湖置业有限公司
4	武汉市万科房地产有限公司
5	武汉地产开发投资集团有限公司
6	金地集团武汉房地产开发有限公司
7	武汉安居工程发展有限公司
8	武汉广电房地产开发有限公司
9	湖北人信房地产开发有限公司
10	武汉瑞安天地房地产发展有限公司
11	武汉南国置业股份有限公司
12	武汉三江航天房地产开发有限公司
13	中铁大桥局集团武汉地产有限公司
14	武汉生态城碧桂园投资有限公司
15	武汉光谷联合集团有限公司
16	湖北新长江置业有限公司
17	武汉昌盛实业有限公司
18	汉正街控股集团公司
19	名流置业武汉有限公司
20	武汉新世界康居发展有限公司

注：本表资料由武汉市住房保障和房屋管理局提供。

第十二章 物业服务企业

2013年，武汉市共有物业服务企业333家，其中，一级物业服务企业9家，二级物业服务企业9家，三级物业服务企业315家（其中，三级暂定186家）。武汉市2013年度资质变化和新设立的物业服务企业名录见表12-1。

表12-1 武汉市2013年资质变化和新设立的物业服务企业名录

序号	企业名称	法定代表人	序号	企业名称	法定代表人
一级			16	武汉星光物业管理有限公司	潘博
1	武汉市万科物业服务有限公司	向云	17	武汉利人物业管理有限公司	王文
2	武汉美好物业管理有限公司	吴增庆	18	武汉新邦诚物业管理有限公司	陈娴华
3	武汉同济物业管理有限公司	李亚萍	三级		
4	湖北楚世家物业管理有限公司	涂炯皖	19	武汉融德物业管理顾问有限公司	聂红丽
5	新世界发展（武汉）物业管理有限公司	黄兆民	20	武汉市天丰物业管理有限公司	范桂文
6	武汉百步亭花园物业管理有限公司	田洪斌	21	武汉星苑物业管理有限公司	蔡丽华
7	保利（武汉）物业管理有限公司	吴兰玉	22	武汉尚隆物业管理有限责任公司	张惠民
8	武汉天宇弘物业管理有限公司	弘魏杰	23	武汉安顺物业管理有限公司	胡春光
9	武汉新地物业管理有限公司	刘剑	24	湖北怡丰物业管理有限公司	俞礼刚
二级			25	武汉市新域安居物业管理有限责任公司	程勇
10	武汉和而贵物业管理有限公司	周艳	26	武汉市居乐物业管理有限公司	刘承念
11	武汉天䝼物业管理有限公司	王文	27	武汉奥星源物业管理有限责任公司	涂星阳
12	武汉中诚家物业服务有限公司	冷莹	28	武汉佳海物业管理有限公司	张艳华
13	武汉中实物业管理有限公司	夏震	29	武汉盛世欧式花园物业管理有限责任公司	郭聪
14	武汉金地物业管理有限公司	陈文辉			
15	武汉鑫广电物业管理有限公司	欧志华	30	武汉市万佳物业管理有限公司	王长松

续表：

序号	企 业 名 称	法定代表人	序号	企 业 名 称	法定代表人
31	武汉市和煦物业服务有限公司	董执民	48	武汉龙洲物业管理有限公司	胡明荣
32	武汉华光物业管理有限公司	方汉毛	49	武汉市凯翔物业管理有限公司	何文兰
33	湖北省鑫地物业管理有限公司	郑学明	50	武汉兴洁康物业管理有限公司	李　俊
34	武汉市国礼物业管理有限公司	李书泽	51	武汉新东原物业管理有限公司	何永劼
35	湖北管家物业发展有限公司	朱宏彪	52	湖北中仁物业管理有限公司	黄宇宏
36	武汉亚太物业服务有限公司	吴凤清	53	武汉德勤物业服务有限公司	翟红涛
37	武汉市金鼎物业管理有限公司	韦　锋	54	明江物业（武汉）有限公司	王广文
38	武汉爱家物业管理有限公司	乔春宏	55	湖北亿优物业管理有限责任公司	高腊生
39	武汉中亚森物业管理有限公司	翟　涛	56	武汉金地怡家物业运营管理有限公司	严家荣
40	武汉鑫茂物业管理有限责任公司	谢先珍	57	武汉市冠合物业管理有限公司	郭艳霞
41	武汉中冶新奥物业管理有限公司	郭　群	58	武汉大山物业管理有限公司	羊　惠
42	湖北融源物业服务有限公司	李昌宏	59	武汉宏城金都物业服务有限公司	刘群芳
43	武汉齐家物业管理有限公司	郑慧玲	60	武汉市世纪龙腾物业服务有限公司	余光明
44	武汉市南达物业管理有限公司	赵大斌	61	武汉创世纪物业管理有限公司	余　城
45	武汉中加物业服务有限公司	周进芳	62	武汉兴泰安物业管理有限公司	王汉泉
46	武汉旭宏物业管理有限公司	王　巍	63	武汉学府物业管理有限公司	程峥岚
47	武汉晟明物业管理有限公司	吴玉洁	64	湖北泰塑物业发展有限公司	凌　志

新龙和苑廉租住房

续表：

序号	企 业 名 称	法定代表人	序号	企 业 名 称	法定代表人
65	武汉天乐物业管理有限公司	姚 俊	99	武汉锦绣龙潭物业有限公司	苏 鑫
66	武汉冠语物业管理有限公司	周爱梅	100	武汉市梦泽园物业服务有限公司	江志刚
67	湖北福满居物业有限公司	高敬玉	101	武汉西国贸大物业管理有限公司	刘 燃
68	武汉恒颐物业管理有限公司	李 杰	102	武汉万恒物业管理有限公司	李 游
69	武汉豪安物业管理有限公司	罗文辉	103	湖北长宏物业服务有限公司	王秋年
70	武汉裕鑫物业服务有限公司	舒 红	104	武汉万统物业管理有限公司	王道顺
71	武汉恒空物业服务有限责任公司	陈永全	105	武汉碧富物业管理有限公司	郑 锋
72	武汉昊源物业管理服务有限责任公司	李兴旺	106	武汉海伦堡物业管理有限公司	陈文彬
73	武汉金管家物业管理有限责任公司	周 春	107	武汉海悦珠江物业管理有限公司	焦晓兰
74	武汉千禧龙物业管理有限公司	易 琼	108	湖北安洁尔物业服务有限公司	周惠明
75	武汉江绅物业服务有限公司	李 明	109	武汉市武锅广域物业管理有限公司	姜 锋
76	武汉嘉德瑞物业管理有限公司	伍德坤	110	武汉竣邦物业管理有限公司	黄桂生
77	武汉盛世嘉业物业服务有限公司	陈 斌	111	武汉市幸福和众物业管理有限公司	王建新
78	武汉汉商人信商业管理有限公司	李晓山	112	武汉鑫鹏翔物业发展有限公司	李 兰
79	武汉永汇丰物业服务有限公司	贺 菲	113	武汉宽堂物业服务有限公司	董佳勇
80	武汉汉融物业服务发展有限公司	魏 渊	114	武汉佳睦物业服务有限公司	赵 佳
81	武汉星邦物业服务有限公司	李志军	115	武汉观澜物业服务有限公司	夏蕊珠
82	武汉安好物业管理有限公司	艾时煌	116	武汉信和辉物业管理有限公司	鲁俊红
83	武汉市嘉吉物业管理有限责任公司	陈启刚	117	武汉吉星行物业服务有限公司	周红胜
84	武汉宝泰物业服务有限公司	陈 瑛	118	武汉同顺物业服务有限公司	廖启勇
85	武汉博仁达物业管理有限公司	颜永会	119	武汉宁泰物业服务有限公司	周文俊
86	武汉东方美锦物业服务有限公司	熊艳珍	120	中铁四院集团武汉物业管理有限公司	何荣华
87	武汉华斌物业管理有限公司	罗寅斌	121	武汉海桦物业管理公司	殷国强
88	武汉高教公寓物业管理有限公司	陈汉军	122	武汉银湖物业管理有限公司	张 景
89	武汉东欣物业管理有限责任公司	纪 琳	123	武汉合生物业管理有限公司	杨剑清
90	武汉馨科物业管理有限公司	郑育华	124	武汉居怡和物业管理有限公司	齐慧宇
91	武汉嘉美名居物业服务有限公司	樊志强	125	越秀（武汉）物业服务有限公司	罗志高
92	武汉新汉水物业服务有限公司	刘 霓	126	湖北博坤物业服务有限公司	黄 坤
93	武汉利福物业管理有限公司	付友才	127	武汉捌零玖零物业管理有限公司	李婷婷
94	武汉永丰行物业管理有限公司	赵 李	128	武汉和钢物业服务有限公司	陈 勤
95	武汉拓柏物业发展有限公司	陈月飞	129	武汉天林绿园物业服务有限公司	郭 巍
96	武汉列电物业管理有限公司	付 青	130	武汉时代物业管理有限公司	熊小清
97	武汉钢茂福物业服务有限公司	杨家友	131	武汉怡之驿物业管理有限公司	罗兵仿
98	武汉凯旋门物业服务有限公司	阮祥桥	132	武汉市汉福生态园林物业保洁有限公司	余 娟

续表：

序号	企　业　名　称	法定代表人	序号	企　业　名　称	法定代表人
133	武汉宏发伟业物业管理有限公司	叶　伟	166	武汉市机安物业服务有限公司	曾德华
134	武汉庆福物业管理有限公司	张乐园	167	武汉肆伍物业管理有限公司	汪殿臣
135	武汉市恒德物业管理有限责任公司	苏源德	168	武汉市荣泰安物业服务有限公司	吝汉武
136	武汉居友物业服务有限公司	彭跃军	169	武汉悦凯物业管理有限公司	陈正凯
137	武汉中铁凯博物业管理有限公司	吴　丹	170	武汉安建鑫物业管理有限公司	李克智
138	武汉海昌物业管理有限公司	曲乃强	171	武汉凯恩物业管理有限责任公司	刘明建
139	武汉新安泰物业有限公司	马永光	172	武汉朋亮物业管理有限公司	彭亮平
140	武汉市禧安隆物业管理有限责任公司	张明和	173	武汉红与铂物业管理有限公司	易启文
141	武汉海天广场物业管理有限公司	陈艳芳	174	湖北鸿盛物业服务有限公司	王华锋
142	武汉洪盾物业管理有限公司	史银章	175	武汉鑫万成物业管理有限公司	王成勇
143	武汉东方雅信物业管理有限公司	吴东云	176	武汉东富兴物业服务有限公司	伍　伟
144	中铁十一局集团武汉物业管理有限公司	代　峪	177	武汉长岛物业服务有限公司	范学海
145	武汉点睛物业服务管理有限公司	吴云根	178	武汉同德物业服务有限公司	吴永生
146	武汉龙泰世纪物业管理有限公司	郭　伟	179	武汉新亿方物业服务有限公司	刘　新
147	湖北楚商物业发展有限公司	耿　冰	180	武汉市三和物业管理有限公司	陈聪猛
三级（暂定）			181	武汉港信物业管理有限公司	段　练
148	武汉市振业物业管理有限公司	周庚章	182	武汉华顺阳光物业管理有限公司	孙所祥
149	武汉市人和物业管理有限公司	李智勇	183	武汉宝圆通物业服务有限公司	何小沛
150	武汉市景源物业管理有限公司	鲁　艳	184	武汉中科兴物业管理有限公司	李　晖
151	武汉市晨鸣物业管理有限责任公司	张久金	185	武汉亲和物业管理有限公司	马先凤
152	武汉市江夏物业管理公司	魏学智	186	武汉花山和景物业管理有限公司	张培根
153	武汉市文杰物业管理有限公司	刘国建	187	武汉新生活摩尔城商业管理有限公司	冯火平
154	湖北天馨物业管理有限公司	严菊兰	188	武汉雅苑物业管理有限公司	范凝刚
155	武汉宏安物业管理有限公司	黎　俊	189	武汉维家好物业管理有限公司	孔维海
156	武汉盛和陆鹞物业管理有限责任公司	米建刚	190	武汉聚诚同创物业管理有限公司	汪棠棣
157	武汉鹏欣物业管理有限公司	孙　炜	191	湖北超能物业服务有限公司	何剑峰
158	武汉宏杰物业管理有限公司	余环娥	192	武汉贵鑫源物业有限公司	刘超鹏
159	武汉楚能物业管理有限公司	金　辉	193	武汉铭仕物业服务有限公司	张景铭
160	武汉华鑫苑物业管理有限公司	张克臣	194	武汉同泰鼎承物业管理有限公司	张志云
161	武汉城通物业管理有限公司	王　奕	195	武汉汉明物业服务有限公司	蒋庆汉
162	武汉三方物业管理有限公司	余秀芳	196	武汉市航星物业管理有限公司	王正华
163	武汉天成伟业物业管理有限公司	邓世涛	197	武汉市尚善物业管理有限公司	朱诗战
164	武汉和邦物业管理有限公司	周艳华	198	武汉君战物业管理有限公司	丁　涛
165	武汉市红磊物业管理有限公司	罗桂红	199	武汉际华仕伊物业管理有限公司	李公平

续表：

序号	企业名称	法定代表人	序号	企业名称	法定代表人
200	武汉宏旭物业管理有限公司	张　群	234	武汉星家园物业管理有限公司	唐　浩
201	武汉德缘物业管理有限公司	杨子波	235	武汉摩根汇丰物业管理有限公司	徐　洪
202	武汉市毓泰丰和物业有限公司	兰尤才	236	武汉市雨晨物业管理有限公司	何凤兰
203	武汉船舶配套工业园有限公司	朱　宁	237	武汉珞珈物业管理服务有限公司	马亦农
204	武汉中商团结销品茂管理有限公司	郝　健	238	武汉市永昌物业管理有限公司	喻中昌
205	武汉众融物业管理有限公司	王笑梅	239	武汉华舟汀岸物业管理有限公司	宗瑞云
206	武汉物华天宝物业管理有限公司	龙艳华	240	武汉明逸物业服务有限公司	徐新明
207	武汉华岚峰物业有限公司	许　秘	241	武汉海恒物业服务有限公司	马艺林
208	武汉华源清物业管理有限公司	樊　叶	242	武汉新一天物业管理有限责任公司	黄　淳
209	武汉鑫弘政物业服务有限公司	杨　波	243	武汉海泓物业管理有限公司	祝志斌
210	武汉东堰物业管理有限公司	李成刚	244	武汉银河汇物业管理有限公司	顾　俊
211	武汉国通物业管理有限公司	黄中锋	245	武汉沁园物业管理有限公司	熊定利
212	武汉启程物业服务有限公司	周　锐	246	武汉长富物业管理有限公司	杨志宏
213	武汉兴宏泰物业管理有限公司	徐春枝	247	武汉吉达物业管理有限公司	胡汉文
214	武汉精城筑家物业管理有限公司	李　敏	248	武汉诚则成物业服务有限公司	刘明明
215	武汉桃源义物业管理有限公司	欧阳烁	249	武汉华商纵横物业管理有限公司	李春阳
216	武汉世纪超前物业管理有限公司	陈前进	250	武汉好运来物业发展有限公司	唐永勤
217	武汉嘉嘉顺物业管理有限公司	徐世萍	251	武汉行健物业服务有限公司	董洪桥
218	武汉市环寓物业管理有限公司	何　正	252	武汉鹰君物业服务有限公司	钱　文
219	武汉腾兴源物业管理有限公司	蔡诗豪	253	武汉龙耀物业管理有限公司	王　刚
220	武汉四方弘物业服务有限公司	方　明	254	武汉市九鸿园物业管理有限公司	李良冲
221	武汉御世佳物业管理有限公司	乐红燕	255	武汉悦榕物业服务有限公司	李　勤
222	武汉鑫众达物业管理有限公司	詹传平	256	武汉近邻物业管理有限公司	戴　毅
223	武汉三鸿常青物业有限公司	胡智萍	257	武汉万基物业管理有限公司	林　婧
224	武汉君怡佳物业管理有限公司	蔡晓芹	258	武汉锦浩天物业管理有限公司	吴　泽
225	武汉市威震隆昌物业服务有限公司	辛良宙	259	武汉美景美家物业服务有限公司	钟　燕
226	武汉福汇林物业管理有限责任公司	郑祥顺	260	武汉世纪万豪物业服务有限公司	许志杰
227	武汉国金物业管理有限责任公司	喻盛章	261	武汉淇心创物业管理有限公司	左　玲
228	武汉居家空间物业管理有限责任公司	喻　斌	262	武汉愚智恒物业管理有限公司	张　涛
229	武汉博富物业管理有限责任公司	陶　林	263	武汉楚恒物业发展有限公司	陈美华
230	武汉市盛世明华物业管理有限公司	戴文胜	264	武汉钟盈物业管理有限公司	李锐阳
231	武汉顶琇物业有限公司	程建设	265	英明物业管理（武汉）有限公司	张　英
232	武汉鄂能物业管理有限公司	张烈群	266	武汉万事达物业管理有限公司	胡　芳
233	武汉华邦物业服务有限公司	牛青亮	267	武汉源缘晔物业管理有限责任公司	夏化萍

续表：

序号	企 业 名 称	法定代表人	序号	企 业 名 称	法定代表人
268	武汉市盛川物业管理有限公司	张国新	301	湖北华卫物业管理有限公司	王振辉
269	武汉市塔子湖物业管理有限公司	叶永斌	302	武汉璟之园物业服务有限公司	王岳泳
270	武汉怡欣佳园物业有限公司	王爱利	303	武汉雄鹏飞物业管理有限公司	熊启华
271	武汉信德中城物业管理有限公司	黄君航	304	武汉九中堂物业管理有限公司	王莉波
272	武汉国安经典物业管理有限公司	甘　健	305	武汉世纪宝龙物业管理有限公司	李桂琴
273	武汉友谊大家物业管理有限责任公司	王尤文	306	武汉鸿广物业服务有限公司	张　勇
274	武汉源吉鑫物业服务有限公司	王翠容	307	武汉天一绿城物业管理有限公司	邓长庚
275	武汉市如家物业服务有限公司	余水菊	308	湖北新华联悦豪物业管理有限公司	张昌洪
276	武汉华汉顺诚物业管理有限公司	冷金涛	309	武汉宸鑫物业管理有限公司	刘　华
277	武汉六本物业管理有限公司	刘　建	310	武汉盛大物业发展有限公司	王伟伟
278	武汉空港昌正物业管理有限公司	王　静	311	武汉市阳光壹贰捌物业服务有限公司	胡婷婷
279	武汉市万保物业管理有限公司	施　恂	312	武汉九坤捷诚物业管理有限公司	许加祥
280	武汉仲锦物业管理有限公司	黄　琪	313	武汉致周物业有限公司	艾福平
281	武汉美悦家物业管理有限公司	王生秀	314	武汉金泽立仁物业有限公司	徐　能
282	武汉美好家时代物业管理有限公司	宋喜琼	315	武汉雅居缘物业管理有限公司	王建芳
283	武汉安美城物业管理有限公司	江明德	316	武汉金盛阅景物业管理有限公司	陈志强
284	武汉幸福湾物业管理有限公司	吴绪平	317	武汉正能量物业管理有限公司	王孟林
285	武汉汇通公路港物业有限公司	左永成	318	武汉市尚石物业管理有限公司	吴由飞
286	武汉豪绅物业管理有限公司	尹玉琴	319	武汉佳协物业管理有限公司	王春艳
287	武汉市恒宇物业管理有限公司	代　炜	320	武汉顺意物业管理有限公司	石　磊
288	武汉悦安泰物业管理有限公司	詹　勇	321	武汉衡信通物业服务有限责任公司	吕华妮
289	武汉金礼泽物业有限公司	高云喜	322	武汉圆盛物业发展有限公司	张文奎
290	武汉兆嘉物业管理有限公司	晏国元	323	武汉青湖水岸物业管理有限公司	张定清
291	湖北万怡物业管理有限公司	万艳枝	324	武汉振恒物业管理有限责任公司	汪　波
292	武汉丽景阁物业管理有限公司	甘群芳	325	武汉市睿华物业服务有限公司	廖志华
293	武汉智聘物业管理有限公司	王　艳	326	武汉星港物业管理有限公司	郑荣伟
294	武汉民安物业管理有限公司	倪保华	327	武汉镕筑学府物业有限公司	黄德华
295	武汉书翰达物业管理有限公司	曹　芳	328	武汉宝吉物业管理有限公司	王世敏
296	武汉静虹物业管理有限公司	杨光玉	329	武汉百乐然物业管理有限公司	艾元学
297	武汉海之韵物业管理有限公司	林忆宁	330	武汉市靓都物业管理有限公司	严伙群
298	武汉市东兴天地物业管理有限公司	陶维跃	331	武汉安信乐物业服务有限公司	李　斌
299	武汉晟武物业管理有限公司	甘发勇	332	武汉颐合世纪物业有限公司	辜亚萍
300	武汉未来之光物业服务有限公司	彭　涛	333	武汉立帮物业管理有限公司	尹艺闻

注：本表资料由武汉市住房保障和房屋管理局提供。

PART ⑥ 附录篇

附录一

武汉市房地产管理机构服务事项指南

（2013 年）

房地产开发企业资质核准

一、实施主体

武汉市住房保障和房屋管理局

二、依据

1.《中华人民共和国城市房地产管理法》第三十、三十一条；

2.《城市房地产开发经营管理条例》（国务院令第 248 号）第八、九条；

3.《房地产开发企业资质管理规定》（建设部令第 77 号）；

4.《湖北省房地产开发企业资质管理实施细则》（鄂建〔2000〕135 号）。

三、审批流程

受理→审核→批准

四、收费依据及标准

不收费

五、审批条件

1. 有自己的名称和组织机构（须为武汉市企业，经营范围包括房地产开发）；

2. 有固定的经营场所；

3. 有符合规定数额的注册资本（1000 万元，验资报告超过三个月的，另提交审计报告）；

4. 有足够的专业技术人员：

（1）有职称的建筑、结构、财务、统计、房地产及有关经济类的专业管理人员不少于 10 人，其中具有中级以上职称的管理人员不少于 5 人，持有资格证书的专职会计人员不少于 2 人；

（2）工程技术、财务等业务负责人具有相应专业中级以上职称，统计等其他业务负责人具有相应专业初级以上职称。

六、审批时限

法定时限：30 个工作日

承诺时限：7 个工作日

七、需提交的材料

1. 房地产开发企业资质申报表一式一份（原件拟留）；

2. 企业法人营业执照原件及复印件一式一份（复印件拟留）；

3. 经董事会（主管部门）推选（任命）的法定代表人的文件一式一份（原件拟留）及其身份证明一式一份（复印件拟留）；

4. 企业任命的工程技术、财务、统计、经营负责人的文件一式一份（原件拟留）；

5. 企业章程及财务管理办法一式一份（复印件拟留）；

6. 验资证明一式一份（原件拟留），注：验资报告超过三个月的，另提交审计报告一式一份

（原件拟留）；

7. 投资各方营业执照一式一份（复印件拟留）或投资人身份证明一式一份（复印件拟留）；

8. 法定地址的房屋租赁协议、房屋产权证明原件及复印件一式一份（复印件拟留）；

9. 专业技术人员的资格证书和劳动合同原件及复印件一式一份（复印件拟留）；

10. 企业组织机构代码证原件及复印件一式一份（复印件拟留）。

外资企业（外商独资、中外合资、中外合作企业）除提供上述1至9项文件，还须提供商务管理部门的批准文件及外商投资企业《批准证书》原件及复印件一式一份（复印件拟留）。

八、颁发证件名称及法律效力

《房地产开发企业资质证书》；暂定级有效期1年，取得房地产开发企业资质证书方可从事房地产开发活动。

九、承办机构及联系电话

承办机构：市房管局行政审批处；

办公地址：市民之家D13、D14审批窗口；

联系电话：027-65770866、027-65770867。

十、监督投诉机构及投诉电话

1. 市房管局监察室，武汉市汉口高雄路166号，投诉电话：027-85482129；

2. 市长热线、市行政投诉中心投诉电话：027-12345；

3. 市政务服务中心管理办公室督查处，投诉电话：027-65770000。

注：“收费依据”栏目中“收费”指工本费、材料费等。

商品房（经济适用住房）预售许可

一、实施主体

武汉市住房保障和房屋管理局

二、依据

1.《中华人民共和国城市房地产管理法》第四十五条；

2.《城市房地产开发经营管理条例》（国务院令第248号）第二十三至二十七条；

3.《城市商品房预售管理办法》（建设部令第131号）。

三、审批流程

受理→审核（现场勘察）→批准

四、收费依据及标准

不收费

五、审批条件

1. 取得土地使用权证，商品房项目已交清全部土地使用权出让金；

2. 持有建设工程规划许可证和施工许可证；

3. 拟预售项目工程进度符合规定要求；

（1）商品房项目：

别墅类项目土建工程完工；

低层（含五层）主体结构封顶，且砌筑工程完工；

多层（含六跃七）主体结构达到层数的三分之二；

小高层及以上建筑主体结构达到层数的二分之一且不得少于七层，主体结构中地下室每层可抵地上一层。

（2）经济适用房项目：

多层主体结构达到层数的三分之二；

小高层及高层主体结构达到层数的二分之一，主体结构中地下室每层可抵地上一层。

4. 商品房项目预售方案网上备案已经通过；

5. 与预售资金监管部门签订商品房预售资金

监管三方协议；

6. 经济适用房项目取得市价格主管部门销售价格批文；

7. 属于分批次预售的，单次预售规模原则上不低于3万平方米，最小销售单位为栋；销售地下车库、地上车位的，经规划验收合格、人防工程验收合格。

六、审批时限

法定期限：20个工作日

承诺期限：7个工作日

七、需提交的材料

1. 项目基本情况表，本次预售申请情况表（商品房项目提交），经济适用住房预售许可申请表（经济适用住房项目提交），楼栋概况表，项目施工形象进度核查表（一式一份），企业法人营业执照原件及复印件一式一份（复印件拟留）；

2.《房地产开发企业资质证书》副本一式一份（复印件拟留），《国有土地使用证》及附图（宗地图）原件及复印件一式一份（复印件拟留），《建设工程规划许可证》及附图（核位红线图）原件及复印件一式一份（复印件拟留），《建筑工程施工许可证》原件及复印件一式一份（复印件拟留）；

3. 经规划批准的总平面图一式一份，土地出让合同一式一份（商品房项目提交），土地出让金全额缴纳收据一式一份（商品房项目提交）（复印件拟留）；

4. 抵押权人出具的同意销售的书面证明一式一份（原件拟留）（已办理土地使用权和在建工程抵押的项目提交），工程施工进度照片一式一份（原件拟留），《工程款支付情况表》一式一份（原件拟留）及工程施工合同一式一份（复印件拟留），《前期物业服务合同》一式一份（复印件拟留）；

5. 关于经济适用住房项目的计划一式一份（经济适用住房项目提交）（复印件拟留），物价部门关于经济适用住房销售基准价格复函一式一份（经济适用住房项目提交）原件及复印件一式一份（复印件拟留）；

6. 房管部门关于动迁安置房的复函一式一份（经济适用住房项目提交）（复印件拟留）；

7.《房屋基础信息（测绘成果）采集单》一式一份（复印件拟留）；

8.《商品房预售方案备案证明》一式一份（商品房项目提交），商品房预售方案一式一份（原件拟留）（商品房项目提交），《武汉市商品房预售资金监管协议》原件及复印件一式一份（复印件拟留）（商品房项目提交）；

9.《建设工程规划验收合格证》及竣工图原件及复印件一式一份（复印件拟留）（销售车库、车位的项目提交），《建筑工程竣工验收备案证》原件及复印件一式一份（复印件拟留）（已通过单体工程质量验收的）（销售车库、车位的项目提交）；

10.《人民防空工程竣工备案表》一式一份（复印件拟留）（销售车库、车位的项目提交），《关于车位（车库）权属约定的说明》一式一份（原件拟留）并附商品房买卖合同一式一份（复印件拟留）（销售车库、车位的项目提交）。

提示：提交书面材料前填写网上申报材料（网址：www.whfg.gov.cn综合业务管理系统——输入用户名和密码——商品房预售管理系统——填写相关表格）。

八、颁发证件名称及法律效力

《武汉市商品房预售许可证》《武汉市经济适用住房预售许可证》；

无期限，取得预售许可证后，方可进行房地产预售。

九、承办机构及联系电话

承办机构：市房管局行政审批处；

办公地址：市民之家D13、D14审批窗口；

联系电话：027-65770866、027-65770867。

十、监督投诉机构及投诉电话

1. 市房管局监察室，武汉市汉口高雄路166

号，投诉电话：027-85482129；

2. 市长热线、市行政投诉中心投诉电话：027-12345；

3. 市政务服务中心管理办公室督查处，投诉电话：027-65770000。

注：“收费依据”栏目中“收费”指工本费、材料费等。

物业服务企业资质三级（含暂定）核准

一、实施主体

武汉市住房保障和房屋管理局

二、依据

1.《物业管理条例》（国务院令第504号）第三十二条；

2.《物业服务企业资质管理办法》（建设部令第164号）第四条。

三、审批流程

受理→审核→批准

四、收费依据及标准

不收费

五、审批条件

1. 注册资本人民币50万元以上；

2. 物业管理专业人员以及工程、管理、经济等相关类的专职管理和技术人员不少于10人，其中具有中级职称的人员不少于5人，工程、财务等负责人具有相应中级以上职称；

3. 物业管理专业人员按照国家有关规定取得职业资格证书；

4. 有委托的物业管理项目（暂定级除外）；

5. 建立并严格执行服务质量、服务收费等企业管理制度和标准，建立企业信用档案系统。

六、审批时限

法定期限：20个工作日

承诺期限：7个工作日

七、需提交的材料

1.《武汉市物业服务企业资质申报表》（原件1份）；

2. 营业执照（交复印件1份，验原件）；

3. 企业章程（交复印件1份，验原件）；

4. 验资证明（交复印件1份，验原件）；

5. 企业法定代表人的身份证明（交复印件1份，验原件）；

6. 企业资质证书正、副本（交复印件1份，验原件）；

7. 物业管理专业人员的职业资格证书和劳动合同，管理和技术人员的职称证书和劳动合同及以上所报人员的社保交费单（交复印件1份，验原件）；

8. 物业服务合同（交复印件1份，验原件）；

9. 物业管理业绩材料（交复印件1份，验原件）。

八、承办机构及联系电话

各区房管局

九、监督投诉机构及投诉电话

1. 市房管局监察室，武汉市汉口高雄路166号，投诉电话：027-85482129；

2. 市长热线、市行政投诉中心投诉电话：027-12345；

3. 市政务服务中心管理办公室督查处，投诉电话：027-65770000。

注：“收费依据”栏目中“收费”指工本费、材料费等。

新建物业（限商品房项目）竣工交付使用备案

一、实施主体

武汉市住房保障和房屋管理局

二、依据

《武汉市物业管理条例》第十四条

三、审批流程

受理→审核（现场勘察）→批准

四、收费依据及标准

不收费

五、审批条件

从2012年6月1日起，本市规划区内的房地产开发项目和以房地产开发企业为建设主体的保障性住房项目；房地产开发项目完成规划、单体工程质量、消防、人防、燃气等专项验收；房地产开发项目配套基础设施和公共设施已经按照设计要求建成；房地产开发项目供水（含二次供水）、供电设施按设计要求建成；房地产开发项目物业管理用房及前期物业管理落实；按照审批的规划设计方案，完成新建住宅区社区居委会用房和教育等配套设施的相关配建工作；房地产开发企业完成拟申请备案项目《房地产开发项目手册》的网上填报；房地产开发企业已印制申请备案项目的《住宅质量保证书》和《住宅使用说明书》。

六、审批时限

法定期限：无

承诺期限：5个工作日

七、需提交的材料

1. 房地产开发项目竣工交付使用备案申请表一式一份（原件拟留），经济适用住房项目提供项目核准或建设和用地计划批文一式一份（复印件拟留）、《国有土地使用证》一式一份（复印件拟留）、建筑规划方案总平面图一式一份（复印件拟留）、《建设工程规划验收合格证》一式一份（复印件拟留）；

2.《建筑工程消防设计审核意见书》一式一份（复印件拟留），消防验收项目提供建设工程消防验收意见书一式一份（复印件拟留），消防抽查项目提供建设工程消防竣工验收抽查结果告知单一式一份（复印件拟留），消防未被确定为抽查对象项目提供建设工程竣工验收消防备案受理凭证一式一份（复印件拟留）；

3. 有人防工程的项目提供《人民防空工程竣工备案表》一式一份（复印件拟留）、《建筑工程施工许可证》一式一份（复印件拟留）、《湖北省房屋建筑工程和市政基础设施工程竣工验收备案证明书》一式一份（复印件拟留），有燃气工程的项目提供供用燃气协议或合同一式一份（复印件拟留），有燃气工程的项目提供燃气热力工程竣工验收备案证或燃气工程验收监督意见单一式一份（复印件拟留），有电梯工程的项目提供《安全检验合格证》一式一份（复印件拟留）；

4. 供用水协议或合同一式一份（拟留复印件），供水部门出具的正式供水证明一式一份（原件拟留），供用电协议或合同一式一份（复印件拟留），供电部门出具的正式供电证明一式一份（原件拟留），新建住宅区社区居委会用房移交协议或证明文件一式一份（原件拟留），生活垃圾清运协议一式一份（复印件拟留），前期物业服务合同一式一份（复印件拟留）；

5. 小区智能化系统设计施工合同或协议一式一份（复印件拟留），小区智能化系统工程质量竣工验收记录一式一份（原件拟留），小区道路工程质量竣工验收记录一式一份（原件拟留），小区绿化工程质量竣工验收记录一式一份（原件拟留），

小区市政管网工程质量竣工验收记录一式一份（原件拟留），小区道路竣工图一式一份（复印件拟留），小区绿化竣工图一式一份（复印件拟留），小区市政管网竣工图一式一份（复印件拟留）；

6.《住宅使用说明书》《住宅质量保证书》一式一份（原件拟留），已进行合同备案的《商品房买卖合同》或《经济适用住房买卖合同》一式一份（复印件拟留）（从本次申请交付使用备案的项目中任选一套），《武汉市房地产开发项目手册》（网上填报）。

八、颁发证件名称及法律效力

《武汉市房地产开发项目竣工交付使用备案证》；

无期限，对未办理备案手续擅自交付的，备案部门责令其限期改正，完善备案手续；拒不按本办法规定办理备案手续的予以信用记录并公布。

九、承办机构及联系电话

承办机构：市房管局行政审批处；

办公地址：市民之家 D13、D14 审批窗口；

联系电话：027-65770866、027-65770867。

十、监督投诉机构及投诉电话

1. 市房管局监察室，武汉市汉口高雄路 166 号，投诉电话：027-85482129；

2. 市长热线、市行政投诉中心投诉电话：027-12345；

3. 市政务服务中心管理办公室督查处，投诉电话：027-65770000。

注："收费依据"栏目中"收费"指工本费、材料费等。

新建房屋白蚁预防

一、实施主体

武汉市住房保障和房屋管理局

二、依据

1.《城市房屋白蚁防治管理规定》（建设部令第 130 号）第五条、第十一条；

2.《武汉市城市房屋白蚁防治管理办法》（武汉市人民政府令第 177 号）第十三条。

三、审批流程

受理→审核→批准

四、服务收费依据及标准

行政审批不收费；

新建房屋白蚁预防费依法收取。

五、审批条件

工程项目已办理《建设工程规划许可证》。

六、审批时限

法定期限：无

承诺期限：即办

七、需提交的材料

《建设工程规划许可证》原件及复印件一式一份（复印件拟留）。

八、颁发证件名称及法律效力

《武汉市新建房屋白蚁预防工程合同书》；有效期 15 年。

九、承办机构及联系电话

承办机构：市房管局行政审批处；

办公地址：市民之家 D13、D14 审批窗口；

联系电话：027-65770865。

十、监督投诉机构及投诉电话

1. 市房管局监察室，武汉市汉口高雄路 166

号，投诉电话：027-85482129；

2. 市长热线、市行政投诉中心投诉电话：027-12345；

3. 市政务服务中心管理办公室督查处，投诉电话：027-65770000。

注：“收费依据”栏目中“收费”指工本费、材料费等。

商品房现售备案

一、实施主体

武汉市住房保障和房屋管理局

二、依据

《商品房销售管理办法》（建设部令第88号）第八条、四十二条

三、审批流程

受理→审核（现场勘察）→批准

四、收费依据及标准

不收费

五、审批条件

《商品房销售管理办法》第七条规定，商品房现售，应当符合以下条件：

1. 现售商品房的房地产开发企业应当具有企业法人营业执照和房地产开发企业资质证书；
2. 取得土地使用权证书或者使用土地的批准文件；
3. 持有《建设工程规划许可证》和《施工许可证》；
4. 已通过竣工验收；
5. 拆迁安置已经落实；
6. 供水、供电、供热、燃气、通讯等配套基础设施具备交付使用条件，其他配套基础设施和公共设施具备交付使用条件或者已确定施工进度和交付日期；
7. 物业管理方案已经落实。

六、审批时限

法定时间：无

承诺时间：7个工作日

七、需提交的材料

1. 项目基本情况表一式一份（原件拟留）；
2. 现售备案申请表一式一份（原件拟留）；
3. 楼栋概况表一式一份（原件拟留）；
4. 商品房现售方案一式一份（原件拟留）及备案证明一式一份（原件拟留）；
5. 《建设工程规划验收合格证》及竣工图原件及复印件一式一份（复印件拟留）；
6. 《建筑工程竣工验收备案证》原件及复印件一式一份（复印件拟留）；
7. 企业法人营业执照原件及复印件一式一份（复印件拟留）；
8. 房地产开发企业资质证书原件及复印件一式一份（复印件拟留）；
9. 《国有土地使用证》及附图（宗地图）原件及复印件一式一份（复印件拟留）；
10. 经规划批准的总平面图一式一份（复印件拟留）；
11. 初始登记收件证明原件及复印件一式一份（复印件拟留）；
12. 人民防空工程竣工备案表一式一份（复印件拟留）（提交材料针对办理地下车位）；
13. 关于车位（车库）权属约定的说明一式一份（原件拟留）及商品房买卖合同一式一份（复印件拟留）；
14. 权属证明书（一栋一张）一式一份（复印件拟留）。

八、颁发证件名称及法律效力

《武汉市商品房现售备案证》；

无期限，取得现售备案证后，方可进行房地产现售。

九、承办机构及联系电话

承办机构：市房管局行政审批处；

办公地址：市民之家 D13、D14 审批窗口；

联系电话：027-65770866、027-65770867。

十、监督投诉机构及投诉电话

1. 市房管局监察室，武汉市汉口高雄路 166 号，投诉电话：027-85482129；

2. 市长热线、市行政投诉中心投诉电话：027-12345；

3. 市政务服务中心管理办公室督查处，投诉电话：027-65770000。

注："收费依据" 栏目中 "收费" 指工本费、材料费等。

房屋产权基础信息（测绘成果）审核

一、实施主体

武汉市住房保障和房屋管理局

二、依据

1.《中华人民共和国测绘法》第三十四条；

2.《中华人民共和国测绘成果管理条例》（国务院令第 469 号）第三条；

3.《房产测绘管理办法》第十八条；

4.《房产测量规范》；

5.《武汉市房产测绘实施细则》；

6.《武汉市住房保障和房屋管理局关于进一步加强房屋基础信息（测绘成果）管理的通知》（武房发〔2012〕141 号）。

三、确认种类

确定

四、办理流程

受理→初审→审核

五、收费依据及标准

不收费

六、办理条件

申请人提交的申请登记材料齐全，符合法定形式

七、办理期限

法定时限：无法定时限

承诺时限：15 个工作日

八、需提交的材料

1. 房屋产权基础信息（测绘成果）审核申报表原件一份；

2. 房屋测绘成果原件一份（技术报告书、分摊表和实测绘分层、分户图，分幅、分丘图，个人自建房不提供分丘图）及对应一致电子文档和分户图电子文档；

3. 建设单位出具的分割（销售）方案及对共有、共用部位的说明原件一份；

4. 土地使用权证明文件及附图（宗地图）复印件一份；

5.《建设工程规划许可证》及其附件、附图（核位红线、红线定位图）复印件一份；

6. 项目总平面图及各栋全套建筑施工图原件一份；

7. 人防部门结合民用建筑修建防空地下室联系单复印件一份（有地下室的房屋提交）；

8. 房产测绘合同原件一份；

9. 商品房预测技术报告书原件一份（未做预

测无需提交）；

10. 商品房分户实测面积与预算面积差异对照表原件一份（盖建设单位、测绘单位印章，未做预测无需提交）；

11.《建设工程规划验收合格证》及其附件、附图（竣工图）复印件一份（实测审核时提交）；

12.《建筑工程竣工验收备案证》复印件一份（实测审核时提交）；

13. 人防部门验收单复印件一份（实测审核时有地下室房屋提交）。

九、承办机构及联系电话

承办机构：市房管局产权管理处；

办公地址：武汉市房产交易大厅二楼；

联系电话：027-85482082。

十、监督投诉机构及投诉电话

1. 市房管局监察室，武汉市汉口高雄路166号，投诉电话：027-85482129；

2. 市长热线、市行政投诉中心投诉电话：027-12345。

房地产经纪机构备案

一、实施主体

武汉市住房保障和房屋管理局

二、依据

1.《房地产经纪管理办法》（住建部令第8号）第十一条、第十三条；

2.《武汉市贯彻<房地产经纪管理办法>实施细则》第八条、第九条。

三、办理流程

受理→审核→备案

四、收费依据及标准

不收费

五、办理条件

1. 房地产经纪机构（含个体）依法设立；

2. 有必要的财产和经费；

3. 有足够数量的专业人员。

六、办理期限

法定时限：无

承诺时限：10个工作日

七、需提交的材料

（一）房地产经纪机构

1. 武汉市房地产经纪机构备案申报表（拟留原件一份）；

2. 申请报告（拟留原件一份）；

3. 营业执照、税务登记证（正本）（验原件收复印件一份）；

4. 租赁房屋的房屋租赁备案证原件及复印件或自有房屋产权证明复印件（租赁备案证承租方须为公司）（验原件收复印件一份）；

5. 法定代表人有效身份证明（验原件收复印件一份）；

6. 机构章程（2014年3月1日之前成立的公司还需提供验资报告，2014年3月1日之后成立的公司可不提供验资报告，但提供的公司章程中需明确股东出资情况）（拟留原件一份）；

7. 全国房地产经纪人资格证、武汉市房地产经纪人培训合格证明、异动人员的武汉市房地产经纪人证，经纪机构根据实际情况提交上述一种或多种（验原件留复印件一份），劳动聘用合同（收复印件一份，同时提交两张一寸同底登记照）；

8. 经纪机构现场核查表（拟留原件一份）。

（二）房地产经纪分支机构

1. 武汉市房地产经纪分支机构备案申报表（拟留原件一份）；

2. 申请报告（拟留原件一份）；

3. 房地产经纪机构总部《武汉市房地产经纪机构备案证》（验原件收复印件一份）；

4. 分支机构营业执照及负责人有效身份证明（验原件收复印件一份）；

5. 分支机构经营场所有效证明（验原件收复印件一份）；

6. 分支机构房地产经纪人执业资格证或房地产经纪人协理执业资格证及劳动聘用合同（验原件收复印件一份，同时提交两张一寸同底登记照）；

7. 分支机构现场核查表（拟留原件一份）。

八、承办机构及联系电话

承办机构：市房管局房产开发与市场监管处；

办公地址：武汉市高雄路 166 号；

联系电话：027-85482269。

九、监督投诉机构及投诉电话

1. 市房管局监察室，武汉市汉口高雄路 166 号，投诉电话：027-85482129；

2. 市长热线、市行政投诉中心投诉电话：027-12345。

商品房买卖合同备案

一、实施主体

武汉市住房保障和房屋管理局

二、依据

1.《城市房地产管理法》第四十五条、第二十七条、第二十八条；

2.《城市商品房预售管理办法》第十条。

三、办理流程

收件→初审→复审→备案

四、收费依据及标准

不收费

五、办理条件

取得销售项目的《商品房预售许可证》或《武汉市经济适用住房预售许可证》

六、办理期限

法定时限：无

承诺时限：3 个工作日

七、需提交的材料

1.《商品房预售许可证》或《武汉市经济适用住房预售许可证》原件及复印件一式一份（复印件拟留一份）；

2. 项目预登记通知书（原件拟留一份）；

3.《商品房买卖合同》或《武汉市经济适用住房买卖合同》全套（原件含电子版本）（复印件拟留一份）；

4. 承购人的资格证明等（个人身份证、企业需提供法人营业执照、事业法人代码证等原件及复印件一式一份，属保障房的还需提供购房资格相关材料）（复印件拟留一份）；

5. 预售商品房未设定抵押的书面具结书（原件），已设定抵押的抵押权证件资料（原件拟留一份）及抵押权人同意出售、再抵押（按揭）的书面意见（原件拟留一份）；

6. 预售情况清册（原件拟留一份）。

八、承办机构及联系电话

承办机构：市房管局房产开发与市场监管处；

办公地址：武汉市高雄路 166 号；

联系电话：027-85482579。

九、监督投诉机构及投诉电话

1. 市房管局监察室，武汉市汉口高雄路 166 号，投诉电话：027-85482129；

2. 市长热线、市行政投诉中心投诉电话：027-12345。

公积金业务办理程序

一、住房公积金缴存

新设立的单位应当自设立之日起30日内到武汉住房公积金管理中心（以下简称管理中心）或其分支机构办理住房公积金缴存登记，并自登记之日起20日内，持住房公积金管理中心的审核文件，到受委托银行为本单位职工办理住房公积金账户设立或者转移手续。

（一）单位办理住房公积金缴存登记应提供的资料

1.《组织机构代码证》副本原件及复印件；

2.《企业法人营业执照》副本原件及复印件（无法人资格的企业，提供企业营业执照副本原件及复印件），行政事业单位及其他机构执批准设立的批文原件及复印件；

3. 法定代表人或负责人身份证、经办人员身份证原件及复印件；

4. 单位缴存职工工资表（加盖单位公章）；

5. 单位上一年度或者上月的会计报表（加盖单位公章）；

6.《单位住房公积金缴存登记表》（加盖单位公章）。

注：人力资源服务机构办理缴存登记除提供以上资料外，还需提供区级以上社保部门统一核发的早类《人力资源服务许可证》原件及复印件。

（二）武汉市住房公积金缴存比例

武汉地区职工和单位住房公积金基本缴存比例均为8%，即职工个人按其上年月均工资总额的8%缴存，同时单位也按每个职工上年月均工资总额的8%为职工缴存，两者同时记入职工个人的住房公积金账户，归职工个人所有；有条件的单位，职工和单位的缴存比例可以提高到12%，原则上不超过12%。

（三）职工住房公积金月缴存额

职工住房公积金的月缴存额为职工本人上一年度月平均工资乘以职工住房公积金缴存比例。单位为职工缴存的住房公积金的月缴存额为职工本人上一年度月平均工资乘以单位住房公积金缴存比例。

新参加工作的职工，应从其参加工作的第二个月开始缴存住房公积金，月缴存额为职工本人当月工资分别乘以职工和单位住房公积金缴存比例。新调入的职工，应从其调入单位发放工资之日起缴存住房公积金，月缴存额为职工本人当月工资分别乘以职工和单位住房公积金缴存比例。

职工个人月均工资总额计算口径，按国家统计局《关于工资总额组成的规定》计算。

（四）困难单位申请降低缴存比例或者缓缴住房公积金的手续

单位有下列情形之一，属于缴存住房公积金确有困难的单位，应经本单位职工代表大会或工会讨论通过，并形成申请降低缴存比例或缓缴职工住房公积金的书面决议（单位无职工代表大会或工会的，需经职工大会通过），连同上年及近三个月财务报表，以及经主管部门审核同意的书面证明，报住房公积金管理中心或其分支机构审核，经管委会批准后，可以降低缴存比例或缓缴。

1. 经依法批准缓缴养老和失业保险金的；

2. 处于停产（含停业）、半停产状态的。

降低缴存比例或缓缴住房公积金的期限不得超过一年，需要继续降低比例或缓缴的，应当在期满前30日内，到管理中心或其分支机构重新申请。

经批准降低缴存比例或缓缴的，待单位经济效益好转后，应恢复到规定的缴存比例或为职工补缴缓缴期间的住房公积金。

单位办理住房公积金缴存登记流程见图附1-1，单位办理住房公积金账户信息变更或注销登记流程见图附1-2。

图附 1-1 单位办理住房公积金缴存登记流程图

到管理中心或其分支机构办理缴存登记，填报《单位住房公积金缴存登记表》并加盖单位公章

↓

管理中心或其分支机构按规定核定单位住房公积金起缴时间、缴存职工人数、缴存比例和住房公积金经办银行

↓

管理中心或其分支机构审核后，打印《单位住房公积金缴存登记表受理回单》并加盖业务专用章，交单位到经办银行办理职工个人账户设立手续

图附 1-2 单位办理住房公积金账户信息变更或注销登记流程图

到管理中心或其分支机构办理单位信息变更或注销登记，填报《单位基本信息变更登记表》或《单位住房公积金账户注销登记表》并加盖单位公章

↓

经管理中心或其分支机构审核同意单位信息变更或注销单位账户的，打印《单位基本信息变更登记表》或《单位住房公积金账户注销登记表》回单，加盖业务专用章

↓

单位持《单位基本信息变更登记受理回单》或《单位住房公积金账户注销登记受理回单》到银行网点，办理单位印鉴更换或为职工办理住房公积金提取、转移、集中托管手续

二、住房公积金提取

（一）住房消费类提取

职工有下列住房消费情况之一，且未申请住房公积金贷款（含住房公积金组合贷款）的，可以提取本人及配偶的住房公积金（具体条件以管理中心相关文件及规定为准）：

1. 职工购买首套自住住房尚未全额付清购房款的（不含二手房），可以转账的方式提取本人及配偶账户上的住房公积金支付购房款（只限于本市房产）；

2. 购买首套自住住房、已全额付清购房款的；

3. 购买改善性住房、已全额付清购房款的；

4. 购买首套自住住房、选择使用商业贷款且贷款未还清的；

5. 建造、翻修、大修具有产权自住住房的；

6. 通过市场租赁方式依法租赁本市住房、且每月房租超出家庭月工资收入 20%的；

7. 租赁本市政府廉租住房的；

8. 低收入无房职工支付房租的。

（二）其他类提取

职工及配偶有下列情况之一且无尚未结清的住房公积金贷款的，可以提取本人住房公积金账户内的存储余额。

1. 职工因离休、退休的（具体条件以管理中心相关文件及规定为准）；

2. 职工完全丧失劳动能力并与所在单位终止劳动关系的；

3. 外地在汉从业人员与单位终止劳动关系的；

4. 职工因出境定居或户口迁出本市的；

5. 与所在单位终止劳动关系时男职工年满 50 周岁、女职工年满 45 周岁，或者与所在单位解除劳动关系时，职工个人账户余额在 1000 元以下（含 1000 元）的；

6. 个人账户集中托管满两年或与原单位终止劳动关系满两年仍未重新就业的；

7. 职工家庭享受城市居民最低生活保障的；

8. 职工因考取全日制大学（含研究生）辞职读书的；

9. 职工在职期间死亡或者被宣告死亡，其继

承人或受遗赠人依法取得权益的；

10. 缴存职工、配偶及缴存职工父母、配偶父母、子女因重大疾病造成家庭生活特别困难的；

11. 职工家庭遭遇火灾、地震，造成家庭生活特别困难的。

（三）住房公积金提取程序

1. 职工填写《住房公积金提取申请表》（此表可在武汉住房公积金网站下载）；

2. 职工向单位申请提取住房公积金，所在单位应当予以认真核实，证明提取事由的真实性，并在《住房公积金提取申请表》上签署意见并加盖单位公章；

3. 职工持《住房公积金提取申请表》及相关资料到管理中心及其分支机构或缴存银行办理提取审核手续；

4. 管理中心及其分支机构或缴存银行在受理职工提取申请时，经审核通过准予提取的，应在《住房公积金提取申请表》上签署同意意见；经审核有疑问的，应将相关提取证明资料留存，在3个工作日内作出准予提取或者不准提取的决定，并通知申请人；

5. 管理中心及其分支机构或缴存银行审核批准后，职工持经审核的《住房公积金提取申请表》到所在单位开具《住房公积金提取凭证》，到缴存银行办理提取手续；

6. 住房消费类提取金额超过10万元（含10万元）的、职工家庭享受本市城镇居民最低生活保障的、缴存职工或配偶及缴存职工父母、配偶父母、子女因重大疾病造成家庭生活特别困难的、职工家庭遭遇火灾、地震等造成家庭生活特别困难的、住房公积金缴存银行的职工因购房提取本人住房公积金的，须到管理中心或其分支机构办理审核；经管理中心或其分支机构审核通过后，持《住房公积金提取申请表》及单位开具的《住房公积金提取凭证》，到缴存银行办理提取手续。

缴存职工销户凭购房备案合同转账提取金额超过10万元（含10万元）的，管理中心及其分支机构不再办理审核，由职工本人持相关提取要件到缴存银行办理提取。

三、住房公积金的转移、合并、封存

（一）住房公积金的转移

当职工在武汉本地工作变动时，其个人账户内的住房公积金本息应转入新调入的单位。

1. 转出单位经办人员或转移职工填写《武汉住房公积金转移凭证》（批量转移的应填写《住房公积金转移清册》），转移职工本人签字后，加盖转出单位预留印鉴；

2. 转出单位经办人员或转移职工持所需资料到转出单位的缴存银行办理；

3. 缴存银行审核资料，在《武汉住房公积金转移凭证》上打印转移信息，盖章后交单位经办人员或转移职工签字确认；

4.《武汉住房公积金转移凭证》一式四联，转出单位一份、缴存银行一份、管理中心或其分支机构一份、转入单位一份；

5. 转移后个人账号不发生变化，个人账户转移到新单位后，状态为封存状态；新单位为转入职工缴存公积金时须先办理个人缴存基数调整，提供转移职工月平均工资总额，系统根据新单位缴存比例自动生成月缴存额，然后办理启封手续（职工个人缴存基数不变的，直接办理启封手续）。

（二）住房公积金的合并

每个缴存职工只能有一个住房公积金账户，对于在同一单位内的一个职工有多个住房公积金账号的情况，应办理个人账户合并手续；一个职工在多个单位有住房公积金账户的，须先办理住房公积金个人账户转移，转移至同一单位后，再办理个人账户合并手续。办理个人账户合并的程序为：

1. 单位经办人员或职工本人填写《住房公积金个人账户合并申请表》；

2. 单位经办人员或职工本人持所需资料到缴存银行办理；

3. 缴存银行审核资料，办理业务，打印《住

房公积金个人账户合并受理回单》(一式两联);

4. 单位经办人员或职工在《住房公积金个人账户合并受理回单》上签字确认，职工本人留存一份，缴存银行转交管理中心或其分支机构一份。

(三)住房公积金的封存

职工在离休、退休之前，与单位中止工资关系但仍保留劳动关系的，单位应为该职工办理住房公积金内部封存手续，被封存的住房公积金账户及余额仍然保留在单位住房公积金账户内。

男职工年龄未满50周岁、女职工未满45周岁的，与所在单位终止了劳动关系，或原单位破产、撤销、解散，暂无新的接收、就业单位的，其住房公积金账户及账户内的本息余额转到管理中心或其分支机构设立的集中托管户内封存。

单位经办人员应持职工与单位解除劳动关系的相关证明材料和职工身份证复印件，到缴存银行为职工办理住房公积金账户的集中托管手续，缴存银行审核后签发《职工住房公积金集中托管凭证》，由单位转交职工本人签收。

托管期间凡符合提取条件的职工，可以办理提取；托管期间能重新就业的，可按规定办理转移手续；托管满两年后仍未重新就业的，可凭《住房公积金集中托管凭证》和本人身份证原件直接到住房公积金缴存银行办理提取手续，以后如重新就业，可按新参加工作的职工另行开户缴存住房公积金。

四、住房公积金贷款

个人住房公积金贷款(简称：公积金贷款)，是指住房公积金管理中心以职工缴存的住房公积金为资金来源，委托商业银行向缴存住房公积金的在职职工定向用于购买自住房时发放的贷款。

组合贷款，是指借款人申请公积金贷款不足以支付购房款时，其不足部分可同时向商业银行申请商业性个人住房贷款，两种贷款总称为组合贷款。

(一)贷款对象和条件

1. 贷款对象

凡在武汉住房公积金管理中心及其分中心(以下统称“管理中心”)按规定连续正常足额缴存住房公积金达6个月(职工个人住房公积金缴存账户开户时间距贷款申请时间满180天，缴存账户状态正常，按月连续缴存时间满6个月，不含补缴)及以上的职工，在购买自住住房时可申请公积金贷款或组合贷款。

2. 贷款基本条件

(1)借款人持有合法身份证件，且具有完全民事行为能力;

(2)借款人及其配偶信用记录良好，符合公积金贷款审核标准;

(3)有稳定的经济收入和按时归还公积金贷款本息的能力;

(4)具有真实购房行为，且除住房商业贷款转住房公积金贷款外，该购房行为一般发生在一年以内；所购住房权属清晰、手续合法齐全且无法律纠纷;

(5)无尚未还清的公积金贷款;

(6)同意以所购住房进行贷款抵押，或以国债、银行定期存单、有价证券等管理中心认可的方式提供担保。

(二)主要贷款类型

1. 购一手房公积金贷款：包括购买商品房、经济适用住房、集资合作建房等自住住房贷款；购买酒店式公寓、公寓式酒店等以投资为主要目的的房屋，住房公积金贷款不予受理。

2. 购二手房公积金贷款: 购买可上市交易的存量房(即二手房)贷款，房屋建成年限应在30年以内。所购住房必须为已办理《房屋所有权证》《土地使用权证》的成套住房。

3. 商贷转公积金贷款：住房公积金缴存职工将本人或配偶未结清的个人住房商业贷款转换为管理中心审核发放的住房公积金贷款。所购房屋必需已办理《房屋所有权证》和《土地使用权证》。

(三)贷款额度与比例及计算公式

1. 贷款额度与比例

(1)一手房公积金贷款额度与比例：购首套房申请公积金贷款的，最高贷款额度为60万元，贷款比例不得超过所购房屋总价的70%（建筑面积在90平方米及以下的可放宽至80%）；购二套房申请公积金贷款且符合武汉市职工家庭现有住房的建筑面积在140平方米以下规定的，最高贷款额度为60万元扣减首次已使用住房公积金贷款后的差额，最高贷款比例不超过房屋总价的40%。

（2）二手房公积金贷款额度与比例：购首套房申请公积金贷款的，最高贷款额度为60万元，贷款比例按房屋建成年限分为三个等级：房屋建成年限在10年（含10年）以内的，贷款最高比例不超过房屋总价的70%（建筑面积在90平方米及以下的可放宽至80%）；房屋建成年限在11—20年（含20年）以内的，贷款最高比例不超过房屋总价的60%；房屋建成年限在21—30年（含30年）以内的，贷款最高比例不超过房屋总价的50%。其中房屋总价的认定以房屋评估价格、实际成交价格和交易计税价格中的最低价格为准；购二套房申请公积金贷款且符合武汉市职工家庭现有住房的建筑面积在140平方米以下规定的，最高贷款额度为60万元扣减首次已使用住房公积金贷款后的差额，最高贷款比例不超过房屋总价的40%。

（3）商贷转公积金贷款额度与比例：商贷转公积金贷款额度不得超过剩余的商贷金额，同时不得超过上述关于一、二手房贷款额度与比例的规定。

2. 贷款额度计算公式

（1）不高于按照贷款还款能力确定的贷款额度

贷款额度=（借款人公积金月缴存额/单位和个人缴存比例之和+配偶公积金月缴存额/单位和个人缴存比例之和）×45%×12个月×贷款期限；

（2）不高于按照公积金缴存时间和缴存余额综合确定的贷款额度

贷款额度=（借款人公积金缴存余额+配偶公积金缴存余额）×20倍×缴存时间系数。公积金缴存账户必须为正常缴存账户。缴存时间系数详见下表：

借款人缴存时间	缴存时间系数
6≤缴存时间≤12（月）	0.7
12<缴存时间≤24（月）	1
24<缴存时间≤36（月）	1.2
36<缴存时间≤60（月）	1.5
缴存时间>60（月）	2

注：①新参缴住房公积金的职工，个人住房公积金的缴存账户开户时间应距申请住房公积金贷款时间满180天，按月连续缴存6个月以上（不含一次性补缴），且缴存账户状态正常。

②已参缴住房公积金6个月及以上的职工，按实际汇缴（含按月补缴，不含一次性补缴）月数计算缴存时间，确定对应缴存时间系数及贷款额度。

③对于异地调入武汉市的职工，应由异地公积金中心出具正常缴存6个月及以上的缴存证明，并将异地缴存的公积金全部转移至本地公积金账户。异地缴存住房公积金按其缴存时间系数（参数值统一设定为1）及缴存余额倍数参与贷款额度计算。否则，按武汉市新参缴住房公积金职工的审核条件，核定住房公积金贷款资格。

3. 住房公积金贷款房屋套数认定标准

（1）购首套自住住房的认定

借款人职工家庭（包括借款人、配偶及未成年子女）在武汉市房产主管部门的房屋信息系统（依据市房产信息中心出具的《借款人家庭住房信息查询结果通知单》）中无住房信息（或查询的房屋信息与拟申请公积金贷款所购房屋为同一套住房的）；且武汉住房公积金系统记录系首次公积金贷款的。

（2）购第二套住房的认定

有下列情况之一的，按购买第二套住房认定：

①借款人及配偶首次利用公积金贷款购买住房，在本市房产主管部门的房屋信息系统中，登记其家庭仅有一套住房，且建筑面积在140平方米以下，并与拟申请使用公积金贷款所购房屋非同一套住房的。

②借款人及配偶已使用公积金贷款（且贷款金额不足60万元）购买过一套住房，即公积金系统有贷款记录并已结清贷款，且在本市房产主管部门的房屋信息系统登记仅有一套建筑面积在140

平方米以下住房，再次申请贷款购买住房的。

（3）第三套及以上住房的认定

职工家庭成员在房产主管部门的房屋信息系统登记有两套及以上住房的，或公积金系统的贷款记录达 2 次及以上的，其住房公积金贷款申请均不予受理。

（4）婚姻状况变化等特殊情形的认定

①借款人或配偶在原单身时，其中一方已使用公积金贷款购买过一套住房，现以夫妻双方名义再次申请公积金贷款的，按第二套住房认定。

②夫妻双方在婚姻存续期间使用公积金贷款购买过一套住房并已结清贷款，在离异后其中一方再次申请公积金贷款的，按第二套住房认定；夫妻双方在婚姻存续期间使用公积金贷款购买过一套住房，贷款尚未结清，离异后公积金贷款归属借款人一方偿还的，另一方再次申请公积金贷款，按第二套住房认定。

③借款人或配偶在原单身时，已分别使用过公积金贷款，现以夫妻双方名义再次申请公积金贷款，贷款申请不予受理。

（四）贷款期限与利率

1. 贷款期限

一手房公积金贷款期限最长为 30 年，二手房公积金贷款期限最长为 20 年，商贷转公积金贷款的期限在满足前述规定的情形下不得超过商贷剩余年限，同时借款人年龄加贷款期限不得超过规定年限(男职工不超过 65 岁，女职工不超过 60 岁)。

2. 贷款利率

现行住房公积金贷款期限 1—5 年，年利率为 4％，贷款期限 6—30 年，年利率为 4.50%；第二次申请公积金贷款的利率，按同期公积金贷款利率的 1.1 倍执行。

贷款期限内如遇国家调整利率，已发放的公积金贷款，其利率当年内不作调整，具体调整时间为下年度的元月 1 日。

五、个人住房公积金贷款的还款方式

目前武汉住房公积金贷款有三种还款方式：

1. 到期一次性还本付息方式；

2. 等额本息还款方式；

3. 等额本金还款方式。

贷款期限为 1 年的适用于到期一次性还本付息方式；贷款期限 1 年以上（不含 1 年）的，借款人可在签订合同时自行选择等额本息还款方式或等额本金还款方式。

六、公积金贷款办理流程

（一）一手房公积金贷款流程

第一步：贷款咨询

借款申请人向管理中心的受托银行进行贷款咨询，领取《一手房个人住房公积金贷款资料夹》，按要求填写完毕，并连同以下资料一同提交受托银行：

第二步：提交申请

1. 借款人夫妻双方身份证、户口簿原件及复印件；

2. 婚姻状况证明原件及复印件（单身证明由民政部门出具）；

3. 经房产部门备案的购房合同和不低于房屋总价 20%的首付款收据原件及复印件；

4. 贷款银行要求提交的其他证明材料。

第三步：贷款受理、银行初审

1. 受托银行与借款申请人进行面谈，审核其提交的申请资料；

2. 查询并打印借款人及配偶的《个人信用报告》，审核夫妻双方个人信用情况、房贷情况；

3. 受托银行通过房产部门对借款申请人进行“家庭住房信息查询”；

4. 对符合贷款条件的借款人，受托银行在公积金系统中进行贷前试算，根据试算结果和还贷能力，与借款人商议确定贷款额度、期限、利率以及还款方式；

5. 受托银行在公积金系统中进行初审，初审未通过的，及时通知借款人并告知原因。

第四步：签订合同

贷款初审通过后，受托银行与借款申请人、购房人面签借款（抵押）合同，并填写房产抵押登记等相关贷款资料。

第五步：抵押登记、银行复审

受托银行到房地产抵押登记部门办理房屋抵押登记；

受托银行对借款申请人的全套资料进行复审。

第六步：管理中心终审、贷款发放

管理中心对受托银行复审通过的贷款资料进行终审，终审通过后，由管理中心通过受托银行将贷款资金以转账方式直接划入售房单位账户。

（二）二手房公积金贷款流程

第一步：贷款咨询

借款申请人向受托银行进行贷款咨询，受托银行对借款人夫妻双方及卖方夫妻双方进行面谈做好谈话笔录之后，对初步审查符合条件的借款人发放《二手房个人住房公积金贷款资料夹》，按要求填写完毕，并连同以下资料一同提交受托银行：

第二步：提交申请

1. 借款人及卖方夫妻双方身份证、户口簿原件及复印件；

2. 婚姻状况证明原件及复印件（单身证明由民政部门出具）；

3. 卖方名下的《房屋所有权证》和《国有土地使用证》原件及复印件；

4.房屋产权共有人同意出售房产的书面文件，保证所售房产权明晰、交易合法；

5.《武汉市存量房买卖合同》（需在银行面签）；

6. 由管理中心认可的房屋评估机构出具的《房屋估价报告书》；

7. 管理中心和受托银行要求提供的其他证明材料。

第三步：贷款受理、银行初审

1. 受托银行与借款申请人进行面谈，审核其提交的申请资料；

2. 查询并打印借款人及配偶的《个人信用报告》，审核夫妻双方个人信用情况、房贷情况；

3. 受托银行通过房产部门对借款申请人进行“家庭住房信息查询”；

4. 对符合贷款条件的借款人，受托银行在公积金系统中进行贷前试算，根据试算结果和还贷能力，与借款人商议确定贷款额度、期限、利率以及还款方式；

5. 受托银行在公积金系统中进行初审，初审未通过的，及时通知借款人并告知原因。

第四步：签订合同

贷款初审通过后，受托银行与借款申请人、购房人面签借款（抵押）合同，并填写房产抵押登记等相关贷款资料。

第五步：交易过户

房屋买卖双方到房产局办理房屋“两证”交易过户手续。

第六步：抵押登记、银行复审

由受托银行或借款人到房产局办理房屋抵押登记手续，并领取《房屋他项权证》；受托银行对借款申请人的全套资料进行复审。

第七步：管理中心终审、贷款发放

管理中心对受托银行复审通过的贷款资料进行终审，终审通过后，由管理中心将贷款资金通过受托银行直接划转到卖方的存款账户内。

注：为缩短贷款发放时限，借款人也可以选择委托管理中心指定的担保机构提供阶段性担保，在交易过户后，凭两证及阶段性担保函先行向借款申请人发放贷款，再由担保公司办理抵押登记等后期手续。

（三）商业贷款转公积金贷款办理流程

第一步：贷款咨询

借款申请人到原商贷银行咨询，领取《个人住房公积金转贷资料夹》，按要求填写完毕，并连同以下资料一同提交原商贷银行：

第二步：提交申请

1. 借款人及卖方夫妻双方身份证、户口簿原件及复印件；

2. 婚姻状况证明原件及复印件（单身证明由民政部门出具）；

3. 原商贷所购房屋的《房屋所有权证》《国有土地使用证》原件及复印件；

4. 办理原商贷的《借款抵押合同》原件和《商品（经济）房购销合同》或《存量房买卖合同》复印件；

5. 由管理中心认可的房屋评估机构出具的《房屋估价报告书》（二手房商贷转公积金贷款）；

6. 房屋产权共有人出具经公证的同意抵押的具结书；

7. 管理中心和受托银行要求提供的其他证明材料。

第三步：贷款受理

1. 受托银行与借款申请人进行面谈，审核其提交的申请资料；

2. 查询并打印借款人及配偶的《个人信用报告》，审核夫妻双方个人信用情况、房贷情况；

3. 受托银行通过房产部门对借款申请人进行“家庭住房信息查询”；

4. 对符合贷款条件的借款人，受托银行在公积金系统中进行贷前试算，根据试算结果和还贷能力，与借款人商议确定贷款额度、期限、利率以及还款方式；

5. 受托银行在公积金系统中进行初审，初审未通过的，及时通知借款人并告知原因。

第四步：签订合同

借款申请人与原商贷银行签借款（抵押）合同；同时在银行指引下与管理中心指定的担保公司签订担保合同。

第五步：预存资金

借款申请人将原商贷余额与转贷的差额部分，用自有资金存入转贷银行开立的存款专户，用于提前结清原商业贷款。

第六步：贷款发放

管理中心发放贷款资金，由转贷银行通知转贷借款人将公积金贷款资金和借款人预存资金同时结清原商业贷款。

第七步：办理抵押

由担保公司代为办理原商业贷款房产抵押注销手续，并办妥转公积金贷款抵押登记手续（此程序由担保公司办理）。

七、委托扣划住房公积金归还公积金贷款

1. 什么是委托扣划住房公积金归还公积金贷款？

委托扣划住房公积金归还公积金贷款（简称委托扣划还贷）是指公积金贷款借款人及其配偶提出扣划本人住房公积金存款归还其公积金贷款的委托，在签订《委托扣划住房公积金归还公积金贷款授权书》后，由管理中心接受借款人及其配偶（简称委托人）的委托，每月或每年扣划委托人的住房公积金存款直接归还其公积金贷款。

2. 委托扣划还贷业务的办理机构？

公积金缴存开户银行负责受理委托扣划还贷信息登记、公积金存款账户信息验证、委托授权书签订、委托扣划还贷授权变更、委托扣划还贷授权终止等业务。

3. 委托扣划还贷办理对象？

在管理中心缴存住房公积金、并有公积金贷款且贷款本息尚未结清的借款人及其配偶。

4. 委托扣划还贷申请条件？

（1）委托人住房公积金存款账户未进入集中托管、冻结或销户状态；

（2）与贷款银行约定用于归还公积金贷款的银行储蓄还款账户经武汉住房公积金信息系统成功扣划还贷 1 次以上。

5. 为什么规定借款人必须通过银行储蓄存款账户成功扣划还贷一次以后，才能办理委托扣划还贷手续？

当公积金贷款借款人的公积金存款账户余额不足以偿还当月应还公积金贷款本息时，便可通过其银行储蓄存款账户的资金来弥补公积金账户的扣款不足，以确保全额归还当月应还贷款本息，避免产生贷款逾期。因此，银行储蓄存款账户作为委托扣划的备用账户，必须得到成功扣划的验证，这样才能保证银行储蓄存款账户的备用作用，保护借款人的利益不受损害。

6. 委托扣划还贷的办理程序？

（1）委托人到缴存银行领取或登录管理中心网站 www.whgjj.cn 下载《委托扣划住房公积金归还公积金贷款申请表》（简称《申请表》），据实填写相关信息；

（2）委托人单位填写并验证《申请表》中单位填写栏相关信息，验证无误加盖单位公积金预留银行印鉴；

（3）委托人持《申请表》、身份证原件及复印件、约定用于偿还公积金贷款的银行储蓄还款存折（卡）到缴存银行办理委托扣划还贷授权手续，签订《委托授权书》。

7. 委托扣划还贷方式有哪几种？

公积金委托扣划还贷有两类三种方式供选择：

（1）逐月扣划还贷方式；

（2）逐年扣划还贷—降低月供方式；

（3）逐年扣划还贷—缩短期限方式。借款人和配偶选择委托扣划还贷方式必须一致。

8. 什么是逐月扣划还贷方式？

管理中心依据《委托授权书》的委托，于每月20日自动扣划委托人的住房公积金存款归还当月应还公积金贷款本息额。

9. 什么是逐年扣划还贷方式？

管理中心依据《委托授权书》的委托，每年1次按指定时间自动扣划委托人的住房公积金存款，用于提前部分归还或提前结清公积金贷款。在选择逐年扣划还贷的同时，委托人必须选择降低月还款额或缩短贷款期限。

选择逐年扣划还贷方式的委托人，每月仍需用自有资金归还公积金贷款应还本息。

10.逐年缩期和逐年减少月供方式有什么不同？

逐年扣划缩短期限是指逐年扣划公积金提前部分还款后，每月月还款额（或月还本金）不变，贷款期限缩短；

逐年扣划减少月供是指逐年扣划公积金提前部分还款后，贷款期限不变，每月月还款额（或月还本金）减少。

同种条件下，逐年缩期方式比逐年减少月供方式更节省利息，但选择逐年减少月供方式会相应减少借款人的后期每月现金还款压力。

11. 公积金委托扣划还贷的扣划执行时间？

逐月扣划还贷方式的扣划执行时间为每月20日（如遇节假日顺延）。

逐年扣划还贷方式的扣划执行时间为委托人指定的每年扣划日（如遇节假日顺延）。此后每年相同日期执行委托扣划还贷，直至贷款结清。

委托扣划还贷执行时间只在约定扣划日期进行，其他时间不对公积金存款账户执行扣划还贷。

12.缴存单位在委托扣划执行日当天缴存记账到位的住房公积金能否参与本次委托扣划还贷？

不能。因为委托扣划还贷的具体执行时间为约定委托执行日（遇节假日顺延）且在所有前台业务开始之前，即当天处理的第一笔交易，因此，委托扣划执行日当天单位缴存的公积金不能参与当日的委托扣划。

13. 公积金委托扣划还贷期间，职工账户转为集中托管、封存或者冻结状态时，委托扣划还贷能否继续执行？

委托扣划还贷执行期间，委托人的公积金存款账户转为集中托管或冻结状态的，委托扣划停止执行；如委托人的公积金存款账户转为封存状态的，委托扣划可继续执行。

14. 委托扣划还贷扣划金额？

（1）委托扣划还贷应扣金额

逐月扣划还贷方式，按执行扣划时的当月应还本息（含逾期款项）生成应扣金额。

逐年扣划还贷方式，按执行扣划时结清贷款应还本息生成应扣金额。

（2）委托扣划还贷可扣金额

可扣金额为执行委托扣划还贷时委托人公积金存款账户余额大于约定保留额的部分。

（3）委托扣划还贷实扣金额

当可扣金额≥应扣金额时，实扣金额=应扣金额；

当可扣金额<应扣金额时，实扣金额=可扣金额。

15. 委托扣划还贷执行条件、扣款顺序、还款顺序？

（1）实施委托扣划还贷期间，委托人的公积金存款账户已转为集中托管或冻结的则停止执行扣划。

（2）委托扣划还贷的扣款顺序依次为：借款人公积金存款账户、借款人配偶公积金存款账户、

借款人银行储蓄还款账户。如公积金存款账户扣划还贷金额已还清当月应还本息，则当月不再对银行储蓄还款账户进行扣划。

（3）委托扣划还贷的还款顺序依次为：罚息、逾期利息、逾期本金、本期利息、本期本金、提前还款。逾期本息按期次顺序归还。

16. 职工住房公积金存款账户的约定保留金额是多少？

委托人住房公积金存款账户的约定保留金额为100元，即委托人公积金存款账户余额超出100元的部分可用于委托扣划还贷，当委托人的公积金存款账户余额少于或等于100元时，将暂停执行该账户的委托扣划还贷。

17. 当借款人由未婚变为已婚或再婚后配偶信息发生变化时，其配偶如何办理委托扣划还贷？

当借款人由未婚变为已婚或再婚后配偶信息发生变化时，其配偶的公积金存款可用于偿还公积金贷款。在办理委托扣划还贷前，借款人及其配偶应持本人身份证、结婚证原件及复印件，共同前往管理中心申请贷款信息变更。如借款人不能亲自办理的，应出具同意其配偶办理信息变更的书面授权委托，待贷款信息变更后再按委托扣划还贷流程办理相关手续。

18. 什么是委托扣划还贷授权变更？如何办理变更手续？

委托扣划还贷变更是指已签订《委托授权书》的委托人申请对原《委托授权书》中的委托扣划还贷方式或逐年扣划日期进行变更，并签订《委托扣划住房公积金还贷授权变更书》（以下简称《委托授权变更书》）。

委托人可随时到其公积金缴存银行申请变更委托扣划还贷方式或逐年扣划日期。借款人或其配偶一方签订《委托授权书》的，由委托人持本人身份证原件及复印件到所属缴存银行办理委托授权变更手续，签订《委托授权变更书》；借款人及其配偶双方签订《委托授权书》的，可由其中一方持夫妻双方身份证原件及复印件到借款人的缴存银行办理委托授权变更手续，签订《委托授权变更书》。

19. 什么是委托扣划还贷授权终止？如何办理终止手续？

委托扣划还贷授权终止是指已签订《委托授权书》的委托人申请终止对原《委托授权书》的执行，并签订《委托扣划住房公积金还贷授权终止书》（以下简称《委托授权终止书》）。

委托人仅有权对本人签订的《委托授权书》提出终止申请。委托人持本人身份证原件及复印件到其缴存银行办理委托扣划还贷授权终止手续，签订《委托授权终止书》。

当公积金贷款本息结清后，委托人的《委托授权书》自行终止失效。委托人应前往贷款银行办理贷款结清手续。

20. 委托人在授权期限内必须注意的问题？

（1）委托人在授权期限内不能以其他事由提取本人住房公积金。

（2）委托人在授权期限内应当关注本人的公积金缴存情况和公积金贷款还款情况是否正常，以免承担因贷款逾期造成的不良后果。

（3）委托人每月应关注并查询本人公积金存款账户的金额是否符合逐月扣划还贷的规定。当公积金存款账户可扣划金额不足以偿还当月应还贷款本息，或公积金存款账户已被集中托管、冻结导致不能执行扣划时，委托人应于当月最后一个工作日前将应还款额以现金方式存入与贷款银行约定的银行储蓄还款账户内，用于偿还贷款本息，否则委托人自行承担逾期违约责任。

21. 了解公积金委托扣划还贷情况的途径？

借款人可从三个渠道了解公积金委托扣划还贷情况：

（1）至贷款银行查询（打印）公积金贷款明细账，公积金委托扣划还贷在公积金贷款明细账中交易类别为公积金批扣；

（2）至缴存银行查询（打印）公积金存款明细账，公积金委托扣划还贷在公积金存款明细账中业务说明为委托支取还贷；

（3）登录管理中心网站 www.whgjj.cn 查询公

积金贷款明细账或公积金存款明细账。

22. 借款人办理了公积金组合贷款，如夫妻一方办理了委托扣划，另一方能否办理提取公积金归还组合贷款中的商贷业务吗？

办理了公积金组合贷款且还款满 6 个月的借款人及其配偶，如一方办理了公积金委托扣划，另一方未办理公积金委托扣划（或办理以后又终止了委托授权协议的），未办理的一方可按相关提取业务规定到公积金缴存银行办理提取本人公积金账户余额归还组合贷款中的商贷业务。

23.借款人如何选择合适的委托扣划还贷方式？

借款人如想缓解每月现金还款压力，建议选择逐月扣划还贷方式；而对于每月现金还款不存在压力或压力较小且公积金账户上余额较多的借款人，建议选择逐年扣划还贷方式，从经济角度考虑出发，逐年扣划还贷方式会减少借款人贷款利息的支出。

选择逐年扣划方式的借款人，每月仍需用自有资金归还每月应还本息。相同条件下，逐年扣划缩期方式比逐年扣划减少月供方式更节省利息，但选择逐年扣划减少月供方式会相应减少借款人的后期每月现金还款压力。

24.委托扣划还贷授权业务可由他人代办吗？

（1）委托人因故不能亲自办理委托扣划还贷授权业务的，可委托他人代办。委托配偶、父母或子女代办的，需提供证明其直系亲属关系的户口簿或结婚证以及受委托人身份证；委托非直系亲属代办的，需提供公证委托书及受委托人身份证。

（2）住房公积金贷款职工死亡或被宣告死亡，公积金贷款未结清的，其公积金存款账户余额应优先用于偿还公积金贷款，公积金存款账户的委托扣划还贷授权业务由财产继承人或受遗赠人办理，需提供以下资料：①贷款职工死亡证明或宣告死亡的法律文件；②继承人或受遗赠人身份证、结婚证或户口簿，公证机关出具的公证书或人民法院的裁定书；③继承人或受遗赠人为无（或限制）民事行为能力的人，应由监护人凭其监护人身份证代办委托扣划还贷授权业务。

八、办理网点

受武汉住房公积金管理中心委托办理公积金贷款的银行有 18 家：建设银行、工商银行、农业银行、交通银行、中国银行、汉口银行、招商银行、农商银行、光大银行、邮政储蓄银行、浦发银行、华夏银行、兴业银行、中信银行、民生银行、湖北银行、广发银行，以及其受理公积金贷款的经办网点。

九、政策咨询及查询服务

网址：www.whgjj.cn；客服热线：12329

武汉住房公积金管理中心

地址：武汉市江岸区京汉大道 1248 号（华清园靠三阳路轻轨旁）

武汉住房公积金管理中心省直分中心

地址：洪山区珞喻路 281 号融科珞喻中心一层

武汉住房公积金管理中心高校分中心

地址：武昌区小洪山东区 34 号湖北省科技创业大厦 B 栋 1—2 层（武汉大学西门对面）

武汉住房公积金管理中心铁路分中心

地址：武昌区友谊大道沙湖友谊国际 1 栋 4—5 号

武汉住房公积金管理中心东湖分中心

地址：东湖高新区珞喻东路 2 号巴黎豪庭广场

武汉住房公积金管理中心汉阳分中心

地址：汉阳区汉阳大道 626 号七里香苑大门

武汉住房公积金管理中心新洲分中心

地址：新洲区邾城街齐安大道 350 号（中国银行附楼）

武汉住房公积金管理中心蔡甸分中心

地址：蔡甸区蔡甸街茂兴路 3 附 2 号（知音人家小区门楼）

武汉住房公积金管理中心黄陂分中心

地址：黄陂区前川街百秀街 30 号

武汉住房公积金管理中心江夏分中心

地址：江夏区纸坊街江夏大道 189 号

附录二

武汉市主要领导关于“武汉 2049”的重要讲话

编者按：2013 年 11 月 28—30 日，“武汉 2049”专题研讨会在武汉举行，武汉市领导与专家学者、市民代表一起，围绕规划建言献策，共同畅想 36 年后的武汉。

2049 年，是中国建国百年，也是武汉解放百年，规划武汉 2049 其核心目标之一是要用一个更长远的价值观来指导现在的行动。当国家和城市的经济发展进入到一定的阶段后，除经济目标外，人民有更多的追求，包括追求更清洁的空气、更舒适的生活、更绿色的交通等。

2049 年的武汉到底是什么模样？我们无法穿越时空，但可以大胆畅想。不管届时武汉的真实面貌究竟如何，让我们的城市“天空更蓝、大地更绿、河湖更清澈、交通更便捷、生活更富裕”，无疑是当下 1000 万武汉市民的共同愿望。而要实现这一美好图景，必须依靠包括房地产在内的各行业充分贡献智慧，发挥积极作用。

下文刊载了湖北省委常委、武汉市委书记阮成发，市长唐良智在“武汉 2049”专题研讨会上的讲话，意在展示武汉城市管理者谋划城市未来的国际视野和长远眼光，激发各行各业共创城市美好蓝图的坚强决心和坚定信心。我们相信，在武汉迈向 2049 的历程中，武汉房地产行业一定能贡献更多的“正能量”！

实现大武汉的全面复兴

——我心中的“武汉 2049”

湖北省委常委、武汉市委书记　阮成发

（2013 年 11 月 28 日）

一

2049，距今约 40 年之遥，我很难看到那一天。但，正因如此，研究武汉 2049 才更显重要和宝贵。我们今天遥望 2049，是要让当代武汉人明确“城市目标”，避免走弯路，犯方向性错误；清楚“不做什么”，避免急功近利，造成对城市的致命伤害；清楚“要做什么”，避免错失机遇，成为历史罪人。我们要让子孙知道，生活在 21 世纪 10 年代的这一群武汉建设者，对这座伟大城市的所思、所想、所盼。未来 40 年，无疑将是沧海桑田，很多事说不清楚，也没法说清楚。也许，我们今天的想法，会成为子孙的笑谈，但我们对这座伟大城市的热爱与真诚，将不容置疑！

2049，是一个重要标志，是新中国建国 100 年，也是武汉解放 100 年。到那时，我们国家将建成富强民主文明和谐的社会主义现代化国家，实现中华民族的伟大复兴。届时的武汉将是怎样？

每一个热爱武汉、建设武汉的人都应该认真思索。

回望历史，40年虽然转瞬即逝，但足以决定和见证一座城市的兴衰。近代武汉的勃兴，与汉口开埠（1861年）、张之洞督鄂（1889—1906年）紧密相关，一时间“驾乎津门、直逼沪上”，成就“大武汉”美名只用了40年左右时间。上世纪中后期，底特律迅速崛起为全球驰名的汽车城，但本世纪以来逐渐衰落，到现在宣布破产，沦为全美最悲惨的城市，由兴而衰也只有40年左右时间。

放眼全球，越是发达的国家、区域或城市，越是瞩目长远、谋划未来。美国、澳大利亚等国家，美国大芝加哥区域、德国鲁尔等地区，北京、慕尼黑等城市，纷纷开展长远发展战略研究。其中，“美国2050”、“大芝加哥区域框架2040”、“北京2049”等，都将目光投向了本世纪中叶。

追赶中的城市，更需要看清前进的方向。今天的武汉，既面临抢抓科技革命和产业变革的历史性机遇、资源环境约束趋紧等挑战，还肩负着追赶先进城市、实现跨越发展的历史使命。面对每年5000多亿的固定资产投入，面对全市近万个工地，面对一批决定城市功能的重大项目，每当夜深人静时，我常感惶惑疑惧，担心我们现在满怀激情、投入巨资做的事情，是否做错了，是否经得起历史检验，是否对得起我们的子孙。

我们研究“武汉2049”，就是怀着强烈的责任意识、机遇意识和忧患意识，用国际视野和长远眼光谋划城市未来，研究和遵循特大城市发展内在规律，找准目标不走弯路，找准路径不急不躁，坚守“功成不必在我”的情怀，一步一个脚印前行，一张蓝图抓到底，把武汉建设得更好，真正对历史负责、对未来负责、对子孙后代负责！

正是基于以上考虑，去年我们委托中国城市规划设计研究院，就武汉2049开展远景发展战略研究。刚才，李晓江院长系统全面地介绍了他们的研究成果，提出了很多新的理念和构想。在此，我谨代表市委、市政府和1000万武汉人民，对他们的辛勤工作表示衷心的感谢！

为进一步深化完善这个发展战略，统一全市广大干部和群众思想认识，从今天开始，我们集中三天时间，对武汉2049进行研讨，希望同志们畅所欲言，共同谋划好武汉的未来。

二

中规院对武汉的未来发展作出了描绘，这是一个美好的愿景，令人向往，催人奋进。

描述武汉的未来，需要不断深化对城市的认知，把握城市的本质特征。这个本质特征是城市之魂，只有抓住了这个魂，我们才能扬长避短，形成特色，持续发展，永葆繁荣，在中国乃至世界占有一席之地。我认为：

江汉汇流、三镇鼎立、湖泊密布，是武汉城市格局之魂。大江穿城，龟蛇相望，武昌、汉口、汉阳三镇三城，大开大合的城市格局世界少有；166个湖泊和东西向山系镶嵌城中，云水相依，湖山相映，铺染城市底色。独特的城市格局，是武汉个性魅力之所在。面向未来，城市建设发展必须围绕这一格局，充分展现武汉大江大湖大城的大气灵秀之美。

天元之位、九省通衢，是武汉城市区位之魂。武汉居中独厚，是中国经济地理中心、重要的综合交通枢纽，承东启西、接南转北，通江达海、辐射八方。以武汉为中心，以1000公里为半径画圆，可覆盖全国10亿人口和90%的经济总量。优越的城市区位，是武汉发展之基。城市的产业布局、基础设施建设等，都要紧紧围绕和不断突出这一优势。

大学生数量世界之最，科教实力雄厚，是武汉城市活力之魂。目前，武汉在校大学生130万，数量居世界城市之首，青春活力涌动，朝气蓬勃。为数众多的青年学子，是武汉最宝贵的财富，也是武汉的未来。我们要呵护他们、留住他们、守望他们，让他们的青春在武汉的发展中，焕发出绚丽的光彩。

敢为人先、追求卓越，是武汉城市精神之魂。敢为人先，是武汉历史文化的积淀，是城市特质

的集中体现；追求卓越，是号召、是引领，是倡导的一种作风，一种境界，一种追求。我们要用这种精神引领未来，汇聚全市力量，推动城市科学发展、跨越发展。

遥望 2049，我们的心中充满美好憧憬：

届时的中国，将实现中华民族的伟大复兴，成为全球第一大经济体，在世界政治、经济、科技、文化等领域，发挥重要的领导作用。

届时的中国中部，特别是长江中游地区，将实现全面崛起，成为全国经济社会的核心地带之一，成为连接国际、贯通全国的核心枢纽，形成世界级的城市群。

届时的武汉，将成为中国中部中心，成为具有重要影响的国家中心城市，在更大范围、更多领域发挥辐射引领作用，实现大武汉的全面复兴。

中国中部中心，是 2049 武汉城市目标之魂。展望 40 年后的武汉：

——综合实力雄厚。届时，武汉将产生万亿元的产业、一批千亿元的企业，出现具有全球控制力和话语权的企业集团。“武汉造”恢复“汉阳造”历史地位，成为名副其实的全国制造业中心，在全球制造体系中都有一席之地。现代服务业聚集发展，国际会议、知名展会常年在汉举办，成为全国重要的物流节点城市。综合经济实力将进入世界先进城市行列，人均收入将达到中等发达国家水平，发展成果更多地惠及全体市民。

——科学技术发达。东湖国家自主创新示范区引领全市发展，武大、华科大将跻身世界名校行列，武汉将聚集一批科学大师。前沿科学在这里传播，创新资源在这里聚集，国内外专家学者和青年学生在这里追逐科学梦想，一批引领世界的科技成果在这里产生，一批科技领军企业和企业家从这里走向世界。

——都市大气恢宏。大江大湖大武汉，三镇展大城雄姿，新城显现代风范。“铁水公空”通达九州、连接世界，成为祖国的立交桥。城市疏密有致、功能完善，历史文化遗存与现代建筑各得其所，城市特色鲜明、风格独具。

——生态环境优美。长江东去、汉水西来，母亲河承载着城市的生命，源远流长，奔腾不息。城水相融、水天一色，百里滨江如画，清明上河图处处可见。龟蛇对峙，挺起城市的脊梁；群山环抱，绵延城市的文脉。人在城中，城在绿中，田野风光与都市景观相映成趣，人与自然乐得其所。届时的武汉，水美、地绿、天蓝，城市安静、祥和、闲适。

——文化魅力彰显。汉派文化与各国文化交相辉映、相得益彰。既有楚风汉韵、京腔汉调、“汉秀”演艺，又有美国百老汇音乐、俄罗斯芭蕾舞、意大利时装等异国文化精粹；既能品尝到热干面的香、鸭脖子的辣、莲藕汤的鲜，又能享受法国大餐、英国威士忌、日本料理等异国美食。书店、剧场、美术馆、博物馆、艺术馆遍布全城，处处流淌着人文气息，润泽着每一个人的心灵。

三

置身现实生活，畅想美好未来，我们应有怎样的智慧情怀、时空视角？我们怎样斟酌沉吟、深思熟虑，才能看清这缤纷的现实和迷离的未来？我们既要从起点看终点，从现在展望 40 年后的武汉；也要从终点看起点，把自己置身 2049，回望今天的武汉。既要从全国乃至全球看武汉，参与、推进长江经济带和中三角城市群建设，寻求区域发展优势，更要向内使力，着眼自身问题的解决和自我的发展。从大尺度的时空转换中，把握城市长远发展规律。我们要遵循以人为本、可持续发展、跨越发展的基本理念，分析哪些因素会变、哪些不会变，在变与不变中弄清“不做什么”、“要做什么”。

“不做什么”，包括“不该做什么”、“不能做什么”、“留下什么”，体现的既是底线思维、忧患意识，更是长远意识、责任意识、历史意识，“不能断了子孙的粮”。面对环境污染、交通拥堵、资源短缺、气候变暖等问题，面向 2049，可以肯定，工业化、城市化的负面效应将进一步显现，城市的自然生态环境将日益重要，我们应有底线思维。社会对大拆大建的诟病、城市建设的不可逆性、社会的快速变化等等，都不容我们在重大问题上犯错，也不容我们犹豫迟疑，我们应有长远意识。对历史缺乏应有的尊重，历史文化建筑和街区不断消失，就会迷失城市文化，中断城市记忆，我们决不能让城市无处安放平静的心灵，我们一定要留住城市根脉。

"要做什么"，包括"应该做什么"、"必须做什么"，体现的既是主动作为、机遇意识，更是担当意识、使命意识。当今世界，新一轮科技革命和产业变革正在兴起；国家加快推进经济发展方式的转变，实施扩大内需战略，促进区域协调发展，中部崛起和长江经济带建设已在担纲新一轮国家民族复兴重任。在这样的背景下，武汉未来40年将完成工业化和城市化进程，武汉在国家发展格局和城市体系中的地位将不断提升，武汉的人口规模与结构、科技水平与创新能力、产业总量与结构、城市形态与城市功能、资源与生态环境、社会结构与文化都将发生巨大的变化，把握得好都是机遇，把握不好都是挑战。这些都要求我们在每一个重要的历史时点，每一个重要的关键环节，做到审时度势，把握规律，顺势而为，避免错失良机。

下面，围绕"不做什么"、"要做什么"，我重点谈八个问题。

（一）关于人口

城市因人而生、因人而兴，人是城市活力之源。无论世事如何变迁，人的问题都将是事关城市未来的核心战略问题。城市人口多少为宜？不同的人、不同的角度，必然会有不同的答案。即使同一个人，在不同年龄，也会有不同的选择。毕竟人及人口数量等与城市经济、社会、生态有太多太多的关联。我们要规划建设好城市，必须坚持"以人为本"，把人口战略放在城市发展战略的首要地位，总体把握城市人口的规模、结构及变化趋势，深入研究不同时期、不同经济发展水平、不同人口规模结构条件下人的需求，以此作为推动经济社会发展、城市规划建设的出发点和落脚点。今天，我们仅从城市地位、城市使命、城市目标这个角度来分析。

人口的不断集中和集聚，将是我们无法回避的历史性趋势。纵观中外城市，都是在人口集聚中走向繁荣，在人口凋敝中走向衰败。世界上没有一座城市人口增加了，而经济社会走向凋敝的；也没有一座城市人口减少了，而经济社会走向繁荣的。人们公认的世界城市，大东京集聚了3600多万人，占日本人口的30%，大巴黎、大伦敦、大纽约地区分别聚集了1100万人、1500万人、1900万人，分别占本国人口的17%、25%、6%。而曾经的"汽车之都"底特律，60年前为185万人，目前锐减到71万人，与之相伴随的是城市衰败。

改革开放以来，我国沿海地区快速发展，一批特大城市脱颖而出，其中一个重要历史现象，就是全国人口快速向这些城市集中。截至去年底，北京、上海、广州常住人口分别高达2069万人、2380万人、1300万人。深圳30年间人口激增50倍，由一个小渔村成长为人口过千万的国际大都市。广州人口快速增长，于上世纪90年代中期超过武汉，与之伴随的是经济总量超过武汉。

当前，国家正在推进新一轮城市化进程，特别强调人的城市化，要求着力解决城市化慢于工业化的问题。可以预见，国家新一轮城市化将主要在资源承载能力相对较强、人口规模相对偏小的中西部地区展开。国家多部重要发展规划，特别是主体功能区规划，已明确提出，要在中部地区培育人口集聚和产业集中的载体。因此，不论我们是否愿意，也不管我们主观态度如何，也不管城市病有多严重，人口向包括武汉在内的特大城市集聚的趋势将难以改变，这是我们必须面对的重大历史课题。

未来武汉人口总量一定会增长，而且是较大幅度增长。据预测，到本世纪中叶，全国总人口

将达到15亿左右，其中城市人口规模将达到12亿，按照西方国家大都市区平均吸纳60%全国人口的规律，将有9亿人集聚在国内主要大都市区，这意味着每个大都市区人口都将过亿，而包括武汉在内的中三角地区，人口规模也将数以亿计。届时，其他国家中心城市的人口都会超过2000万，有的甚至可能达到3000万。这将是可预测的趋势。

现在摆在我们面前的问题是，有专家指出，从土地、环境、住房、交通、产业、教育、医疗、养老保障等方面分析，1246万人将是武汉市2020年人口发展的警戒线。我们作何选择？如果按现有条件顺其自然，就得放弃中国中部中心、复兴大武汉的目标，甘做二类甚至三类城市。显然，这是每一个热爱武汉的市民所不愿意的。我们只有一个选择，那就是把握人口向城市集聚的趋势和规律，未雨绸缪、主动作为、积极应对。在城市基础设施建设上，在城市的空间布局上，在土地的综合利用上，在城市功能的改造提升上，在城市生态环境的保护上，在规划、建设、管理特大城市的能力、理念上，认清人口增长这一趋势，超前谋划，积极应对，为未来人口增长留下空间。

要有效防止人口过度集聚。面对城市人口可能快速增长的这一严峻挑战，我们必须尽早制定武汉人口发展政策，促进人口增长与产业发展、与城市基础设施和生态环境承载能力相一致，适时出台有针对性的人口政策、产业政策，既注重以人兴业，又注重以业控人，注意避免人口过快增长、过度集聚。

要大力引进年轻人和各类专业人士。城市的活力不但来自于人口的集聚和集中，更来自于人口的合理构成和素质。城市的年轻人越多，劳动力人口越多，城市越有活力；城市的科技教育人才越多，外来人才越多，移民越多，国际人士越多，城市越有活力。因此，我们不能保守封闭，不能本位主义，要创造各种条件、营造各种环境，张开双臂，拥抱欢迎年轻人、外地人、外国人，在武汉投资兴业、安家落户。百万在汉大学生是武汉宝贵的人才资源，是最有可能留在武汉的一群人。海内外学子、企业家、科学家、艺术家、教师、医生、律师，都是武汉未来发展十分稀缺的资源，我们要用最好的政策、最优的环境，吸引他们、留住他们在汉创新创业，成就梦想。

（二）关于科技创新

科技创新是城市长盛不衰的源泉。一国科技的中心，一般也是创新的中心、产业的中心、经济的中心。回顾历史上三次科技革命的中心，从十八世纪英国的伦敦，到十九世纪后期德国的法兰克福、慕尼黑和柏林，再到二十世纪美国的纽约、波士顿和洛杉矶，我们看到了一个又一个城市因为抓住了科技革命的机遇而先后崛起。反之，谁在科技创新上保守，谁就会被无情地淘汰。比如柯达错过了数码时代，诺基亚错过了智能机时代等而走向了衰落。因此，当今城市的管理者在规划城市未来的长远发展时，都十分重视科技创新对城市发展的作用。

科技优势不是与生俱来的。与交通区位、自然禀赋不一样，科技经过培育可以在一个区域集聚、快速发展，科技优势可以再造。与其说科技成就一个城市，不如说是城市主动作为，为科技的发展创造了良好的创新环境，培育形成了良好的创新文化，支持和促进了科技的发展。我们作为城市的管理者和建设者，谋划武汉的未来发展，就要有重视科技发展的远见卓识，始终注重培育创新文化、支持科学研究、追赶科技前沿，让科技创新成为武汉最突出的城市特质。

努力建设世界闻名的大学之城。历史反复证明，发展科技关键在教育、核心在人才。培养人才涉及方方面面，但最关键的是大学。大学是知识的殿堂、人才的摇篮、文明的园地、思想的载体、创新的基地。现代大学已经成为西方发达国家立国之本、民族之魂。“现代大学之母”德国洪堡大学，与黑格尔、普朗克、爱因斯坦、马克思等一批巨擘的名字联系在一起，被黑格尔评价为“没有洪堡大学就没有光辉灿烂的德意志文明”。作为城市的管理者，我们更要把大学作为城市的立城之基。大学与城市血脉相连，共生共荣。世界一流大学和世界一流城市基本上是一个同义词。武汉有78所大学，有武大、华科大等一批著名学府，这其中哪怕只有一所大学成为世界一流大学，成为哈佛、麻省、牛津，武汉就理所当然成为世界知名城市。我们希望与在汉大学一起携手努力，共同向世界一流大学迈进。在这个过程中，我们怎么支持都不过分。只要是有利于大学发展的事，我们都要坚决去做；只要是不利于大学发展的事，我们都坚决不做；只要是妨碍大学发展的事，我们都要坚决反对。我们要像呵护生命一样，呵护我们的大学。如果全市人民都有这样的共识，武汉一定会前途远大。

努力追赶和抢占世界科技发展前沿。科技发展是有周期的。当前，新一轮科技革命和产业变革正在孕育兴起，一些重要科学问题和关键核心技术已经呈现出革命性突破的先兆。如果我们抢抓机遇、积极作为，就可以实现跨越发展，迎头赶上先进城市。我们要在一些有优势的领域，集中优势兵力，调动一切可以调动的力量，重点攻关突破。以更大的决心和力度，加快培育和聚集一批站在全球科技前沿的名家大师，形成一批具有世界影响的重大科技成果。

努力把东湖国家自主创新示范区建设成为一流科技园区。科技的创新与科技的运用从来是互相促进的。没有斯坦福就没有硅谷，也可以反过来说，没有硅谷也不可能有斯坦福的今天。科技经济“两张皮”，科技优势不能转化为经济优势，是我们面临的难题。我们要从战略的高度，十分重视东湖国家自主创新示范区的建设，特别要加快培育创新文化，创新体制机制，集聚创新资源，为科技人才脱颖而出、科技成果转化应用创造良好环境。

要特别关注科技革命对全社会带来的深刻变革。科技革命常常改变历史的走向。人类社会的很多意外、甚至战争，都与科技密切相关。每一次科技革命给人类生产生活方式带来的变化，都是颠覆性的，也是最难以预测的。三四十年前第一部个人电脑、个人手机出现时，我们何曾想到人类社会会发生如此深刻的巨变。每次科技革命发生后，总有一些时代的弄潮儿勇立潮头，抢占先机，引领时代发展。

当前，全球科技和产业界都在密切关注新一轮科技革命，我们要积极应对，超前谋划。根据现有的信息和已有的认知水平，我们应该从战略的高度，特别关注以下几个领域：一是以页岩气、生物质能源、智能电网等为代表的能源革命，可能改变能源供给和利用方式；二是以机器人、3D打印、数字制造等为代表的智能制造，可能改变工业化大规模生产方式；三是新一代互联网、电子商务、大数据、云计算等信息技术，将会改变人类社会的流通方式、交易方式、金融模式乃至社会管理模式；四是移动互联、智慧交通、智慧医疗、智慧楼宇、数字家庭乃至智能城市等，将改变人类的出行、看病、居住生活方式。

我们要在这些领域见微知著，以更加开放的心态，更加超前的眼光，从战略的高度布局，率先探索使用。我们绝不能被动保守、徘徊观望，哪怕稍有松懈，就会被世界远远地甩在后面。

（三）关于产业发展

产业是城市发展的根基，没有产业的实力就没有城市的实力。当前，武汉正处在工业化中后期，面临发展不够和产业转型升级，传统产业改造提升与加快发展新兴产业的多重任务。我们必须始终坚持产业立市、工业强市战略，加快建设国家先进制造业中心和商贸物流中心。

始终把制造业作为城市发展的基础。无论城市处于工业化的何种阶段，也无论未来经济社会如何变化，制造业始终都是经济增长的主要动力，是城市安身立命之本。现在我们有的同志认为，武汉的工业已有相当的规模和比重，今后应该以

发展服务经济为主，即使要发展工业，也要集中精力发展战略性新兴产业，传统制造业不能再搞了。这种“去工业化”的观点，已经被美国、西欧等发达国家证明是错误的。我们也不要担心制造业会不会被淘汰，没有夕阳的产业，只有夕阳的技术和夕阳的产品。传统产业通过改造提升，可以做到永葆活力。衣食住行是人类永恒的需求，也是永恒的产业。事实上，一个城市产业发展的机遇、空间十分有限，竞争异常激烈，机会稍纵即逝。一个城市要保持长久的繁荣，也必须要有多元的产业结构。世界上没有一个特大中心城市是只有新兴产业，没有传统产业的。比如，上海有造船、石化、钢铁、汽车等，北京有汽车、石化、轻工等，天津有石化、飞机、冶金、棉纺等。瑞士、意大利等国至今还有很受消费者欢迎的传统手工业，成为奢侈品。因此，在我们未来发展中，既要注重发展先进制造业，又要促进传统制造业的调整振兴；既要注重发展服务业，又要抓住制造业这一安身立命的基础。

不失时机地大力发展现代服务业。国际经验表明，工业化后期向后工业化阶段演进的过程中，现代服务业能否逐渐占据主导地位，成为城市发展的关键。在工业化后期，在服务经济完全形成之前，会出现一个阶段工业比重高、另一个阶段服务业比重高交替出现，产业结构螺旋式演进的现象。我们关键是要把握这个总体趋势，不能片面强调某个年份、某个阶段服务经济的比重。我们要遵循服务业发展规律，适时推进制造业向研发、设计、品牌营销、物流、金融等两端延伸，促进制造业与生产性服务业融合发展。服务经济的发展，更需要有针对性的社会环境、产业政策和文化氛围，这是我们面临的更大课题。对此，我们要有清醒的认识。

大力发展战略性新兴产业。每一次产业革命都孕育出一批可以改变人类生产和生活方式的新技术，后进城市要把握这样的机遇。我们要依托武汉不断积累的科技创新能力，在智能制造、绿色能源、数字服务、生物等新兴产业领域布局，同时希望能从东风、烽火、凯迪、人福等企业中诞生世界级行业领军者，在这一轮产业革命中占有一席之地。

产业发展绝不能以牺牲环境为代价。我们必须坚持有所为有所不为，在产业发展上，绝不能以牺牲环境、破坏资源来换取经济一时的发展。尤其是对落后产能要坚决淘汰，对高污染、高耗能、高排放行业坚决改造或关停，对破坏生态环境的企业坚决关闭，对污染环境的项目坚决不上。

（四）关于交通

交通对城市的兴衰发挥着重要作用。几乎所有的国际化大都市，都是交通枢纽。世界上也有一些城市，因为交通方式变革，而被边缘化，甚至走向衰落。

历史上，汉口因水运而兴，成就了四大名镇之一的美名；上世纪初，武汉又兼得铁路之便，成为近代工商业文明的发祥地。改革开放后相当长一个时期，随着我国现代远洋运输和高速公路、航空的快速发展，武汉的交通枢纽地位逐步下滑，与之相伴的是城市地位的下降。当前，改革开放面临新的形势，启动内需成为国家重大战略，中西部地区对外开放加速推进，与沿海地区差距缩小，我国的对外交通体系将发生重大变化，全国的交通格局将发生重大调整，这是千载难逢的历史机遇。武汉是中国经济地理的中心，长江与汉江在这里交汇，中国东西向和南北向交通大动脉在这里交汇，完全有条件成为全国性的综合交通枢纽，再现“九省通衢”的辉煌。

首要任务是提升武汉在全国交通体系中的地位。从地理上看，武汉之于中国，相当于芝加哥之于北美、法兰克福之于欧洲，交通地位一定是全国性的、枢纽性的。如果武汉不能成为全国交通枢纽，就是我们作为不够，对不住武汉这座城市。我们一定要发挥武汉的交通区位优势，综合施策，把武汉建设成为集铁水公空于一体的全国性综合交通枢纽。在航空方面，我们要加快建设

T3航站楼，适时启动建设第二机场，努力建设中国中部门户机场。在水运方面，我们要加快建设长江中游航运中心，促进铁水联运，连接长江上下游，打通中国近海和西太平洋近洋港口通道。在铁路方面，规划建设东南、西北方向的高速铁路客运通道，形成“米字形”高铁网络，成为中国“高铁之心”。高速公路也要进一步加宽、加密，完善网络，提高通行能力。

要着力破解市内交通出行难问题。随着城市人口的聚集、经济社会的发展，人们的交通需求将成倍增长，对交通快捷、方便、舒适等的要求，也会进一步提高。解决交通问题，将是中国城市建设管理中面临的世界性难题。现在，我们对大城市的交通理念，基本上还停留在西方发达国家人口规模相对较小的认知水平上，如果没有大的思想创新、理念创新和出行方式的改变，交通难题将难以破解。地铁是已知的在大城市最经济高效的交通方式。我们要加快发展以地铁为核心的公共交通体系，建成“地铁城市”。随着城市拆迁难度提高、成本加大，我们要把道路建设重点转移到地下，加大地下交通发展力度，形成地下交通网，把部分车流引入地下。城市快速路网、环线、放射线是已知公认提高小汽车出行效率的有效方式，我们要完善快速路网体系，加快推进城市环线、过江通道和快速路建设。立体交通、慢行交通（自行车、步行）、发达的微循环路网、人车分流已被证明是解决交通问题的有效手段，既要为车建路，更要为人让路。要建立完善的自行车交通网络和人性化的步行通道，把街道还给行人，处理好人车混行问题，让市民骑自行车、步行更舒适、更便捷。

不能形成以小汽车为主的交通出行方式。作为特大城市，如果大部分人都以小汽车为主要代步工具，那将是这座城市的灾难，意味着出行效率极为低下，意味着严重的环境污染，意味着城市将变成一座“死城”。决不能因为没地方停车就建停车场，决不能完全以小汽车为尺寸改造城市。我们要采取疏堵结合的方式，近期加大供应管理，大力发展公共交通，适时启动小汽车的需求管理，认真分析收取拥堵费、限牌、限行等措施的利弊，加强宣传、凝聚共识，采取合理的举措，有序控制小汽车增长。

（五）关于城市规划建设

城市是我们生产生活的场所，是我们共同的家园。城市是否可持续、是否有前途，与这座城市的总体布局、空间尺度以及个性魅力，都有着密切的关系。把我们的家园规划建设得更好，是生活在城市中每个人的共同心愿。

在城市规划建设方面，面临的突出问题是，如何破解“大城市病”、“摊大饼式”发展、大拆大建、千城一面等问题。针对城市的欠账和弊端，我们正在持续大规模推进城市基础设施建设，布局建设一批打基础、管长远的项目，但常常是老问题没有解决，新问题又出现了。如果没有长远眼光，没有很好的总体规划，就不可能从拆了建、建了拆的循环往复中走出来。面对当前城市规划建设中的突出问题，我们必须痛下决心予以破解。

绝不能“摊大饼式”发展，切实促进城市轴向紧凑拓展。“摊大饼式”建设城市所形成的城市病难以根治，已成为共识。我们绝不能继续让城市不加约束地向外蔓延发展，要努力提高土地利用效率，建设“紧凑型城市”。我们已经确定了“中心城区+新城区”（主城+新城）城市空间总体布局，关键是如何形成这一格局。国内外城市发展实践证明，划定生态控制线，实施生态功能区建设，是锁定主城边界的有效手段。我市主城与新城生态控制线和生态隔离带已经划定，虽然已颁发“市长令”和人大通过的“决定”，但目前的问题是落实不到位。不少人原则同意，具体反对，总希望本地区少一些绿地、少一些生态隔离带，总想蚕食绿楔，多搞一些开发。主城仍在继续向外蔓延，新城也希望更多地靠近主城发展。如果这种趋势得不到有效遏制，主城新城将连成一片，实际上还是在“摊大饼”。

对于这个事关城市生命的根本问题，不能有丝毫含糊和摇摆。要加快建设张公堤城市森林公园、府河湿地公园、武湖生态农业园、天兴洲郊野公园等项目，保护好府河、武湖生态绿楔，有效锁定汉口主城区增长边界；加快建设大东湖生态水网、九峰森林保护区、汤逊湖公园、黄家湖公园等项目，保护好大东湖、汤逊湖、青菱湖生态绿楔，有效锁定武昌主城区增长边界；加快建设后官湖休闲度假区等项目，保护好后官湖生态绿楔，有效锁定汉阳主城区增长边界。结合绿楔的保护，加快建设竹叶海公园、戴家湖公园、杨春湖公园、汉阳六湖连通等工程，严格锁定三环线生态隔离带。在生态隔离带和绿楔范围内，严格划定禁建区，严格项目准入，现有企业和居民区要坚决有序搬出。

规划建设错落有序、疏密有致的城市内部空间。城市“摊大饼式”发展，不仅表现为城市外部空间的无序蔓延，也表现为城市内部空间开发强度简单划一，城市没有高低起伏，没有层次感。说到底，就是在城市建设中，没有处理好集中和分散的关系。科学高效的城市内部空间开发，既要在某些区域相对聚集，又要在一些区域相对疏散，不能处处都是高楼大厦，让人感觉平淡、乏味、拥挤、压抑。

国外先进城市一般在城市核心区，按照集约高效的理念，集中建设一个或几个10—20平方公里的高密度区域(称之为CBD或Downtown)。在这个区域内，各种商业商务功能高度聚集，人口高度密集，摩天大楼鳞次栉比，地下空间充分开发，地上地下融入一体，置身其间，往往令人难以分辨哪里是地上，哪里是地下。结合武汉实际，我们也要确定几个区域进行高密度开发，尽量凸显城市中心核心地位。可以在长江一桥、二桥之间，汉江的江汉二桥以下这个范围内，如果再大一点，可以考虑从鹦鹉洲长江大桥到二七长江大桥，在这一区域内选择几个地方进行高密度开发，建成像美国曼哈顿、上海陆家嘴一样的城市核心区。

一个城市一定要有部分区域适当开敞，严格控制开发强度，特别是在山体、湖泊周边和历史文化街区，更要注重规划建设低密度区域，不能让高楼随意建在城市的每个角落。在这个区域如果竖一栋高楼，就会对这个区域的城市景观，产生致命性的伤害。比如，在汉口原租界区、中山大道核心区、武昌古城等历史文化街区，龟山、蛇山、珞珈山、洪山、东湖、月湖、墨水湖等山体湖泊区域，就只能规划为低密度区。

不论是高密度区，还是低密度区，我们都要坚持以人为本，做到尺度合理、功能完善、分工明确，为市民提供优质、适宜的生产生活环境。社区作为城市的基本单元，是市民栖息之所。未来的社区，一定是环境舒适优美、服务设施完善、管理规范有序、人际关系和谐。比如，都应该具备步行街、公共空间等功能，不能吃碗热干面、买份报纸，都要跑很远的路。比如，社区文化丰富多元，邻里关系和谐包容，不同职业、不同文化背景、不同收入水平的居民相互守望、融洽相处。

彰显城市个性魅力，着力解决“千城一面”的问题。随着城市化进程的加快，我们一些大大小小的城市变得越来越雷同：一样的玻璃大厦、一样的立交桥、一样的宽马路、一样的大广场……漫步在这些城市的繁华街道，往往会产生不知身在何处的感觉。在这样的城市无论住多长时间，也不会留恋。和这些城市一样，武汉的城市个性正在悄然消失，城市的辨识度、识别度也在不断下降。如果我们从现在开始不注重塑造城市特性、彰显城市魅力，随着时间推移，我们的子孙后代对武汉这座城市的认同感、归属感、自豪感将会荡然无存。

城市不能“千城一面”，只有保持个性和特色，才能生机勃勃、丰富多彩。彰显武汉的城市个性和魅力，关键是要联系武汉的实际，落到实处。要保护好武汉这座历史文化名城，维护好历史传承，留住城市根脉。比如，汉口的沿江大道是武汉近代开埠的标志，历史上是重要的租界区，各国不同风格的建筑在这里聚集，可以说是万国建筑博物馆，深深烙印在一代又一代武汉人的记忆中，是武汉为数不多能给人留下深刻印象、让人眼睛一亮的地方，在全国都是数一数二的，也是对我们的子孙进行中国特色社会主义教育的重要基地。我们建设汉口沿江商务区，一定要控制开发强度，加大对历史文化建筑保护力度，恢复其历史风貌，再现百年老汉口的辉煌。

再如，我们正在规划建设的汉正街商务区，不能看到旧房子就一拆了之，一定要保留延续老汉正街垂江式的街巷（药邦巷、淮盐巷、泉隆巷），保护好城市肌理，恢复新安会馆徽派建筑风貌，找回叶开泰、谦祥益、汪玉霞等老字号的根脉，重现当年万商云集的繁华盛景。

还有，沿江大道到京汉大道这个区域，要以中山大道为核心，特别是江岸区、江汉区的中心部分，实行整体规划保护，尽量按照民国时期风貌，重现中山大道的繁荣，找回民众乐园的风采。同时，武昌昙华林、都府堤，汉阳洗马长街、龟北路等其他历史文化街区，都要按照这样的思路，规划好、建设好、保护好。

城市特色还有一个重要方面，就是城市的主色调、城市建筑的总体风格、城市的天际线、地标建筑、中心点等。究竟武汉城市的主色调应该是什么样的？外在建筑形态的主基调是什么？重要细节的处理如何把握？等等。我们还不是特别明确，需要请国内外一流的专家、深谙武汉历史文化的学者好好研究。在此，我只想强调一点，我们的城市建设绝不能都是“舶来品”，都是“殖民式”的建筑，都是外国建筑设计的试验场；绝不能一味地简单模仿，绝不能只讲实用，不讲外形美观。建筑外观和街道立面具有公共产品属性，政府应统筹谋划。

（六）关于生态保护

一个城市的兴衰周期，受产业科技变革的影响，可能是30年、50年；受文化的影响，可能是50年、100年；受生态环境的影响，将更为长远、更为致命，一旦因之衰败，几乎不可逆转。楼兰古城曾是水草茂盛的地方，由于人类的过度索取，耗尽了繁华，如今已是荒漠一片。可以说，一个城市如果不能把生态保护好，就没有未来，没有希望，而且不可逆转！

反思武汉的现状，生态问题已相当突出。最近一段时间，有时空气属于严重污染，空气质量已引起全市上下的高度关注。也许有的同志说，这只是近一段时间的极端情况。但不容回避的问题是，武汉的空气质量变差了，蓝天白云越来越少了。作为武汉人，我们常常以“百湖之市”为傲，大自然对武汉特别眷顾，武汉是古云梦泽的一部分，历史上就是一片汪洋。武汉的建城史，从某种意义上讲，就是一部填湖史，至今我们仍有四分之一的水域面积。我们在为城市建设骄傲的同时，想起一个个减少的湖泊，每一个有良知的人，内心都深深痛楚，城市发展到今天，我们还能通过填湖来获取发展的空间吗？回答显然是否定的。

展望21世纪中叶的武汉，人口数量将大大增加，经济总量将成倍增长，可以预测，我们对自然的介入、对生态的介入、对江河湖泊的介入，会越来越深，城市面临的生态问题会越来越严重。如果只顾当前不顾长远，竭泽而渔，不实施最严格的生态保护，我们就是对大自然恩赐的粗暴践踏，对子孙后代的极端不负责，就是城市的罪人。

借鉴历史，面对现实，展望未来，我们必须坚持底线思维，守住武汉生态底线。永续发展的城市，就必须注意经济系统小于社会系统，社会系统小于生态系统，而不是倒过来。“山、水、林、田、湖，是生命有机体。人的命脉在田，田的命脉在水，水的命脉在山，山的命脉在土，土的命脉在树。”今后决定我们武汉子孙命运的，肯定不是我们现在为后人建了多少工程，架了多少桥梁，盖了多少房屋，留下了多少物质财富，而是能否为后人留下足够的生态养育空间。

市域 8494 平方公里范围内，我们规划了约 7000 平方公里的生态养育区。这些区域，遍布湿地、农田、林地等生态资源，我们要遵循生态文明发展理念，坚决杜绝商业开发的蚕食，加大保护修复力度，加大国土整理的力度，真正发挥好生态屏障作用，持续增加城市的生态总量。

城市 3261 平方公里都市发展区内，我们确定了 1566 平方公里生态底线区。这是城市生态安全的最后防线。这条防线决定城市的安全与命脉，我们要本着对子孙后代负责的态度，死守这条生态红线：一寸水面也不减少，一寸山体也不蚕食，一滴污水也不排放，一棵树木也不砍伐！

要保护好湖泊。湖泊是大地的眼睛，是大自然赐予城市的莫大恩惠。我们要像爱护自己的眼睛一样，爱护我们的 166 个湖泊。从现在起，绝不能填湖，绝不能环湖铁桶式开发，把湖岸线建成有钱人的私家花园。要实行污水全收集、全处理，确保清水入湖。要还湖于民，把围湖的开发全部打开，沿湖岸线建设绿道、种植树木，让市民能便捷地亲近湖泊、自由地享受湖泊，彰显大江大湖的城市特色。

要显山透绿。山是城市的脊梁。要严格保护山体，不能开挖、侵占山体，不能伐树。除城市功能需要外，不能在山上盖房子，不能围着山盖房子，山上已有建筑要逐步拆掉。让市民能便捷地亲近山脉，自由地上山游憩。要让龟山、蛇山挺起城市的脊梁，让珞珈山、喻家山等彰显文化的气息，让磨山、九峰山等恢复原始森林形态。

要保护好长江和汉江。长江和汉江是武汉的骄傲。无论何时，绝不能填江，不能向长江和汉江直排，确保江水不受污染。要加强对江河岸线的规划整治，要整体规划建设市域范围内两江四岸的生态廊道。全市其他江河，比如府河、倒水河、马影河等江河的岸线、滩涂，都要纳入规划，严格保护，逐步整治。还有一点要格外关注，两江交汇的南岸嘴地区是“城市之心”，世上少有，其规划建设要慎之又慎，在没有让世人为之一亮、为之一震的项目之前，要坚决留白！要相信子孙后代比我们更有眼光、更有智慧。

要保护好湿地。湿地是“地球之肾”。武汉是我国内陆湿地资源最丰富的特大城市之一，像沉湖、涨渡湖等湿地自然保护区，不能侵占和破坏，不能以生态旅游的名义占用。要把湿地资源与加强水生态、水环境工作有机结合起来，切实维护湿地的原生态。

（七）关于文化

文化是城市的生命和灵魂，是市民的精神家园，城市是文化的集中承载地和展示地。未来城市间的竞争，最终将是文化的竞争。中国中部中心，必然是文化中心；复兴大武汉，文化复兴不可或缺。我们要高度重视文化发展，让文化成为辨识和提升城市形象的核心因素，让武汉成为中华民族灿烂文化的重要承载地和集中展示窗口。

文化，无形无体，润物无声。文化建设是一个宏大的命题，是需要一代又一代人持续努力的伟大事业。对于一个城市而言，文化建设必须通过一个一个载体来落实，坚决做到虚功实做。“文化五城”建设，是市委已经确定的推进武汉文化建设的重要载体，以此为抓手，切入文化建设的方方面面，持之以恒地抓下去，必有所获。

读书之城。书香是城市最美的味道。一个热爱读书的城市，必定是有前途的城市。如果在我们的城市，阅读成为人们的习惯、享受，随处可见读书看报的人，将是一种什么样的城市氛围？未来，书的介质会变化，电子的会增加，纸质的会减少，但作为传播知识的书将永远存在。建设读书之城，就是希望阅读成为市民的生活方式，随处都能买书看书，随时都在谈书评书。在繁华的城市商业中心，要找得到书店，不仅卖书，更提供一个阅读的场所、一种阅读的氛围；在一些综合性超市、加油站等，市民能便捷买到最新畅销书、报纸杂志等。要更好地发挥图书馆的作用，学习发达国家的经验，比如：图书馆里有咖啡厅、蛋糕房，一边读书看报，一边享受咖啡糕点，让在图书馆看书成为休闲方式、成为生活享受。要策划一些读书主题活动，比如读书节、书展、文化沙龙、阅读论坛，一年又一年持续不断地办下去，最终形成品牌，形成口碑，形成文化。

博物馆之城。博物馆，连接城市的过去、现在与未来，是认知一座城市的第一本书、第一堂课、第一现场。建设博物馆之城，就是希望我们的市民走进博物馆，直观地认识和感受城市的历史文化。要整合资源，既发展公立性、综合性的博物馆，也鼓励社会各界包括高校、企业家、个人创办各类博物馆；既发展历史文物、收藏品等传统意义上博物馆，也发展行业博物馆，如桥梁博物馆、铁道博物馆、码头文化博物馆、航天博物馆、赛马博物馆，还有汽车、光纤、造船、烟草等民用工业企业，还有市井民俗、民生等社会百态，都可以建成面向社会开放的博物馆。

艺术之城。艺术展现一座城市的气质和情感，没有艺术的城市显得苍白而贫瘠。建设艺术之城，不仅要有好的音乐厅、剧场，还要有顶级的艺术大师、作品和顶级的艺术盛事。我们的琴台音乐节、杂技节如果能办成维也纳新春音乐会、蒙特卡洛国际杂技节那样世界级的艺术盛事，武汉以及武汉艺术的影响力也一定是世界级的。所以，我们要集中精力、持续不断地打造哪怕一个在国内外有影响的汉派艺术节会精品。建设艺术之城，还要让市民亲近艺术，让公园、绿地、广场等城市公共空间都成为艺术的展示地，整座城市都弥漫着艺术的芬芳。

设计创意之城。创意设计引领潮流，彰显城市个性，美化市民生活。我们建设设计创意之城，不仅要推动武汉设计、创意产业发展，更重要的是通过风格独具的设计与创意，充分展示武汉的地域文化精髓，彰显城市文化特色。我们在工程设计、传媒出版、数字创意、时尚设计等方面有传统优势，要借助优势产业和品牌，融入具有鲜明武汉特色的文化元素，彰显武汉文化个性魅力。举办武汉国际时装周、武汉设计双年展等活动，向外界展示我们的文化理念，让“武汉设计”和“武汉创意”引领时尚潮流。同时，让创意设计走出设计师的工作室，融入普通市民生活。让市民周末有机会去看各类设计展览，闲暇时能拿起画笔挥洒创意，在创意园区能淘到创意用品，让市民的生活细节变得创意盎然。

大学之城。主要是要实现大学与城市发展的深度融合，建设“大学的城市、城市的大学”。我前面已经说过，这里就不再展开讲了。

“文化五城”建设需要发挥名人名家的重要作用，也必将催生和集聚更多的名人名家。一个城市往往会因为一两个名家、或是一两部名作而声名远播。我们要培育更多、影响力更大的文学、美术、音乐等艺术名家大师，充分发挥他们的才干，提供场所展示他们的作品，来提升武汉文化的影响力。邀请更多的世界级文化艺术大师“看武汉”、“写武汉”、“拍武汉”，向全世界宣传和推介武汉。要为名人名家的成长，提供宽松的环境，尊重规律，给予更多的宽容和帮助。如果能做到这些，我们一定能够看到越来越多的武汉名人名家，在世界文化艺术舞台上大放光彩。

“文化五城”建设，是我们把文化虚功做实的一个途径。但文化建设不止于此，随着物质生活水平的提高，市民对精神文化生活会有更多期待，这需要通过我们的努力，一步一步拓展，把“五城”变成内涵更多、更丰富的“文化之城”。

（八）关于国际化

开放，是时代的主旋律。历史上，大武汉主要大在开放上。现在，武汉与沿海先进城市的差距主要差在开放上。展望未来，武汉一定要大踏步走向世界。武汉建成国家中心城市后，最重要的历史使命就是进而建设国际化大都市。我们从现在起，必须以更宽的视野、更大的决心、更大的力度推进对外开放，加速城市国际化进程。

积极融入全球产业与贸易分工体系。对外开放、引进外资，是改革开放以来我们取得今天成

就的重要经验。当前，国际需求不振，国际竞争加剧，我们要以更加谦虚的态度，创造更好的环境，大力引进代表国际先进水平、对产业升级有重大带动作用的外资大项目，着力吸引发达国家和世界 500 强企业来汉投资，把武汉打造成为集聚国际高端资本、技术、智力等要素资源的战略要地。我们要改变在国际贸易体系中处于末端的状况，更加注重高端物流资源集聚和高端物流功能塑造，大力引进国际贸易和国际物流龙头企业，争取建设成为全球供应链管理重要功能节点。同时，我们还要坚定地支持本土企业“走出去”，更多地利用国际国内两种资源、两个市场，培养本土跨国公司。

全面深化国际交流与合作。交流增长见识，增进共识，赢得机遇。我们要把融入国际分工深植于全方位多领域的国际交流与合作中。我们要深化与现有友好城市交流合作，结交更多的友好城市，丰富交流内容，拓宽合作领域。积极申办国际会议、国际体育赛事、国际论坛。要培育一批热爱武汉、心怀全球的民间交流大使，支持包括艺术家、旅行家、探险家在内的社会各类人士，成为国际人士，增进往来，传播友谊。

精心营造提升国际化水平的条件和环境。首先要解决通达性问题，重点是航空。我们要着力加强与世界各大城市的直接沟通与联系，从战略的高度提升对开通国际航线、加密航班重要性的认识，以更大的耐心、更大的投入培育国际航线。要促进更多的国家开设领事馆和办事机构。要建设一批国际社区、国际医院、国际学校、国际商务楼宇，要有意识地引进地道的异国餐饮和文化体育娱乐场所，让外国人在武汉住得舒适、吃得开心、玩得高兴。要进一步培育全社会的对外开放意识，更多地引入国际标准、国际规则、国际标识，兴办更多的外文报纸，开设国际频道、网站，培育浓厚的对外开放文化氛围。

“武汉 2049”命题博大，能力有限，抛砖引玉，以期达成共识，更重要的是进一步激发全市人民对武汉的热爱。

城市因梦想而伟大，有梦想谁都了不起。复兴大武汉，是我们每个武汉人共同的梦想。我相信，只要我们矢志不渝、齐心协力、全力以赴，通过一代又一代人的努力，一定能实现大武汉的全面复兴！

全面复兴大武汉　阔步迈向 2049

——关于武汉未来发展几个问题的认识与思考

武汉市市长　唐良智

（2013 年 11 月 30 日）

一

为期三天的“武汉 2049”专题研讨会，是一场未来与现实的对话，也是一场机遇与挑战的对话，更是一场发展与责任的对话。

成发书记作了《实现大武汉的全面复兴——我心中的“武汉 2049”》的动员讲话，激情描述了对武汉未来的美好憧憬，重点从人口、科技创新、产业发展、交通、城市规划建设、生态保护、文化、国际化等八个方面，分析阐述了我们“不做什么”、“要做什么”，高屋建瓴、内涵深刻，鼓舞人心，对我们谋划好“武汉 2049”，具有很强的指导性和针对性。我们要认真学习领会，加以贯彻落实。

各位专家学者围绕“武汉 2049 远景发展战略”的主题，作了精彩的专题报告，高瞻远瞩、定位导航，真知灼见迭出、智慧之光闪烁，使我们通往“武汉 2049”的前进之路更加亮堂！

同志们和市民代表主动思考、畅所欲言，从不同角度、不同领域，围绕“武汉 2049”进行了系统深入的研究探讨，体现了高度的城市主人翁意识和责任担当。

大家的研讨，穿越时空隧道，上下五千年，跨越五大洲；从远古讲到 2049、又回到 2013，从“天上”讲到“地下”，从国内讲到国外；从经济、科技讲到社会、文化，从城市建设管理讲到民生改善，涉及方方面面。各种思想、各种理念交融碰撞，新理论、新知识、新观点层出不穷，涌现了一系列对城市发展具有重要启示意义的新思路，演绎了一场精彩纷呈的“头脑风暴”。

在此，我谨代表市委市政府，向各位专家学者和同志们，表示衷心的感谢！

二

这次研讨会开得非常成功，是一次解放思想、开拓创新的会议，一次凝心聚力、团结鼓劲的会议，取得了预期效果，实现了预期目标。

归纳起来，主要有四个方面的收获：

一是突破了思想的“天花板”，视野更开阔。通过研讨，我们对世界发展格局有了更深入了解；对中国改革发展的新走向，有了更准确把握；对现代化大都市的发展路径，有了更全面认识。我们站在“世界屋脊”看武汉，跳出武汉看武汉，立足现实看未来，把武汉发展放在全国、全球格局中来谋划，提高了战略思维、创新思维、辩证思维的能力和水平。

二是描绘了未来发展的“路线图”，头脑更清醒。通过研讨，明晰了武汉在全球坐标系中的定位和走向；进一步厘清了“不做什么”、“要做什么”，避免走弯路，犯方向性错误；避免急功近利，造成对城市的伤害；避免错失良机，成为历史罪人，留下遗憾。

三是凝聚了共识，信心更坚定。我们对着眼长远、谋划“武汉 2049”的必要性和重要性，对武汉未来发展愿景，对远中近期城市发展的方向、路径和措施等重大问题，形成了广泛共识；对未来的憧憬更加美好，对城市的发展充满信心，集聚起强大的正能量。

四是引起了社会热议，激发了市民的热情与畅想。一些专家学者畅想，2049 的武汉，将像伦敦那样，打造更有活力的城市中心；像东京、巴黎那样，有更高效的交通网络；像新加坡那样，生态框架更加绿色；像纽约、芝加哥那样，公众可享受更宜居宜人的社区。一些天真烂漫的孩子，用富有童真的想象，画出了梦想中 2049 的大武汉：诞生了“充气房屋”，可以让人们飞上空中居住、旅行；那时的大楼直冲云霄，每一层都有智能手臂，如遇火灾、空袭，可以几秒钟把人安全送到地面；人们搭乘飞行器，前往任何想去的地方；小汽车都靠阳光发电，不用担心空气污染，等等。尽管大家畅想的答案各不相同，但表达的都是同一个心愿：2049，我们的城市更美好、生活更幸福。

这次研讨会，使我们思路更清晰，心里更明亮：站在新的维度谋划“武汉 2049”，就是要以历史的眼光，把握发展规律，顺应发展趋势，抓住发展机遇；要坚持阶段论思维，树立大中小时空观，处理好远中近关系；要坚持实践与认识相统一，在实践中不断完善发展思路，做到既放眼未来，又立足实践，既“埋头拉车”，又“抬头看路”。

三

通过研讨，我们对事关城市长远发展的重大问题，有了更清醒的认识。归纳起来，需要重点把握好 7 个方面。

（一）城市的价值

城市是人类最伟大的发明，寄托着人们对未来最美好的希望，推动着人类的文明进程。从乡土社会到城市社会，是人类社会的文明进步。

“城市，让生活更美好”，道出了城市发展的真谛。城为民建，市为民享。城市的意义在于关心人、陶冶人、发展人，让我们变得更加富有、智慧、绿色、健康和幸福。

以人为本，提升人的生活质量、实现人的全面发展，成为现代城市的价值取向。马斯洛需求层次理论把人的需求分为生理需求、安全需求、归属需求、尊重需求和自我实现需求五类，表明人的需求是一个从低级向高级发展的过程。这在某种程度上契合了城市价值实现的三个阶段，即满足人们衣食住行的基本需求、提供就业和发展机会、实现自我价值。

生活质量是城市价值的核心。尽管人类在不同文明时代、不同发展阶段对城市价值追求的重点和具体内涵有所不同，但城市所能提供的最基本价值是不变的，即为人们提供安全、方便、文明、富裕和有机会、有尊严的生活。这是城市生活与人类其他居住方式最本质的区别，其最终指向是不断提高人的生活质量。

生活质量是以人为本和人文关怀最重要的体现。生活质量体现在衣食住行、生老病死、安居乐业等方方面面，是检验城市价值的基本标准。

经济发展水平决定生活质量，城市公共服务提升生活质量，城市文明程度影响生活质量，三者与生活质量呈正相关效应。

一切从生活质量出发，规划、建设、管理好城市，最大限度满足市民多层次、多样化、个性化的物质与精神需求，这是城市发展的要义和价值追求。

文化软实力是城市价值提升的重要标志。城市是文明的产物。如果将经济比作城市的血肉，那么文化则是城市的灵魂。每一座城市都有自己独特的历史和文化、鲜明的个性和表现符号，以及因之散发出的精神特质。

文化，是人的精神守望和精神家园。文化涵养人、塑造人，提升公众素质和文明程度，营造良好的社会风尚，培育城市的品质。

一个城市有好的文化，才有持续发展的动力和鲜活生动的灵气。没有好的文化，充其量只是钢筋、水泥的堆砌物，必然是平庸的城市。

现代化大都市是文明交融和多元文化交流的中心，引领世界文化潮流，是硬实力和软实力的高度统一体。比如，伦敦是世界文化名城，有1000 个以上的剧场，艺术、娱乐形式应有尽有；巴黎是世界时尚文化之都；纽约的百老汇是音乐剧的代名词、艺术家的朝圣地。

武汉是中国历史文化名城，是中华知音文化之根、楚风汉韵之地、白云黄鹤之乡，三国文化、首义文化、商贸文化等交相辉映。我们要彰显城市文化底蕴，主动融入世界文化，提升城市文化品位，努力把武汉建设成地域文化特色鲜明、多元文化融合发展的现代文化之都。

大学是城市的文化高地和智慧殿堂。有什么品质的大学，就有什么品位的城市。武汉是一座教育名城，拥有普通高校 80 所，在校大学生 130 万，居世界城市之首。这是我们最宝贵的科教资源和文化财富。校依城而立，城因校而兴。我们要全力支持在汉高校建设，加快推进大学与城市融合式发展，在提升大学品质中提升城市价值，早日建成世界闻名的“大学之城”。

走向生态文明是实现城市价值最大化的必由路径。什么样的城市才是最好的城市？最好的城市就是最适宜就业、最适宜居住、最适宜发展的高品质价值空间。

工业文明的发展创造了丰富的物质财富，给城市带来了空前的繁荣。但是传统工业文明造成的生态问题，影响了人类的生活质量和幸福，威胁到城市的可持续发展。

生态文明源于工业文明，又高于工业文明，是对工业文明的发展与超越。生态文明不仅能满足人们对农产品、工业品和服务产品的需求，又能满足人们对清新空气、清洁水源、舒适环境、宜人气候等生态产品的需求，将人的生活质量提升到一个全新水平和境界，最能体现城市的价值。

在工业文明基础上，跨入生态文明新时代，是现代城市发展的必然要求。西方发达国家和城市，面对传统工业文明造成的环境污染和生态赤字，在工业化后期，着手解决环境问题，加大污染治理力度，大力发展循环经济和绿色经济，步入生态文明之路。为治理好泰晤士河，英国先后花了120年时间，耗资600多亿美元；为治理好琵琶湖，日本花了近40年时间，耗资近200亿美元。

走向生态文明，就是“既要金山银山，又要绿水青山”，走资源消耗最小化、环境损害最低化、社会经济效益最大化的绿色发展、循环发展、低碳发展之路，实现人与自然、人与人、人与城市的和谐共生。

我们必须树立尊重自然、顺应自然、保护自然的生态文明理念，把生态文明建设放在突出地位，加快打造美丽江城。要保护生态本底，构建“500米见绿、1000米见园、2000米见水”的生态景观体系，彰显山水相间的大气之美、灵秀之美，让市民享受更多绿色福利。

点线面结合建设城市绿地生态体系。按照“生态园博、绿色生活”理念，高水平建设园博园，精心组织举办好第十届中国国际园林博览会。建设张公堤城市森林公园，实现变废地为宝地、变灰带为绿带，打造城市生态“绿肺”和市民休闲乐园。提升九峰山等城郊森林公园生态功能。建设覆盖全市、总长2200公里的绿道网络系统。继续推进江滩防洪与环境综合整治建设，打造“百里滨江画廊”。建设龟山“城市阳台”，打造俯瞰三镇美景、揽胜两江四岸的城市标志性景观。

打造独具魅力的“东方水城”。水是生命之源、生产之要、生态之基。大江大湖大武汉，水域面积占市域面积的1/4。丰富的水资源，是大自然给予我们的珍贵馈赠。我们应用心守护，保护水生态，实施大东湖生态水网、汉阳“六湖连通”、金银湖水网“七湖连通”等水生态修复工程，实行最严格的水资源保护，建设水景观，以一城清水，筑牢生态武汉之基。

人的自我实现是现代城市的最高价值所在。城市价值是渐进累积形成的，是历史价值、当前价值和未来价值的统一，是有形价值与无形价值的统一，更是满足人的基本生活需求和人的自我实现需求的统一。

现代城市，就是要满足人的自由和自我实现需求。哲学家在这里能找到对话者，艺术家在这里能找到创作的场所，思想家能在这里成为巨匠，诺贝尔奖获得者有可能在这里诞生。每一个劳动者，都能在这里找到自己的位置，最大限度地发挥自己的潜能，体现自己的价值。实现人的自由和全面发展，已成为现代城市内涵式发展和包容性增长的重要标志。

最近，旧金山市长李孟贤的一篇微博，发布的是他给“蝙蝠娃”迈尔斯颁发“城市钥匙”的照片。5岁的迈尔斯出生18个月就患上白血病。他有个心愿，当一个“蝙蝠侠”式的英雄。李孟贤得知后，就发动市民帮助迈尔斯，一万多名志愿者帮助迈尔斯实现了心愿。这就是一个现代城市满足人的自我实现的生动事例。武汉也有很多身残志坚、成就事业的典型，表明我们这座城市努力让人们实现自我价值，也是一座伟大的城市。

城市不是用来观赏的风景，而是人们的幸福家园。改革也好，发展也好，最终目的都是为了人，为了不断提高市民的生活质量。我们要把提升城市价值，贯穿到城市发展的每一个细节中。

到2049，建成文化武汉、生态武汉、品质武汉，成为最有价值的城市。

（二）城市的经济

城市的起源大体有两种：一是基于军事政治需要而建筑的城垣；二是基于集市贸易兴旺而催生的市镇。先市后城，以市带城，是一般的规律。

武汉这座城市的起源就是很好的印证。

武昌，因武而昌。三国时期，东吴孙权在地势险要的蛇山上建筑夏口城，成为著名的军事要塞，这也是武昌城的发端。南北朝、宋朝时期，一直是军事要地。元朝时期，行政区划由鄂州路更名为武昌路，武昌的地名沿用至今。此后，武昌城逐渐由军事重镇，演变为区域政治文化中心。黄鹤楼起初是夏口城的军事瞭望塔，唐朝时，逐渐演变为著名的名胜景点和文人墨客吟诗作画的文化名楼。

汉口，因市而兴。明朝时期，汉江改道，汉阳一分为二，汉水之南为汉阳，汉水之北为汉口。因得舟楫之便，汉口成为码头林立、商贾云集之地，成就了“十里帆樯依市立，万家灯火彻夜明”的商贸盛景，与广东佛山镇、江西景德镇、河南朱仙镇并称为“天下四大名镇”。汉正街自明朝嘉靖年间起，就一直是汉口的主要街市和商业中心。可以说，没有大码头，就没有大汉口。

城市的活力，源于经济兴盛带来的发展动力。经济是城市发展壮大的前提和基础，是城市竞争力的核心所在。优势突出的现代产业支撑，是现代城市的首要特征。

特别是现代化大都市，都是经济实力雄厚的城市，都是产业发达、业态高端的城市，其产业发展有几个突出特征：

雄厚的先进制造业始终是现代化大都市发展的重要经济基础，现代化大都市也始终是先进制造业集聚和发展的中心。从纽约、伦敦、东京和巴黎的发展历程看，现代化大都市中心地位的确立，都有赖于早期制造业的快速发展。它们均选择了工业化带动城市化的基本成长路径，并成为世界工业革命的先锋。虽然后来由于外部环境变化和产业结构升级，这些城市的制造业比重趋于下降，但制造业仍然是现代化大都市经济的重要组成部分。纽约是美国仅次于芝加哥和洛杉矶的第三大工业城市，繁华的曼哈顿区是世界上最重要的服装制造业中心之一。2008 年，全球 500 个城市制造业竞争力排名中，东京、伦敦、纽约和巴黎依次占据第一到第四位。作为一个综合性的现代化大都市，不应该也不可能成为一个纯消费性城市，其制造业始终不可或缺。

工业化任务完成后，现代服务业成为现代化大都市的主导产业。现代化大都市都拥有发达的第三产业，第三产业的比重都在 70%以上。2005 年，东京服务业产值占 GDP 的 86.50%。经济高度服务化，聚集高端企业总部，是现代化大都市的重要支撑条件。

金融业、商务服务业、科技服务业、信息服务业、文体娱乐业和教育培训业等六大行业，是现代化大都市服务业的核心产业，也是现代服务业发展的主动力。这六大现代服务行业的产业群，主要集中于现代化大都市的中心区域和中央商务区。

对现代化大都市而言，现代服务业不仅是自身产业结构不断升级的助力器和催化剂，更是参与全球分工合作、面向全球服务、体现全球价值的有效工具和载体。现代化大都市对全球经济的控制力和影响力，主要体现在现代服务业集聚辐射功能上。

现代化大都市产业体系重组和产业结构升级，是一个逐步演变的过程。在现代化大都市的产业发展进程中，工业比重呈现上升、稳定、下降的“倒 U 型”发展趋势。在工业化和城市化初中期阶段，工业比重呈现出逐步上升的态势。当经济发展到一定水平，工业比重趋于稳定。在工业化中期向后期过渡阶段，制造业、服务业发展并重，二者加速融合，突出表现在生产性服务业快速发展上。在工业化后期，工业比重逐步下降，服务业比重逐步上升。在工业化任务完成后，服务经济占主导地位。以伦敦为例，20 世纪初，伦敦第二产业的比重一度超过 50%，此后一段时期一直稳定在 40%以上，1951 年，仍然达到 42%。20 世纪中期，伦敦服务业比重开始超过50%，并逐步上升，成为主导产业，目前比重超过80%。

没有强大的产业，没有雄厚的经济实力，就不可能支撑一座发达的城市，更不可能成为现代化大都市。昨天，全球知名城市专家、美国哥伦比亚大学教授萨斯基亚·萨森在专题报告中，把全球比作一张充满各样路径的网格，把一座城市成为一个行业的国际枢纽，称之为掌握了一项“全球通路”，一座特定城市可能位于多个“全球通路”上。她讲的“通路”，就是城市个性的差异化，以及专业化发展的能力。一座城市要成为现代化大都市，成为区域中心、国家中心，乃至全球中心，就必须在产业的某个领域或者多个领域，成为区域的通路、国家的通路、全球的通路，成为产业链中不可或缺的一环。

我们要加快构建现代产业体系，提升经济的实力和影响力。深入实施“工业倍增”计划，打造大光谷、大车都、大临空、大临港四大工业板块，建设全球重要的光电子信息产业中心、“中国车都”、华中地区重要的石化产业基地。大力实施服务业升级计划，建设全国重要的物流中心、会展中心、工程设计中心、中部时尚消费中心和区域性金融中心。建设以武汉中央文化区、王家墩中央商务区、汉正街中央服务区为代表的一批具有国际水准的现代服务业集聚区。

到2049，努力使武汉成为具有全球影响力的高端制造业和都市工业高度聚集的先进制造业中心，外部效应较高的现代服务业中心，打造具有全球价值的经济强市、财富城市。

（三）城市与科技

科学技术是第一生产力。特别是随着知识经济、信息经济时代的到来，科学技术越来越成为推动经济社会发展的主要力量。

每次科技革命都促进了经济社会的大发展，并造就一批杰出的城市。每次科技革命到来和世界经济进入新一轮高速增长期，必然会在经济增长最快的地区，迅速出现一批颇具实力的城市，并连绵成为城市群。巨大的经济增量所产生的集聚效应和辐射作用，使得城市群中规模最大、实力最强的中心城市，发展成为具有巨大国际影响力的城市。

第一次科技革命：以18世纪末蒸汽机的发明和应用为主要标志。主要成果包括：瓦特的改良型蒸汽机、富尔顿的蒸汽轮船、史蒂芬孙的蒸汽机车。人类进入“蒸汽时代”。

这次科技革命以机器大生产代替了工场手工业，使社会生产力发生了革命性变化，造就了伦敦、曼彻斯特等世界城市。1851年伦敦举办了第一届世界工业博览会，展出大量新产品和新技术，向全世界展示了在工业和技术方面的领先地位。雄厚的工业基础，也有力支撑了金融和贸易的发展，伦敦也成为国际金融中心和国际贸易中心。曼彻斯特是世界工业革命的发源地。纺织工哈格里夫斯发明了珍妮纺纱机，第一家棉纺织厂在曼彻斯特诞生。1789年蒸汽机开始代替水力装备纺织厂，曼彻斯特棉纺业发展得更为迅速，成为世界棉纺工业之都。

第二次科技革命：以19世纪中后期化工技术的发明与应用为主要标志。主要成果包括：化肥工业的诞生、人工合成染料、制药工业的诞生、安全炸药。人类进入“化学合成时代”。

这次科技革命，造就了巴黎、布鲁塞尔等一批世界城市。巴黎是当时世界化学的中心，那里聚集着发现了气体化合体积定律的盖吕萨克、发现了三氯化氮的杜隆等一大批世界著名化学家。德国人李比希，也在盖吕萨克的实验室深造，后来他成为化肥的发明者。

第三次科技革命：以电力技术的广泛应用为标志。1866年，德国工程师西门子发明了自激式直流发电机。1870年，比利时发明家格拉姆发明电动机，电力开始代替蒸汽动力。1879年，美国发明家爱迪生发明了电灯。1882年，法国学者德

普勒发明远距离输电方法，扩大了电能的利用范围，同年，爱迪生在纽约建立了第一个火力发电站。

电力作为方便、廉价的新能源，带动了一系列以电为主的新兴工业发展。人类历史从“蒸汽时代”迈入了“电气时代”。

电气技术的兴起，一方面引发了动力革命，另一方面也激发了通讯革命。1876 年贝尔发明了电话机，1891 年斯特罗杰制成了电话交换机，从此电话进入普及阶段。

第三次科技革命另一项具有重大意义的技术发明是内燃机。1886 年，德国人奥托研制成功内燃机。

电力技术和内燃机的发明，带动了汽车、飞机等行业的快速发展。1886 年，卡尔奔驰制造了第一台汽车。1903 年，美国莱特兄弟制造了第一架飞机。

第三次科技革命，使美国、德国成为世界经济强国，同时也造就了纽约等世界级城市。

第四次科技革命：以 20 世纪中后期原子能、电子计算机、空间技术和生物工程的发明和应用为主要标志。这是一场涉及信息技术、新能源技术、新材料技术、生物技术、空间和海洋技术等诸多领域的技术革命。特别是电子计算机，以及各种“人—机控制系统”的发明和广泛应用，使生产、办公和家庭生活自动化成为可能，人类进入信息时代。

第四次科技革命，造就了美国旧金山、日本东京等世界城市。20 世纪 60 年代中期以来，随着微电子技术高速发展，旧金山硅谷逐步形成发展起来。硅谷拥有斯坦福大学、加州大学伯克利分校等世界知名大学，以及思科、英特尔、惠普、苹果等大公司，融科学、技术、生产于一体，是全球科技创新中心和高科技人才中心。

从历次科技革命演化的历史轨迹来看，技术扩散越来越快、周期越来越短。世界第一台蒸汽机出现于 1698 年，瓦特发明改良型蒸汽机是 1776 年，武汉直到 1840 年才引进第一台蒸汽机，时隔七八十年；世界第一台自激式直流发电机出现于 1866 年，武汉第一座电厂由英国商人于 1905 年开办，时隔三四十年。在前三次科技革命中，武汉虽然只是被动地引进，但引进的时间逐渐缩短。到第四次科技革命，我们不仅仅只是引进，而且参与到以信息技术为代表的科技研发制造中，实现与世界科技发展同步，部分领域达到国际顶尖水平。

光通信技术是第四次科技革命的一项重要成果。1966 年，美籍华裔科学家高锟首次提出用玻璃纤维作为光波导体进行通讯的理论，引起了世界通信技术的革命。后来，他也因此获得诺贝尔物理学奖。10 年后的 1976 年，武汉邮科院赵梓森院士团队拉制出了中国第一根光纤。1982 年，武汉邮科院又成功研制了我国第一套光传输系统。前不久，武汉邮科院再次取得重大技术突破，实现在一根光纤上可同时容纳 16.2 亿人双向通话，标志着我国在超高速、超大容量、超长距离光传输领域的研发方面达到国际领先水平。目前，全球掌握这一技术的国家仅有美国和日本。

应该说，在第四次科技革命中，武汉在光通信领域抓住了机遇，占据了自己的一席之地。面向未来，我们有信心在其他领域攀登世界科技高峰，引领城市崛起。

上述现代化大都市的发展过程表明，科技革命与现代化大都市的形成和发展有着密切的关系。

当前，世界正处在新一轮科技革命的前夜，科技创新的重大突破将改变未来。新一轮科技革命，会在哪些领域发生呢？在哪些领域可能发生重大突破呢？应该在哪些领域进行前瞻性部署呢？这些都是非常重要的问题。

中国科学院历经一年的研究表明，未来在六大领域，孕育着新科技革命的重大突破口。

——宇宙演化、物质结构、意识本质等一些基本科学问题领域。比如，在物质结构方面，随着科学家能够对单粒子和量子态进行调控，量子计算、量子通信、量子网络、量子仿真等领域将实现变革性突破，也可以成为解决人类对能源、环境、信息等需求的重要手段，其意义不亚于量子力学进展导致的20世纪信息革命。

——能源与资源领域。一方面，大规模开采页岩气等先进油气田勘采技术的突破，可延长化石燃料的开采年限，甚至开发出煤层甲烷、可燃冰等新的能源。另一方面，可再生能源将逐步代替化石能源，成为人类社会可持续发展的基石。开发新的化石能源和开发利用可再生能源，可能未来很长一段时间会同时存在。欧洲研究报告预测，到2050年，全球一半的能源需求将通过可再生能源来满足。

——网络信息领域。集成电路正逐步进入“后摩尔时代”。计算机逐步进入“后PC时代”。互联网将进入“后IP时代”。云计算和大数据成为未来IT发展趋势。信息技术和产业正在进入一个转折期，2020年前后可能出现重大的技术变革，从而给产业和人类生活带来深刻变化。

——先进材料和制造领域。智能制造从分子层面设计、制造和创造新材料，将产生爆炸性的经济影响。如，3D打印技术可支持按需生产，大幅降低制造商库存产品的成本，减少产品制造过程中的大量材料浪费，能打印传统技术难以制造或不可能制造出来的产品。石墨烯等新一代材料的发现和应用，可以改变生产、生活的很多方面。目前，很多国家正在加大研发投入，推动商业化。

——农业领域。生物多样性演化过程及其机理，营养、土壤、水、光、温度与植物相互作用的机理和控制方法，以及分子育种等方面的突破，将能够保证农业生态高效和可持续发展。

——人口健康领域。预计本世纪中叶，全球人口将达80亿—100亿。人类不仅面临传统传染病新的变异和传播，还面临各种新的疾病的挑战。通过疾病早期预测诊断与干预、干细胞与再生医学等研发，可以攻克影响健康的重大疾病，将预防关口前移，走一条低成本普惠的健康道路。

在上述6个领域中，任何一个领域的突破性原始创新，都会引发新的科学革命；任何一个领域的重大技术突破，都有可能引发新的产业革命，为世界经济增长注入新的活力，引发新的社会变革，加速现代化和可持续发展进程。

即将出现的新一轮科技革命和产业变革，与我们转变经济发展方式形成历史性交汇，为我们加快科技与经济发展提供了重大机遇。

我们要科学判断世界科技创新的发展趋势，抢抓机遇，发挥武汉科教实力雄厚、创新资源丰富的优势，以自主创新能力提升计划为抓手，大力实施创新驱动发展战略，在新一代信息技术、智能制造、生物医药、新能源、新材料、节能环保等领域，加强科技研究、抓紧产业布局，抢占未来发展制高点；全力推进东湖国家自主创新示范区建设，加快打造世界一流高科技园区和享誉世界的光谷。

到2049，使武汉成为具有全球影响力的高技术创造中心、新兴产业生成中心、创新文化培育中心、战略性新兴产业高地，在新一轮科技革命中，实现城市崛起。

（四）城市的空间

空间格局是城市发展的基本骨架，是城市发展战略在空间上的具体体现。实施科学的城市空间发展策略，是推进城市发展和转型提升的战略需求。

要把握城市空间演化发展的一般规律。全球城市发展史表明，城市演化一般都遵循“中心城区增长—郊区化—大都市区化”三大典型阶段。

“中心城区增长”阶段的主要特征为：城市在经济、科技、文化等方面的吸引力，使得人口和经济活动由农村向城市集中；城市规模由小到大，逐级递进；城市周边地区发展迟缓，城市的空间布局以单中心为主。

“郊区化”阶段的主要特征为：随着中心城区人口产业高度集中，有限的城市空间开始出现饱和现象，住宅紧缺、环境污染、交通拥堵等“城市病”凸显，增加了城市发展的额外成本，城市的规模出现边际效益下降。相形之下，郊区开阔的空间和宜居的环境等比较优势开始显现，人口和产业逐步从中心城区向郊区迁移，郊区成为新的重要就业中心。特别是工业园区、办公区和购物中心在郊区的规划建设，为发展新的城市创造了条件。大城市的空间形态也向中心城区四周延伸。

“大都市区化”阶段的主要特征为：交通通信设施的完善，为城市相对分散发展创造了条件，使得郊区和周边地区出现了大量新兴城市，中心城市与周边城市共同构成了不同地域分工、不同空间层次、不同景观特征的高度城市化地区。

城市空间演化规律，体现了城市的极限。每个城市都有一定的承载极限，包括建设用地规模和结构、人口密度、交通设施、城市安全、环境保护等方面。判断一座城市的承载极限究竟有多大，有两个重要指标：一个是“硬约束”，即资源环境的约束；另一个是“软约束”，即政府提供公共服务产品的能力。一旦超过这些极限，必然导致一系列“城市病”。城市要突破极限，实现持续良性发展，必然向郊区化、大都市区化演化。

要把握优化空间布局这一现代化大都市发展的新趋势。几乎所有的现代化大都市都遭遇过“大城市病”。为此，伦敦、东京、首尔等城市都进行了大规模的新城建设，疏散中心城区的人口和功能。

1944 年，英国规划大师艾伯克龙比，主持编制了“大伦敦”规划，将伦敦市划为内环、近郊、绿化、外环 4 个同心圈层。外环以外，是 11 个 6 万至 8 万人口规模的卫星城，可容纳从内环疏散的 100 万人口和工业企业。规划的实施，为伦敦建设成为世界城市奠定了基础。这一规划也成为全球城市效仿的经典案例。

20 世纪 60 年代以来，日本在东京周边地区相继建设了筑波学园城市、多摩新城、新宿、涩谷等 10 多个新城，分别承担不同功能，成为东京的区域性中心。

武汉的城市空间发展，正处于“郊区化”、“大都市区化”叠加期，必须推进空间战略调整和布局转型。当然，叠加期的判断不一定准确，是个人观点。我们不仅要研究城市内部结构，而且要研究城市外部结构。要根据城市演化的一般规律和武汉城市化所处阶段，推进“圈层联动、一体发展”，强化武汉作为核心城市的极化效应。

在市域层面，构建“3+N”城市发展格局。中心城区，推进汉口、武昌、汉阳三镇建设相对独立的市政基础设施体系，完善公共服务体系，形成“三镇三城”。新城区和功能区，按照“独立成市”理念，各自建成功能完善、特色鲜明的现代化新城。中心城区与新城区发展并重，实现由“单中心”向“多中心”的空间战略转型。“3+N”，可能是“3+6”，也可能是“3+9”。

在省域层面，推动形成“武汉大都会”格局。积极参与“1+8”武汉城市圈建设，推进基础设施、产业发展、区域市场、城乡建设、生态保护“五个一体化”，促进“1+8”融合发展，打造中部崛起战略支点的核心支撑。

在区域层面，培育“大武汉都市圈”。加快武汉与长江中游城市群各城市的空间整合与对接，促进经济、科技、交通等多方面的融合发展，打造中国新的经济增长极。

到 2049，通过城市空间战略调整和空间布局转型，形成“3+N”的多中心城市内部空间、“1+8”的“武汉大都会”、“中三角”、“大武汉都市圈”战略空间。

建筑是城市空间的立体投影和构成要素，是与每个人最紧密相关的空间。它是凝固的音乐、有形的语言。一座富有创意的建筑，往往是一件伟大的艺术品，成为城市的永恒地标和人们的向往之地。巴黎的埃菲尔铁塔、伦敦的大本钟、悉尼的歌剧院、旧金山的金门大桥、台北的101大厦、上海的东方明珠，无一不是建筑艺术的经典之作。提到这些城市，人们首先想到的就是个性突出的标志性建筑。这些年，武汉也建成了一批精品力作和地标性建筑，比如，V字造型的辛亥革命博物馆、形似白鹤的武汉火车站、状如莲花的国际博览中心、演绎“高山流水遇知音”的琴台音乐厅、堪称现代版“清明上河图”的楚河汉街、象征政府与市民“手牵手”的“市民之家”，等等。

考量一座建筑，可以有三个维度：实用美、个性美、整体美。

实用美，追求的是建筑的功能性。这是建筑首要的、基本的价值。上古时期，我们的祖先为了避风雨、御寒暑，结草为庐、架木为屋，最初的建筑即源于此。

个性美，追求的是建筑的独特性。就是不能千篇一律、千楼一面，只有房子之形，没有建筑之魂，缺乏唯一性、文化性。

整体美，追求的是建筑的协调性。在平面布局、立面造型、色彩体量上，必须与周边环境相融合、相统一，实现“建成一个建筑、形成一处风景”。

好的建筑，既能够为人们提供使用功能，又能够为人们提供美学享受。特别是随着人类文明的进步，建筑的价值取向发生了深刻变化，人们追求的不仅仅是居住和使用，更多地关注审美和观感。我们要用美学的观点，从艺术的角度，指导、审视城市空间塑造和建筑构造，促进建筑功能性与审美性的完美融合，留下更多百年传承的建筑经典，展示城市的大气与厚重，为历史留下赞叹，为后代留下传世佳作。

（五）城市的基础设施

城市基础设施，是维系城市正常运行和健康发展的物质基础。构建现代化、高品质的基础设施体系，是一座现代化城市的重要功能支撑，是提升城市竞争力、影响力的重要基础条件。

现代化大都市，除了拥有强大的综合经济实力外，都有一流的城市基础设施作支撑。

从某种意义上说，一部城市发展史，就是一部城市建设史。畅达的交通基础设施、高效的市政基础设施，强壮了城市骨架，畅通了城市血脉，支撑着现代城市的发展。

城市的建设水平，在一定程度上决定了城市的发展水平。纽约建有高度发达的城市交通基础设施体系。轨道交通拥有线路26条、总长1142公里，490个车站遍布全市，24小时运行；地面公共交通线路总长达3000多公里，弥补了轨道交通未能照顾到的“枝节”地区。巴黎以完善的地下管网系统闻名于世。早在19世纪中期，就在地下50米深处建造了平均宽度3米以上、总长2350公里的地下管网。

城市基础设施建设是百年大计，必须登高谋远、超前谋划。

城市基础设施建设的思路、眼界、气魄和水平，往往决定一个城市的未来。

武汉两江分割、三镇鼎立，湖泊众多，地质结构复杂，城市基础设施一旦形成很难改变，建设失误将导致城市运行成本剧增。

每一位城市规划者、建设者，都要有长远思考、战略思维，不仅要看到2049，还要看到50年乃至100年以后的城市发展。这应该成为大家的自觉和共识。比如，解放大道修建之初，不少同志认为修35米宽就足够了；建60米宽，有些浪费土地。后来，市政专家经过测算认为，50年或100年后解放大道车流量将会很大，如果宽度不够将无法满足交通发展需要，甚至需要不断拆迁、拓宽，到时候成本会很高。最终，市委市政府采纳了专家的方案。现在回过头来看，当初的决策是有战略眼光的。再如，关山大道原来叫关

山一路，是当年苏联专家设计的，修建了 70 米宽，当初有人说这是浪费，但现在来看，并不浪费。

我们要立足长远，以国际视野、一流标准，谋划并推进城市基础设施建设，打造精品工程、百年工程。

增强战略定力，加快建设现代化、高品质的城市基础设施体系。

近年来，我市大规模推进城市建设，现代化大都市形象开始初步显现。但也要清醒地认识到，无论是从武汉在国家战略中的位置来看，还是从发展的需求、市民的期待来看，基础设施建设与武汉应有的地位和影响还不相称，“欠账”较多，还处在“补课”阶段。如果不持续加大建设力度，我们不仅会在新一轮城市竞争中处于不利的位置，复兴大武汉也必将成为一句空话，我们将有负于城市、有负于历史，犯下新的错误。

我们要“咬定青山不放松”，义无反顾、锲而不舍，市区共建，着力构筑现代化、高品质的基础设施体系，为复兴大武汉筑牢“底盘”。

对外交通方面，全面推进铁水公空综合交通枢纽建设，打造“祖国立交桥”。加快建设天河机场第三航站楼、第二跑道、机场交通中心，加密开通至世界各大洲主要城市的国际航线，打造国家重要门户机场；规划建设第二机场，打造以全货机运输为重点的国际航空物流港。以武汉新港为依托，建设长江中游航运中心，把武汉打造成为国际性内河航运中心。建成全国性铁路路网中心和全国高铁中心，增强高速公路路网重要枢纽功能。

市域交通方面，以轨道交通建设为重点，加快完善快速路网体系，提升城市畅通能力。到 2040 年，建成 30 条以上、总长超 1000 公里，覆盖市域、通达新城的轨道交通网。推进“公交都市”建设，建设串联三镇的 BRT 系统和新型有轨电车系统。

地下管网方面，在武昌、汉口、汉阳三镇，分别建设通达长江的大口径排水管道，形成城市“地下动脉”，完善排水体系，提高排渍能力。加快建设雨污分流的污水全收集、全处理系统，实现“一张干网全覆盖，两江水源得保护，三镇湖泊不纳污”。统筹推进电力、燃气、环卫等市政基础设施建设，增强市政设施服务能力。

到 2049，建成铁水公空发达、地铁纵横交织、内通外畅的现代化综合交通网，功能完善、安全高效的市政公用设施系统。

（六）城市的治理

现代城市经济社会加速转型，变化节奏加快，要求城市运行方式也随之变化。

十八届三中全会绘制了全面深化改革的路线图，凸显出中国发展的新走向，将给整个国家及城市的发展带来深远影响和深刻变革。改革的总目标之一，就是推进国家治理体系和治理能力现代化。

对于城市而言，深化改革，适应变革，必须推进大城市治理体系和能力的现代化。

民生优先、公共服务，是现代城市治理的核心理念。城市治理的根本目的，是“让生活更美好，让市民更幸福”。忽视这一点，不仅社会不稳定，经济发展也难以持续。上世纪 80 年代，拉美一些国家和城市，在进入中等收入阶段后，既不重视产业转型升级，更不重视社会建设与治理，社会结构呈现低收入人群占绝大多数的“金字塔形”，引发了众多的社会矛盾和问题，导致政局动荡，经济发展长期停滞不前，陷入了“中等收入陷阱”。比如，巴西圣保罗曾是世界上人口规模第九大城市、第十大最富有城市。因贫富差距明显，1/3 的人口低于贫困线，导致了大量贫民窟，社会治安恶劣，政府不得不出动大批警察对贫民窟开展清剿行动。这在某种程度上反映了城市治理的不当。

我们必须大力加强服务型政府建设，完善公共服务体系，提高公共服务水平，不断提升民生质量，真正让市民共享城市发展成果。

多方参与、共同治理，是现代城市治理的必然趋势。从“城市管理”到“城市治理”，一字之差，内涵却有差别，意味着必须创新治理模式，从传统的自上而下的行政管控，转变为多方参与、共同治理。

在这场治理变革中，政府更重要的是当好“掌舵者”。要进一步简政放权，把职能真正转变到经济调节、市场监管、社会管理和公共服务上来。原则上市场能办的，就放给市场；社会可以做好的，就交给社会，把“错装在政府身上的手”换成“市场和社会的手”。要充分发挥市民参与城市治理的积极性、主动性、创造性，实现市民的自我教育、自我管理、自我监督、自我服务。

健全法制、依法治理，是现代城市治理体系的基石。法治是社会文明进步的基本标志，也是现代化大都市不可或缺的特征和要素。法治化治理为城市发展提供了持续、稳定的制度环境，有利于资源公平高效配置与社会和谐稳定。对武汉而言，要实现2049的远景目标，必须加快完善法治体系，大力推进依法治市，营造政府依法行政、企业依法经营、市民依法行为、整个社会依法维权的良好氛围，为建设现代化大都市提供有力法治保障。

智慧城市、数字治理，是现代城市治理的有效手段。现代城市是一个结构复杂、纵横交错、瞬息万变的庞大系统。信息化时代，治理好城市，必须依赖大量及时、准确的信息流通，信息网络的完善程度已经成为衡量城市治理现代化水平的一个主要标志。数字城市、智慧城市成为现代城市建设发展的全新目标。

在智慧城市建设方面，韩国首尔做得非常好。他们在城市设施管理方面，利用无线传感器网络，管理人员可随时随地掌握道路、停车场、地下管网等设施的运行状态；在城市安全方面，利用红外摄像机和无线传感器网络，提高了灾难监测自动化水平；在城市环境方面，智慧环境系统可自动将气象和交通信息发送到市民的移动终端；在城市交通方面，智慧交通系统可实现对公交和公共停车信息的管理，并智能控制交通信号，方便残障人士出行。

我们要加快实施《武汉市智慧城市总体规划》，建立完善城市治理信息系统，为治理城市提供及时、准确、科学的信息服务。建设感知基础设施、网络基础设施、云计算基础设施、地理空间基础设施，完善信息基础设施系统；构建智慧应用、智慧产业、智慧运行三大核心体系，实现城市信息的高效传递和智能响应，让城市治理更高效、市民生活更便捷。

面向2049，我们要从传统的城市管理，转向符合时代发展要求的城市治理，加快建立政府治理和社会自我调节、居民自治良性互动的治理结构，建设法治城市、智慧城市，实行依法治理、数字治理，实现城市治理体系和能力的现代化。

需要说明的是，我们没有用世界城市或者全球城市概念。萨森教授讲到差异性的发展和专业化的能力，是全球城市的重要特征。比如，印度的班加罗尔，不是一个国际化大都市，却是一个全球城市，因为它的软件开发产业融入到全球产业链中，不可或缺。从某种程度上讲，从差异性来说，武汉也是一个全球城市。而现代化大都市，应该层次更高，所以，我们用的是现代化大都市的概念。

（七）城市目标与现实行动

面向2049，我们既要志存高远、敢于有梦，更要埋头苦干、善于圆梦，一步一步把宏伟目标变成现实。

要用目标引导行动，用行动实现目标。目标是行动的指南。我们要以“武汉2049”远景目标，牵引现实的变革与创新。行动是实现目标的保证。再宏伟的目标，再壮丽的蓝图，不付诸行动等于零。我们不能空喊口号、高调虚功，要脚踏实地、

真抓实干，把战略规划落实到一个个具体的行动中。

要把握阶段性发展规律，明确每个阶段重点任务和主攻方向。实现城市远景目标，是一个循序渐进的过程，不可能一蹴而就。长远目标是由一个个阶段性目标构成的，经济社会发展也是分阶段一步步前进的，发展阶段不可逾越。我们要进一步明晰实现目标的步骤和阶段，以及每个阶段的主要任务和工作措施。要坚持长远和当前共谋，防止脱离现实、急于求成、超越阶段，那样反而会欲速则不达。美好的“武汉 2049”，不能坐等而来，不能省掉发展过程中的任何阶段。

比如，按照划分工业化阶段的经典理论，当前，武汉正处于工业化中期向后期过渡阶段。国内外城市发展实践表明，过渡阶段的产业发展特征是：总量快速壮大，结构不断优化，转型升级日趋明显；第一产业比重不断下降；先进制造业进一步壮大，工业对经济增长的贡献率继续保持在高位；工业与服务业加速融合，特别是生产性服务业迅速发展，服务业的地位逐步提升。

过渡阶段决定了我们要坚持“两业并举”，一手抓工业，一手抓服务业，大力实施“工业倍增”、“服务业升级”计划，尽快使工业规模达到 2 万亿、3 万亿，并同步提升服务业规模和水平，加快建设国家先进制造业中心和现代服务业中心。不能脱离所处的发展阶段，在工业发展还不够充分的情况下，比较二、三产业比重高低，那是“两个侏儒比高低”，没有意义和价值。

再比如，人类文明的发展，是由原始文明向农业文明、工业文明、生态文明逐步演进的过程。生态文明不是单纯的自然文明，而是“自然文明+人类文明”，本身就是在工业文明的基础上发展而来的，是工业文明发展到一定阶段的产物，是对工业文明的反思、发展与超越。建设生态文明，并非是否定工业文明。生态文明的发展需要工业文明优厚的物质文明成果的支撑。在生态文明建

武汉奇石馆

设之中，生态环境的保护与经济社会的发展相辅相成。生态文明和工业文明，两者互不矛盾、互不对立，而是互为基础、共同发展。

当前，武汉正处在工业文明和生态文明的共进期。这个时期，决定了我们必须走新型工业化道路、走生态文明之路，一手抓加快经济发展，一手抓生态环境保护建设，在发展中保护、在保护中发展，实现经济、社会、生态的和谐发展。

要加强战略相关性研究，使发展思路更全面、更完善。在谋划未来发展的过程中，要着重处理好“十大关系”：即长远目标与近期目标、全局与局部、传统产业与新兴产业、空间布局与功能优化、经济发展与民生改善、城市发展与资源环境、内部发展与外部环境、硬实力与软实力、顶层设计与底层设计、战略规划与行动计划的关系，增强规划的科学性、前瞻性、可操作性。

谋划“武汉 2049”，要认真消化吸收专家学者的建议，听取广大市民的意见，进一步完善发展战略，使发展蓝图更清晰、行动方向更明确。

四

城市是一本打开的书，从中可以看到它的抱负。“武汉 2049”，就是这样一本“大部头”，展现了这座城市的理想与激情、雄心与抱负、追求与担当。

大城筑梦，光耀未来。畅想 2049，我们的城市，将成为经济发达、实力雄厚的大武汉，知识引领、创新领先的大武汉，智慧便捷、畅通九州的大武汉，宜居宜业、幸福和谐的大武汉，引领形成区域一体、辐射全球的“大武汉都市圈”。

大鹏一日同风起，扶摇直上九万里。“武汉 2049”，城市梦，我们的梦。只要我们以“会当凌绝顶，一览众山小”的豪迈气概，朝着目标，接续奋斗，激流勇进，坚定前行，大武汉，就一定能早日建成国家中心城市，阔步迈入国际化大都市行列，崛起在世界城市的版图上！

五里锦绣

附录三

关于构建“中国武汉业主”服务平台的设想

——基于第三方的业主信息共享平台

武汉市社会科学院 姚 克

一、平台背景

2014年，武汉市政府以电视问政“物业企业监管不力”的7项整改承诺为契机，全面加强物业管理工作。经一年努力，依循“三严一支持”即“严管物业公司，严查违法行为，严格规范管理，支持物业企业，规范物业管理”的思路，武汉物业企业监管工作取得了明显成效，7项整改承诺有望全面实现。

物业管理工作始终要面对一个核心问题，即物业居住者的少数人满意还是多数人普遍满意。据悉，截至2014年11月，武汉市区两级政府共受理物业投诉5558件，其中涉及物业服务自身问题的投诉2571件，涉及物业小区691个，以武汉1800个物业小区为基数，每个小区该年前11个月共被受理物业投诉的平均值为3.09起，平均每月0.28起，其中涉及物业服务自身问题的平均每月0.13起，如果这3个平均数据是武汉物业管理服务质量的真实反映，那无疑是一个令人欣慰的结果。然而，就现状而言，少数业主过度维权，多数业主既牢骚满腹又言而不发，则是市区两级政府及相关部门现阶段识别物业管理服务质量满意度的最大难点。而破除这一难点，仅靠单边加强物业管理企业监管力度是不够的，也是不完全公平的。

其实，在取得物业企业监管工作成绩的同时，武汉市政府在全面加强物业管理工作过程中仍面临着许多亟待进一步解决的深层次问题，其中一个突出的问题就是：如何有效地引导业主增强自我主体意识、参与意识、社会意识、公正意识、专业意识、契约意识和法治意识等，从单一投诉者角色向“物业管理参与者”转变，促使业主与相关各方建立“互相认知、互相理解、互相尊重、互相联通、互相合作”互联互动机制，进而优化物业管理生态环境，全过程、全方位减少业主投诉。

同时，目前政府相关部门在投诉处理中仅保证了单个问题的回复跟踪，未将投诉集中警示和处置；投诉热线由于技术原因无法实现重复投诉率分析、投诉客户满意度调查、投诉处理实效评定等功能，尚未建立投诉价值创造机制，无法将投诉的风险事后处置向事前风险监测、事中风险化解转移。

相关调研表明，提升武汉物业管理水平是一个复杂的系统过程，需要大力推行并运用现代化管理方法和工具，对物业管理全过程实施动态、量化、科学、系统的管理和控制，促进物业管理行业分类化、标准化、信息化水平的持续提升；需要坚持“政府启动、市场监督、权威发布、信息共享”的原则，充分激发各级政府、行业协会、物业管理企业、第三方咨询机构、行业主管部门和物业业主等各相关方之间的有效互联互动，共同建立和完善统一的诚信信息平台，将物业管理基本信息、各种失信行为和违法违规行为记录在案，向社会公开并接受业主等公共查询，更好地推进现代化管理方法和工具的落地；需要坚持以市场化导向为原则，对政府监管机制进行不断创新和完善。

在基于上述背景认知的前提下，笔者经过近半年的研究，现特提出《关于构建“中国武汉业主”服务平台的设想——基于第三方的业主信息共享平台》，仅供武汉市政府及相关部门决策参考。

二、平台思路

“中国武汉业主”平台以第三方咨询机构群为架构模式，从独立的身份将以前物业服务投诉管理的错位对话机制改变成为同一平台，使物业企业、政府部门、物业业主等相关各方通过平台资讯和咨询满足各自需求，实现利益共赢。平台可通过组织第三方咨询者（含自愿者）参与其中，积极地解答物业管理相关问题，提供独立性和专业性咨询意见，形成阶段性导向报告，提供给政府主管部门，便于政府有针对性地做工作，凸显预警的功能，提升管理水平，最终使平台成为一个虚拟的物业区域社会管理体系。“中国武汉业主”平台总体构建思路如下：

以围绕物业业主咨询服务为核心点，以业主维权的合法合规为大前提，以激活业主与物业管理企业之间的互动及互信为切入点，以物业服务投诉管理模式创新为主方向，以响应政府相关部门对物业服务投诉管理的关切点和需求点为基准线，通过法规宣贯系统、业主建议系统、业主需求系统、资料查询系统、调研咨询系统、业主投诉系统、满意测评系统、业主管理系统和平台连接系统等九大系统，从互联网、大数据、系统化的思维角度构建武汉物业服务管理的第三方咨询平台生态圈，培育业主的法制维权意识，引导业主正确的市场消费意识、契约意识，提升物业服务质量辨识能力，实现物业区域社会综合治理的思维创新、机制创新、模式创新。

三、平台结构

对“中国武汉业主”平台系统结构进行了初

东城明珠

步归纳和设计，形成九大系统。具体内容分别为：

（一）法规宣贯系统

涵盖相关法规标准化公示及解读体系。对维护物业社会治理秩序具有刚性的威慑力，并作为评判物业管理服务利益矛盾是非曲直的标尺，物业业主、物业企业均可通过该平台功能了解自身的权利和义务，是双方公允合作的基石。

（二）业主建议系统

具备物业业主合理化建议分类传递及定向反馈体系。物业业主对物业的管理服务工作提出合理化建议是其持有的权力和义务，也是防范物业管理服务矛盾纠纷的有效手段。能否成功唤醒业主互联互动，并通过一系列平台补贴措施和交流反馈机制鼓励业主多提合理化建议，是评判“中国武汉业主”平台生态圈优劣的重要标准。

（三）业主需求系统

物业业主服务需求分类公示及定向反馈体系。物业业主对现物业管理服务会有新的需求，但需做合理性评判，是否属于合约范畴，是否符合相关法律规范，厘清物业业主的需求边界，引导物业业主客观、公正、公平地提出自己的需求主张，以第三方平台网络力量监督物业管理企业全面满足物业业主的合理性需求，有效处置物业业主投诉，减少或化解物业管理服务纠纷，是平台需求功能的主要使命。

（四）资料查询系统

业主与物业企业信息的不对称，是诱发物业管理服务纠纷的重要起因。平台资料查询系统涵盖了物业专业知识、服务质量评判准则、合约条件、收费标准、服务承诺、典型纠纷处理案例等资料。为物业业主避免信息不对称而提供方便、有效的资料查询，是“中国武汉业主”平台的重要基础功能，也是实现平台服务标准化、流程化、效率化的一个有效支撑，颠覆了业主与企业直面沟通的传统模式，采用更为便捷、及时、可追溯回评的信息化模式。

（五）调研咨询系统

“中国武汉业主”平台调研咨询系统将传递先进的物业管理理念、业主自我管理方法、矛盾纠纷调研及协解方案、政府管理策略等，既提升武汉物业管理的服务水平和环境效益，同时降低或化解物业管理服务过程中的矛盾纠纷。

“中国武汉业主”平台生存与发展的根基是客观、独立、公正、透明。因此，通过本平台的相关调研咨询行为必须具备第三方特质，各类咨询机构所提供的专业咨询服务，必须坚持科学、独立原则，并结合客户实际情况，运用知识和经验，为客户提供调研咨询方案。

（六）业主投诉系统

业主投诉系统既要引导物业业主提出合理性投诉，规范业主投诉全过程各环节的合法、合规、合理、合情，又要及时将相关投诉分类传递给相关的物业管理企业、政府部门，并及时将投诉反馈意见传递给业主，同时，以第三方立场协调、监督和化解业主投诉事件。通过平台的法规宣贯系统、业主建议系统、业主需求系统、资料查询系统、调研咨询系统，力争将投诉事件风险从事后处置向事前风险监测、事中风险化解转移。同时平台对投诉进行细化分析与管理，进行重复投诉率统计、投诉客户满意度调查反馈、投诉价值挖掘分析等。颠覆传统的投诉回复仅单个地解决某个物业问题的情形。

（七）满意测评系统

满意测评系统将实时测评业主对物业管理企业服务质量的满意度，并及时公示及定向传递。“中国武汉业主”平台将通过法规宣贯、业主建议、业主需求、资料查询、调研咨询、业主投诉等系列服务，以“让大多数业主满意”为理念，积极劝导物业业主（含租赁人员）参与物业管理服务质量满意度的评价活动，采取包括参与有奖等手段构筑平台的满意度测评功能，力争在大量节约人力、财力和物力的状态下，获取真实的测判数据，并将满意度测评意见及时地分类实时公示及定向传递，为相关各方改善行为方式提供参考依据。

（八）业主管理系统

“中国武汉业主”平台是一个公共场所，所有相关物业业主（含租赁人员）都必须按照平台规则，约束自己不合法、不合规、不道德等言行，平台业主管理系统主要作用于限制或禁止此类业主进入，为净化平台生态圈设置底线防御门槛。当然，平台主要还是立足于用舆论、宣传、教育的手段去影响和引导业主的价值观和行为方式，预防和制止社会越轨行为。

（九）平台连接系统

平台连接系统将确保“中国武汉业主”平台形成全系统、全天候，上下联动、快速反应的移动型信息共享平台。首先，平台需要与市、区两级房管局相关网络平台紧密连接，实现相关信息的有效高速交互流转；其二，平台也需要与市区街三级政府相关网络平台紧密连接，实现重大事件信息的有效交互；其三，平台需要为物业管理企业设置信息传输接口，实现局部具体信息的有效交互；其四，平台需要实现无线移动终端紧密连接，为广大用户实现与平台的信息交互提供便利。

四、平台功能

（一）为武汉物业业主提供基于第三方主导的专属信息共享平台

“中国武汉业主”平台借助移动终端及移动互联网技术的优势，精准获知业主需求，有效延长服务时间。业主通过手机等终端可以随时随地浏览资讯传递消息，将业主零散、碎片化的时间聚集起来参与物业问题讨论，通过发送图片、文字、声音、视频等丰富鲜活的言论传递形式既调动了业主参与度，又增强了业主的交互体验感。

（二）能形成物业管理问题和矛盾的市场化调解机制

“中国武汉业主”平台能提供以物业业主为主体，兼顾物业管理行业主管部门及市区街三级政府、物业管理企业、房地产开发商及咨询评估机构等多群体交流之阵地，通过平台的多项功能达

恒大名都

到满足需求、利益共赢的效果，形成物业管理问题和矛盾的市场化调解机制。

(三)在很大程度上化解或减少武汉物业业主的投诉

“中国武汉业主”平台能为物业投诉的业主提供基于第三方的系统专业答疑。通过平台专业咨询人员与业主进行在线交互，通过平台的法规宣贯系统、业主建议系统、业主需求系统、资料查询系统、咨询调研系统等对投诉进行过滤和分类，化解或减少武汉物业业主的投诉数量。首先，对业主的投诉是否符合法律规范、管理条例、物业合约等进行过滤和分类，排除非合法合规性投诉；其二，对业主的合法合规性投诉是否属于建议性质或个性化需求性质等进行过滤和分类，引导业主正确处理建议、需求和投诉之间的区别和关联，避免提出盲目性或非理性投诉；其三，在经过合法合规、业主建议和业主需求三个层面过滤性分类基础上，通过资料查询系统帮助业主对其所提出投诉的合理性进行相关知识和同类案例的对比分析，引导业主理性抉择，避免提出盲目性或非理性投诉；其四，对坚持提出投诉的业主，平台提供基于第三方的针对性独立客观咨询服务，帮助业主深挖其所提投诉的本质与价值，提出明确的调解方案，引导业主通过市场化途径化解矛盾，达到纠纷前置防治作用。最后，若业主仍不满意平台专业人员调解方案，平台还将业主投诉及调解意见予以公示，并同步通过链接系统转至政府主管部门的投诉信箱或物业企业对应的接口，记录投诉内容，统计投诉类别，实施跟进处理进度，为后期投诉管理积累基础数据。

总之，“中国武汉业主”作为一个系统性投诉处理专业化第三方平台，伴随着社会各界的不断关注，平台服务的不断细微，业主交互体验的不断满意，平台分享信息和联动范围的不断拓展，业主互动性、互信的不断激活，一定能以市场化方式在很大程度上化解或减少武汉物业业主的投诉，促进物业行业生态系统的发展。

(四)能为各级政府创新社会治理模式提供鲜活数据

在城市社会综合治理方面，各级政府可利用“中国武汉业主”平台相关系统的采集终端收集各类数据，通过系统进行统计、梳理、分类、分析后形成高价值密度的行业数据，科学客观地评价社会综合治理政策的实施效果，利于不断优化政府化解矛盾纠纷的机制。

(五)具有很强的物业管理文化影响力，能发挥独特作用

物业产业的发展以市场规律为原则，以契约精神为基础，需要营造物业管理文化。目前国内具有政府支持且有一定公信力的物业管理文化型网站尚且不多，“中国武汉业主”平台是加强武汉物业管理服务文化软实力的有效途径，平台设置了许多独立的系统功能，能多维度地向业主推广物业管理文化，推动业主遵纪守法、诚信合作的思想文化建设，提升业主物业管理服务专业知识素养，具有很强的独特作用。

五、平台特点

(一)基于互联网变革思维，符合时代潮流

目前，社会各界对互联网思维及与之相关产物都给予了广泛关注、认识和吸纳。“中国武汉业主”平台基于互联网变革思维而生，完全改变了人们对物业管理矛盾纠纷在认知、管控、化解等方面的思维方式和防治措施，也改变了物业管理服务行业的服务理念、服务模式、消费模式。同时，大数据的运用将利于政府对物业管理行业实施精细化管理，提升政府物业治理行政管理机制。将一张无形的大网连接城市各物业小区的每个支端末节，通过服务平台实现最大化信息对称，有助于提升物业管理市场化调解机制能力。

(二)将物业管理服务引入第三方的概念由“企业”转向“平台”，既具有全国首创性，又具备第三方可操作性

在物业管理中引入第三方咨询机构是全国许多城市政府都想探索的一件事。几年前，北京市出台了《北京市物业服务第三方评估监理管理办

法》，并选择了30家服务监理评估企业推行实施，其效果不尽人意。究其原因有二，一是业主不买账，商业目的突出；二是独立性不够，是纯企业行为。“中国武汉业主”平台是将第三方定位于平台生态圈，而非某个企业，是把为业主全方位服务放在第一位，将业主始终作为平台生态圈的补贴方，设法通过业主产生单边或跨边网络效应，进而使第三方发挥真正作用。

（三）具备独特的专业咨询机构组织体系，进一步确保了平台的专业性、客观性和独立性

“中国武汉业主”作为第三方咨询平台进入武汉物业管理体系，其市场运营责任主体是一家具备综合专业咨询资质且拥有雄厚实力的社会咨询机构，既能独立通过平台对客户提供物业管理系统咨询服务，又能为平台的专业性、客观性和独立性服务提供标准化操作规程，同时还能对平台其他社会咨询机构的服务质量进行全过程跟踪监督，政府相关部门只需对平台责任主体社会咨询机构进行约束和监管。这种组织体系和监管方式有利于“中国武汉业主”平台更扎实地履行服务职责，更有效地保证平台的专业性、客观性和独立性，更快速地取得业主的信任，在全国属首创。

（四）平台调研、投诉、互动等活动成本低，技术成熟可行

仅就专业调研而言，可在调查问卷内容确定后，利用系统发送问卷至业主手机用户端上，用户通过手机直接应答，减少因入户调研的时段限制，账户登录也能简便获取受调查者的背景资料。所有问卷均是电子形式，可自动对问卷进行编码，准确统计有效试卷，减少试卷结果的录入和信息失真的风险。调查活动可配合礼品抽奖、消费券等推广活动加快调研进度。受调查者在问卷应答体验上更为丰富，对于非选择性问题可上传语音、照片、视频等。由于成本较低且可多次组织，调研的内容除满意度以外还增加需求调研、价格调研。除此之外，对于业主的活动征集，业委会通讯、法制文明宣传也可通过同类模式传达，增强“中国武汉业主”平台的号召力和影响力。

保利 · 圆梦城

附录四

依托长江经济带　构建武汉城镇化平台生态圈

武汉市社会科学院　姚　克

编者按：该文引入被视为正在席卷全球的革命性新经济商业模式——平台生态圈，提出"依托长江经济带构建武汉城镇化平台生态圈"的设想，为武汉化解城镇化发展所面临的重大现实问题，探索性地提出新思维、新方向、新路径，以应对武汉城镇化发展面临的新要求、新挑战、新机遇。

一、问题引出

2014年10月8日，全国推进新型城镇化工作部际联席会议第一次会议（电视电话会议）召开。会议认为：新型城镇化是一项复杂的系统工程，涉及方方面面，必须加强统筹协调，合力推进；今明两年是贯彻落实《国家新型城镇化规划》的开局起步期，至为关键；要充分发挥好推进新型城镇化工作部际联席会议制度的平台作用，统筹推进《国家新型城镇化规划》实施和政策制定落实，协调解决重大问题，要加强会商沟通和信息共享，协调搞好配套政策的研究、制定和落实。由此可见，全国推进新型城镇化工作部际联席会议制度将作为一个国家级的行政型平台生态圈，发挥战略、统筹、实施、协调、沟通、信息等政府调控作用。

李克强总理于2014年4月28日在重庆主持召开座谈会，研究依托黄金水道建设长江经济带，为中国经济持续发展提供重要支撑，强调长江经济带战略实施要以上海带动全流域、以武汉带动中游、以重庆带动上游地区发展。近日，上海、武汉、重庆三大航运中心已被国家视作为串联长江经济带上三大城市群的重要支点，同时结合铁路、公路及航空、管道等多种方式形成串联。同时，李克强总理指出，沿江城市群发展已具备经济支撑带基础条件，也是中国新型城镇化战略主战场。建设长江经济带，就是要构建沿海与中西部相互支撑、良性互动的新棋局。由此可见，在实施长江经济带建设的国家战略中，武汉已成为一座战略支点城市，战略任务就是带动中游地区发展，战略依托是长江黄金水道，战略主战场是中部城市群建设，战略实施平台是新型城镇化。

上述内容表明，武汉新型城镇化的发展战略取向关联着上至武汉城市圈、长江中游城市群及长江经济带建设的国家新时期发展战略，下至武汉新型城镇化的发展方向和路径，中至武汉建设国家中心城市和2049远景发展战略的宏伟目标。武汉需要以更大的决心、更大的力度、更务实有效的举措，通过携手其他城市做大做强武汉城市圈，进而在长江中游城市群及长江经济带建设中更好地发挥辐射带动作用。

武汉如何实现这一历史使命？某种程度上取决于武汉在新型城镇化发展中能否主动充分发挥市场机制的主导作用；能否主动促使区域内投资、贸易、服务便利化程度不断提升；能否主动搭建区域内"四化"同步发展的平台载体，促进区域内生产、生活、生态同步协调发展；能否主动创新有利于一体化融合发展的体制机制，加快破除一体化发展面临的各种体制机制障碍。这些问题实属武汉新型城镇化发展中一个具有深远历史意义的重大现实问题，其中，战略价值取向是问题核心所在。

二、问题分析

就武汉城镇化战略价值取向问题而言，笔者认为，首先是一个思维边界取向问题，即诸如市场机制与政府调控之边界如何厘清；长江全流域、长江中游地区、武汉城市圈和武汉城镇化之战略融合边界如何厘清。其次，是一个思维方式定位问题，即诸如传统工业化思维定位，或基于长江经济带战略的互联网思维定位。第三，是一个知行合一状态问题，即诸如知而不行状态，或知而慢行状态，或未知盲行状态，或知而主动开拓进取状态。综观思维边界、思维方式和知行合一所聚焦的目标，不仅仅是破除"一亩三分地"的思维定式，植入相融共兴的发展理念，更为重要的是主动运用新经济的方式着力加强有序的市场建设，避免地方保护，驱使市场要素流动起来，推动市场一体化，促进产业有序转移衔接、优化升级和新型城镇集聚发展。

武汉新型城镇化所面临的历史阶段是一个信息爆炸的时代，一个数据为王的时代，一个充满无限可能性的时代。所面临重大现实问题的关键在于区域资源配置不均衡，市场一体化不完备，协同发展效率不充分，要解决这一关键问题，政府应该放开"看不见的手"，用好"看得见的手"，必须使"市场作为决定性因素"落到实处。如何"落到实处"？取决于能否使市场要素无限流动且无限增值；能否使市场信息尽可能对称化；能否使新型城镇化供需双方的市场距离尽可能为零。化解这些问题正是基于互联网思维的平台战略模式的显著特点。

三、平台战略

随着互联网和移动技术的高速发展，网络效应在平台商业模式中可以发挥极大的效用，而平台商业模式也需要利用网络效应持续增强竞争力。网络可以让服务提供者直接面对服务使用者，使市场信息尽可能对称化，使供需双方的市场距离尽可能为零。从而改变了传统意义上的商业生态

学府家园

圈，得以构建新的“小前端、大平台、富生态”商业模式。缘此，当今世界范围内的竞争由过去的国家与国家、企业与企业、团队与团队之间的竞争，逐渐演变成联盟与联盟、系统与系统、平台与平台之间的竞争。信息技术在竞争者实施平台战略中，既是一个助推器，也是一个放大器，平台既是支撑小前端的基础，又是衍生富生态的土壤，平台型竞争者更具颠覆性和爆炸性。如何认识、培育、适应、运用“小前端、大平台、富生态”商业平台生态圈，是当下每个市场竞争者最为关键的战略思考问题，未来的商业模式竞争，主要是平台竞争，平台战略性竞争的时代悄然降临。

平台战略就是构建多主体共享的市场经济生态系统并且产生网络效应，实现多主体共赢的一种战略。简言之，平台战略就是通过构建平台生态圈实现战略目的，它强调平台生态圈应具备多主体参与性、高度的同边或跨边网络效应、能够毫无阻碍地扩张规模、中立且可延展的机制体系、多主体共赢性等。

构建武汉城镇化平台生态圈应视为武汉一种有意识的主动作为的战略举措，旨在提升城镇化与信息化融合的战略思维和全局框架的有效性，尤其是通过搭建统一平台防范整合效应缺失、持续延展能力差、柔性支持不足等风险，为武汉城镇化发展拓展出一条可行的发展路径。亦即，在武汉城镇化发展壮大的过程中，围绕平台这一发展载体实施各类有效资源的梳理、整合、优化、利用和规范，让武汉有效摆脱在城市战略、区域战略和国家战略之间的困惑和游移，形成一种兼具城市稳固性和区域扩张性的“四化”同步开拓的发展生态圈，改变整个区域城镇化发展中创新与竞争的市场格局。

从某种意义上讲，实施武汉城镇化平台战略，构建城镇化多环状平台生态圈，是武汉区域战略层面核心竞争力的延伸和扩展，核心竞争力本身并不代表竞争优势，但平台可以使核心竞争力得以外化和落实。

实施城镇化平台战略意味着，武汉既要采取积极措施，主动驱使长江经济带生态圈价值最大化，增强平台生态圈的竞争力，同时也要谋求武汉在平台生态圈中的高势位和话语权，当产业的核心竞争要素发生转移的时候，积极调整城镇化的战略重心，匹配产业的发展。

四、实施要点

在实施武汉城镇化平台战略，构建城镇化多环状平台生态圈过程中，武汉既要履行好上述的历史使命，也要在平台生态圈中获取相应的话语权。如何平衡两者之间的关系，取决于平台机制的设计理念、功能结构、风险管理、内部控制和优化完善等。具体实施要点如下：

1. 设计理念。选择城镇化平台战略的武汉需要有合作共赢、先人后己的平台设计理念，只有在其他主体（兄弟城市等）做不到或者比其他主体自己做性价比更高的情况下，武汉城镇化多环状平台生态圈才能落地生根。

2. 规模弹性。平台进入成长发展阶段时，首要任务是确保生态圈能够毫无阻碍地扩张规模，若平台尚未达到饱和的网络效应，则平台的规模弹性是战略拟定时的关键一环，应该凌驾在一切考量之上。

3. 补贴模式。设定补贴模式的目的，就是要在不同的市场群体之间形成一种刻意的不平衡，建立无限增值的可能性，进而激发网络效应，促进生态圈的成长，凝聚各方主体的互动，通过一连串的系统化设计，使其产生归属感，再通过用户过滤机制维持整个生态圈的质量，从而完成武汉的历史使命。

4. 过滤机制。建立城镇化建设中不良的市场行为和政府行为的过滤机制，旨在维护平台生态圈的信誉标准，而注重平台生态圈的质量提升和持续发展，则是一种必须的战略性选择。

5. 多边模式。长江经济带的范围包括上海、江苏、安徽、江西、湖北、湖南、重庆、四川、云南、浙江和贵州 9 省 2 市。长江通道沿江有三大城市群，分别是东部的长三角城市群，中部的长江中游城市群和西部的成都、重庆双核成渝城市群。建立健全长江经济带内区域间互动合作机制，完善长江流域大通关体制，发挥市场对要素优化配置的决定性作用，是武汉城镇化平台选择多边市场模式的必要充分条件。

6. 网络效应。平台商业模式的精髓，在于打造一个完善的、成长潜能强大的“生态圈”，而“生态圈”的颠覆性和爆炸性则源自“网络效应”。网络效应可分为“同边网络效应”和“跨边网络效应”两大类，建立足以激发同边网络效应和跨边网络效应的功能机制，通过独树一帜的精密规范和机制系统，有效激励多方群体之间互动，弯曲、打碎既有的产业链，是构建武汉城镇化平台生态圈工作成败的关键。

7. 细分市场。城镇、城市群、长江经济带都是一个相对独立的平台生态圈，都会十分重视个性化、因地制宜地发展。因此，市场细分机制不仅显现出格外的重要性，而且能促使跨边网络效应得到完美体现。高度开放的多边市场模式的平台生态圈一定具备完善的、有弹性的规则机制，并能使双边市场找到彼此的细分化需求，并各自实现有效互动，市场多元化需求将自动实现供需平衡。

8. 启动模式。如何启动并延续网络效应，是平台生态圈商业模式所面临的最大挑战，类似“先有鸡还是先有蛋”的问题。依据如上所述的武汉城镇化平台生态圈的定位，其启动模式应为：先集中力量依次启动武汉、武汉城市圈、长江中游城市群这三边的政府主导的资源网络效应，加强三边所含城市的政府之间互动，为平台积累足够良好的成长机会、成长资源和成长环境，引爆平台第一波政府方网络效应；在此基础上，平台再集中力量启动市场方网络效应，服务层应聚集于产业转移投资商、城镇化产业（“四化”）投资商、文化旅游产业投资商、现代服务业投资商等；平台进而通过补贴、过滤、细分等机制促使市场方网络效应与政府方网络效应实现有效互动，初步完成平台生态圈的构建。

湖畔家园

附录五

武汉房地产典型开发项目

武汉 CBD：武汉城市核心区新增长极

比肩世界的博、大、精、深

武汉中央商务区位于汉口城区的中心位置，占地 7.41 平方公里，区位优势突出，交通便利。作为华中地区首个由政府主导、企业参与规划与建设的城市中央商务区项目，在建设初始，武汉 CBD 战略定位研究、总体方案设计及财务规划均由以麦肯锡、仲量联行、普华永道、美国 SOM 等为代表的全球顶尖机构完成，被誉为“汇聚全球智慧的中央商务区”。

武汉 CBD 由商务核心区、全能生活城、综合商业区、生活居住区四大功能区组成，结合四大绿色生态公园，共同构筑“山南水北”的生态城市，实现城市发展与自然生态的和谐统一。

武汉 CBD 总建筑面积约 1400 万平方米，总投资约 1500 亿元人民币，是武汉市“十一五”及“十二五”重点规划建设项目，将形成以银行、保险、证券等投资公司、集团总部办公为主，辅之以法律、会计、信息、咨询策划、广告等中介服务业，“立足华中、服务全国、面向世界”的华中现代服务业中心。

五大核心产业，托起武汉的世界崛起

武汉 CBD 汇聚现代金融、国际商贸及会展、信息咨询、高端商业及零售和都市休闲旅游五大核心产业，吸引众多跨国集团总部、创新型高端服务企业汇聚于此，成为武汉面向世界，与全球金融、贸易、信息、文化等现代服务业交流的窗口和平台。

现代金融产业

现代金融业是武汉 CBD 的核心产业，作为武汉市打造区域金融中心的重要载体，武汉 CBD 积极建立高层次、全功能、多元化的金融服务产业体系，重点引入世界级金融机构华中区域总部、创新型金融产业总部和现代金融交易中心等产业。

武汉 CBD 内的华中互联网金融产业基地是创新金融产业聚集区，以小额信贷、网上支付、P2P 借贷、众筹投资等为主的新兴互联网金融产业也汇聚其中。随着招商银行、平安银行、邮政储蓄银行、民生金融中心等区域金融总部的进驻，一个比肩世界的“创新型金融产业聚集区”已逐步建成。

国际商贸及会展业

2013 年底，在武汉市贸促会与泛海控股的努力下，投资达 180 亿、总建筑面积 143 万平方米、高度达 438 米的武汉世界贸易中心项目在武汉 CBD 正式开工，从而标志着世界贸易中心正式落户武汉。世界贸易中心，是世界贸易中心协会的特许机构，其所处城市商业社区的代表及高端国际商务设施的标志。世界贸易中心品牌的引进，将直接促进武汉商贸业发展。武汉世界贸易中心将为武汉提供一个更便捷、更高效的全球化贸易平台，成为武汉商业社区与世界贸易中心全球网络链接的有效桥梁：武汉企业通过世界贸易中心网络与国际市场直接接轨。

汇集展览、会议、办公配套等于一体的 CBD 国际会展中心，定位武汉会展格局“一主三辅”中的重要一辅，集展览、会议、办公配套等于一体，为国内外参展商、采购商提供一个全方位的交流平台，将成为武汉会展经济发展的里程碑。

信息咨询服务业

武汉中央商务区秉承智慧驱动城市理念，着力打造智慧CBD，积极促进信息咨询产业的发展，

吸引了一大批龙头企业入驻，以大数据库、云计算中心为依托，提供一流的网络通讯服务和网络应用创新等业务支持，将“财智商务”落到实处，以全新智能环境、国际商务气度、灵动百变空间，实现高科技示范商务区，成为实现创新型梦想的首选之地，以优质服务，营造高效、完整、多元、主导、先进的世界级办公平台。

高端商业及零售产业

武汉 CBD 吸引全球顶尖商业资源，打造以泛海城市广场购物中心和世贸国际购物中心为代表的商业平台，总建筑面积超过 200 万平方米，成就武汉商业时尚中心又一极。这里将汇聚全球顶级奢侈品牌，形成集形象展示、高端定制、品牌发布于一体的新型商业聚集区。白天在这里工作，晚上在这里生活，把武汉 CBD 变成一个 24 小时的城市，完全满足都市人对时尚商业和都会动感文化的消费需求。

都市休闲旅游业

随着武汉经济的腾飞和武汉CBD辉煌盛景的逐步呈现，休闲与旅游正成为城市的又一重要功能，并随着城市的发展其地位将得到进一步的提升。这是城市功能逐步发展完善的重要标志，也是城市发展中“以人为本”理念的重要体现。

750 亩梦泽湖公园、180 亩王家墩公园、150 亩体育公园、195 亩后襄河公园、255 亩原生水杉林、武汉中心—武汉世贸中心超高层观光塔……既有保存完好的原生态自然风情区，又有精心打造的都市旅游观光景点，武汉 CBD 着力构建移步异景的“都市休闲港湾”，使市民在快节奏的工作和生活之余，畅享静谧闲适的品位时光。

武汉中央商务区，定制武汉的世界高度

武汉中心

华中第一高楼——武汉中心，位于商务核心区西南角，占地面积约 2.81 公顷，总建筑面积 32.14 万平方米，楼高 88 层，建筑高度 438 米。武汉中心为集智能办公区、全球会议中心、VIP 酒店式公寓、白金五星级酒店、360° 高空观景台、高端国际商业购物区等多功能为一体的地标性国际 5A 级商务综合体，定位于与中国中部现代服务业中心相匹配，体现武汉市经济、人文发展趋势和地貌特征，满足高层次商务活动及高端人士需求的顶级商务综合体。

武汉世界贸易中心

武汉世界贸易中心项目位于武汉CBD的核心区，项目西临体育公园，南邻梦泽湖公园，东临武汉中心等核心区高楼，总占地面积 21.31 万平方米，总建筑面积约 143 万平方米。项目定位为以武汉世界贸易中心（World Trade Center）为主题，集国际商业中心、超豪华五星级酒店、国际

武汉中央商务区

顶尖甲级写字楼、精品会展、高端公寓等多功能于一体的超大型综合体。作为世界贸易中心协会组织的实体设施，武汉世界贸易中心项目将成为亚太区规模最大、建筑最高的世界贸易中心。武汉世界贸易中心与武汉中心组成的438米双子塔，将成为武汉新的地标和城市名片。

泛海国际中心

泛海国际中心项目位于武汉CBD淮海路和云霞路交会处，交通便捷，与泛海财富中心隔街相望，项目总建筑面积约242000平方米，是武汉CBD核心区写字楼群的重要组成项目。项目由招商银行大厦、武汉民生金融中心和超五星级的费尔蒙酒店组成。

泛海国际中心已于2012年12月开工，其中招商银行大厦预计将于2015年9月正式竣工交付，其他项目正按计划建设中。

泛海财富中心

泛海财富中心项目位于武汉CBD淮海路和云霞路交会处，交通便捷，与招商银行大厦、武汉民生金融中心隔街相望，具有优越的昭示性。项目定位为国际5A甲级生态景观写字楼，占地约10300平方米，总建筑面积约104200平方米，共35层，总高度约150米。项目将于2015年建成。

泛海城市广场

泛海城市广场一期项目位于武汉CBD东北端启动区内，东面紧临武汉首条地铁（轨道2号线）范湖站，西面紧邻贯穿CBD南北的交通干道宝丰北路，北临301号路（泛湖广场路），东临201号路（云杉路），规划总建筑面积约30.1万平方米，是武汉CBD首个集购物中心、酒店、写字楼等功能于一体的大型城市综合体项目。

泛海城市广场二期位于武汉CBD北部，东临201号路（云杉路），西至101号路（宝丰北路东辅道），北邻202号路（清江路），南至103号路（淮海路）。项目总建筑面积约21.2万平方米，西北侧为6层商业娱乐中心，东北侧为2—3层休闲商业街，南侧为2栋44层服务式公寓塔楼，建筑高度约139米。项目是集商业娱乐中心、休闲商业街及服务式公寓于一体的综合体。

泛海城市广场三期北邻301号路（泛湖广场路），西至201号路（云杉路），项目总建筑面积约15万平方米，其中地上约12万平方米。项目由5栋（9个单元）32层的住宅楼和美食一条街及4层酒店会所组成。

泛海国际SOHO城

泛海国际SOHO城，位于商务核心区门户位置，紧临高端居住区泛海国际居住区，总建筑面积约63万平方米，是集SOHO办公楼、5A甲级写字楼、高档公寓、酒店、酒店式公寓、商业于一体的国际全能商务服务综合体，未来商务办公氛围浓厚，居住基础条件优越。泛海国际SOHO城采用绿色生态建筑设计，以“建造健康”为理念，为贸易、信息、咨询、创意等行业量身定做宜商宜居的综合空间，全力打造先进、智能、现代化的综合商务聚集地。

泛海国际居住区

泛海国际居住区·樱海园，地处泛海城市广场以西，CBD商务核心区以北，王家墩公园与后襄河公园之间；毗邻发展大道、常青路、范湖地铁站，零距离享受四通八达的中央交通网络，地缘价值极佳，是武汉CBD首个大型高档住宅开发项目。项目占地5.86万平方米，总建筑面积28.4万平方米，绿地率44%，规划为9栋高层住宅，采用大开间轻型框架结构，层高3.1米，主力户型130—160平方米，配合新古典主义建筑特色，外立面选用全花岗岩铺设。作为城心唯一的山体公园高尚居住社区，将打造都心巅峰生活新典范。

泛海国际居住区·樱海园在建设之初就已申报通过住建部住宅性能认定计划的国家3A级住宅初审，被列为2009年度武汉市绿色建筑示范工程、武汉市建筑节能试点示范工程，致力于成为“环境优美、居住舒适、节能环保”的高舒适度样板精英住宅。

泛海国际居住区·香海园、兰海园为高档板式景观豪宅，项目总建筑面积约22.58万平方米，地上32层，地下1层，高约100米。位于武汉CBD北部核心，北邻正在建设的占地12公顷的王家墩公园，南临CBD商务核心区，与即将开建的泛海国际SOHO城隔街相望，具有得天独厚的区位优势和交通条件。住宅单体采用全花岗岩干挂外墙，融入新古典的元素，以3A标准打造，彰显典雅高贵的品质，建成后将成为武汉乃至华中城市顶级豪宅的代表。

泛海国际居住区·竹海园项目位于武汉CBD商务区西部，103号路（淮海路）以北，102号路（云飞路）以西，项目用地性质为住宅用地，占地约43亩，规划总建筑面积8.11万平方米。项目定位为精英生活住宅城，打造公园中的都市居住社区。

泛海国际居住区·松海园、桂海园项目位于武汉CBD103号路（淮海路）以南，102号路（云飞路）以西，规划净用地面积18.14万平方米，总建筑面积49.2万平方米。项目定位为高层住宅及公寓建筑，物业类型为住宅、商业街等组合。

王家墩公园

王家墩公园位于武汉CBD商务核心区中心轴线北端，总占地面积约12万平方米，主峰15米。公园主体布局为“一轴、四区、五大特色”景观结构，“一轴”为延续商务区南北向的轴线，由入口大草坪、叠泉和山峰所形成的“景观虚轴”；“四区”为入口休闲区、台地花园区、峡谷体验区和山林游赏区组成四大景区；“五大特色”主要体现山峰的层峦叠嶂、峡谷的幽深迷人、溪流的蜿蜒曲折、台地的错落有致、草坪的葱郁疏朗。王家墩公园连接商务启动区和核心区生态走廊，与轴线上的梦泽湖水体公园共同形成“山南水北”的经典城市意象，营造“山秀、水清、谷迷、瀑惊”的园林意境，是武汉CBD的“绿肺”和天然“氧仓”。

梦泽湖公园

梦泽湖公园位于武汉CBD规划的中心轴线南端，总占地面积约49.7公顷，湖水面积约23公顷，是武汉最大的人工水体公园。梦泽湖公园是武汉CBD商务核心区与周边功能区的过渡和缓冲地段，规划布局为湖中有岛屿，湖边设码头，湖岸四周建环湖景观带，形成具有生态效用的大型公共开敞水域空间，是王家墩区域及全市的娱乐休闲中心，是武汉CBD绿地系统中的综合公园之一。

红领巾小学

“湖北省示范学校”、“全国绿色学校”——红领巾小学，武汉CBD首个教育配套项目，位于武汉CBD内淮海路南侧，东临商务核心区，西接泛海国际居住区。学校占地28亩，总建筑面积1.3万平方米，由1栋四层教学楼、1栋五层学生公寓以及风雨操场和一系列配套教育、生活设施组成。按照“高起点规划、高标准建设武汉CBD”的总体要求，红领巾小学在设计方面突出生态和人文特色，力争创造一流的校园学习和生活环境，诠释泛海“创造城市新生活”的理念。

地下空间

武汉CBD商务核心区地下空间是集地下商业、文化娱乐、交通、基础设施于一体的大型地下综合体。商务核心区规划建设布局包括轨道交通3、7号线，地铁王家墩中心站，中心广场，黄海路下穿隧道，地下交通环路及公共管沟，地下商业连廊，地下停车场等7个部分，总建筑面积约28.57万平方米。

武汉中央商务区，提升城市新价值、构建城市新空间、创造城市新价值

按照城市总体规划，武汉CBD的常住人口将超过20万，这里将成为武汉地区财富最集中、商务最活跃、交通最便捷的24小时不夜城和活力之都，将成为武汉与国际同步发展的一张世界级新名片。武汉中央商务区的崛起将全面提升武汉全球城市影响力，以创新的理念为武汉构筑全新的城市空间，推动城市发展、推进产业升级，以复合业态和多元文化，创造新的城市价值，为中部崛起及大武汉的伟大复兴注入新的力量。

武汉中央文化区：中国城市顶级标准缔造者

武汉中央文化区位于武汉市核心地段，武昌区东湖和沙湖之间，地理位置相当于武汉市的几何中心。项目规划区域约1.80平方公里，总建筑面积340万平方米，是万达集团独家投资500亿元，倾力打造的以文化为核心，集旅游、商业、商务、居住功能于一体的世界级文化旅游项目。

武汉中央文化区项目整体规划由万达商业规划院牵头，联合国际顶尖艺术大师率领的设计团队参与完成设计，其规划设计定位是“中国第一，世界一流”，将打造成世界文化新品牌。

楚河汉街：创造六项“中国之最”的顶级商业街

2011年9月30日，武汉中央文化区的灵魂，同时也是武汉市“六湖流通”市政工程先发区的楚河汉街开业，当天即吸引游客超过百万。随着整个项目的日渐成熟，至今人流量都稳定在30万人/天，每逢节假日更是人流爆棚。如今，被誉为“全盛汉街”的楚河汉街已经成为外地游客来武汉的必游景点，也是武汉新的时尚休闲标杆目的地。

楚河汉街总建筑面积21万平方米，创造全中国六大之最，是中国最长的城市商业步行街，中国商业最丰富、商业内容最完整的商业步行街，中国最具文化特色的商业步行街，中国国内唯一十大快时尚品牌汇聚的商业步行街，中国最具建筑特色的商业步行街，中国夜景最炫的商业步行街。

汉街东端建有“汉秀”剧场，由世界顶尖建筑艺术设计大师，北京奥运会、广州亚运会、伦敦奥运会开闭幕式艺术总监马克·菲舍尔先生设计，建筑外型灵感来自中国传统红灯笼造型。“汉秀”剧场的投资建设，是中国文化产业的里程碑事件。

在汉街西端，万达集团投资35亿元建造的全球唯一的室内电影文化公园，总建筑面积6万平方米，汇集全球最新顶尖电影娱乐科技，堪称“室内环球影城”。

位于汉街中段的万达电影城，不仅是万达电影院线旗下最大的电影城，也是目前中国规模最大、设施最先进的电影城。

汉街还设有5座以湖北地区历史名人命名的

武汉中央文化区实景图

大型广场，分别为“屈原广场”，“昭君广场”，“知音广场”（俞伯牙、钟子期），“医圣广场”（李时珍），“太极广场”（张三丰）。在知音广场东侧设置有汉街大戏台，采用仿古木构建筑风格，背景采用国内最先进的 LED 屏幕，免费用于群众演出。

汉街万达广场：国际名品购物中心

2013 年 9 月 30 日，象征着万达最高水平的汉街万达广场、杜莎夫人蜡像馆、嘉华酒店同期开业，开启了中央文化区的新时代。

汉街万达广场坐落于武汉中央文化区的核心位置，是万达广场的全国旗舰店，被万达集团董事长王健林誉为“皇冠上的明珠”。

汉街万达广场总建筑面积 13.45 万平方米，拥有“外观立面建造最华丽”、“夜景灯光效果最绚烂”、“空间结构创新最多”、“国际名品品牌最集中”、“商业业态最齐全”、“IMAX 影厅全国最大”等六大中国之最。当中国购物中心逐渐走入全球购物中心舞台的时候，汉街万达广场的落成，成为了全国第一个顶级奢侈购物中心的样板，也奠定了新一代购物中心的基础。

汉街万达广场是中国外观立面建造最华丽的购物中心，单体造价是普通万达广场的三倍，立面运用现代材料不锈钢球和传统高档材质雪花石完美结合，制作出数万个球体，并通过精心调制球体距离，在整体立面上营造出类似于丝绸般动感的反射效果，成就中国最华丽外立面的购物中心。

汉街万达广场外观立面每个球体内都在夜间镶嵌定制 LED，形成全立面的多媒体幕墙，造就中国灯光效果最绚丽的购物中心。

汉街万达广场设有万达各大商业业态的全国主力店，包括大歌星 KTV 全国旗舰店、万达百货全国旗舰店、万达影城全国旗舰店，其中内部的万达电影城是中国目前规模最大、设施最先进的电影城，共设有 15 个影厅，包括数字 3D 影厅、IMAX 巨幕影厅，总座位数 2248 座，其中 IMAX 巨幕影厅约 800 平方米，是目前最大 IMAX 巨幕的两倍。除此之外，汉街万达广场同时还汇聚包括皮具、珠宝、服装、化妆品、设计潮品、高端餐饮等在内的全方位国际一线品牌业态。漫步其中，便可同步全球时尚资讯，第一时间尊享全球

环球国际中心效果图

顶级奢华体验。

武汉万达瑞华酒店：中国唯一七星级酒店

2014 年 3 月 30 日，代表万达酒店建设和运营最高水准，被誉为“中国唯一七星级酒店”的武汉万达瑞华酒店开业，这也是瑞华这一万达酒店集团旗下最高序列奢华酒店品牌在全球范围内首次落地。

武汉万达瑞华酒店总建筑面积达 70800 平方米，拥有豪华客房与套房 417 间，奢华程度可与世界任一顶级酒店比肩，将成为全球奢华酒店的经典代表之作。酒店建筑整体外立面均为玻璃幕墙和铝板打错立体构成，意向为高贵的蓝钻石。该酒店与“红灯笼”汉秀剧场比肩而立于东湖之畔，被誉为“钻石楼”。

全球顶级“汉秀”：一生必看的舞台秀

2011 年底，位于楚河汉街的汉秀项目正式启动，汉秀的启动，被视作是中国文化产业发展的里程碑事件，也被视为将启动世界舞台秀艺术的“东移”风潮。

将于 2014 年 12 月 20 日盛大开演的汉秀，其建筑外形灵感来自中国传统红灯笼造型，汉秀名字寓意汉族、楚汉及武汉文化。

汉秀集舞台节目、水中节目、舞台变化移动、高科技的声光电于一体，建筑和舞台完全为节目量身打造，艺术与高科技完美结合。汉秀中的“飞行 LED”是世界上首个可以飞行移动的 LED 屏，由三块大型 LED 屏组成，总面积超过 200 平方米，总重超过 200 吨。LED 屏由万向轴和机械臂控制，可根据演出需要任意组合移动，放大了舞台创作空间。此外，汉秀还有世界上第一个室内可移动的观众坐席，可以根据剧情变化移动，让观众身临其境。汉秀拥有数十米跨度的室内飞行等人体极限表演，摩托艇、花样游泳、杂技等表演，高科技的声光电控制和别具匠心的舞台创意，必将成为武汉乃至中国新的文化旅游目的地。

武汉万达电影乐园：世界唯一室内电影文化公园

作为武汉中央文化区的一部分，汉街的火爆开业只是开始。而它的灵魂部分，将以“文化”之名陆续上演。在汉街西端，世界唯一室内电影文化主题公园——武汉万达电影乐园，将以世界影像文化的新高度，吸引全球的目光。

武汉万达电影乐园总建筑面积 10 万平方米，建筑造型为一组代表楚汉文化精髓的金黄色编钟。其中设有 7 个电影科技娱乐项目，集世界经典特效电影于一体，于 2013 年建成开园。

这一项目的建成，对武汉而言将多了一处身居“世界之巅”的文化配套，而这正是国际级都市的必备元素，如同香港拥有迪斯尼，洛杉矶拥有好莱坞一般，武汉也将从此拥有同步世界的文化资本。

武汉万达电影乐园共设有 6 个电影科技娱乐项目，包括太空剧场、飞行剧场、互动剧场、体验剧场、4D 剧场、5D 剧场，堪称“世界顶尖科技主题乐园”。具有“独一无二”、“巅峰科技”、“原创故事”、“穿梭古今”、“上天入地”、“城市中心”六大优势。

在“太空剧场：星际旅行”里，游客可跟随宇航员乘坐太空船穿越外太空，探索和研究未知的宇宙。游客骑乘一部内置高清晰度三维媒体、具有六级自由度的电动运动型模拟器，其运动基座移动效果与视觉影像同步，为游客提供身临其境的外太空体验。

“飞行剧场：飞越湖北”令游客跟随仙鹤领略湖北的经典景点，感受湖北壮丽的大好河山，现场主屏幕与自然场景声效相应配合，翱翔天际，带领游客飞越荆楚大地。

具有骑乘射击风格的“互动剧场：西游斗魔”，重温古代经典文学名著《西游记》，寓教于乐，感受国学魅力。游客可骑乘战车加入西游斗魔的行列，狙击魔怪，互动真实体验。

令游客沉浸其中的“体验剧场：自然威力”，科学家带领游客体验5种大自然灾难，如火山、龙卷风、地震、海啸等，激发面对困难勇往直前的决心。

“4D剧场：极速飙车”中的英雄人物不畏强暴挺身而出，带领游客感受正义激荡的力量，游客可架上3D眼镜，配合气爆、强风、香味、座椅移动等特效获得4D的极速飙车体验。

融合了3D投影、三维立体声效果、真人演员、实物道具和特技的“5D剧场：终极能量”，英勇的警官运用智慧拯救地球，带领游客经历真实战场，体验智能科技的惊人成就。

万达尊：比肩汉秀、电影乐园的新一线地标

继汉秀、电影乐园两大文化地标建成之后，武汉中央文化区隆重推出了其位于汉街之上的最新综合体“环球国际中心”，这是一座立足于汉街成熟配套，同时更拥有内部全系配套的“城中之城”，囊括3栋超5A写字楼、2栋国际写字楼、2栋SOHO办公、2栋精装行政公馆和1条汉街星光汇。环球国际中心被誉为武汉中央文化区的“精华版”，同时也是武汉最新规划的高端商务区——华中金融区的核心组成项目，更将代表武汉呼应长江经济带，对语上海陆家嘴。

环球国际中心组团内代表万达写字楼最高水平的超5A级写字楼“万达尊”，以其绝对地标形态和顶级商务配备，赢得武汉乃至华中商务精英一致热捧。

万达尊：建筑以传统的中华礼器“尊”为原型，既拥有修长挺拔、器宇轩昂的立面轮廓，更构建出引人瞩目的城市天际线。同时从黄鹤楼中提取设计灵感，在立面的分段和造型上，运用现代的设计语言，形成自下而上、节节升高的立面形态。独特的形态、超5A配置，注定这里将成为一尊让世界重新认识武汉的商务地标。

万达尊效果图

碧桂园·生态城：冠军级生态大盘征服武汉

在国内房地产业，碧桂园是开发别墅时间最长、别墅楼盘最多、别墅业主最多的开发商。目前，碧桂园有超过100万业主。22年间，碧桂园在珠三角地区有着丰富的高端别墅开发经验，成为公务员最喜爱品牌，并得到港澳地区买家的认可。在武汉，碧桂园携手湖北大型国企联投集团，在花山生态新城打造大东湖顶级别墅湾区之作——碧桂园·生态城，在江城掀起一股不可阻挡的碧桂园旋风。

碧桂园·生态城首期开发900余亩，二期总占地584.57亩，包括观澜、依云、叠翠台、映月湾四大苑区，观澜及依云为洋房产品，叠翠台和映月湾是别墅产品。

据权威市场研究机构克尔瑞市场报告显示：碧桂园·生态城蝉联武汉别墅2013年金额、套数、面积三料销售冠军。自2012年用不到两个月时间独揽2012年武汉别墅金额、套数、面积销冠之后，已经连续22个月蝉联武汉别墅销冠！

同时，碧桂园·生态城也是2013年度武汉洋房销售冠军，销售业绩居武汉709个在售洋房项目的首位。

据湖北中原研究部数据显示，碧桂园·生态城夺得武汉1—8月单盘销售金额、套数、面积三料销冠。

碧桂园·生态城究竟有何魅力，引得江城市民如此为之疯狂？

区域价值：踞花山生态新城，邻光谷新中心

碧桂园·生态城地处武汉城市圈“两型社会”先行试验区——花山生态新城，位于花山生态新城一纵一横主干道花山大道与花城大道的交会处，

碧桂园·生态城实景图

是花山生态新城首个高端生态地产项目。总投资约500亿元的花山生态新城，规划总面积67平方公里。

根据武汉城市圈"两型社会"的宏观战略和实施部署，湖北省政府明确提出将花山生态新城建设成为"武汉城市圈'两型社会'试验的先导区、示范区、引爆点"、"中国中部第一生态城"的战略目标。

根据规划，花山生态新城南以武九铁路线为界，北至青化路，西以严西湖中心线为界，东至左岭葛化西路，建设用地18平方公里，人口规模将达20万人。规划功能定位为大东湖地区的生态建设区、武汉东部地区的产业支撑服务中心、武汉城市圈武鄂黄城市带的中心城市，融居住、游憩、研发、商业为一体的生态新城。花山生态新城重点发展生态研发与交易、生态酒店与会展、生态商业与文娱、生态居住与养生，争取建设成中部第一、国际知名的综合生态城。

碧桂园·生态城距离武汉光谷新中心仅约6分钟车程。从东湖高新技术开发区2012年工作会上获悉，为推动"大光谷"建设，光谷将在高新大道中段，九峰山至东湖保税区之间区域建设"光谷中心"。届时，光谷中心将超越现在的鲁巷区域，成为光谷新中心。

东湖高新技术开发区以鲁巷广场为核心区域的城市中心，经过多年的发展，交通、人口、住房等压力逐渐显现。2014年，该区将加快总面积约30平方公里、人口规模约40万的"光谷中心"建设。建成后，东湖高新管委会将整体迁往位于"光谷中心"的新行政中心办公。湖北省广播电视总台新大楼、武汉大学中南医院光谷分院（中法医院）、省科技馆、五星级酒店及其他配套设施也将陆续建成。

东湖高新管委会新址大楼完工在即

立体交通：15分钟畅享都市繁华生活

花山生态新城经严西湖大桥，5分钟可接驳三环；经花山大道6分钟可进入光谷新中心，15分钟进入光谷、徐东繁华商圈，其与传统中心区的距离全面拉近，也使得新城首座高端住宅项目——碧桂园·生态城快速通达武汉三镇，延展花山住区的工作、购物、休闲等生活半径，提速花山生态新城建设，改变城市发展版图。

同时，经由严西湖大桥，碧桂园·生态城9分钟可抵达武汉高铁站，30分钟可到达天河机场；同时，武汉至黄冈、武汉至黄石城际铁路已经通车。城际铁路从武汉站始发后，第一站就是花山生态新城。城铁设计时速超过200公里，由碧桂园·生态城出发，经城际铁路，可在半小时内直达鄂州、黄冈、黄石，大大缩短了城际居住的时空距离。

严西湖大桥全线畅通

五星配套：商务、娱体、教育、产业设施一应俱全

百年酒店知名品牌希尔顿首次落户江城就选择与碧桂园·生态城为邻，目前已经开业迎宾，将打造成为华中地区规模最大、标准最高、功能最全的国宾级接待中心。光谷希尔顿酒店定位为国宾级东湖宾馆的姊妹酒店，投资18亿元，占地约300亩，建筑面积11万平方米，可同时容纳

4000人开会；1600平方米的SPA养身馆提供东南亚风情的顶级水疗服务；3600平方米的康娱设施——室内外泳池、各类球馆、婚庆广场等一应俱全。目前，足浴馆、乒乓球室、台球室、棋牌室、室内游泳池等已经开放，网球场、篮球场即将开放。

光谷希尔顿酒店开业迎宾

在武汉，湖北省级示范学校——华中师范大学附属小学几乎无人不知。1958年创办的华师附小，一直以来都被誉为武汉优秀人才的摇篮。自1996年以来，该校逾千人次在区级以上学科竞赛中获奖，奥赛金牌得主、全国数学竞赛冠军频频涌现。多年来，华师附小培育了一批批江城英才，毕业学生受到高一级学校的青睐。目前，华师附小已携优质师资入驻碧桂园·生态城，每年级下设4个班，办学规模为24班全日制完全小学标准，业主小孩享有优先入学权。华师附小凭借其优秀的办学资源、先进的办学理念，必将为花山教育注入活力，同时也使碧桂园·生态城升级为江城首席名校墅区，置业价值再度飙升。

与碧桂园·生态城仅一街之隔的武汉软件新城二期已经启幕，迎IBM、飞利浦、阳狮、怡乐食等世界500强签约入驻。武汉软件新城将拥有世界级规模的集中连片产业区，规模居全国单一园区之首，依次设置研发中心、总部基地、国际研发基地、技术商务区和专属园区，总建筑面积150万平方米，容纳近1000家入园企业，提供10万多个就业岗位，同时带动80万个相关行业岗位，创造出1000亿元软件产值。

世界500强IBM入驻软件新城

至美生态：左拥20000亩严西湖，右抱88公顷湿地公园

碧桂园·生态城坐拥20000亩天然严西湖，与东湖水系相连，66公里湖岸线可享原生湖景，数万亿负离子，畅享家门口的绿氧生活。严西湖湿地公园，面积达88公顷，是武汉最大湿地群的首发区，长达12公里的沿湖景观带，有各类珍稀植被、树种、水生植物等，犹如繁华城市中的“桃花源”。碧桂园·生态城西邻东湖风景区，南依九峰山，北靠天然氧吧白羊山，斥资千万打造大师级园林，让生活融入自然。碧桂园·生态城所在的花山生态新城内均为绿色产业，使用风能、太阳能、循环用水，绿色先行。

20000亩严西湖实景

88公顷湿地公园实景

专利产品：千万级钻石墅遇上花园洋房

碧桂园·生态城，邀请世界顶级豪宅设计者美国道林公司与美国 Peredian 公司分别担纲项目的产品设计和景观规划，由全球顶尖设计团队强强联手，确保权威品质。以独创性的别墅产品设计引领江城别墅产品形态，筑造江城“墅”居典范。产品形态划分为钻石墅，双拼、联排别墅，小高层、高层、多层洋房。

钻石墅作为碧桂园·生态城倾力打造的超豪华别墅产品，行业罕见的全石材干挂外立面可抵御百年风雨侵袭，更享有620平方米的奢华内部空间。

与其同在的双拼、联排别墅，面积180平方米至340平方米，秉承碧桂园双拼的大气与实用，在细节设计上更是彰显人性化。185平方米和240平方米联排别墅西班牙式风情住宅区，类独栋化设计、舒适精致户型布局，堪称实用主义先锋。联体别墅，秉承热烈奔放的西班牙风格，以注重细节雕琢为特点，坡屋顶、红砖瓦、文化石，深藏浓郁文化韵味。

双拼别墅涵括了碧桂园经典G系列的几大畅销户型，并力邀美国道林公司提升设计，在原有户型上做了更科学的改进，在秉承碧桂园别墅产品惯有的大气与实用的基础上，细节上更凸显品质感。双拼别墅首层多采用干挂石材，可抵御风雨侵袭，为家族流传百年；二层以上采用西班牙古典风情立面，辅以温暖自然的色彩，释放出古典与现代相融的诗意。更加满足成功人士对别墅的极致需求。

墅区花园洋房，以廊柱、雕花及现代明快设计，将浪漫在使用中发酵。在户内空间设计上，强调“奢华以舒适为本”，内部空间舒适典雅，在外观上也具有华美的优雅气质。

钻石墅

双拼别墅

墅区花园洋房内部装饰

大华·滨江天地：青山转型腾飞的滨江力量

踞滨江，助力青山滨江商务区腾飞

对居住之地的甄选，乃经典建筑至高法则。

与生俱来的滨江水岸，与商务办公、商业服务、高档居住、特色旅游及循环经济产业辉映，除却独秀风光，又是繁华上流之地。

根据政府规划，滨江地区将成为青山重要的现代服务业集聚区、武汉市独具特色的生产型现代服务业基地，以现代化的滨江建设形象和滨江生态景观塑造成为武汉市“两江四岸”的标识性“北入口”，将形成集商务办公、商业服务、高档居住、特色旅游及循环经济为一体的多元化、综合性示范城区，同时汇聚总部经济、滨江办公居住、特色办公、科技研发、文化创意、企业创业、贸易服务七大特色产业板块，令青山地块从科技到商业、居住更加丰富。

大华·滨江天地所在的东兴洲片区因为其得天独厚的地理位置，在青山滨江商务区规划中迅速崛起，变得最为抢眼，不仅环境开始逐步改善，连周边的生活、商业配套也开始急剧升级。而随着自2009年开始的全面建设，青山滨江商务区已汇集奥山集团、深国投、武商集团、香港名店街、钰龙集团等知名企业，沃尔玛、CGV影城、武商购物广场等时尚、潮流、高端商业品牌竞相进驻；不难想象，今后这里一定会有青山最为繁华的商业景象，升值潜力显而易见。

大华·滨江天地，立足滨江的启元大作，滨江商务区上的华美明珠，以百万方大盘之势，树立青山门第。

立体交通与多维配套，滨江生活的集大成者

随着二七大桥通车，武汉市二环线竹叶山立交至和平大道立交连成一条城市快速路，青山、武昌和汉口地区增加了一条快速过江通道。快捷的交通方式，拉近与主城区的距离，轻松享受主城区的商业配套。而与大华·滨江天地毗邻的武汉二环线，作为武汉市内环线快速路，为区域内商业服务、商务办公、金融会展等功能区提供快速交通功能，提升交通运力，直通城际核心。

滨江天地临江透视图

地铁4号线的开通让原本已经十分便利的交通更加产生质的飞跃，区域的崛起已引来高入住率。地铁5号线（青山段）将穿越青山滨江生态商务区、循环经济试点区和高铁经济集聚区，实现青山区与全市轨道交通网的连接，将极大缓解青山交通现状，方便居民出行。

201路、502路、549路、555路、607路、702路、807路等多路公交线路纵横，立体路网组建，纵贯城市坐标，驰骋万里通达。

新规划修建的园林路则一线连通青山滨江与东湖欢乐谷，而旅大路、三弓路延长线、沿江大道等都将为小区的出行带来更大的便利，与外围的大市政路网连为一体，构筑便捷的交通通路，真正的出则繁华，入则宁静。

同时，商务区内生活配套一应俱全，武汉科技大学、武汉理工大学，一冶三中、钢城14中，武钢一小，杨家路幼儿园学区毗邻；沃尔玛、武商众圆购物广场、建二购物广场、青山商场、徐东销品茂近在咫尺；普仁医院、科技大医院、九医院、青山妇幼保健院医疗齐全。

这里不仅有举步繁华的喧闹，还有未来发展的荣耀。区域的发展依托城市的发展和区域的规划，未来的青山滨江商务区，不仅能够站立成为青山的桥头堡，也必将为此地创造更多的就业机会，经济的发展和商业的繁荣犹如燎原之火，正逐步席卷开来。

与水相邻的建筑，青山人居的品质高度

作为青山滨江商务区里的人居样板，大华·滨江天地的产品继承了大华集团的海派生活理念，从建筑规划，到建筑材质的选用，再到建筑施工全流程的监控管理，只为给青山居民提供最佳的滨江居住生活体验。

在大华·滨江天地，建筑是凝固的语言，空间的利用将在这里完美演绎，时尚简约的外立柱体结构和顶层线条造型，竖向的立面线条造型，凸显经典ART-DECO风格的内在建筑灵魂。铝合金金属构件强调空间人居感受，中空隔热玻璃兼具良好透光性，冬天可采暖抵挡热能流失，且环保耐用。简约的柱体结构、凸窗皆显示了经典ART-DECO风格的内在建筑灵魂。而奢华空间独享，是对每一寸细节的诠释，架空层是对邻里关系的衍生，老人和儿童都能在这里享受与邻里交流的乐趣。双大堂的设计使得组团大堂通过回廊

滨江天地鸟瞰图

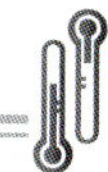

连接入户大堂，能够使客户全程处于“家”的庇护下，不论飘雨还是下雪，头顶都将滴水不沾。人车分流的设计也将最大限度满足小区内的安全，不论每一个清晨还是黄昏，儿童都能在这里安全地玩耍、自由地嬉戏。

而在大华·滨江天地内部，小迷你会所、客户服务中心（物管部）、迷你超市、健身中心等配套的打造；宽带上网、有线电视、可视对讲系统、24 小时全社区重点区域闭路监控、小区周边远红外防盗系统、紧急按钮报警系统、背景音乐及广播系统等智能化居住、安防等系统的配备，在优质的产品之外，更添内在不凡，为居者营造独一无二的品质感、安全感。

大华·滨江天地不仅拥有超高的品质感，同时也不失建筑美学，而落于滨江之畔的绝色美景，与建筑融合交汇后立体呈现，给居住者最美的居住享受。

大华·滨江天地作为多元化、高品质的住宅产品，将打造青山最具特色的人居典范。

奢美园林，共襄滨江四季美景

如今的青山，树木林立，绿意盎然。地处青山滨江商务区核心的大华·滨江天地更是带着城市宜居的使命，为创造一个绿色青山而努力。

大华·滨江天地崇尚建筑与自然的天人合一，景观与建筑交相辉映，演绎居住与自然的和谐共生。规划上的人车分流体系，百种名贵植被，人造滨水系统沿三条景观轴线展开。东南亚酒店休闲式风格共同融入生态亲绿园林，自然景观泳池波光摇曳，台地庭院、空中花园、景观小品设计感鲜明。

具有磁场凝聚力的生态系统，由生态核（中心绿化广场）、生态走廊（主轴线通道）、次级生态走廊（散步道）、生态水系、组团绿化及庭院和室内绿廊组成，利用水系纽带串串相连。小溪的两岸由鹅卵石铺成自然形状。通过小溪的弯曲和与之相应的一条散步道将整个小区划分成尺度宜人的不同的景观节点，给参观者曲径通幽步移景异的感觉。小溪的两岸由鹅卵石铺成自然形状，同时结合地形在小溪两侧设计了缓坡。溪水浅浅，流水潺潺，满足了人们的亲水需要。

滨水系统以绿化、小路为主，配以小的休闲场所（木栈台、晨跑道、小座品茗、晨练广场等）、小品，形成休闲景观绿带。组团绿化通过空间组织与水系、生活广场连为一体，既营造出区域与

滨江天地阳台远景

建筑的环境，又赋予了人文色彩。人与自然的互动提高了环境的品位，使其更加华美雅致。

漫步于大华·滨江天地，优美园林的整体营造，顷刻让人忘却城市的喧嚣与烦恼，演绎居所与自然的和谐共生。

物业贴心服务，为滨江生活保驾护航

大华·滨江天地致力于打造青山高档品质社区，仅仅是占据城市核心区位优势，坐拥城市完善的高端配套，经典ART-DECO风格建筑，考究百年建筑的经典传世素材，以世界的尺度丈量生活尊荣，这一切还不够。如果没有顶级的物业服务，所有光环都将黯然失色。

如果说不可复制的地段和天然环境，是建筑恒久传世的“天时”与“地利”，那么精致其表、锋藏于内的服务，便是表里如一的“人和”。物业的“硬实力”正是推动大华发展的强大推动力。

大华物业是大华集团旗下全资子公司，是大华集团房地产有限公司与大华集团物业管理有限公司共同出资组建，专业从事物业管理及相关服务，注册资金达500万元人民币。

大华物业执行目标化管理模式，对下属各管理处管辖的物业均按国家住建部示范小区标准进行物业管理和服务。公司正致力于将质量管理体系和相应操作模式覆盖至所有管理处，以全面、快速地提升企业形象和服务品牌。

传统的物业管理只是在建筑物、设备管理、环境保护等方面进行一般的管理，这种管理模式对于现代化的住宅来说存在很大的局限性。随着大华集团在武汉项目的不断发展，大华物业以独创的“业主委员会、社区居委会、物业公司”三位一体和谐共建模式，孜孜不倦地为业主提供贴心服务，不拘泥于物质形式，而更多考虑业主精神需求，获得了良好的市场声誉和口碑，致居者以前所未有的尊崇。

青山的转型发展不是一蹴而就，大华集团作为中国房地产开发企业10强也非一日之功，所有的一切都源于对信念、目标的坚持和孜孜不倦的努力。

全心全意为人居，在大华集团踏入第27个年头之际，这是唯一不变的承诺！

2015年，大华·滨江天地，期待与您的再次相逢！

滨江天地夜景景观

附录六

武汉主流房地产开发企业

庭瑞集团实力标杆　多元发展成就未来

庭瑞集团成立于2010年9月，是一家以实业化投资发展为核心的多元化现代企业集团。业务范围包括地产及其相关行业、投资、贸易、能源和视觉产业五大领域十一大业务单元。

庭瑞集团秉承“为明天奋斗”的发展理念，以“忠孝仁义信”为企业核心价值观，落实“坚持房地产开发为主体、坚持投资多元化发展和坚持走上市之路”的“三个坚持”方针，坚定不移地实施“本土、省外和海外”的“三个三分之一”战略布局，进一步做好专业化分工、精细化作业，为社会提供更丰富、更完美的服务，形成企业集群，凝聚“合能”，以此持续提升地产产业价值链竞争力，立足武汉，辐射全国，谱写与其光荣历史交相辉映的时代篇章。

从最初的“汉阳造”地产发展到拥有18家分公司，庭瑞集团业务范围逐步扩大，成为以商品房开发和商用物业管理为核心业务体系的现代企业集团，初步实现了“以地产开发为根基，坚持多元化发展”的战略目标。而今，庭瑞集团在保持精工品质的基础上，追求卓越不凡的高品质生活，将完美落实到住房理念的方方面面，势必在未来缔造大武汉都市大盘传奇。在如此迅猛的发展中，我们坚信庭瑞集团将有着不可限量的发展前景。

百强庭瑞深耕汉阳　倾力打造“观澜生活圈”

作为地产行业的创新者、开拓者，庭瑞集团传承“汉阳造”光荣历史，深耕细作，精心打造出“大观澜”系汉产地产品牌，并获2013中国房地产地方项目品牌价值十强，品牌价值达人民币3.71亿元，正式迈入全国房企一线阵营。

庭瑞集团已进入快速发展的黄金时机，一直在为建造都市人居大盘而努力。庭瑞集团将在2013—2017年“二五”发展时期，完成100亿的销售目标，并成功上市，永续经营，成为中国最受尊敬的实业化投资发展的现代化企业集团。

庭瑞集团以汉阳为核心，布局大武汉，蓄力打造“观澜生活圈”，诠释都市高端居住品质，项目产品配套完善，户型设计合理，多盘联动，强强携手，在武汉市形成较大的区域影响力，产生了强大的“品牌共振”效应。

其中，“观澜生活圈”包括观澜国际、观澜御璟台、观澜高尔夫、观澜外校城四大项目。庭瑞集团看准极具前景的汉阳地区，挖掘潜在人居胜地，将高品质住房一次又一次呈现在武汉市民眼前，不断提升武汉品质居住水准。

观澜国际：汉阳心正二环，国际领衔人居首选

随着人们生活水平的提高，对居住环境及条件的要求也越来越高，住宅美学设计已越来越受到重视，观澜国际遵循建筑美的法则，秉承与国际级建筑品质接轨的建筑概念，将代言精端的风尚经典建筑——ART-DECO新古典主义植入汉阳，华贵而又内敛、古典而又时尚的外观铸就了汉阳人居封面。

观澜国际效果图

观澜国际，盘踞四新片区有利地段，领事馆与武汉国际博览中心左右逢源，未来前景不可限量。整个国博周边将会形成高端的商务建筑群，住户将享受到一流的商业服务及便利生活。与此同时，地铁 3、4、6、10、11 号线，公交 517、325、273 线路贯通全城，鹦鹉洲长江大桥、杨泗港长江大桥即将完工，观澜国际轻松拥揽庞大的地铁财富资源与人流资源。

项目除地处全网交通覆盖的三镇交会处外，还设置多元化配套：项目占据新二环上繁华福地，5 分钟即可尊享日本永旺株式会社、四新 10 万方商业综合体，8 分钟抵达钟家村商圈、王家湾商圈，15 分钟畅购武广商圈及江汉路商圈；观澜国际在社区内开设大型的品牌幼儿园，项目周边环拥武汉三中、武汉市二十三中等重点名校，成就一站式铂金教育圈；项目紧邻武汉中医院汉阳院区，健康生活一步即享。醇熟生活配套与时尚品质商圈并驾齐驱，为居者打造难得的繁华胜地！

除此之外，观澜国际斥巨资打造 2 万方格调商业街区，引进全优质格调商业街区，定位生活、食味、悦智、美丽、运动、保健六大主题，全方位满足业主的日常消费需求。观澜国际将以区域内绝无仅有的立体商业街区模式，为都市青年带来全新的生活质感，营造特色休闲、风情购物区，在家即可轻送购物。

观澜国际楼王新品观澜国际丨领誉，屹于项目主景观轴上，邻近墨水湖畔，南临小区中央景观区，东面百米范围无任何遮拦，于内可俯瞰项目高层建筑，饱览项目内部绿化景观，于外可尽收四新片区全貌风光，部分高层可一线瞰湖，奢享 3.4 平方公里浪漫墨水湖，打造超豪景观人居美宅。墨水湖畔的观澜国际，依托得天独厚的地缘优势，结合四新板块整体的国家级配套，完美构架出人居新生活。

观澜国际丨领誉，户型区间约 82—124 平方米，均为南北向布局，开阔明亮，拥有极佳的通风采光性能；户型方正，功能分区合理，拥揽整个墨水湖风景区，享有极佳视野，是人生栖息地的不二之选。约 124 平方米朗阔三房，自带入户花园，让居者尊享卓越的居住体验。全明卫生间干湿分离，科学的动静分区规划备受客户认可。

观澜御璟台：顶级墅区品质洋房，一线瞰湖繁华任享

观澜御璟台是一座景观环境优美、宜人宜居的胜地，位于汉阳区上风上水之地，毗邻体育中心，紧邻万亩浩淼南太子湖，一线湖景一望无际，出门即到东方高尔夫，1500 亩果岭之上品阅人生心境。在观澜御璟台，高处可瞰湖低处可赏景，前有庭院可植花后有大树好乘凉，TOP 级顶配墅区洋房生活，舒适自在怡然好享受。

观澜御璟台居大武汉新城腹地，占据芳草路核心，连接汉阳区政府、武汉新区、领事馆区、经开万达，尽享六横六纵城市通道的便利。项目坐拥国内最大文化艺术创业园，与百家创意机构为邻，同时还毗邻武汉国际博览中心、方岛景观中心、武汉领事馆区、微软中国等国际人文科技区，尽享大武汉臻稀资源。

观澜御璟台效果图

观澜御璟台周边双地铁环绕，紧靠地铁 3、6 号线，实距 6 号线不足 2 公里，离 3 号线也近在

咫尺，公交202路及微公交337路直达项目门口，769路下车步行即到。项目豪享12条城市纵横主干线，六横六纵形成立体交通路网。多线交通无缝串联武汉，三镇畅达，满足业主便捷出行需要。未来，观澜御璟台的交通便利性与区位价值将不可估量。

观澜御璟台与经开万达广场和沌口体育中心仅一桥之隔，韩国乐天商城、湘隆时代广场近在咫尺。在观澜御璟台可坐享金凯购物中心、金色港湾法国街等商业繁华，社区内部豪配5万方国际化商业街区，将集中资源倾力打造美食广场、主力中餐餐饮连锁及品牌健身会所三大中心，商业区现已入驻中百超市、大益茶、民生银行、上林名苑茶楼、万景假日沌阳府、金霖果园、烟酒商城、伊斯曼干洗店、格力电器、天富便利店等多元业态，一站式尽享完美高端品质生活。

观澜御璟台项目周边育才幼儿园、神龙小学、新区一中等学校环绕，更有全市十佳名校——武汉外国语学校在侧，经开一中、江汉大学等多所名校荟萃，尽享一站式全优教育体系。武汉外国语学校是全国首批7所外国语学校之一，学生重点大学升学率多年在90%以上，入主外校，学习轻松赢在起跑线。

观澜御璟台首创园林精装概念，绿化讲究园林与建筑的呼应关系，建筑风格沉稳大气，外立面采用干挂石材，精雕细琢成就世界建筑蓝本。布局错落有致，设计独具匠心，打造独一无二的宅配景观，自然漫步闲游中，享受尊贵设计美学。超低容积率，低密舒阔，180°视野无遮挡，一览旖旎风光，实景现房，无需等待即有幸福未来。

观澜高尔夫：果岭之上高尔夫，全能好房精英住区

观澜高尔夫位于武汉经济技术开发区，是汉阳片区少有的全能优质低密住区，200米超大楼间距，视野绝对开阔，小区种植大片主题树种，如白果树，绿化率高达35%，草木搭配，层次感强，多植被覆盖，内部软硬景观浑然一体。

观澜高尔夫位于“政务专道”的芳草路沿线，扼守经开、四新双核交会处，在区域内处于不容置疑的地王地位。项目地处芳草路与芳草二路的交会处，直接串联汉阳区政府、武汉外校等区域，与外国领事馆区、方岛景观区连通，是汉阳新兴居住区不可多得的景观中轴线。

项目北面紧邻王家湾商圈，距离项目车程约10分钟左右。南面为东方高尔夫球场及南太子湖，东面为沌口企业总部，西面临近芳草路。项目出门即是日本永旺国际卖场，3分钟饱览经开万达、韩国乐天繁华；8分钟可直达湘隆时代广场、金凯购物中心、金色港湾法国街等商业体，坐拥商业繁华中心。观澜高尔夫内部倾力打造3万方都会级商业街，内部拟规划建设超市、果园、棋牌室、茶楼茶社、银行电信等多种业态，整体商业分区明显，内容丰富。届时，观澜高尔夫将拥有大型购物中心、星级酒店、步行街、百货等醇熟配套。

观澜高尔夫效果图

项目三公里范围内有育才幼儿园、神龙小学、奥林小学、三角湖小学、开发区一中及江汉大学、武汉外国语学校等。武汉外国语学校，项目步行5分钟可至，是省级重点中学，择名校而居给孩子一个良好的学习环境。观澜高尔夫公馆规划配套有12班的幼儿园与18班的小学，学习轻松赢在起跑线。项目周边的医疗设施十分完善，周边即有协和医院，新区规划有武汉市亚心医院，全面满足就医需求，为居者的健康生活保驾护航。

观澜高尔夫采用蝶形楼宇设计，整体建筑灵动、大气。76—130平方米方正户型，全优现房，灵动空间，即买即住。观澜高尔夫倚1500亩高尔

夫绿地，推窗即见绿意弥漫，直揽汉阳一线风光，徜徉绿境之中，尽享亲氧自在呼吸。项目内置大型园林优乐园，在一线园林中全面融入运动阳光主题，打造满分健康生活。

观澜外校城：私家湖园推窗即享，学区首府品质大盘

观澜外校城规划用地面积约 3.30 万平方米，总建筑面积约 10 万平方米，一线毗邻南、北太子湖两大臻稀湖泊资源，揽阔一线清水风光，夏赏夜湖美景，冬看悠悠湖水，全年呈现自然浪漫的逸景；东方高尔夫如虎添翼，为业主规划出清水绿意景观带。观澜外校城尽享约 60 万平方米私家湖园，倾力筑造生态人居大盘，上下班途中就是花园，移步换景间就到最近的地铁口，居于此，时刻都有闲适心情，悠然演绎家的幸福。

观澜外校城效果图

观澜外校城享多重交通利好，地铁 3、6、10 号线纵横贯通，其中 3 号线将于 2015 年底建成试运营，届时，武汉三镇随意通行，加速抵达城市中各大商圈，逛街更轻松。与此同时，项目周边即有 208、579、585 路等十余路公交停靠点，最近更新增 337、769 两路公交直达社区门口，提供更多出行方式。观澜外校城，轻松傲领城市速度，揽尽城市繁华！

就教育配套而言，观澜外校城，深谙父母们对孩子教育的重视性，凝聚整合周边教育资源，筑造资源型人文社区。项目一线毗邻武汉外国语学校，让孩子在浓郁书香中耳濡目染接受最纯正的教育。此外，社区周边环拥赛诺双语幼儿园、育才小学、龙阳中学、江汉大学等金牌学校，从小学到大学一站式优秀教育资源一应俱全，打造城市教育综合体住区，使孩子先人一步成就未来之才！

于商业资源来讲，项目落址汉阳第一资源型生活大道——芳草路黄金中轴，踞守汉阳商业旺地，紧邻武汉国际博览中心，四新 10 万平方米商业综合体、日本永旺株式会社、韩国乐天、经开万达、王家湾商圈、钟家村商圈等商业综合体相得益彰地拉升了地段的商业价值，成功塑造了一个商业新中心。同时，社区门口即有 3 万平方米时尚商业街，汇集餐饮、购物、休闲、娱乐等于一体，多重业态模式满足不同业主的消费需求。随着片区板块的医疗、教育、生活、休闲等配套设施日臻完善，观澜外校城坐享汉阳最具发展潜力的地段，一举成为全能资源社区。

观澜外校城，约 78—130 平方米湖景学区美宅，均为南北向布局，开阔明亮，拥有极佳的通风采光性能；户型空间灵动，既能规划成甜蜜情侣的私人空间，又能满足同步照顾孩子与父母的要求，满足更多家庭生活所需，二人世界到三代同堂的多重居住需求一站实现；产品户户全明通透，方正实用，布局合理，兼具超高性价比与超强居住性。观澜外校城全能三房浓情加推，现在买年底住，59 万起即可入主一线湖景学区房！

多盘联动　缔造传奇幸福生活

庭瑞集团集四盘之力倾情打造“观澜生活圈”，据守“国际生态新城”的四新核心与经开区门户位置，实现片区交通、商业、教育、居住服务等资源的整合优化，内部共享四大项目的全面配套，以强大城市辐射力为周边数十万居民打造优质生活。

庭瑞集团以汉阳为起步点，潜心建造优质大盘，如今，庭瑞集团正在以野心勃勃之势缔造更强更优质人居大盘，有节奏、有步骤地寻找新的土地资源，保持稳定的发展姿态，扩大公司的规模，将庭瑞集团的品牌在全国打响！开拓全国性发展战略是庭瑞集团下一步的目标，坚持以房地产项目为根基，踏实走好每一步前进的道路，力求成长为全国性首屈一指的百年名企！